朱沛 ◎ 著

# 创业战略管理

Chuangye Zhanlue Guanli

厦门大学出版社 国家一级出版社
全国百佳图书出版单位
XIAMEN UNIVERSITY PRESS

# 序一　完整的创业指南

企业是现代社会中最重要的资源整合平台。在利润动机下，企业努力将社会中未被充分利用的财力、物力、人力、科技等进行有效结合，并经由产品或服务这些"价值载具"，来直接或间接满足社会在衣食住行育乐等方面的各种需求。能存活并获利的企业，或多或少都发挥了以上的功能。

然而既存的企业，为了提升效率、减少不确定性，就必须进行组织结构的划分以及制度化的推动，这些管理方法的副作用是人员与组织的知识、能力、资源、心态及工作流程势必逐渐出现所谓的僵固性或惰性，因而降低了创新的能量。换言之，既存企业为了提升现有业务的运作效率所采取的许多管理措施，极可能造成创新动能上的障碍。因此，在经营环境快速变化、市场需求与科技发展日新月异的时代，事业创新或"重新组合社会资源"的工作就更适合由新创事业来担任。这也是规模小、财力有限，但充满弹性与活力的新创事业可以获得生存空间与发展机会的主要原因。

创业成功固然为创业家本身开创新的人生境界、对国家经济和国民就业产生助益，但如果失败，也造成了其人生的挫折以及大量资源的浪费，因此创业是一项具有高度风险的工作。而新创事业所需要的管理知识、能力与策略思维，甚至人格特质以及社会网络的运用，都与专业经理人大不相同。即使在担任专业经理人时累积了多年成功的实务经验，在创业过程中，依然会面对完全不同的挑战。这本《创业战略管理》就是希望借着学理和系统化的思维模式，让正在创业或打算创业的人，在熟读本书以后可以大幅提高成功的几率。

本书有几项值得介绍的特色：

第一，以创业的不同阶段来划分创业战略与管理的内容，可以提醒创业家针对企业的发展阶段来思考与分析应采取的战略行动；

第二，针对创业的需要，介绍各种功能领域在不同阶段的适当做法，表示本书不仅着重于战略，而且也将讨论范围延伸到各个功能领域的执行重点；

第三，有极多的实务案例，介绍两岸不同规模的企业过去之创业历程，不

仅有参考价值,也可以与本书中的学理相互印证;

第四,理论引述完整,使本书不仅对创业家有所助益,而且学术界对创业战略或创业管理有兴趣者,也可以从本书所摘述的学理及所附的参考书目中,掌握进一步研究的方向。

因此本书可称为一本内容完整,兼具理论、实务以及分析架构的著作,既可作为创业家的参考手册,也可以作为学术研究的基础。

本书作者朱沛博士,是政大企管所博士班的毕业生。本人在担任其博士论文指导教授期间,感受到他对学术的执着以及剑及履及的研究精神。他在完成博士论文前后的十余年内,心无旁骛地针对"创业"此一主题认真研究写作,加上他在两岸的生活经验与学习经验,使本书更具有与众不同的特色与价值。

台湾政治大学讲座教授

司徒达贤　　谨识

# 序二　创业是可教的

创业是一件极度困难的事情，一位创业家在领导、管理、技术、行销、业务及财务等方面须样样通，才能创业有成，因此创业家是稀少的财货，"何以能创业成功"自然成为学者研究的主题。将创业视为一个学术领域时，最常讨论的三个问题是：创业家是天生的吗？创业可教吗？如何使新创事业持续成长呢？

创业家是天生的还是可以被造就的（born or made）？众多研究显示，创业家具备某些人格特质（如追求风险、大胆、高自信心、相信直觉等），也具备一般人所缺乏的强烈成就动机，简言之，这些人格特质与基因有关，非后天可创造。

然而，我们看到成功的创业，也看到昙花一现的创业；我们看到创业家成功地主掌企业多年的案例，也看到创业家退位后而让专业经理人成功转型的案例。显然创业基因不能保证创业的成功，因此下一个最常被讨论的议题是：是否可教导如何创业呢？教育界的答案是肯定的，因为某些有助于创业的知识和技能是可以教的，它们虽不能保证新创事业的成功，至少能让创业家避免某些创业阶段常犯的错误。研究也显示，在修过创业课程后，创业动机增强，创业之可能性也增加了。渡过创业的初期，新创事业已立足后，随之而来的问题是：如何让企业持续的成长呢？初创企业的规模小，其经营方式与规模大的企业不同，因此当新创事业成长时，管理学者所累积的研究成果和管理学院所传授的知识（以MBA或EMBA学程为代表）就派上用场了。

针对这三个问题的回答，"可教"的比重逐渐增加，仰赖"天生"的比重逐渐降低，此一结论正呼应朱沛教授所著《创业战略管理》一书之目的。

在《创业战略管理》一书中，作者根据多年的教学和研究心得，以创业实务为观照对象，先将创业过程分为创业决策期、种子期、建立期、改善期、成长早期、成长中期六个阶段，然后针对前五个阶段之战略和职能管理（包括财务管理、人力资源管理、研发管理、行销管理、运营管理及外部关系管理等）深入讨论。为奠定读者阅读本书的基础，作者对创业战略理论、创业者（创业团队）及创业计划等概念予以介绍。在文中，作者不是列出创业诀窍，而是以整体和系统化的观点告诉创业者要做哪些事，并引用学者之发现和以个案来例示论点，益增本书对创业者、教师及学生之价值。

对有志于创业的人而言，本书值得一读。创业者也必因执行作者之建议而提高实现成功之几率。

于卓民　于木栅
2014年2月26日

# 自　　序

## 本书通过创新为顾客和社会创价

　　本书的目标客户包含大学教师、本科生、硕士与博士研究生、企业管理者、科研人员、潜在创业家。本书通过创新实现创优与创价。凭借符合创业现象的框架结构，独创的创业战略与产品差异化理论，融入创业阶段的战略与职能执行理论，完整的教学配套材料，创造出本书内容的更高性价比与竞争优势，为读者完整深入地教授学习创业理论，创造更高价值。本书的目的一方面是让读者深刻地理解创业成功的逻辑，支持其成为成功的创业家；另一方面是为教师提供一本更好的创业教科书，通过创业教学为社会创造更高价值。

## 本书的创新历程与价值

　　本书是我15年来研究与教学的成果。15年前，我选择了创业管理作为博士论文的研究领域。9年前，我应用案例研究方法完成了博士论文。该论文获得了台湾科技管理博士论文奖优等奖。研究过程使我成为一个提炼知识的冶金家，从创业者提供的案例故事中，提炼出解释现象的概念与因果逻辑关系的知识。我的博士论文从案例资料中提炼出了相同产业成长期创业战略最核心的差异化阶段理论，产生了立足于创业者与团队的产业特殊知识，利用创业机会，进行产品差异化并创造竞争优势和利润的简化因果逻辑理论架构。

　　图3-9是笔者十多年来研究成果的精华。它是从相同产业成长期创业的实际案例中提炼出来的理论架构。这张图是创业理论的核心，它描述了构成创业机会的因素对新创企业的产品竞争属性以及未来利润的影响，即创业战略利用的条件对目的的影响。

　　从2005年开始，我就在博士论文基础上，自编教材讲授"创业管理"这门课。到2012年，基于过去学生对我教学内容的肯定，我早已写好了本书第一篇，只需要修改后面的职能篇，就可以进一步完善撰写成教科书了。相信本书会成为充满创新思想的世界上最好的创业战略管理教科书。

　　本书第二篇的章节框架结构是一个重大创新。在本次改写的过程中，我原本想将后面按照职能划分的章写好，在每个职能章中都加入按照创业阶段撰写的职能理论内容。过去我已经建立了创业战略最核心的差异化阶段理论。但是因为简化，缺失了如何利用决策时的条件，经过创业战略与职能活动的执行，达到未来目标的过程。创业过程可以展开为创业阶段,在每个阶段中都执行了战略与职能活动,而且创业阶段有组织生命周期的理论含义。我逐渐意识到,好的教科书不应该分职能主题章撰写。因为按照战略、研发、生产、营销、人力资源、财务职能的主题分章写,虽然具有主题的鲜明性,但是却将创业现象肢解掉了。这样安排没有配合创业阶段的情境特征,而是按主题堆砌理论。现有理论是从特定角度研究得出的解释现象的因果逻辑关系碎片,不能完整解释创业现象。过去的量化研究创造了一堆理论碎片,而且很多都没有明确指出适用的范围和条件。好的教科书内容安排必须接近创业现象,有一个贯穿整个过程的框架和整体的内在因果逻辑,不能是理论的堆砌。我博士论文建立的理论架构,已经揭露了创业成功的内在逻辑。创业阶段是贯穿整个过程的框架,因此在战略执行篇应该按照创业阶段分章,将现有理论融合放入创业阶段,呈现出在阶段中执行战略与职能活动,进而达到阶段目标。各个阶段目标逐步达到,最终实现了创业成功。目前对于创业战略执行过程,没有融合创业阶段、战略与职能的理论和教科书。我觉得为了教科书内容的完整性,也是为了完善创业理论,需要填补这个理论缺口,这也是一次理论创新。于是我决定在战略执行篇按照创业阶段分章,在每个阶段章中按照战略与职能分节。这种安排使战略与职能融入阶段中,同时也通过各阶段章的相同职能节保持了职能主题明确,可以让使用该书的教师保持弹性,既可以分阶段讲述,也可以分职能主题讲述。因为许多地方没有现成理论,为了内容完整性,我用自己的思想填补这部分创业理论的空白。我的思想是理论创新的开始,是应用案例研究方法从案例资料中提炼出来的,不是凭空捏造的。思想要上升为理论还需要未来经过科学严谨的实证过程和学术界的质疑反驳,最后发表成论文后才被认同。

只有教科书是不够的。为了便于教学,我提供了与教科书配套的PPT、练习题库、教师手册、教学案例。除了教科书上的案例,在教师手册中提供了一些课本外的小案例。这些案例可以增加教学的有趣生动性,吸引学生的注意力。除了已知结果的案例分析,也提供了一些结果未知的创业决策的教学案例。

本书讲述的是纯粹经济管理类理论,因为没有加入政治与社会的影响因素,因此这些理论通常只适用于满足以下条件的社会:社会稳定;肯定私营企业对经济发展、民生改善、科技进步、生产力提高是有贡献的;市场经济体系基本健全;社会对于工薪阶层经由创业向社会上层流动提供的环境条件是公平的。本书的理论不是放诸四海而皆准的,不适用于满足以下条件的社会:国家反对私有制企业;国内政治斗争激烈与社会不稳定;腐败横行,权力没有制衡约束机制,存在权力寻租空间;黑社会猖獗;没有健全的市场经济体系。如果你想成为经济上成功的创业家,但是面对不适合创业的不健全的社会政治法律环境条件,你可以选择到别处创业;或者选择走非创业之路。

本书针对个体独立创业的过程,聚焦在讲述创业的理论与方法。本书不讲述公司创业理论,不着重讲创业精神,不讲述大范围创业现象的调查结果,不讲述创业的产业,也不着重讲述创业成功后的企业成长中期。

## 感　谢

本书是在我的博士论文基础上扩充完成的，我首先要感谢司徒达贤和于卓民两位导师的认真指导。另外要感谢博士论文的答辩委员，包含李吉仁、方至民、赵郁文、温肇东、蔡渭水几位教授。在此也感谢熊欣华、彭金隆、金传蓬、许瞻桂、黄铭章、陈仁惠等博士班同学在研究过程中给我的帮助。另外要感谢企业家陈志中、张瑞强、林文正、伍祚庆、郭琳义、林郭田、郑炎为、傅温恭、方碧玲、茅理翔分享创业经验。还要感谢刘常勇、苗青、张玉利、潘安成、池仁勇、谢健、阮爱清、潘善琳、赵向阳曾给予我的帮助。最后我也借此感谢吴思华、李昌雄、林淑姬、黄秉德、韩志翔等政治大学的老师们，以及感谢陈海鸣、陈义胜、沈景茂、欧阳良裕等淡江大学的老师们。

我也借此感谢吴思华、李昌雄、林淑姬、黄秉德、韩志翔等政治大学的老师们，以及陈海鸣、陈义胜、沈景茂、欧阳良裕等淡江大学的老师们。我也感谢机械工业出版社的吴亚军编辑在本书完善过程中的帮助。最后感谢厦门大学出版社的赵康健和吴兴友二位编辑在编审校过程中的辛勤付出。

# 本书宗旨

　　我进行创业教育的宗旨是传授有效的创业知识，帮助读者成为对社会经济发展有贡献的并且达到致富目的的创业家。为此我希望能记录和累积我们创业教育的最终成果，统计培养出多少位成功的创业家。我想写一本世界上最好的创业战略教科书，能否实现需要未来在市场中检验，要能够获得社会认同。我的使命和愿景促使我认真专注地追求创新与品质。本书是我在研究与教学的基础上，累积了15年专业之功完成的。本书内容不是简单易懂的，请您认真学习、扎实练习、深刻理解。您将认识到这本书物超所值，我也请您妥善保存这本书。未来当您创业成功后，请与我联系，我希望分享您的创业成就与喜悦，计入我的最终教学成果。

# 本书的篇章结构安排与教学建议

本书内容分为两篇,包含"第一篇　创业战略管理理论"和"第二篇　创业的阶段战略与职能管理理论"。图 I-1 中列出了本书的篇章内容安排,以及教学案例。本书内容丰富,适合作为 3 学分 54 课时的教材。如果作为 2 学分 36 课时的教材,在创业阶段部分,可以选择讲述部分重点。

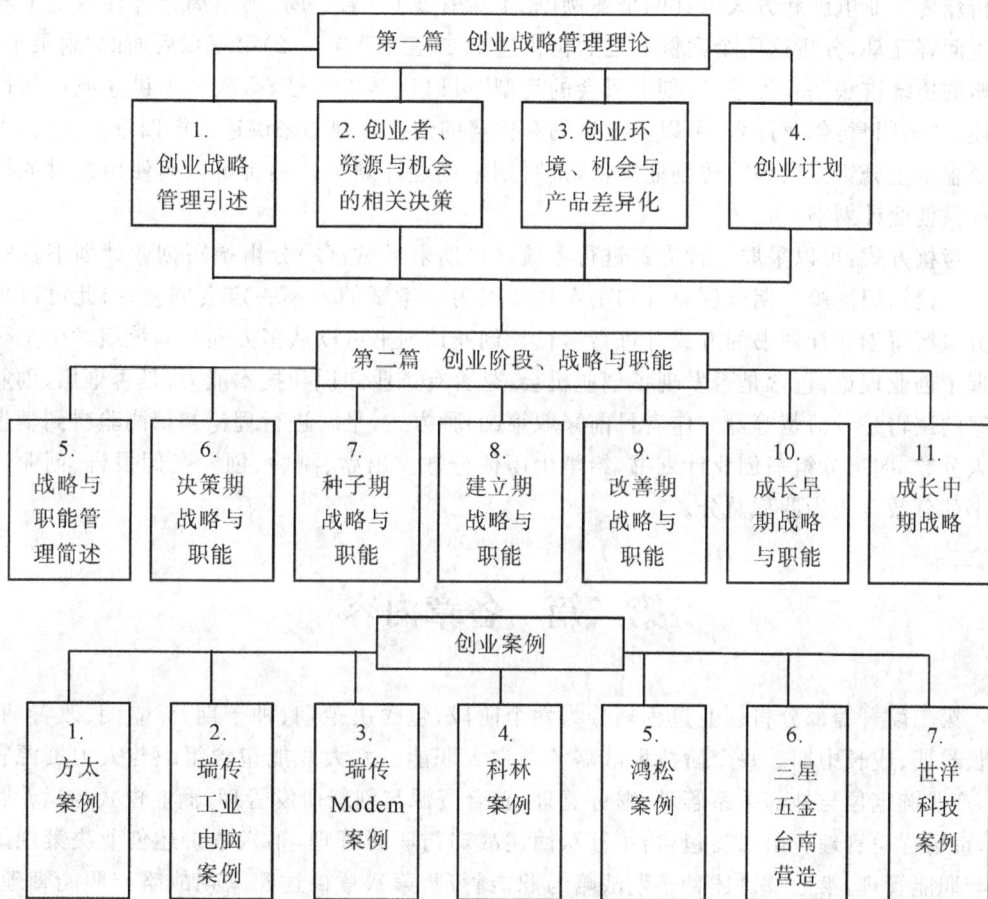

```
                    第一篇　创业战略管理理论
        ┌──────────┬──────────┬──────────┬──────────┐
        │1.        │2.创业者、 │3.创业环  │4.        │
        │创业战略  │资源与机会│境、机会与 │创业计划  │
        │管理引述  │的相关决策│产品差异化│          │
        └──────────┴──────────┴──────────┴──────────┘

                    第二篇　创业阶段、战略与职能
  ┌────────┬────────┬────────┬────────┬────────┬────────┬────────┐
  │5.      │6.      │7.      │8.      │9.      │10.     │11.     │
  │战略与  │决策期  │种子期  │建立期  │改善期  │成长早  │成长中  │
  │职能管  │战略与  │战略与  │战略与  │战略与  │期战略  │期战略  │
  │理简述  │职能    │职能    │职能    │职能    │与职能  │        │
  └────────┴────────┴────────┴────────┴────────┴────────┴────────┘

                            创业案例
  ┌────────┬────────┬────────┬────────┬────────┬────────┬────────┐
  │1.      │2.      │3.      │4.      │5.      │6.      │7.      │
  │方太    │瑞传    │瑞传    │科林    │鸿松    │三星    │世洋    │
  │案例    │工业    │Modem   │案例    │案例    │五金    │科技    │
  │        │电脑    │案例    │        │        │台南    │案例    │
  │        │案例    │        │        │        │营造    │        │
  └────────┴────────┴────────┴────────┴────────┴────────┴────────┘
```

**图 I-1　本书的篇章内容**

# 第一篇　创业战略管理理论：内容、案例与教学建议

第一篇运用案例，重点与深入讲述简化的创业战略理论，忽略了创业过程与职能。第一篇包含第一章：创业管理与战略管理引述；方太与瑞传工业电脑案例分析；第二章：创业者、资源与机会；第三章：创业环境、创业机会与产品差异化；第三章附录部分讲述战略的讲法和创业机会类型；第四章：创业计划。

**教学建议：**（1）教师在上完第一次课"第一章：创业管理与战略管理引述"后，为了让学生更容易理解创业战略理论，接着请先讲创业案例分析的内容。第一次课后，请学生阅读分析瑞传工业电脑和方太厨具两个案例（先不看答案）。第二周、第三周老师在课堂上与学生问答互动，分析这两个案例。之后再讲述第二、三、四章。（2）第三章后面的"附录一：战略的传统讲法"和"附录二：创业机会的类型"可以让学生自己看，教师不讲述或选择性讲述。"第四章：创业计划"可以用学生的和比赛的创业计划书来讲述。第四章讲述后，可以要求学生分组提出和筛选创业项目，撰写期末创业计划书。笔者可以向使用教材的教师提供创业计划书。

**考核方式：**可以采取三种方式进行考核：（1）期末考试；（2）分组撰写创业计划书；（3）平时理论知识测验＋期末创业计划书考核。因为会考试的人不一定会创业，因此可以采取分组撰写创业计划书的方式并进行考核。创业计划书可以从多方面检验该组学生是否掌握了创业理论，包含是否发现了创业机会，是否有产业知识和技术能力，是否聚焦，创业方案的逻辑是否清楚等等。作者目前采取第（3）种方式，平时进行理论知识测验得到学生个人分数；期末分组写创业计划书，给学生团体分数。出席、测验、创业案例报告、创业计划书的分数合成为课程总分。

# 第二篇　各章内容

第二篇开篇部分将创业过程划分为六个阶段，包含决策期、种子期、建立期、改善期、成长早期、成长中期。每个阶段以战略统领六大职能。六大职能包含组织与人力资源管理，产业链定位与外部关系管理，财务管理，整合资源与创新研发管理，商业模式与运营管理，市场营销管理。第二篇包含：第五章简述战略与职能管理，第六章讲述创业决策期战略与职能管理，第七章讲述种子期战略与职能管理，第八章讲述建立期战略与职能管理，第九章讲述改善期战略与职能管理，第十章讲述成长早期战略与职能管理，第十一章讲述成长中期战略。

**教学建议：**（1）第十一章可讲可不讲。成长中期战略不属于创业战略，属于中小企业成长战略，老师可以不讲述，让学生自己阅读学习。其他教学建议见第二篇开篇段的说明。

# 目　录

## 第一篇　创业战略管理理论

# 第二篇　创业阶段、战略与职能管理

# 创业案例

# 第一篇
## 创业战略管理理论

# 第一章 创业战略管理引述

## 核心问题

● 创业对个人和对社会有什么影响?
● 新创事业有什么特征?
● 创业成功靠什么?
● 战略是什么? 创业战略是什么?
● 创业战略形成要分析什么?

## 本章学习目的

● 了解创业成败与个人得失。
● 了解创业对经济社会的影响。
● 了解创业的定义。
● 了解新创事业的关键特征、面临的不利条件以及破解不利条件的方法。
● 了解创业成功来源于哪两个因素。
● 了解战略定义、程序、层次、解决的问题、分析的内容。

## 引导案例

### 苏宁创业[①]

1987年中国大地上第二波经商热来临,张近东的哥哥张桂平下海了,张近东也毫不犹豫地跟着跳了下去。兄弟俩联手开了一家空调服务公司,张近东利用工作之余承揽空调安装工程。虽然辛苦,但赚的钱比单位工资高许多。

1989年张近东在南京湖南路开了一间咖啡厅。因为开咖啡厅要买几台空调,当时人们都买春兰空调。但是当时春兰在南京还没有代理商,商场的卖价都比较高,要想便宜买必须找关系。于是张近东通过熟人认识了春兰空调南京办事处主任卞国良。没想到卞国良很爽快批了两台优惠柜式空调给他,这给张近东留下很深刻印象。后来卞国良去了次张近东的咖啡厅,张近东报之以李没有收他招待客户的钱,令卞国

---

① 摘自段传敏.苏宁:连锁的力量.中信出版社,2008.

良对张近东也刮目相看。一来二往，两人惺惺相惜，意气相投，成了朋友。

当时春兰的生产规模急剧扩大，市场也急剧变化，春兰开始抛弃原来的直销方式，积极发展各地经销商。1990年初，在卞国良的引荐下，张近东参观了春兰的现代化工厂。在厂里张近东几乎立即敲定了经销合作的意向。他是个想通事情后做事干净利落不拖泥带水的人，"做事情只要有60%的把握就坚决干"。

随即张近东进入了紧张的筹备过程中。那时他根本没准备好，上了船还稀里糊涂的，没有什么计划，主要是注册、找门面、装修，想到什么就去做。他租下了自己熟悉的豪威集团宁海路的一间不到200平方米的门面房，年租金7万，他手头资金只有辛苦攒下来的10万元。由于春兰公司对专卖店装修的要求比较高，以及装修工程要招标后才能进行，因此耽搁了不少时间。他原本打算9月开业赶个夏季的晚场，但是一直拖到12月底才开业。而且筹备花费不少，20多万元！这笔钱足足是他20年的工资。

1990年12月26日，张近东在众人惊诧的目光中正式辞去了在豪威集团的职务，一头扎进了市场的大海，在南京成立了一家小公司"苏宁交家电公司"，旁边还有一块小牌子"春兰南京专营店"，专营春兰空调的销售。他当时只有一个念头：多赚些钱，彻底改变贫困命运。开业当天寒冷压不住28岁张近东的热情，他买了鞭炮来庆祝。他身上有挥洒不尽的激情，他对10来个伙伴说，我们一定要把苏宁做大做强，而且说到做到。没想到当天就卖出了一台柜式空调。后来张近东才了解到，这种方式创造了一个全新的商业模式：专营店/专卖店模式。几年后专营店/专卖店在各大企业里成为流行的营销模式。

当时家电商品还是由国有大商场一统天下。与国有大商场相比，苏宁实在太不起眼了，他们起初没有留意到它的诞生和存在。但他们万万没想到，两年以后这个不起眼的小店就给了他们迎头痛击，成为部分商场的终结者。

当时空调产量很小，国内十来个生产厂家合计的年产量仅24万台。空调属于紧俏商品，虽然售价高但是顾客还是络绎不绝，没经过多长时间宣传，这个小店就为很多人所熟知了。南京素有中国四大火炉之称，1991年春夏季，天气渐渐热起来了，需求爆发。因为资金紧张，没钱囤很多货，因此采取先卖货，后进货的做法。那时候还处在买方市场，产品供不应求，常常是有人来买空调，苏宁先收钱，然后告诉顾客先回去，晚一点公司送货上门去安装供货。等客人离开苏宁就拿着钱去进货，然后才是送货安装。销售疯狂的时候，张近东只管进货，不但进春兰的，还多次南下广东批发进口空调。苏宁不但做零售而且做批发销售，这样资金流动更快，而且规模迅速扩大了。业务繁忙时，他既是促销员，也是搬运工，忙得底朝天。1991年8月，当一个空调冷冻年度结束的时候，盘点下来，公司竟然在不到一年时间做到了2000多万元的销售额，盈利数百万元。

空调是一个销售季节性起伏很明显的行业。每年春夏销售旺季，工厂产能满载，甚至供货不及出现缺货断货的现象。可是到秋冬淡季，商家订货量急剧减少，工厂产能处于大量闲置状态，工人甚至必须放假。第一年销售张近东已经体会到市场需求旺时，货源保证的重要性。张近东想，民营小企业苏宁如果按照常规采购销售方式与工厂做生意,在资金实力、企业形象、市场地位上处于弱势,无力在旺季与国有大商场争夺货源。人强我弱,正面交锋不行,只能另寻他途。他想到,工厂生产线在淡季要闲置起来,如果苏宁这个时候打款要货,工厂肯定愿意,而且价格更优惠。他将想法与春兰和华宝几个制造企业商量,由于这个想法双赢,而且风险由苏宁承担,因此得到了企业支持,并且迅速达成了淡季打款下订单,旺季提货的合作协议。张近东认准的事敢于豪赌,他筹借了钱,给春兰一次打5 000万的预付款。当要在支票上签字时,他手发抖,浑身大汗淋漓。

1992年到1993年,苏宁凭借价格和货源优势,横扫了南京空调市场,打败了南京的八大国营商场,并且成为春兰空调全国最大经销商。如今苏宁已经发展成中国最成功的3C连锁企业,2011年营业额900多亿,拥有800多家连锁店,员工人数将近18万人。张近东个人财富已经达到300多亿人民币。

请思考讨论问题:苏宁新创企业有什么特征? 苏宁为什么会成功?

# 第一节 创业现象

## 一、创业现象描述

创业是长期存在的普遍社会现象。中国从改革开放政策实施以后,政策限制放松释放出了大量的民间创业活力,大量的创业家涌现出来,其中少部分成为非常成功的创业家,企业成长为大企业;大部分成为一般的创业者,企业规模从家庭作坊的微型企业到数百数千人的中小企业;也有无数的创业失败者。

简单说创业是一个人或一群人离开原先工作的公司,开一个商店、餐厅、工厂、网站等等。我们在城市的街上看到许多零售服务店,在工厂区看到许多大小工厂,在互联网上接触的百度、QQ、淘宝等,这些企业都是从创业建立和发展起来的。下面看几个例子。(1)1999年初,马云的18人团队在杭州创立阿里巴巴。2014年估计上市市值超过1 500亿美元。马云成为福布斯2013年中国富豪榜第8名,财富400多亿人民币。(2)1982年,17岁的浙江青田县人周成建初中刚毕业,就在家乡创办了青田服装纽扣厂,后来从事休闲服装产品产销。如今已发展成美特斯邦威企业,2009年营业额超过60亿人民币。周成建家族财富达到100多亿。(3)台湾人王永庆16岁时创立了一家米店,后来发展成台湾最大的石化集团企业,2006年总营收超过3 000亿人民币。2008年王永庆以92岁高龄过世,遗产120多亿人民币。(4)1984年温州乐清人南存辉与人合伙开办了求精开关厂。如今已发展成温州最大的电器产品民营企业——正泰企业,2013年营业额超过300亿人民币。南存辉个人财富达到60多亿。

## 二、创业成败与得失

### 1.创业成功

许多人都梦想创业成功,因为创业成功是非常有吸引力的。为什么创业那么吸引人呢？这要看成功创业带来的结果。创业成功给创业者带来最直接的好处包含：自主性、财富、他人的尊敬、社会地位。下面表1-1是福布斯(2014)大陆富豪榜前10名名单和福布斯(2011)大陆富豪榜前10名名单，这些富豪中多数(60%)都是靠创业有成换来财富。中国富豪榜单的变化显示了企业发展速度变化很大，有些新企业抓住机会也能快速成长起来。

表1-1　福布斯(2014、2011)中国富豪榜前十名

| 福布斯(2014)大陆富豪榜前10名 | 福布斯(2011)大陆富豪榜前10名 |
| --- | --- |
| 马云,195亿美元 | 李彦宏,94亿美元 |
| 李彦宏,147亿美元 | 梁稳根,80亿美元 |
| 马化腾,144亿美元 | 宗庆后,59亿美元 |
| 王健林,132亿美元 | 李　锂,57亿美元 |
| 李河君,130亿美元 | 何享健,55亿美元 |
| 宗庆后,110亿美元 | 吴亚军,55亿美元 |
| 王文银,100亿美元 | 许家印,51亿美元 |
| 雷军,91亿美元 | 马化腾,50亿美元 |
| 何享健,75亿美元 | 张近东,50亿美元 |
| 刘强东,71亿美元 | 王健林,46亿美元 |

创业者为何受尊敬呢？因为创业中包含了创新，使他们创立的企业能为社会(消费者)提供更好的服务，满足了社会的需要，为社会做出了贡献。

创业者为何有地位呢？因为它投资创立了一个组织，他对这个组织拥有所有权与管理权。他管理了这个组织，对组织有影响力，并且通过组织影响社会。

2.创业失败的情景

上面讲述了创业成功的案例，那是否创业一定好呢？据调查在付诸实际行动的个人创业者中，有着高达95%的失败率。失败的景象怎样呢？

案例　过去某份报纸上刊登过一则新闻标题"晓燕不准哭"。文章描述一个家庭中的丈夫就想做生意(创业)赚大钱，但结果却是创业失败，亏了钱而且负债。失败导致夫妻关系不和经常吵架，最后导致离婚。离婚后先生抚养三个小孩，但是先生一直打零工没有稳定的工作，经济上困窘。最后他觉得活着是一场结束不了的痛苦，他决定自杀离开人世。同时他觉得留着小孩活在世上也是痛苦。于是他决定带着三个女儿一起自杀。他在家先勒死了两个小的小孩，剩下已经上小学的大女儿晓燕。他告诉晓燕全家人一起去天国，他逼着晓燕含泪写下"晓燕不准哭"的字条，然后勒死了晓燕，最后自己自杀。

案例　某位林先生也想创业赚钱，结果创业后失败，亏了自己的本钱还欠债，因为还不起银行的利息和本金，最后只能躲债和赖债(进行债务协商)。

结论：成功的创业好，能为社会创造价值，为自己创造财富，为员工创造就业机会。失败的创业不好，创业的结果是财损、负债、破产、失业、家庭破碎。所以应该追求成功避免失败。

### 三、创业成功对经济与社会的影响

成功的创业对经济与社会好，因为企业为多种利益相关人士创造了价值，包含为顾客提供了更有价值的产品与服务，为股东赚取了利润，为员工创造了更多就业机会，为供应商增加了销售和获利机会。例如百度创业成功，推出了更准确更快速的搜索引擎和搜索服务。百度的服务对网民（顾客）有价值，因为用百度搜索更准、更快、更有效。百度的服务对厂商有价值，因为百度有广大的用户群，若厂商愿意付费在百度上做广告，可以增加顾客对厂商产品的了解，增加销售量和利润。百度对股东有价值，因为李彦宏等人创业成功使股东获得投资回报，李彦宏已成为拥有数百亿人民币的富豪。百度对员工有价值，因为在百度工作待遇福利好，又能发挥创造力。百度对供应商有价值，因为供应商的电脑硬件或软件产品有买主，使他们可获利。百度对社会有价值，因为百度链接了厂商和网民，使经济运行更有活力，百度也提供了及时的信息搜索服务，满足信息需求。

一个地区的创业活动旺盛，则这个地区的经济发展有活力，人们生活富裕。如果在一个地区的特定制造产业内出现大量创业，可以形成地区产业集群，进一步形成地区特定产业产品的竞争优势，即产品种类多、性能质量好、价格低。地区产业优势提高了产品向国内国外市场拓销和贸易的能力，使此地区从国内外市场赚取大量利润，使创业的股东累积了财富。如果是商贸服务业与城市服务业创业，前者例如义乌的小商品市场，或者马云的阿里巴巴 B2B 平台网站，他们为制造企业拓展了外贸市场，从国外赚取大量的利润，后者提高了城市的服务水平、福利与效率。一个地区众多企业同时对就业市场大量增长的人才需求，在地区人才供给变化不大的条件下，会提高就业市场的工资水平，进而提高此地区民众的收入水平和富裕程度。

创业是个人和团体的经济活动，创业者的功利目的是为了赚钱。地方政府和中央政府要发展地方和国家经济，也是要为地方和国家赚钱。创业家（企业家）、地方政府领导人、国家领导人这三个层次的领导者，都是为了达到利己的目的从事经济活动，目的是为个人与团体、地方、国家赚钱与提高福利。经济活动是通过利他（顾客）的交换，达到利己的目的，这是经济活动的本质，是我们这个世界的商道。

# 第二节　创业管理引述

## 一、企业的层次：企业、事业、职能

企业可以分为企业（公司）、事业、职能三个层次，在这三个层次都有相应的战略，如图1-1。

华硕是一个企业组织。华硕企业包含了桌上个人电脑事业部（PC）、笔记本电脑事业部(NB)、掌上电脑事业部(PDA)、数据机事业部(ADSL)、电脑主板事业部(MB),这些都是事业组织单位。每一个事业下都有生产、营销、人力资源、研发、财务方面的管理组织,这些称为企业的职能部门。

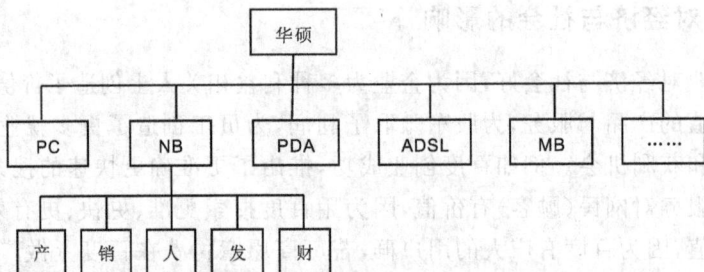

图 1-1 企业、事业、职能三个层次

· 事业是运用相似技术提供相似产品的组织,它可以是企业组织中的一个单位,而不一定是企业组织的全部。(中观)

· 企业组织可以运用不相似技术提供多种不同产品,因此企业至少包含一个事业,也可以包含多个事业。(宏观)

· 每一个事业都有生产、营销、人力资源、研发、财务方面的管理部门,这些称为企业的职能。(微观)

由于新创企业通常只包含一个事业,因此也称为新事业。本书将在第三章讲述事业战略和波特对事业战略的分类。本书将在第十一章新企业成长中期讲述公司层次的战略:BCG 矩阵。

请思考问题:为什么应将企业分为不同层次?层次划分有什么价值?

## 二、创业定义

请思考讨论问题:创业本质上是什么?成功创业包含哪些内涵?

创业是指创业者创立了一家企业(至少包含一个事业),这是对创业的简单定义。因为企业是一个社会实体,因此简单的定义也称之为实体说。但是如果创立的企业不赚钱,不久就倒闭或结束营业了,它不是成功的创业,没有成功创业的许多内涵。因此创业不是简单地成立一个企业,即单纯实体说是有缺陷的,定义应反映成功创业的本质与内涵。

接下来说明成功创业的内涵,并给成功创业一个完整的定义。如果创立的企业活着并且长大了,则它一定为顾客创造了价值,并且创业者赚到了利润,这种可以称为创业。从这个角度看,创业定义应该包含价值说、功利说。如果创立的企业产品服务与别的竞争者都一样,则它是不会长大的,只能维持一个小企业的规模。如果创立的企业从小变到大,则这个企业中一定包含了创新,即以不同的资源结合,创造了更好的产品服务。即完整的创业定义还要包含创新说。许多创新是立基于已有的强势资源,但不拘泥于资源条件的限制。创新前,创业者要先发现能导致创业(创新)成功并获利的机会,并且机会中包含了资源新结合与产出新产品与服务的可能,因此完整的创业定义还应包含机会说和资源说。

因此我们定义创业如下:是创业者立基强势,但不拘泥于资源条件的限制,识别和利用机会、承担风险、建立组织与企业、进行创新,即重新整合资源创造新产品与服务,为顾客创造更高价值并获取利润的活动。成功的创业离不开创新。

关于创业的要素、本质、特点等有许多讲法。蒂蒙斯(Timmons,2005)指出,团队、机会、资源是创业最重要的三要素,见图 1-2。张玉利指出,成功的创业具备机会导向、超前行动、整合资源、创新变革、顾客导向、创造价值的特点。随着阅读深入,你会逐渐了解创业的本质和特点。下面我们通过柏拉图式的问答引出新企业特征,逐步引出机会、范围、团队等理论。

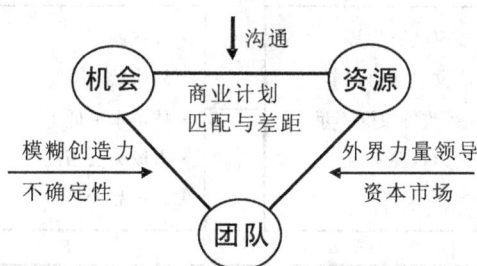

图 1-2 蒂蒙斯的创业三要素

思考与讨论问题:创业失败是不幸的,创业不一定成功。请问:如何创业才能成功?如何避免创业失败?

关于此问题的答案,一方面可以通过先了解新创企业的特征,分析它们对创业成败的有利与不利影响,再提出化解不利获得成功的方法。另一方面我们依据研究结果提出简单的获得成功的方法。请暂停阅读并思考问题:新创企业有什么特征?

## 三、新创企业的关键特征

新创企业有许多特征,但关键的特征为规模小、有形资源少、组织系统新三项。这些特征对新创事业多数情况是不利的,是新创事业的负债(Stinchcombe,1965),新事业要想办法化解这些不利。其他新创企业的有利特征包含:自主、弹性、快速、知识、关系等。

小:规模小→小的负债(缺陷、不利),无法由规模经济(指生产规模越大则单位产品成本越低)取得成本面优势。

解决办法:利用机会创新(差异化)→建立与规模无关优势

资产是指会产生现金流入的要素;负债是指会产生现金流出的要素

少:资源少→(在研发、营销、作业改善)投资不足

解决办法:

聚焦(缩小范围,集中资源)→建立小范围内优势

利用联盟→弥补价值活动和能力的缺陷,聚焦投资于核心

新:组织系统新→新的负债(缺陷、不利),内部角色流程关系和运作不稳定,外部缺乏稳定的关系→品质与成本面劣势

解决办法:建立一个既有团队→降低新的负债;进行市场化的创新→建立优势

你是否知道创业机会是什么样子?克服资源少的条件限制的方法有哪些?应该聚焦到哪里?为什么既有团队可以有利于创业? 如果你不知道答案,请往下阅读学习,在第二章讲述创业者投入的关键产业知识资源,在第三章讲述创业机会和对产品创新的影响。

## 四、小企业劣势关联效应和破解方法

规模小资源少的先天条件使小企业有图 1-3 所示的恶性因果关系循环。

| ·规模小<br>·资源少 | → | ·规模经济劣势<br>·研发、营销、营运改善投资不足<br>·人力资源不足 | → | ·成本偏高<br>·品质低下<br>·技术水平低下<br>·市场无法拓展<br>·新产品少 | → | ·获利差<br>·生存条件严苛 |

图 1-3　小企业劣势关联效应(方至民,2000)

小企业成功关键就是要找到机会,打破这种恶性循环。在向下循环中掌握到机会进行创新(差异化)→建构与规模无关优势,逆转成向上的良性循环→推升到较高竞争地位。

## 五、事业相似性与创业绩效关系研究结果的启示

Chandler(1996)研究得到,创业者新创的事业和创业者原来工作的事业间的相似性高低会影响新事业的成功率和绩效,见图 1-4。事业相似包含在市场、顾客、产品与服务、技术、模式、供应商与零组件、竞争者、互补者等方面的相似。当新事业与原事业间完全相同,成功率和绩效不是最高;当新事业有些不相似,此时创业成功率和绩效最高;过了此

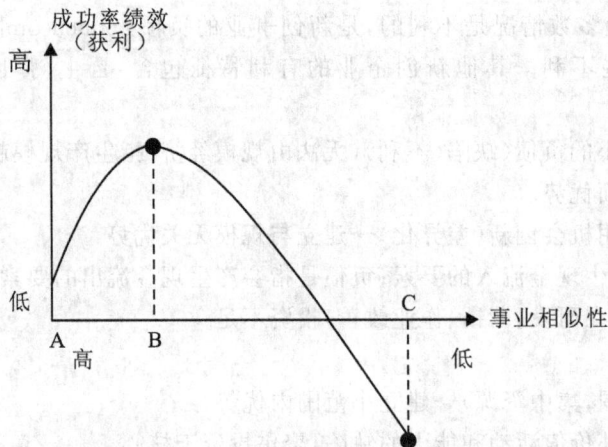

图 1-4　事业相似性与创业成功率以及创业绩效的关系(Chandler,1996)

点,随着事业相似性越低,则成功率越低。当事业相似性很低时,则几乎都是失败的。

讨论问题:

1.事业相似性最高时(A 点),新事业是在相同产业创业,还是在相关产业创业,还是在非相关产业创业?

2.这个产业里有没有竞争者?

3.此事业是一个创新的公司吗? 还是一个只是模仿与复制(原事业)的公司? 事业的竞争者多吗?

4.这种事业的成功率或绩效是否最高?

5.创业者需要有相同产业与事业的知识吗(产业特殊知识)?

6.这些知识是如何取得的?

7.创业者是否需要足够多的产业知识? 什么因素可以增加产业知识储备?

8.创业者一个人就能拥有强势的产业知识吗? 模仿复制一个人就能完成吗?

9.如果一个人的产业知识不足,不能完成模仿复制,那要怎么办?

10.产业知识包含哪些更细的知识项目?

11.成功率最高和绩效最高的点(B 点),事业相似性是哪一个水平:很高、中等偏高、很低?

12.事业相似性中等偏高,则绩效和成功率最高,显示创业者要在什么产业创业?

13.事业相似性中等偏高,则绩效和成功率最高,显示新事业中模仿(复制)原事业成分的比率高不高?

14.不是模仿(复制)原事业的成分是什么成分——无关的成分、创新成分?

15.完全没有模仿(复制)的成分的创业能否成功?

16.没有创新的成分创业能否很成功?

17.所以创业成功取决于什么?

18.所以创业成功来自哪两个重要的成分?

19.创新最终要表现在哪些方面? 跟谁比可以呈现出什么?

20.创新是创业者做出来的,还是原本就有的?

21.创新在什么时候呈现出来,是决定创业时就显示出来了,还是在创业后推出产品服务时显示出来?

22.如果创新是创业后才呈现出来的,那在创新或者创业之前要有什么?

23.创业者是创新的先行者(先动者、先发者),还是后行者(跟随者、后动者)?

24.与竞争者比,创业者的创新思维是超前还是落后?

25.事业相似性很低时(C 点),新事业是在相同产业创业,还是在相关产业创业,还是在非相关产业创业?

26.这种事业的成功率或绩效是否最高?

27.这种事业是否一定会失败,或完全不会成功?

28.哪些非相关产业创业的新事业会成功?

29.事业相似性揭示出创业战略的立足点是什么? 与什么位置间的关系影响创业成功率和绩效?

相信你能回答出以上问题。我们可以得到结论：成功的创业＝模仿（复制）＋创新（利用机会）

请思考问题：创业者如何才能实现模仿复制？在产业选择上要如何决策？如果你不了解，请往下学习第二章创业者投入的关键资源，利用相关产业的机会。

请思考问题：创业者可利用的机会在哪里？所有机会他都可以利用吗？创业机会有什么特征，有什么作用？如果你不了解，请在第二章学习运用产业特殊知识利用相关产业内的机会，在第三章认识创业机会的特征，以及对实现产品差异化的作用。

## 六、创业现象分类

请思考和讨论问题：创业可以分为几类？

创业现象的分类维度非常多，以下列出一些分类维度：独立创业、公司创业；个人创业、团队创业；生存型创业、机会型创业；男性创业、女性创业；零售业创业、服务业创业、产品制造业创业、零组件制造业创业；实体产业创业、虚拟网络创业；产业内人士创业、科研或学术机构人士创业；低成长企业创业、高成长企业创业；非家族企业创业、家族企业创业；独资企业创业、合伙企业创业、股份有限公司企业创业；商帮创业、非商帮创业；当地创业、跨地区创业、跨国创业；传统产业创业、科技产业创业；产业集群内创业、非产业集群内创业；组件创新创业、产品创新创业、商业模式创新创业；中介创业、平台创新创业；政府创业、公益创业（非营利组织创业、社会创业）、营利组织创业；非风投注资的创业、风投注资的创业；加盟创业、代理创业；套利型（复制型）创业、创新型创业；城市创业、乡村创业；产业中心创业、产业边缘创业；计划创业与非计划创业；进入相同价值链位置创业，进入上游价值活动创业，进入下游价值活动创业。

请分析以下案例，找出创业现象的一种重要分类维度，提炼分类架构。

1.在 infoseek 门户网和搜索引擎公司工作的李彦宏回中国→在中国门户和搜索网尚未获利时，创立百度搜索引擎公司

2.四位主板设计工程师从宏碁电脑公司离职→创立华硕电脑公司

3.做周边产品（含球鼠标）的将盟（Tremon）公司的总经理、协理、副理等→创立做光学鼠标的世洋（Acrox）公司

4.做扫描仪的全友公司技术长带着一个研发团队离职→在数码相机产业刚开始时期，创立做数码相机的华晶科技公司

5.西餐厅公司的协理、经理离职→创比利小鸡连锁蛋糕店

6.英语老师马云→创立中国黄页公司，成为中国最早的网络电子商务事业

7.台湾的导游→创立香港到东莞的客运公司

问答讨论：

1、2、3 三个案例有何共同性？4、5 两个案例有何共同性？7、8 两个案例有何共同性？1、4、6 三个案例有何共同性？2、5、7 三个案例有何共同性？你发现了创业现象的分类维度吗？答案请看第二章第三节的图 2-3。

# 第三节　战略管理简述

## 一、战略定义、程序、步骤、原则

请回答问题:你是不是战略家、战略管理者?

### 1.战略管理与战略定义

战略管理是制定(规划、决策)、实施(执行行动)、评价、调整战略,使组织达到目的的艺术(创意)与科学(逻辑)的活动。战略决策要"权衡外情"与"度量己力",在多种方案与方法中,选择一组方法形成的一个战略行动方案,就是战略是分析内外条件后选择的结果,战略要聚焦在能达成目标的重点上。战略管理者包含创业者、总经理、事业部经理、职能经理。他们代表股东管理资产,是通过运用资产资源进行创新,达到为顾客创造更高价值以及为股东赚取利润的目的。从时间顺序和手段目的的关系角度看,战略是立足于现在的条件达到未来目的的方法,是条件—方法(手段)—目的的因果逻辑关系的连接。在市场经济的环境中,站在客户与股东的立场上看,战略的目的是企图通过为客户创造更高价值,达到为股东创造更高利润与减少损失的目的,就是要多赚钱或少赔钱。因为企业组织是存在于社会产业经济环境中的,从组织与环境角度看,战略就是组织对环境动态改变的弹性适应,使组织更适配环境,通过交换从环境中取得所需的资源,实现生存与成长。

其实每个读者都可以成为优秀的战略管理者,为自己的职业生涯制定合适的战略。你在升学和就业过程中设定过目标,执行过战略,参与过竞争,正确有效的战略使你达到了阶段目标,错误无效的战略使你没有达到目标。要想成为优秀的战略管理者,你必须律己,展望未来,思考清楚战略,聚焦执行战略,努力行动,你将走出人生和事业成功之路,实现精彩人生。本书可以指导你制定出有效的战略。

由于创业是创业者和团队立足于现在的条件(资源、机会)达到未来目的(获利)的方法,因此是企业组织战略的一种类型,是创业者从在企业工作到成功创建新企业的战略,是从 0 到 1 的战略。你将在第二章学习了解创业家,他是创业战略管理者。

### 2.战略管理程序

基本战略管理程序如图 1-5。

### 3.战略管理要回答的问题

战略也是在解决组织的生存和发展的问题,因此明确问题有助于战略的制定。以下是战略管理要回答的问题:

(1)从时空方面看,战略分析要回答三个问题:(A)我们现在在哪里?回答这个问题可以明确我们的立足点和可以利用的条件。(B)我们未来要到哪里去?回答这个问题可以明确我们的方向、未来目标以及未来企业的样子、商业模式和资源构造。(C)我们如何到那里去?回答这个问题可以找出我们的路径、方法与投资额(赌注)。

(2)从市场和顾客方面看,战略分析要回答三个基本问题:(A)未来我们的目标顾客是谁(Who)?回答这个问题可以明确我们未来的目标细分市场与顾客群。(B)他们有什

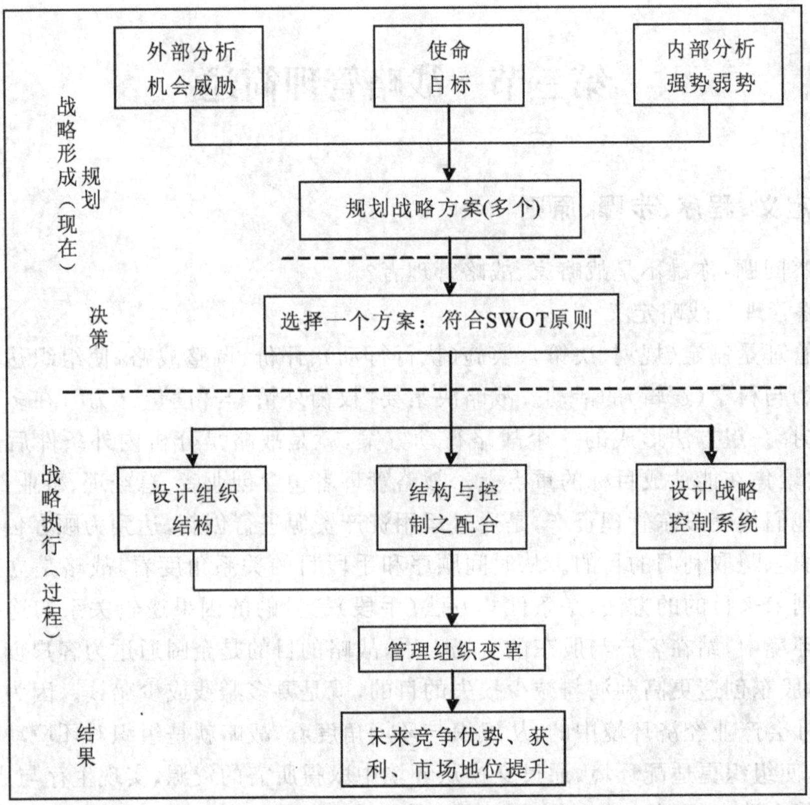

图 1-5　战略管理程序(希尔、琼斯、周长辉,2004)

么需要？我们要创造什么样的产品(属性)？为他们递送什么价值(What)？回答这个问题可以明确我们未来顾客的需要,了解差距,并指出差异化方向。(C)我们要如何做出这样的产品,满足这些需要(How)？回答这个问题可以明确我们的方法、投资额(赌注)、未来模式、资源构造与关键能力。

(3)另外战略规划与实施要回答四大类问题:(A)企业的边界与范围;(B)市场与竞争分析;(C)定位及其动态;(D)内部组织。

4.战略形成的步骤(分析、规划、决策)

我的导师司徒达贤(1995)提出战略形成的步骤如下:(1)分析起点:描述现有企业形貌(样子),它是企业已实现的过去战略。(2)找出过去为建立这个企业形貌的环境、资源、目标的前提假设。(3)分析环境中的机会或威胁,资源相对于竞争者的强势或弱势,目标已发生的改变和趋势,找出未来环境、资源、目标的新的前提,以及未来企业的形貌。(4)在新的前提条件下,运用创意发展可行的战略方案。(5)决策:选一个最佳的战略方案。执行战略方案。

由于创业是创业者的战略决策,因此在第二章将讲述创业者和决策时与机会有关的资源条件,在第三章讲述机会。

对未来新的战略分析包含以下这些:

·市场划分为一些细分市场,未来哪些细分市场会成长？哪些细分市场会衰退？哪些细分市场会浮现？哪些细分市场是具有潜力的？

· 未来不同细分市场的消费者的需求形态将会有何改变？目前哪些消费者的需求满足程度较低？未来这些消费者的不满足感会增加到何种程度，需求会增加到何种程度？

· 上游出现了什么新要素，包括新原料、新组件或新技术？未来哪些要素的发展具有潜力，哪些有价值的属性会提高？

· 未来竞争者的战略方向为何？会攻哪些细分市场，不会攻哪些细分市场？

· 互补要素发生了哪些改变？……

5.战略方案须满足 SWOT 原则

有效的创业战略要满足以下原则。决策时点：简单说战略要立足优势、克服劣势、利用机会、避开威胁。执行后：创造出差异性产品并在市场上取得竞争优势，从而在未来产生利润。见图 1-6。在第三章会更深入地描述创业战略。

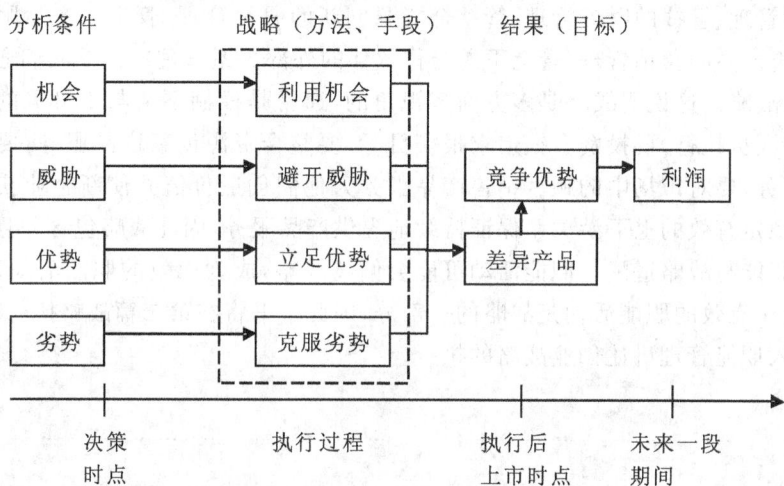

图 1-6　战略原则与结果示意图

请比较这段话与上面的战略定义有什么差别。请思考问题：如何才能立足优势？机会在哪？如何才能利用机会？如果你不清楚，请学习第二章理论。

**不符合 SWOT 原则的情况**

有效的战略方案不是任何时候都能形成的。如果创业时没有充分知识，没有机会则不能形成有效战略。以下创业者的行动不符合 SWOT 原则，因此不是有效的战略：(1)工作年数太短，创业时没有充分的知识准备。(2)拼凑的创业团队，创业时没有充分的知识准备。(3)在非相关的产业创业。(4)创业时，产业中并没有创业机会。

## 二、战略分析与决策：内部、外部分析的内容与目的

1.创业资源与环境条件

创业的资源条件与环境条件是与创业相关的因素集合，包括：创业者的知识、关系、资金、宏观环境条件、行业环境(微观环境)条件，是多层次、多因素变化的综合体。环境中因素的发展变化会对企业或创业者形成机会或威胁。

2.分析内外部条件与趋势形成创业者的创业战略

战略分析要分析内部资源与外部环境。战略分析一方面要分析企业内部资源在不同的外部市场中相对于竞争者的优势或劣势。可以认识到自己的相对优势与劣势,独特的资源与能力,以及资源与能力的限制。内部分析包含创业团队与资源,本书在第二章第四节讲述创业者个人的资源、第五章讲述创业团队与资源。另一方面也要分析外部环境中因素的改变与趋势,以便找出企业的机会或威胁。确定哪些外部机会可以利用,哪些因素对企业不利与造成威胁,以便把握有利时机,规避风险,实现目标。战略分析的结果是形成结合内外部条件对企业最有利的战略方案。

## 三、不可见的战略与清楚可见的职能活动

人们到企业中去通常能看到不同的人执行不同的清楚可见职能活动,包含管人的组织人力资源管理、管钱的财务管理、管整合资源创新的研发管理、管生产产品服务的运营管理、管销售产品的营销管理、管上下游合作伙伴的外部关系管理。但是人们通常看不到这个企业的战略。这说明战略是多方面多视角的,通常是模糊不清与不可见的。由于战略需要组织人员执行,要投资金钱追求报酬目标,要整合资源创新产品服务,要运营企业提供产品服务,要对市场中的顾客销售产品服务为他们创造价值并使新企业获取营收利润,要维持稳定有效的上下游关系保证持续地提供产品服务,因此战略包含并且要整合职能活动,使职能与战略适配。职能活动可能会偏离战略,成为无效的职能活动,并且使战略失效。由于有效的职能活动是战略的一部分,因此本书将在第二篇战略执行篇,划分创业阶段,引入职能管理讲述创业战略的执行。

---

### 本章要点

- 创业创造了价值:创业者获利、顾客满意、员工就业、经济增长、社会发展。
- 创业包含利用机会、建立组织、克服限制、承担风险、追求利润等多方面。
- 新创企业有规模小、资源少、组织新等特征,它们会产生恶性循环,要发挥自主灵活、聚焦、利用机会等特征,走出恶性循环,使创业成功。
- 创业有不同类型,模仿复制和创新两种成分影响创业成功。
- 战略是利用条件、选取方法、达到目的的逻辑行动,使组织适应生存成长。
- 战略管理要分析内外部改变趋势,形成假设利用条件,制定实现目标的方案。

### 重要概念

企业与事业、创业、新企业特征、规模经济、战略、战略管理、战略管理程序、战略分析内容

## 思考问题

1.创业成功得到了什么？和打工有什么区别？

2.创业战略管理有哪些学习内容？除了对创业有用,对人生发展有用吗？

3.请从多个角度说明创业成功的价值和作用,如从创业者和团队成员、股东、顾客、员工、合作厂商、供应链、产业、地区(省市)、科技、资源、市场、银行金融、就业、经济、生产力、民生、社会、国家、国际等角度。

## 课外练习

1.请阅读书后瑞传工业电脑与方太的创业案例,针对问题进行案例分析。

2.请阅读书籍《阿里巴巴神话———马云的美丽新世界》,孙燕君著,江苏文艺出版社,2007 年。

3.请阅读书籍《苏宁———连锁的力量》,段传敏著,中信出版社,2008 年。

# 第二章　创业者、资源与机会相关的决策

## ▶ 核心问题

- 创业者是什么样的人？有什么特征？
- 创业者带着哪些资源创业？
- 创业者的产业知识分类与作用有哪些？
- 如何判断创业者的资源丰富？
- 创业者的资源如何取得？
- 创业战略决策与创业者、资源、机会、产业的关系是什么？
- 创业有哪些类型？
- 创业进入的产业对资源的要求是什么？

## ▶ 本章学习目的

- 了解创业者的定义、特征、能力。
- 了解创业者拥有的有形资源与无形资源。
- 了解产业特殊经验知识包含的成分、不同的分类与作用。
- 了解产业特殊经验知识与机会发现的关系。
- 了解产业特殊关系的类型与作用。
- 了解经历与产业特殊经验知识强度的关系。
- 了解创业战略分析的立足点、与机会位置之间的距离对创业的影响。
- 了解产业相关性与产业知识存量的关系，产业生命周期阶段与机会的关系。
- 了解按以上二维度的重要创业分类及其与创业绩效的关系。
- 了解进入产业的产业特殊知识与关系门槛。

## 引导案例

### 阿里巴巴

1995年4月马云、张英、何一冰创立了中国黄页网站，9月马云从杭州电子科技大学辞去了大学教师的工作，之后中国黄页被中国电信投资的一家网络公司购并。1997年年底，马云带着团队加盟北京外经贸部的中国国际电子商务中心（EDI），做官

方的网站。那时18个人的分工是:马云担任总经理,孙彤宇负责网站建设和推广,吴泳铭和周越红负责技术,楼文胜负责策划文案,谢世煌负责财务,张英和彭蕾负责行政和服务,其他人做网站编辑。这期间EDI给了马云较高的礼遇和职务,很高的薪金。17个人中,有些是马云在杭州电子科技大学的学生,当时在北京每人工资有1万多。在北京的一年多里推出了中国商品交易市场、中国技术出口交易会、中国招商、广交会和外经贸等一系列网站。中国商品交易市场网站做好后,企业上网踊跃,当年度就盈利了。

但是这期间马云心里清楚,自己不过就是一个高级打工仔,而1998年网络大潮正席卷全球。因为继续打工要偿付巨大的机会成本,所以马云作出了痛苦的决定:放弃北京,回杭州二次创业。决定后,马云把他从杭州带过来的17人团队召在一起,对他们说:我近来身体不太好,打算回杭州了,你们可以留在部里。如果你们想留在北京,我可以介绍你们去雅虎等公司,几万块的工资都有。接着马云又说:"你们要是回家跟我二次创业,每月工资只有500元,不许打的,办公就在我家那150平方米房子里,做什么还不清楚,我只知道我要做一个全世界最大的商人网站。如何抉择我给你们三天时间考虑。"马云的决定在团队里引起了轩然大波,很多人不能理解马云的决定,也有人坚决反对这个决定。谢世煌反应很激烈:从终点又到起点,不断创业,不断漂泊,这是为了什么? 孙彤宇也很郁闷:从业务、业绩上,任何角度看,我们都干得不错,没有任何理由一定要重新开始,从零开始。不管多么反对,多么不理解,但到作抉择时,大家没有任何犹豫,也无须三天时间考虑,五分钟后抉择就出来了:全部跟马云回杭州。1998年年底马云带着团队离开北京到杭州再次创业。

1999年1月的一天,马云和创业团队成员的18个人拿出了50万自有创业资金。1999年2月21日召开了第一次员工大会,马云和盘托出了他的网站模式:不做门户、不做B2C,只做面对中小企业的B2B。会上的争论异常激烈,多数人的成功电子商务模式就是C2C、B2C两种模式,多数人认为马云头脑里的B2B模式是不可能实现的。在战略决策上马云当仁不让,不做门户,不做B2C,就只做面对中小企业的B2B。马云坚定地说,大部分人看好的东西,你不要去搞了,已经轮不到你了。事后马云说,在互联网时代,有一个错误的决定要比没有决定好。在做决定的过程中,如果一个决定出来以后有90%的人说好的时候,你就把这个决定扔到垃圾箱里去。因为那不是你的,别人都可以做得比你好,你凭什么? 这就是马云的逆向思维方式。阿里巴巴是独特的,没有拷贝任何一种模式。不拷贝就是创新。创新的风险十倍于拷贝。

第一次员工大会气氛凝重,弥漫着一种失落、迷茫和犹疑的气氛。当时这支队伍有点像败军。艰难时刻马云的话总是激动人心:就是往前冲,一直往前冲。马云说:"团队精神非常非常重要。往前冲的时候,失败了还有这个团队,还有一拨人相互支撑着,你有什么可恐惧的。今天要你一个人出去闯,你是有点慌。你这个年龄在杭州找份工作,一个月三四千块钱你拿得到,但你就不会有今天这种干劲,这种闯劲,三五年后你还会再找新工作。我觉得黑暗中大家一起摸索着一起喊叫着往前冲,就什么都不慌了。十个人手里拿着大刀,啊! 啊! 啊! 向前冲,有什么好慌的,对不对?"听了这样的话,创业团队精神怎能不为之一振? 接下来马云开始兜售真正的期货,兜售黄金的未来:在未来的三五年内,阿里巴巴一旦成为上市公司,我们每一个人所付出的所有代价都会得到回报,那时候我们得到的不仅是这套房子,而是 30 套这样的房子。

是精神鸦片吗?是也不是。因为马云用来激励团队的不仅是财富,还有事业:做一个中国人办的全世界最好的公司。做一个世界十大网站,做一个 102 年的公司。谢世煌后来回忆说:有时候马云就像一个教父,完全用一种理念来引导公司的方向。他确是一个教父,是一个伟大理想的布道者,是一个辉煌梦想的鼓吹者。但究竟要如何做,还要大家商量着来。

阿里巴巴的商业模式来自马云五年的互联网商业实践,他与团队的激烈思想碰撞,产生的灵感和直觉。1999 年 2 月在新加坡"亚洲电子商务大会"上,他问雅虎杨致远,杨说:雅虎想做一切。马云说:从理论上说,你什么都做,往往什么都做不好。互联网的走势越来越纵向化,往横向发展比较难。但杨致远不这样看。马云思考:他要做横向,我就做纵向。互联网上有很多东西,我就只做商业、做贸易、做商人的网站。当时中国争相拷贝 eBay、AOL、亚马逊、雅虎的模式。但马云有一份独特的清醒,在他看来电子商务对中国是三年以后的事,因为银行没有准备好,配送没有准备好。马云感到美国的三种模式都不适合中国,他要推出的是一种新的 B2B 模式。马云认为,商业机构间的业务量比消费者间的业务量大很多。过去在外经贸部的中国国际电子商务中心(EDI)的实践告诉他,商业机构中最需要电子商务支持的是大量中小企业。欧美的 B2B 都是针对大企业的,阿里巴巴是冲着小企业的。马云说:只抓虾米不抓鲸鱼。要给中小企业一个网络出口。马云调查发现,中小企业商人头脑精明务实,能让他赚钱的东西他就会用,不在乎花一点小钱。电子商务对中小企业的门槛不高,而且阿里巴巴开始的服务是免费。大企业买得起别墅,用美国的套路,小企业只能住公寓,有两居室就可以了,我们就做两居室。不要钱的两居室,像康居工程。阿里巴巴只做交易前的商业信息流,不做交易中,不做交易后。让客户网上交流信息,网下交易。中国目前只适合做电子商务第一阶段的工作,那我们就把第一阶段的工作做好。阿里巴巴就是一个为全球商人做的,专供企业使用的免费电子公告板,主要针对中小企业。

**问题:**为什么马云要离开北京外经贸部的中国电子商务中心,回到杭州二次创业?阿里巴巴是相同产业创业还是相关产业创业?进入的产业处于生命周期的什么阶段?阿里巴巴是个人创业还是团队创业?你觉得马云的决策能力如何?马云决定二次创业时,部属了解他的创业战略想法吗?你觉得马云的组织领导能力如何?为何马云能带领和凝聚起一个团队?创业团队是创业期拼凑起来的,还是既有的团队?马云和团队成员的关系为何?创业者的相关产业知识丰富吗?从哪些特征判断他们的相关产业知识是否丰富?请列举他们的产业知识成分包含哪些?他们是否有独家的知识,如果有,当时是什么形式?当马云说出他的创业战略想法时,部属理解和同意他的想法吗?你觉得马云的决策风格是偏向民主还是独裁,为什么?在决策期间马云辨认出了什么?他辨认出的那个里面藏着什么?马云是否有洞察?他洞察到的东西是否吸引了他?阿里巴巴的企业范围是大还是小?做什么,不做什么?你能看出马云提出的使命和愿景吗?

　　以上案例使你了解创业者马云在做战略决策时拥有的多种资源条件,利用的是什么产业的什么机会,新企业选择的范围等。

# 第一节　创业者

## 一、潜在创业者

　　现实中有很多人都是潜在创业者,以下列出几种类型:(1)既有公司中的管理者、销售业务员、研发人、技术专家。例如:马云在创业前是北京外经贸部的中国国际电子商务中心的网站建设部的总经理,后来创了B2B的阿里巴巴网站。牛根生创业前曾是伊利公司的运营副总裁,后来带领团队创立了蒙牛乳品公司。台湾仲琦科技董事长创业前是一家公司的电脑工作站销售业务经理。创业者佩吉(Page)和布林(Brin)创业前是Standford大学的博士生,是更高效搜索引擎的发明人,是技术专家和研发人,后来应用自己研发的搜索引擎创立了Google。做数码相机的台湾华晶科技公司董事长夏汝文创业前是全友扫描仪公司的技术长。华硕电脑公司的4位创业者,创业前是宏碁公司的4位电脑主板研发设计工程师。以上人员看起来职位较高,似乎都属于出色的精英人士。(2)科技发明人、产品服务发明人。皇明公司的创业者黄鸣创业前是太阳能的科技发明人。(3)另一方面潜在创业者也可能是一些失业的人、下海人或做小生意谋生的人,他们的企业是经历一个过程逐渐发展起来的。例如台湾阿瘦皮鞋创业者创业前是一家擦鞋社的擦鞋小弟,创业也就是摆个地摊擦皮鞋。(4)留学后的海外工作者。例如李彦宏是去美国的留学生,之后进入美国Infoseek搜索引擎和门户网公司工作,然后回中国创业,建立了百度搜索引擎公司。

## 二、创业者的定义、特征、能力

　　1.决定创业成为创业者

　　潜在创业者在产业中工作,累积了一定资金、产业事业知识与人脉关系,当产业环境中出现一个机会,他发现了此机会、辨认是否是创业机会,评估机会的价值,评估自身已有的资源和潜在资源,构思利用机会的战略方案,之后当他做出决定创业的战略决策,则他变成一个创业者。

　　2.创业者定义

　　首先我们讨论:什么人是创业者? 简单而言,创业者是指企业的创建者。但是如果此人没有辨认出创业机会,使创业后企业亏损倒闭了,则此人没有成功地创业,他不能称为创业家。要成功地创业,创业者必须辨认和利用一个或系列的创业机会。机会中包含资源新结合的可能,使创业者能创新,能为顾客创造价值并获得利润,这种称为创业。竞争者积极利用的机会不是创业机会。

　　综合以上讨论,我们定义创业者是不拘泥于资源限制,发挥自身长处,发现和利用创业机会(竞争者不积极利用的)、投入资源与承担风险、组织创业团队、建立企业、进行创新,即结合资源创造新产品,为顾客创造更高价值并获取利润的人。

### 3.成功创业者特征

创业者层次量化研究探寻何种创业者特征影响新事业绩效。研究结果显示,创业者的相同或相关产业工作年数长,产业特殊知识强度大或相关产业知识强度大,做过管理者,这些是成功创业者的最主要特征。这些特征既显示了创业者有较深厚的经历和产业知识累积,也显示了成功创业者特征是创业者战略决策的结果,他们选择发挥自己的长处,利用在相同或相关产业的机会。创业者的产业知识强度大与做过管理者隐含了他们拥有战略管理的能力,能够做出正确的战略决策,能建立创业团队组织,执行创业活动。他们也拥有强的产品服务创新研发能力,能够利用机会创新产品或商业模式。

创业者研究得出的是多数成功创业者特征,但是也有少数成功创业者不具有上述特征。与大样本统计结果不同,现实中有许多没有产业经验的大学生创业者,教育程度低的非精英群体创业者,失业后的创业者,农民进城经营商业的非相关产业创业者。通常这些创业者选择了进入障碍较低的存在机会的产业进行创业。机会的形成可能由于地区产业优势的发展形成了商贸创业机会,或者其他创业者创造了商业平台或制造平台,例如淘宝网的网店平台或联发科技公司的山寨手机平台,降低了创业门槛,使得非相关产业创业也能成功。在某些条件下非相关产业创业也能成功,一部分非相关创业者也能成为成功的创业家,将企业发展壮大。例如,淘宝网上的成功创业者鞋神尹志强。创业者罗水木从擦皮鞋开始创业,现在已经创办出台湾皮鞋第一品牌"阿瘦皮鞋"。

创业者除了拥有知识和能力外,也拥有一定的相同或相关产业内的关系,它们是创业者的社会资本。关系包含创业者与原事业中的同事、部属的组织内部关系,以及与上游供应商、下游顾客、互补厂商之间的关系,与家族中各种亲戚的关系。社会资本是指创业者的社会关系中潜藏的可以动员的资源。

### 4.创业者的能力

创业是一种特殊与复杂的企业经营活动,需要许多种能力。(1)整体而言,创业者需要有识别机会与评估资源,做正确的战略决策的能力,以及组织领导和有效执行战略的能力。(2)识别机会能力:创业者要能分析出不同资源的属性和市场顾客的需求,抓住创新创业机会,形成产品创新理念。(3)组织能力:认清伙伴能力、选择互补的伙伴,组成创业团队进行创业创新。(4)策划能力:创业者能将创业战略方案(概念)发展为一个计划并执行。(5)整合资源进行创新的能力:创业者知道如何利用不同但互补资源,特别是创新的资源,整合成新产品进行创新。(6)管理能力:创业者要能有效地管理企业里的人(创业伙伴和新事业员工)、事(新事业战略、各种职能)、物(将资源特别是创新资源合理配置,整合为性价比更高的产品),创造出好的绩效来。(7)社交能力:创业者要善于与利益关系人交往,沟通理念、取得认同和支持。

### 5.创业者的品格

成功的创业者有以下品格:他们好奇心强,有洞察力,善于辨认出机会;他们果断,敢于承担风险(敢赌)并利用机会;他们善于学习并且有良好的身体和心理素质。

创业者有出色的能力和品格,那创业者是学校教育培养出来的吗?多数创业者都不是学校培养出来的,他们的能力是在工作实践中培养出来的,学校教育是提供了一个基础。既然创业者的能力不是学校培养出来的，因此在教科书中讲这些能力是没用的。我们更重要的是要找出成功创业者的特征，符合特征的那些潜在创业者已经有了这些能力和品格，当机会来临时他们就能成为创业家。

# 第二节　创业者投入的资源

## 一、创业投入的有形资源、无形资源

创业者投身创业活动中一定要投入一些资源，资源可以分为有形资源和无形资源。从引例可以看到，创业者创业时投入了金钱（财务）资本，有些创业者也会以厂房、设备等估价投入。这部分是可见的有形资源。另外创业者在过去的工作中累积的产业特殊知识、人脉关系和信誉，是投入创业的更重要的无形资源。

1.有形资源处于弱势→运用聚焦、联盟、分阶段融资方法

思考讨论问题：若创业需要很多资金投入，在创业者资金有限的条件下，创业者要如何创业成功？

创业者投入的有形资源初期主要是钱，之后这些钱会转变成设备等固定和流动资产。与竞争者比，创业者的有形资源一般来说处于弱势，因为新事业的钱不会比既有竞争者多，厂商设备规模也小。若创业者或新事业的有形资源处于弱势，则要如何克服此弱势？因为资源少，所以：第一，创业者不能将资源分散运用，因此要运用聚焦战略，即缩小事业范围，集中资源运用于核心活动，在一个小范围发展优势。第二，因为新事业的范围小，很多经营活动自己无法开展，因此新事业要利用合作联盟的职能活动（设计、生产、营销）和资源。第三，若创业者有限的资金不能满足开发需求，则可以通过提供股份，以"股份＋机会"的方式融资。但是这种方式创业者会稀释掉部分股份，并失去部分控制权。第四，创业者可以将创业过程分成多个阶段，通过自有资金发展早期阶段，达到阶段目标并显示出新事业获利潜力，此时再向投资者或风投融资，可以使创业者和团队保持较多股份，不会因为要筹资稀释掉太多股份。

**案例**　以牛根生为首的蒙牛团队拿出了1 000万资本创业。伊利总裁郑俊怀听到后大笑说："1 000万能干什么？"当时伊利已经有几十亿的营业额。因为资源少，所以蒙牛跳出"先建工厂、后建市场"的窠臼，创造性地提出："先建市场、虚拟联合、后建工厂"的战略。蒙牛找到处于亏损的哈尔滨液体奶公司，与他们合作，对方出设备，蒙牛出技术，合作产销液态奶。

**案例**　某青田人，中学时学裁缝，毕业后创立服装公司。后来到温州妙果寺产销西服，西服大厂多。有一次这位青年将一批西服的袖子全都裁短了一截。这个失

误差点让他背上债务。"我这人就爱琢磨,干脆将错就错,把裁短的袖子接上别的布料,再将衣服的下摆也裁去一截,补上别的布料。"就这样,他制作出了早期休闲风格的服装,没想到一个小时就卖光了。在温州这个繁荣的服装商圈里,西服市场已经非常成熟了,这位青年的实力是较差的,能力也不是最强的。他无意间做了休闲西服,发现这个市场需求大,竞争小,于是他决定进入休闲服市场。在休闲服市场经营一段时间后,这位青年人发现年轻人休闲服变得最快,于是他决定专门做年轻人休闲服。年轻人休闲服销量成长很快,后来他发现自己设厂、开店钱不够,外地有服装生产工厂闲置,于是他决定自己不投资建厂,而是将生产外包给这些闲置的工厂,自己不开直营店而是开加盟店。最后这个企业成了一个虚拟经营的服装品牌企业,这是上市公司美特斯邦威创业者周成建的故事。

2.靠强势的无形资源(产业经验知识、关系)建立优势

若有形资源处于弱势,则创业者要靠何种资源建立竞争优势呢?创业者要靠无形资源(知识、关系)的强势,上游互补伙伴厂商的创新要素,以及持续的创新来建立优势。若无形资源不强,则创业失败的可能性会很大。创业者投入的无形资源包含知识和关系。但对创业有效的知识不是学校学到的一般性知识,而是产业或事业特殊的实务经验知识(创新知识)。以下我们对知识进行分类,并说明其作用。

## 二、产业特殊经验知识的成分、类型与作用

1.跨产业一般知识、产业特殊知识

知识可以分为跨产业一般知识和产业特殊知识。跨产业一般知识可应用于多个产业,但不能解决产业特殊的问题。例如,学校教科书上的管理知识是跨产业一般知识。产业特殊知识只应用于特定产业或相关产业,可以解决产业特殊的问题,产生产品和服务。创业者在创业过程中可以利用产业特殊知识将新事业复制出来。

创业者在过去的工作中学习累积了产业特殊知识。例如,百度创业者李彦宏的搜索引擎软件设计与程序编辑、运营、营销知识,王菲的唱歌知识,姚明的打篮球知识,琼瑶的流行小说写作知识,王传福的电池原理和制造知识,餐厅创业者的烧菜、特殊定位、餐厅的商业模式和运营知识等都是产业特殊知识。

2.产业特殊知识按创新性分为:产业内通用知识、创新知识

产业内通用知识或称为产业内一般知识或产业内同质知识,是指产业内厂商都有的产业特殊知识。这种知识属于创业中复制原事业的部分,这种知识也是创新的基础。单纯这种知识不能产生差异化的产品,不能产生竞争优势。在相同产业创业的类型中,不同创业者的产业内通用知识强度不同。例如工作年数很短,则产业特殊知识不强。另外主要创业者所获取的产业特殊知识有限,可能存在产业特殊知识的缺口,需要建立一个创业团队才能使新事业需要的产业特殊知识完整。

创新知识也称为厂商特殊的知识、厂商专有知识、异质知识,是差异化且稀缺的知识,即创业者或少数竞争者拥有的产业特殊知识,能生产差异化且稀缺的产品与服务,并且能产生竞争优势。创新异质知识具有如下属性:有价值、稀缺性、难以模仿性、难以替代性(Barney,1991)。创业者和厂商可能有也可能没有创新知识。创业者的创新知识是他创

造出来的或者模仿得到的。企业里的独家技术、独门秘方、独特商业模式、独家产品知识都属于创新知识。英文中的 Know-how 多数是指这类属于商业机密的创新知识。后面第四章会讲到,创业者的创新知识是产品差异的来源,可以形成创业机会。

3.产业特殊知识按内部外部分为:产业环境知识、事业知识/技能

产业环境也称为行业环境、任务环境、个体环境、微观环境。产业环境知识包含下游市场与最终顾客需求、经销商网络与服务、上游供应商与生产要素(组件、原料、技术、设备)、竞争者方向与行为、互补厂商资源能力等方面的知识。亦即 Porter(1985)的五力模型包含的各方面的知识。产业环境知识能让创业者认清创业机会与形成有利的策略(Chandler,1996)。策略是一组选择的结果,选择的创业领域要存在创业机会。策略选择包含在产业环境中选择哪个产业的哪块细分市场,选择执行哪些价值活动,提供什么样的产品与服务,选择哪些供应商的生产要素(组件、原料、技术、设备等),与哪些厂商合作。

事业知识/技能包含事业内部的运作、创新流程、产品方面的经验知识和技术能力,使创业者具有战略执行与创新能力。事业运作知识包含职能(产、销、人、发、财)、流程(投入、转变、产出)、技术(有效执行流程)、产品服务(产出)、组织管理(分工协作)、生产要素(组件、原料、技术、设备等投入)、顾客需求特征等方面的知识。事业运作知识/技能使创业者能做出新的产品与服务,能执行策略(Chandler,1996)。创新流程知识使创业者了解如何结合新资源,生产新产品与服务,并提供到对的细分市场。产品知识可以分为产品结构知识和组件知识(Henderson and Clark,1990),它使创业者了解如何将组件装配成为产品。创新的事业知识是英语中的 Know-how,指独家的产品知识、技术知识、商业模式知识等商业机密知识。

4.产业特殊知识会影响创业者发现创业机会(第三章讲述)

朱沛(2005)研究得出,创业者的创新知识也可以形成创业机会,即创业者可以捕捉内部创造出来的创业机会,这部分内容将在第三章讲述。例如 Google 的创业者研发出了更高效的搜索引擎,即创造了创新的知识,由于这种知识产生的服务差异和顾客对这种服务有需求,竞争者难以模仿,从而形成了创业机会。

## 三、无形资源的来源:经历与产业特殊知识强度的关系

资源是如何产生的呢?或产生资源的前因是什么呢?一个时点的资源存量是经过一个累积过程产生的,因此过程是资源的前因。某个时点的资源多少是一个存量概念,存量越大资源越多。资源存量的产生前因是累积过程的时间×流量,即:时间×流量=资源存量。

产业特殊知识是一种无形资源,产生它的前因是创业者的工作经历。产业内经历可以用三个指标显示,它们是相同或相关产业内工作年限(时间长度)、职级高低、经历的职能多样性。产业内经历越丰富,则产业特殊知识存量与强度越大。这是因为,工作年限是经历的时间长度指标。工作年限越长则创业者的产业特殊知识存量越大、强度越大。职级高低是显示创业者在组织中垂直范围的指标。创业者职级高显示他可能是从基层升上来的,他不但拥有作业技术知识还拥有事业管理知识。职能多样性是显示创业者经历的水平范围指标。职能多样性大显示出创业者有完整的事业知识。

## 四、产业特殊关系

通常成功的创业者在产业中都有一定的社会关系网络,这些产业特殊关系是创业者的社会资本,它们有助于创业者发现创业机会,以及动员其中蕴藏的各种资源利用机会。以下先讲述创业者的社会关系网络有助于建立创业团队与外部合作关系。本书将在第三章第二节讲述创业者的社会关系网络有助于他发现外部的创业机会。

创业者的社会关系网可以按与原事业内部同事、外部事业伙伴、其他社会人士间的关系分类。

创业者与原事业内部同事、部属间如果存在很密切的关系,可以吸引这些同事和部属建立起创业团队,成为创业伙伴。这种创业团队接近一个既有事业团队,它能建立的前提是在相同或相关产业创业,这些团队成员的有效产业知识存量较大。许多创业者在原事业中就是一个领导者,有很高的社会资本,与部属已经形成了一个既有团队。例如,蒙牛的牛根生提拔培养了许多部属,他也会将公司给自己的奖励提供给员工。马云在北京外经贸部建设中国国际电子商务中心的团队成员,有些是马云在杭州电子科技大学做老师时的学生,马云一直是这个团队的领导者,团队成员跟着马云得到过好处,在北京工作月收入 10 000 多元,这对与刚毕业不久的学生来说是很高的收入。牛根生与马云给自己的部属带来了好处(较高的收入),使这些人成长,赋予他们更大的权力与责任,他们也接受了牛根生和马云的领导和指挥。在这两位主要创业者与部属间原本就是一个团队,有一个权力与分工结构。

创业者与供应商、职能互补厂商、经销商的关系可以让创业者取得外部资源建立起产业内的事业合作体系。创业者与原事业顾客的关系可以让新创事业快速取得足量的顾客,提早跨过盈亏平衡点。

进入产业创业存在一个产业特殊知识强度门槛,竞争者存在的时间长,则它的产业特殊知识存量大,使进入要求的产业特殊知识强度门槛高。创业者要接近这个门槛需要经历更丰富,即要求产业内或相关产业内工作年限长,职级高,经历的职能多。创业者的知识、关系、能力本身都是观察不到的,但是我们能观察到创业者的经历。当潜在创业者的产业内或相关产业内工作年限长,担任过事业管理者(职级高),经历的职能多,则他的产业特殊知识强度大,很可能是成功的创业者。

## 五、建立创业团队

一个人的能力有限,可能无法与一个组织竞争。如果竞争者已经存在多年了,已经组织化,产业特殊知识存量大,则要求新创事业也要有组织化的特征,才能接近竞争厂商的产业特殊知识存量。为了弥补自己的人力、产业特殊经验知识、社会关系、财务资本方面的不足,创业者需要建立一个创业团队。创业者过去累积的产业特殊关系与社会资本,特别是与原事业内部同事的关系与社会资本,便于其建立创业团队。特别是在相同产业(或相关产业)成长期创业的范围条件下,当创业团队接近一个原事业中的既有事业团队,它保存了原事业的组织化特征,则产业特殊知识强度大。团队中主要创业者产业内工作年限长,担任过管理者,团队成员职能互补完整,团队合作过,存在友谊、信任和默契,则这个团队的产业特殊知识丰富,可以克服新创事业的不利。建立创业团队还能使自有资本额增加,有财力开发需要较大投资额且未来报酬较大的创业项目。关于创业团队建立的更详细讨论,本书在第六章以后分阶段讲述。

# 第三节　创业决策:专业核心位置与创业机会位置间的距离与绩效关系

请思考讨论决策问题:创业者是否能选择利用任何一个产业的机会?哪些产业的机会不能利用?哪些产业的机会他能利用?

创业机会位置与创业前创业者工作事业的专业核心位置间的距离是重要的概念,可以用产业相关性和产业生命周期来描述。现有战略管理教科书和理论文献多数忽略了战略的起点、距离与路径。其他同类教科书(文献)的创业环境分析部分多数只分析进入产业的环境,都没有分析战略决策起点的位置与利用的机会位置之间的距离、路径和资源差距。创业前创业者在特定产业中的专业核心位置与创业机会的位置可能不同。创业机会可能在创业者进入的相同产业另一个细分区块位置或者相关产业的特定位置或者非相关产业中的特定位置。探讨产业中是否存在创业机会需要引入产业生命周期概念。为了衡量位置之间的关系,本书提出距离的概念。它影响创业者与团队的有效产业知识存量大小,进一步影响创业者是否有足够强的产业知识与能力利用创业机会。

## 一、创业战略决策的起点和立足点:创业者在先前产业专业核心的位置

Sarason(2006)采取人与机会有联系的观点,他指出创业者和机会构成了适合创业的结构。由于每个人都是处在社会经济时空的某一个位置,因此这个观点引出,创业者决定创业当时所在的特定产业位置是决策的起点和立足点,这也符合第一章要回答的战略问题"我现在在哪里?"创业者决策充分考量了可以利用的内部条件,与外部合作伙伴的关系与社会资本,以及对环境改变趋势的掌握。

因此站在创业者立场,创业战略决策的起点是我与我的团队,我的位置与条件,我所在的产业,我在产业价值链中从事的价值创造活动,我在原事业发展出的专业核心与社会关系,我的产品线,我服务的细分市场顾客群,我与内部伙伴、外部事业伙伴的合作关系。

多数的创业者都是在某个产业的某个事业内工作过的。工作久了、职位高了,就累积了大量的专业知识,这是创业者的智慧资本。另外也积累了与事业内的同事、与产业中外部企业人员之间的社会关系,这是创业者的社会资本。

## 二、产业生命周期:影响是否存在机会

产业有生命周期,呈现为一条 S 形曲线,可以分为浮现期(萌芽期)、成长期、成熟期、衰退期几个阶段。一个产业可以划分为不同的细分产业区块,渐进技术创新使这些区块在特定时段的成长性不同,所处的生命周期阶段不同,某些区块在成长,某些稳定,某些衰退。例如电脑产业在经历过 286 电脑、386 电脑,到 486 电脑,将要浮现出奔腾电脑阶段

时,则奔腾电脑区块会萌芽浮现,286电脑区块会衰退,386与486电脑会较为稳定。产业原有的一条S形曲线后来被技术创新产生的一条新S形曲线替代,替代阶段也称为技术改变期,见图2-1。产业生命周期阶段影响创业者创业时是否存在机会。创业现象一般发生在浮现期、成长期和技术改变期,这是因为这些阶段产业在改变,包含技术在进步,需求在成长,市场存在空隙,会形成创业机会(陈震红、董俊武,2005)。在图2-1的阴影部分,产业中可能会出现机会窗口,开放给进入产业的新事业。而成熟期产业没有改变,因此不存在创业机会。衰退期需求在萎缩,竞争很激烈,没有创业机会,因此不适合创业。

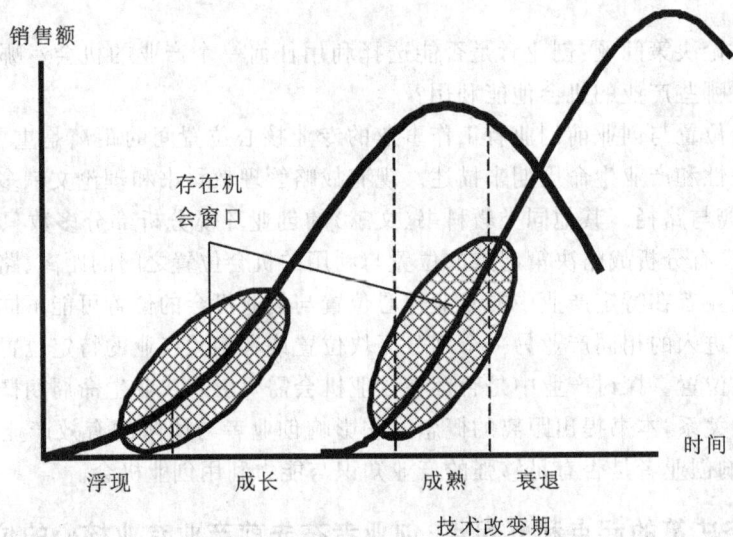

图 2-1　产业生命周期阶段与创业机会

### 三、产业特殊知识门槛:影响新事业必须要达到的有效产业知识存量

已经存在的产业有一定的产业特殊知识门槛,要进入该产业需要一个工作中的学习过程。某些产业进入的门槛较高。一般而言,竞争者在产业中的时间越长,他们累积的产业特殊知识存量越大,使得产业的进入门槛越高。新创事业要接近该门槛才能进入并存活,因此创业者和团队要在产业中有一段足够长时间的工作经历,以便积累足够的产业特殊知识。

产业特殊知识门槛与产业生命周期有关系,当产业处于浮现期和成长早期,产业的历史不长,竞争者的产业特殊知识存量较低,进入门槛较低,因此较容易进入,并且产业知识发展的潜在空间大。

### 四、产业相关性:专业核心与机会间的距离与有效产业知识存量的反比关系

不谈潜在创业者的位置,单独谈创业机会的绝对位置是没有意义的。我们采纳人与机会有联系的观点(Sarason,2006),讨论相对于创业者的机会,它的位置与距离。产业相关性反映了创业者的先前事业专业核心与创业机会之间的距离,影响创业者与团队的有效产业知识存量高低与产业知识缺口。

Chandler(1996)研究新创的事业和创业者原来工作的事业间的相似性高低对新事业

成功率和绩效的影响。事业相似包含在市场、顾客、产品与服务、技术、模式、供应商与零组件、竞争者、互补者等方面的相似。事业相似性高低隐含了潜在创业者与创业机会之间的距离。事业相似性很高，因此创业者与创业机会之间的距离很近，是在相同产业创业。事业相似性很低，是在非相关产业创业，创业者与创业机会之间的距离很远。事业相似性中等，是在相关产业创业，创业者与创业机会之间的距离中等。

产业相关性指新事业所进入的产业与创业者过去工作的原事业所处产业之间的相关性。产业相关性是以新事业与原事业所处产业的下游市场与顾客需要、上游供应商与生产要素、竞争者、互补厂商、产品、技术的相关程度来衡量。产业相关性（朱沛，2005；2007）概念与事业相似性概念（Chandler，1996）是接近的。不同的创业案例中产业相关程度是不同的。【案例】蒙牛和伊利间的产业相关程度很高，是相同产业创业，竞争关系很强，因此蒙牛创业初期常受到伊利的压制。【案例】台湾从做扫描仪的全友电脑公司出来的技术创业团队，创立了华晶科技公司，做数码相机产品，利用扫描仪的影像处理技术开发数码相机产品。这个案例的产业相关程度中等，属于相关产业创业。现实中也有非相关产业创业的案例，一般而言，这类创业的进入门槛较低，产业处于浮现的早期。

产业相关性能显示创业者对新事业知识的认知距离，影响创业决策时的有效产业特殊知识存量大小以及缺口大小的初始条件。事业相似性高低显示出新事业的相对改变程度，但是它不能显示出创业者与创业机会之间的距离，产业相关性可以。这里的距离通常指创业者对新知识的认知距离。产业相关性越高，则认知距离越小，有效产业知识存量越大、缺口越小；反之，则反之。

创业机会与创业者的原事业专业核心之间的距离，与创业者的有效产业知识存量成反比。因此为了使有效产业特殊知识存量较高，创业者的策略选择就必须被限制在距离专业核心不远的相同或相关产业的有限范围内，发现和利用浮现期和成长早期的创业机会，见图 2-1。图 2-2 中粗圆圈显示出，创业者的资源（产业知识）限制了他的可行战略的

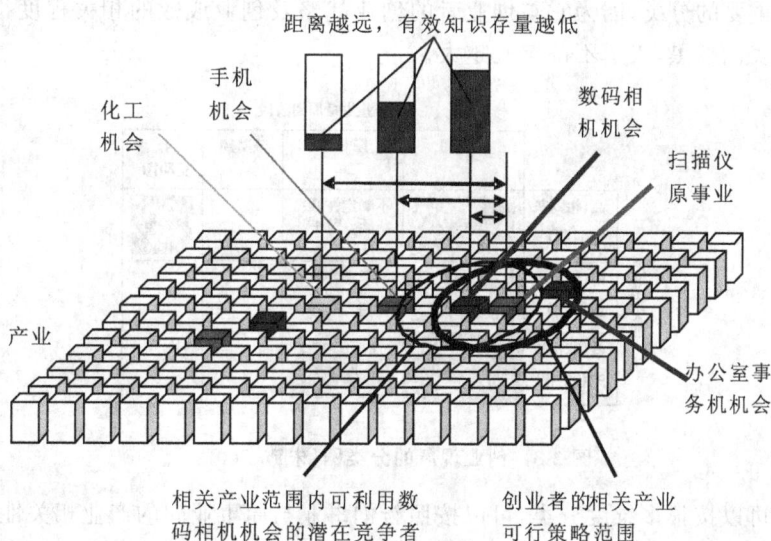

图 2-2　资源限制了可行策略的范围和相关产业范围内的创业机会

范围。细圆圈显示,在相关产业范围内可以利用该机会的厂商和潜在创业者,将成为该创业者的竞争者。

## 五、利用距离原事业专业核心不远的相同或相关产业的机会创业

Sarason(2006)指出,创业者和机会构成了适合创业的结构。Bhide(2000)统计得出,在美国增长最快的500家新兴公司中,71%的创业者来自相同或相关产业,其产品出自创始人对原事业技术的模仿或修改。按产业相关性和产业生命周期阶段分类创业,配合创业者研究的结论可以得出:成功的创业者通常选择利用相同产业或相关产业的浮现期、成长早期或技术改变期的机会进行创业。机会距离创业者的原事业专业核心不远,因此创业者拥有强势的产业特殊知识。创业者利用自己的关系可能建立一个阶段性职能完整的团队,可以达到产业特殊知识门槛(是由既有竞争者形成的)。创业者已经有管理类似事业的经验,所以他能成功执行策略。产业处于浮现期、成长期或技术改变期,属于新兴产业或朝阳产业,技术创新空间很大,产品性价比提升空间大,未来产业的市场需求会增长,为新事业提供发展空间与潜力。若创业者立足于在原事业发展的专业核心,在相同或相关产业范围内发现和利用浮现期和成长早期的创业机会,利用原来专业核心的相关产业知识存量,通过整合资源创造新产品来发展异质的新产业知识,填补知识缺口并创造一个新的专业核心,这种做法符合基本战略原则:立基优势、克服劣势、利用机会、避开威胁。创业决策期有可能在相关产业范围内存在不止一个创业机会,在资源有限的条件下,创业者经过评估,会选择利用一个创业机会。

## 六、按照产业相关性、产业生命周期阶段进行创业现象分类、创业者分类

在第一章第二节列举了一些案例请读者进行分类,结果可以得到图2-3的按照产业相关性、生命周期阶段分类的创业分类图(朱沛,2007)。在创业现象的多种分类中,这种分类是一个重要的分类,因为它与创业者的创业战略及创业成败的相关程度很高。图中不同类型的底色越黑,表示不确定性越大。

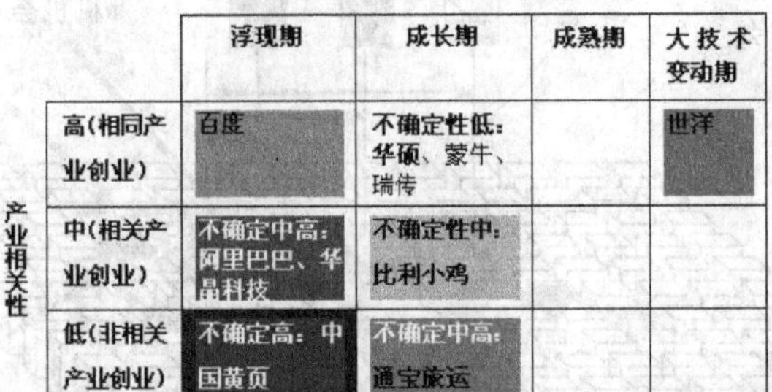

<br/>

|  | 产业生命周期阶段 | | | |
|---|---|---|---|---|
|  | 浮现期 | 成长期 | 成熟期 | 大技术变动期 |
| 高(相同产业创业) | 百度 | 不确定性低:华硕、蒙牛、瑞传 | | 世泽 |
| 中(相关产业创业) | 不确定中高:阿里巴巴、华晶科技 | 不确定性中:比利小鸡 | | |
| 低(非相关产业创业) | 不确定高:中国黄页 | 不确定中高:通宝旅运 | | |

(左侧纵轴标注:产业相关性)

图 2-3　创业现象的分类图(朱沛,2007)

创业者可以按很多维度分类,可以按照新创事业与原事业间的产业相关性,以及进入产业的产业生命周期阶段两个维度分类(朱沛,2007)。可以将创业者分为:相同产业浮现期创业者、相同产业成长期创业者、相同产业技术变动期创业者、相关产业浮现期创业者、

相关产业成长期创业者、相关产业技术变动期创业者、非相关产业浮现期创业者、非相关产业成长期创业者。虽然都是创业,但是不同类型创业的成功逻辑不完全相同,后面会讲述相同产业成长期创业理论,是这种特殊类型创业的成功逻辑。

## 七、产业相关性与创业绩效的关系

在第一章第二节叙述了 Chandler(1996)的实证研究结果,新创事业和创业者原来工作的事业间的相似性高低会影响新事业的成功率和绩效,呈现出∩形曲线关系(见图 1-4)。这个研究结果揭示出创业者的立足点与创业机会之间的距离小大,即产业相关性的大小与创业绩效之间的关系,揭示出模仿复制与创新的作用。

## 八、产业相关性与不确定性及风险的关系

表 2-1 是相对于创业者过去工作中做的产品和服务的市场,按照创业者是做现有产品还是推出了新产品,以及是服务现有市场还是进入新市场,将创业分为 4 类。不同类型创业的不确定程度和风险程度是不同的。不确定性是指决策时的许多假设不确定未来是否能成为事实。例如,不确定能否形成有效的团队,不确定能否取得足够融资资本,不确定产品能否研制出来,不确定是否有顾客需求,不确定商业模式和运营能否成功。风险是指投资执行后,做出的产品服务顾客不需要,市场需求没有或者很小,造成投资损失。

表 2-1　是否推出新产品与是否进入新市场分类创业的不确定程度

| | 现有市场 | 新市场 |
|---|---|---|
| 现有产品 | 确定环境(50%);渐变;目标＋清晰计划;出现偏差,与计划比对 | 半确定环境(20%);演化;竞争性目标;出现偏差,与目标比对 |
| 新产品 | 半确定环境(20%) | 高度不确定环境(10%);革命性变化;没有目标;出现偏差,与愿景比对;探索创造＋试验行动;效果决策 |

当未来难以预测与洞察,目标不清楚与可能改变,陌生与复杂的环境存在很多不了解,则存在高度不确定性。在这种情境下如果假设错了,投资越大,则风险与损失就越大。一般而言,进入低相关产业的新市场,研制新产品,同期进入的竞争者多,因为创业者不了解,新产业较复杂,需求不确定,难以预测未来,目标不清楚等,在这些情况下不确定性程度高。

## 九、非相关产业的创业者

现实中也有许多类型非相关产业的创业者。当产业知识已经具体化在上游厂商制造的设备、产品、平台中,应用它们需要的产业知识含量很低,购买后很容易学会,创业者可以为市场客户提供产品和服务,则可以在非相关产业创业。通常这类创业的进入门槛低,竞争优势不易维持,需要快速转型升级,发展新的优势。例如,创业家买一辆汽车跑运输。当一个地区的一个制造产业发展形成了区域产业优势,产品的种类多且价格比外地低很

多,则可以形成商业和贸易的创业机会。非相关产业的没经验的创业者可以从产地低价批发买入产品,带到外地市场高价卖出。淘宝网等电子商务平台为没有经验的非相关产业创业者降低了创业的门槛,提供了网上创业的机会。这些创业者可以从制造商批发买进产品,在淘宝网店销售。

请讨论问题:大学生创业容易成功吗？成功的比例高吗？

## 本章要点

· 潜在创业者包含企业管理者、科研人员等。

· 创业者要有资金、产业知识、社会关系等资源,重要的是不拘泥于资金等有形资源限制,要利用强势产业知识,选择在相关产业范围内创业。

· 产业环境知识能发现创业机会形成战略,技能经验知识能执行战略。

· 产业内通用知识强度来源于创业者经历丰富程度,只能产生竞争平手效果。

· 创新异质知识是有价值、稀缺、难以模仿、难以替代的,能产生竞争优势。

· 相同产业工作年限、职级高低、职能多样性影响产业特殊知识强度。

· 关系与社会资本有利于形成创业团队和捕捉创业机会。

· 创业决策的立足点是创业者的原事业专业核心,可以利用相关产业范围内的机会,进入的产业存在一个产业特殊知识门槛。

· 产业相关性越高,则利用机会时创业者的有效产业知识存量越大。

· 产业生命周期阶段处于萌芽(浮现)期、成长期、技术改变期,则创业机会较多。

· 事业相似性(产业相关性)与创业绩效间存在∩形曲线关系。

· 当产业知识已经具体化在上游厂商的产品、设备中了,知识壁垒很低,则可以进行非相关产业创业,但是要快速建立新优势。

## 重要概念

创业者、有形资源、无形资源、产业特殊知识、产业内通用知识、创新异质知识、产业环境知识、事业知识/技能、创业者的经历、关系与社会资本、专业核心、产业相关性、产业生命周期阶段、创业分类、不确定性、风险

## 思考问题

1.哪些人创业的成功率低？

2.创业家创业时要同时具备创业定义显示的多种能力吗？

3.本书对创业者的知识和关系进行了一些分类,请思考知识分类的作用。

4.为什么需要对创业现象分类？分类对我们有什么价值？图2-3与前面图1-3有什么关联？

5.目前在哪些产业有哪些变化,导致了创业很活跃? 哪些人能利用变化创业?

**课外练习**

1.请读者分组,收集一些创业者的成功或失败案例故事(例如上一章建议阅读的两本书),对照本章,分析他创业的产业相关性;他创业前的经历,是否做过管理者;判断他的产业知识强度;他是否有很好的人际关系与社会资本,能够形成团队;他的能力类型。失败的案例中创业团队有什么特征,后来发生了什么变化?

2.请收集某个创业者的成功或失败案例,对照本章的内容,分析哪些因素导致他成功或失败。

# 第三章　创业环境、机会与产品差异化

## ▶ 核心问题

● 创业环境可以分为哪几个层次？

● 各个层次要分析哪些方面的内容？

● 创业机会是什么？

● 哪些因素影响创业机会发现？

● 创业机会、产品差异化、竞争优势与利润之间有什么因果关系？

● 从不同视角看,战略是什么？

## ▶ 本章学习目的

● 了解创业战略分析的立足点、环境的层次、分析内容、目的。

● 了解创业机会的定义、特征、狭义性、存在于哪里、起源、消失。

● 了解创业机会的发现、评价、开发特征、竞争者行为。

● 了解创业机会结构与产品差异化的关系。

● 了解产品的三项竞争属性与产品优势、利润的关系。

● 从产业结构、经济学、利益相关者、产品属性等角度理解创业战略。

## 引导案例

### 飞科电器

1992 年,李丐腾高中毕业后来到温州一家剃须刀小企业打工,一年后他当上了一个车间的主管。后来李丐腾离开了那家剃须刀企业,去做了其他行业。

1998 年,已经 27 岁的李丐腾在温州一家百货公司的专柜里看到一款飞利浦的双转头剃须刀,1 000 多元的价格着实让他目瞪口呆。他意识到剃须刀行业里面有着巨大的利润。之后李丐腾开展了一次详细的市场调查。虽然当时温州的剃须刀产量已经占全国一半左右,但是市场上国产的只有单转头剃须刀,并且产品质量差、档次低、科技含量不高、价格便宜。国产剃须刀甚至被人戏称为"拔毛机"。他把温州百货公司等市场转了一个遍,都没看到位于国产单转头剃须刀和进口双转头剃须刀之间的产品。经过市场调查,李丏腾找准了进入剃须刀行业的切入点。为了摆脱低档次、质量差的形象,他一开始就下定决心:用国内最好的材料、最新的外观设计、生产出最好的双转头剃须刀产品、卖最高的价钱,走同行不想也不敢走的路。

之后李丏腾开始组建自己的剃须刀厂。李丏腾一边托人按照自己的想法做了剃须刀模具,一边去租厂房,一边采购零配件。当他研发已经能看出成果时,他成立了飞科公司,寓腾飞科技之意。经过多个日夜,飞科公司终于生产出国内第一只双转头电动剃须刀,并一次性通过了质量安全体系的检测。

1999年初,李丏腾带着自己的"飞科"牌剃须刀来到全国最大的小商品批发市场——浙江义乌,向经销商推销他的剃须刀。他的电动双转头剃须刀卖给批发商的定价是37元,而当时市场销售的国产单转头剃须刀的价格一般只有7元。李丏腾认为,由于国产双转头剃须刀就只有飞科一家,而且飞科双转头剃须刀的零售价格不足飞利浦价格的四分之一,对比之下,自然会有很多人选择飞科的剃须刀。果然,没过多久就有越来越多的经销商亲自来向李丏腾订货。一时间顾客络绎不绝,李丏腾的收入和利润也是直线上升。

问题:飞科是相同产业创业还是相关产业创业?产业处于生命周期的什么阶段?飞科是个人创业还是团队创业?创业者的相同产业知识强吗?如何判断出他们的相关产业知识强?李丏腾辨认出创业机会了吗?创业机会存在于哪里?由哪些项目构成?李丏腾是否有独家的知识,当时知识是什么形式?创业机会构成项目的属性对产品属性有什么影响?

# 第一节　创业环境分析

## 一、外部环境分析层次

外部环境分析层次可以简单分为总体环境层次、产业环境层次、细分市场与价值活动层次。外部总体环境层次也称为一般环境层次、宏观环境层次。总体环境层次因素的改变会影响多个产业中的厂商。外部产业环境层次也称为行业环境、微观环境、个体环境、任务环境层次。产业环境层次因素的改变会影响此一产业中的厂商。若外部环境中的因素改变,创业者或企业率先回应,则此改变对他们是一个机会;若他们滞后回应,则此改变对他们是一个威胁。

## 二、产业环境分析:找出机会点、战略聚焦定位

### 1.产业

产业由以下项目构成:下游是市场顾客与需要,中游是执行一系列价值活动提供产品服务的许多厂商,上游是由向产品厂商提供要素(原料、组件、技术、设备)的供应商组成。产业的上游、中游、下游都会持续发生改变;如随着下游顾客需要的改变,渐次浮现出新的细分市场与细分市场多元化;上游要素跨代升级,性能提升或成本下降;产品也会升级、降

价或发生其他改变。

2.产业环境分析方面(因素现状、改变)

产业环境分析的因素可以归类到六个方面,包含:下游市场与顾客、上游供应商与要素、竞争者行为、互补厂商、替代品、潜在进入者。Porter(1985)提出了产业环境分析的五力模型,把互补厂商加入就成为更完整的六力模型,如图3-5。以下分别说明六方面分析的内容。

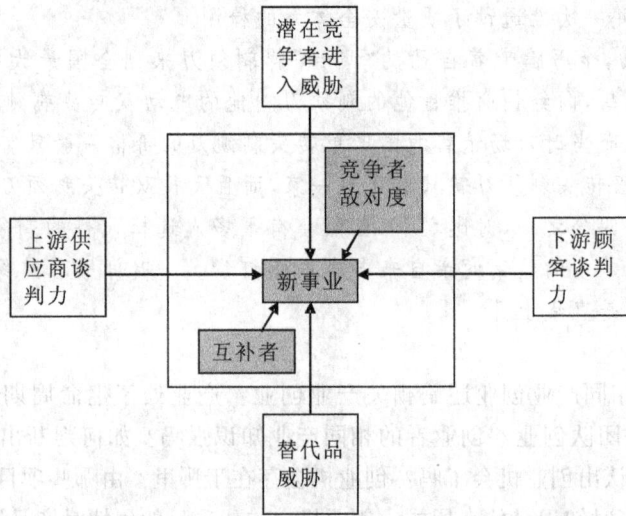

图 3-1　六力模型图(修改自 Porter 的五力模型图)

3.潜在进入者

潜在进入者方面要分析进入门槛是否高,哪些厂商可能成为进入者,他们的资源和能力如何,未来这个市场会不会过度竞争等等。

4.市场与顾客方面分析

市场与顾客方面分析首先要用一些变量将市场细分化,再分析各细分市场的六力,评估对创业者的有利与不利。其包含分析各细分市场的规模大小;市场是处于成长、稳定持平或衰退状态;此细分市场顾客的需求类型,未来改变方向,与其他细分市场的相同与相异处。为了满足这种特殊需要,要解决哪些重要问题;顾客的议价力;竞争性与被服务度,即此细分市场是低度竞争或是高度竞争,是低度服务或是过度服务。相对资源强势程度,即选择此细分市场服务,创业者所拥有的资源,相比于竞争者,创业者在此细分市场中是否有强势的资源。

选择目标细分市场:市场与顾客方面分析后要选择一个对创业者有利的存在机会的目标细分市场。目标细分市场应具有的属性:潜在需求大并有成长趋势,是低度服务的;竞争情势有利,是竞争者没有最佳服务的,没有企业对此目标细分市场建立独特定位与聚焦;立基强势资源,新事业已有强势知识,有限的金钱投入能产生效果;需求类型不同,价值创造逻辑不同,创业者能够创造出新的资源构造与商业模式。

5.上游供应商、要素

上游供应商、要素方面要分析:上游有哪些生产要素(原料、组件、技术、人才);要区分出既有要素、差异性要素、新异质要素;要素有何属性与变化,对创业者造成机会还是威胁;当新要素出现后,若创业者率先利用则能把握住机会;若创业者滞后利用则会遭受威胁。在与上游厂商关系方面,创业者要决定与上游厂商间建立何种关系,即选择市场关系或密切的网络关系,另外也要分析上游厂商相对于创业者的议价力。

**案例** 当上游出现了数据机芯片,下游出现了笔记本电脑市场数据卡的需求,台湾新创的友旺公司率先利用此芯片生产笔记本电脑用的 PCMCIA 有线数据网卡,实现了创业成功。后来,无线数据网卡出现了,正文公司的无线数据卡部分替代了有线数据卡,威胁到了友旺公司。另一方面,有线数据芯片被主板厂商整合到电脑主板中,减少了 PCMCIA 有线数据卡的需求,又威胁到了友旺。后来因为跨不过战略门槛,友旺公司董事长愿意让威刚公司兼并了友旺公司。

6.竞争者分析

战略分析要进行竞争者分析。竞争者分析的基础包含市场共同性与资源相似性,这些变量可以帮我们界定直接竞争者,了解他们的竞争行为。直接竞争者是那些与创业者资源相似性大,提供相似产品,争取相似顾客的竞争厂商。直接竞争者多且强,则产业中竞争激烈,创业者面临的威胁较大;反之,则反之。

战略决策要知己知彼才能有效地回应竞争者。不同的企业对于相同竞争情势应有不同回应方式。例如,小型与弱势企业回应强势竞争者的战略是:避开竞争与寻找利基生存。大型与强势企业回应竞争者的战略是:攻击性竞争,争夺更大市场,驱逐竞争者。

知彼的方法包括通过收集竞争者信息,可以知道竞争者的资源能力、市场地位、行为方向。竞争者分析的问题如下:在不同细分市场中,竞争者资源与能力的优势与劣势是什么?竞争者的目标、现状与市场地位、未来战略的方向与定位是什么?竞争者对产业假设是保持现状还是突破?竞争者对某个机会积极还是不积极?相对于竞争者,创业者产品服务的市场定位为何?竞争者对本企业各种战略的承受能力如何?本企业战略对竞争者成功反击的承受能力如何?

产业中的某些竞争现象会形成机会。例如现象一:产业中存在竞争合流现象(competitive convergence),即多数竞争者以相似战略往同一个方向竞争,它们会忽略某些细分市场,这些市场成为创业者的机会。现象二:多数竞争者采取无差异的战略,即未聚焦与定位某个细分市场,则创业者可聚焦在此细分市场成功创业。现象三:产业持续浮现出新需求来,在浮现的新细分市场可以成功创业。

小企业与多元化的大企业可能存在差异的竞争观。小企业重视的某一个细分市场可能是多元化大企业所不重视的细分市场,因为大企业有其他更好的市场机会可追求(Chen,1996)。

7.互补方面

互补方面要分析哪些厂商的哪种产品与创业者的产品互补,可以整合为完整方案。互补品越强,则产品组合越强,给创业者带来机会;反之给创业者带来威胁。

8.替代方面

替代方面要分析哪种产品与创业者的产品相互替代。若替代品越来越强,则对创业者有威胁;反之,创业者有侵入替代品市场的机会。例如:闪存(Flash RAM)做的固态硬盘替代传统硬盘。上面讲的正文公司的无线数据机替代有线数据机,威胁到了友旺。

9.发现机会、形成战略、聚焦定位

产业环境分析可以通过将产业划分为不同的细分市场和价值活动,再对每个细分市场和价值活动分析变化趋势。不同细分市场的需求会呈现出浮现、成长、稳定、衰退的趋势,顾客需求有不同类型,价值创造活动也会呈现出高效率、无效率等特征,技术与生产要素会呈现出成熟、发展中、刚出现等特征,竞争程度会呈现出不同,进入门槛高低也会不同。

创业者要从几个创业机会中,选择利用一个最适合的创业机会,并能结合资源条件形成创业战略方案。新创企业通常选择的是现有企业尚未进入与提供服务的、被现有企业忽略的或正在浮现的利基细分市场,以迂回的方式进入市场,避开现有企业的威胁与报复。

战略是选择聚焦定位在一个存在机会的细分市场和价值活动上,运用已有的产业特殊知识,开发利用机会。聚焦包含:(1)水平的事业聚焦,即选择经营单一事业。(2)市场顾客聚焦,即选择服务单一细分市场的特定顾客群。(3)产品类聚焦,即提供窄的少数相关产品类。(4)垂直的价值活动聚焦,即选择创业者能建立专业核心的,与竞争者比有相对强势资源的少数价值活动。

## 三、总体环境分析方面

总体环境的因素可以归类为六个方面,包含:政治与法律、社会文化、人口、经济、技术、国际。这些方面的因素改变会对企业形成机会或威胁。例如,政治、法律上开放了民间资本投资学校,因此有民营企业家投资成立大学。社会文化方面有更重视健康的趋势,会影响健康产品的市场需求量和需求形态,此时企业率先推出健康产品,就能掌握机会获得成长;若既有企业忽略健康议题,则会遭受取代威胁。人口方面可以区分出人口成长地区与人口衰退地区以及收入提高地区与收入降低地区。因为成长地区市场需求量增长,因此适合创业。经济方面存在景气的周期循环,景气的不同阶段影响资金成本和市场需求。另外,产品、要素、就业市场也存在需求循环。创业投资最好在景气谷底时,因为这时候要素价格低,在接下来的复苏时需求也会增长,从而支持企业的营收和获利增长。企业领先应用新技术就能掌握创造新产品服务的机会;反之,则会遭受其他企业的替代与威胁。国外产业环境中各方面因素与国内有差异(有利、不利),能够提供给企业国际化和利用国外的有利条件的机会。

创业战略的分析过程与既有大企业的战略分析过程通常是不同的。前者通常是立足于自己的专业核心,从发现相关产业范围内的几个机会开始,然后才分析产业环境,再分析宏观总体环境因素改变对特定创业项目的有利程度,然后选择一个最有利的创业项目。宏观环境分析是最后做的,也许是被忽略的,因为创业机会本身就可以使创业成功与获利。而既有企业的战略分析,通常是先从宏观环境分析开始,再做产业环境分析。

# 第二节 创业机会

## 一、机会

### 1.机会定义

广义的机会要有产品差异来源和市场需求,产品差异来源于异质的资源。机会中存在低度利用的资源(Schumpeter,1934)和整合资源产生新产品新服务的可能。因此未完全利用的差异性资源和未满足的市场需求构成了机会,但不一定是创业机会,它可能是对既有竞争者、创业者、潜在进入者开放的机会。创业机会是狭义的机会,是创业者有产业知识和能力可以利用的,同时也是竞争者不积极、不知道、被隔离而不能利用的,有互补厂商可以合作利用的机会。

### 2.机会起源

机会起源于改变(Eckhardt & Shane,2003)。上游供应商、厂商内部、竞争者内部、下游顾客和渠道商的因素改变,研究机构、大学中的技术因素改变都可能产生机会。上游供应商的要素改变产生差异性新组件、新原料,可产生新产品。例如上游产生了更高阶的CPU、芯片组,使工业电脑创业者获得生产更高阶工业电脑的机会。鼠标产业上游出现了新的光学鼠标模组,创业者获得了做出光学鼠标的机会。上游技术进步,产生了新的技术、设备,可用于改善事业现有营运。下游需求改变,产生新需求。例如建筑业下游浮现出厂办大楼的需求。厂商内部产生了创新的技术知识,被创业者模仿取得。市场中存在竞争者没有聚焦与定位的细分市场。

不是任何改变形成的机会都能成为创业机会。由于创业机会是多个因素共同构成的,因此一组因素,包含:产生新要素的上游因素改变,浮现出新需求的下游因素改变,以及产生互补厂商的因素,共同形成了创业机会,见图 3-2。

对创业有利的机会才是好机会。例如,下游需求不但存在,而且是日益增长的。例如工业电脑厂下游的需求将会更大,因为未来工业电脑应用越多越广,增加对硬件的需求。上游的要素不但存在有价值的差异,而且未来的差异更大。例如工业电脑厂上游的奔腾处理器未来将性能更高,而且量产后价格更低。

### 3.机会消灭

机会是由于竞争厂商利用了它而消失的(Kirzner,1997)。所以机会是时间轴上的一个变量,不是任何时候都有的。

## 二、创业机会

### 1.创业机会定义

创业机会是一种产业环境中出现的,跨上游组件、下游市场、竞争厂商行为、互补厂商职能,由多个项目共同构成的,有利的特殊情境结构。创业机会存在于与创业者的事业相近的产业环境中,是在决策时点的一个有利的情势,能产生更高性价比的差异性新产品,

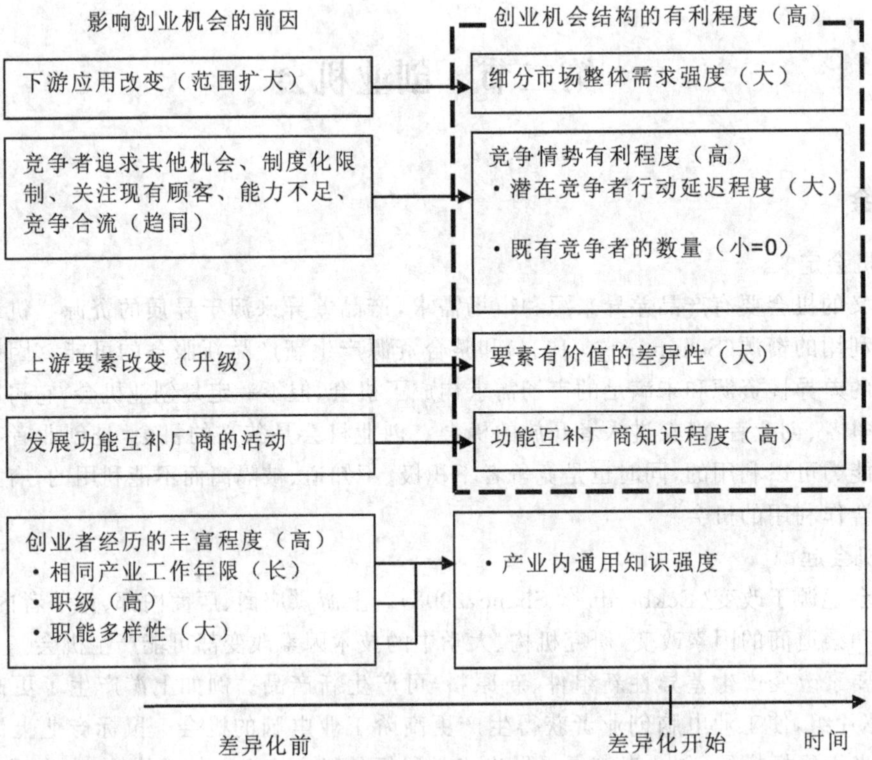

影响创业机会的前因 　　　　　　　　　　　　创业机会结构的有利程度（高）

```
┌─────────────────────┐        ┌─────────────────────────┐
│ 下游应用改变（范围扩大） │ ────→  │ 细分市场整体需求强度（大）  │
└─────────────────────┘        └─────────────────────────┘

┌─────────────────────┐        ┌─────────────────────────┐
│ 竞争者追求其他机会、制度化限 │      │ 竞争情势有利程度（高）       │
│ 制、关注现有顾客、能力不足、 │ ──→  │ ·潜在竞争者行动延迟程度（大）│
│ 竞争合流（趋同）        │      │ ·既有竞争者的数量（小=0）   │
└─────────────────────┘        └─────────────────────────┘

┌─────────────────────┐        ┌─────────────────────────┐
│ 上游要素改变（升级）     │ ────→  │ 要素有价值的差异性（大）    │
└─────────────────────┘        └─────────────────────────┘

┌─────────────────────┐        ┌─────────────────────────┐
│ 发展功能互补厂商的活动    │ ────→  │ 功能互补厂商知识程度（高）  │
└─────────────────────┘        └─────────────────────────┘

┌─────────────────────┐        ┌─────────────────────────┐
│ 创业者经历的丰富程度（高） │      │                         │
│ ·相同产业工作年限（长）  │ ──→   │ ·产业内通用知识强度       │
│ ·职级（高）           │      │                         │
│ ·职能多样性（大）       │      │                         │
└─────────────────────┘        └─────────────────────────┘
```

差异化前　　　　　　　　差异化开始　　　时间

**图 3-2　一组因素的改变产生创业机会**

它里面潜藏着利润。

2.创业机会的样子:创业机会结构

朱沛(2005)研究发现了相同产业成长期创业机会的样子,亦即构成创业机会的项目,朱沛命名为"创业机会结构"。"创业机会结构"分三类。

第一类"创业机会结构"如下:a.创业者和团队的相同产业特殊知识强;b.上游存在尚未利用或不完全利用的新要素;c.竞争情势有利,存在竞争厂商不积极利用新要素的行为;d.下游市场存在需求,需要运用产业特殊知识结合上游新要素创造新产品;e.存在职能互补厂商,新事业可与它合作利用上游的新要素。例如:工业电脑厂商瑞传创业者面对的"创业机会结构"如下:a.创业者和团队的工业电脑产业特殊知识强;b.上游存在尚未利用的奔腾 CPU、芯片组,奔腾 CPU 速度比 486 CPU 速度快一倍;c.竞争情势有利,存在竞争厂商研华、神通等不积极利用的行为;d.对奔腾主板下游浮现出的电脑语音整合细分市场存在需求;e.存在互补的主板设计公司,瑞传可与它合作利用上游的奔腾芯片组设计主板。

发现的创业机会:第一类创业机会是外部因素形成的,是被创业者发现的。影响创业者发现机会的因素包含:(1)网络与社会关系(Burt,1992);(2)旅行和观察;(3)先前知识(Shane,2000)。

第二类"创业机会结构"如下:a.创业者和团队的相同产业特殊知识强;b.创业者有创新知识,可以生产差异化的稀缺产品;c.竞争情势有利,拥有竞争厂商难以模仿的知识;d.

下游市场存在需求;e.存在职能互补厂商。例如:Google 创业者面对的"创业机会结构"如下:a.Google 创业者有创新的搜索引擎技术知识。Google 创业者开发的搜索引擎按照某个关键词搜索到重要网站更准确更快速。与 Yahoo 的搜索引擎比,存在有价值的差异与稀缺性;b.竞争情势有利,竞争者被知识的难以模仿性隔离;c.下游存在对更快速准确搜索服务的市场需求;d.存在互补公司。

创造的创业机会:创新知识的类型包含独家的新技术知识、独特的新产品知识、独特的新商业模式知识、独特的新服务知识、独特的新配方知识、独特的新工艺流程知识等。创新知识来源于创业者的创造,或者创业者从早期创造者那里模仿取得,或者从一个发达市场用技术引进取得。

第三类创业机会是上面两类的混合,差异同时来源于上游要素和创新知识。

3.创业机会结构另一面:以微型新细分市场的五力模型显示的产业结构洞

以瑞传工业计算机个案为例,将工业计算机市场分为既有的 386 细分市场、486 细分市场和浮现的奔腾新细分市场,表明创业机会结构不是整个市场的结构,而是现有市场边缘浮现的微型奔腾细分市场的产业结构。创业机会结构包含上游、下游、既有和潜在竞争者、互补者,同时隐含不存在替代品,因此它就是一个微型细分市场的五力模型。

运用五力模型加上时间维度,并且对比差异化前后的静态产业结构,可以揭露出创业机会结构存在的同时,也存在一个空的或未填满的产业结构洞,二者是一体两面。我们定义产业结构洞为,在产业价值链中存在的空缺的厂商价值活动与产品。当上游存在差异性新要素,下游存在市场需求,竞争者不积极,缺少厂商从事上下游中间的价值活动和产品时,此时产业中存在一个不完全的价值链和产业结构洞,见图 3-3。未来产业的发展需要有厂商进入来填补这个洞。因为创业者有强的产业特殊知识,使他有能力填补该洞。创业者为上游供应商提供零组件需求,为下游目标顾客提供满足其需要的产品。创业者

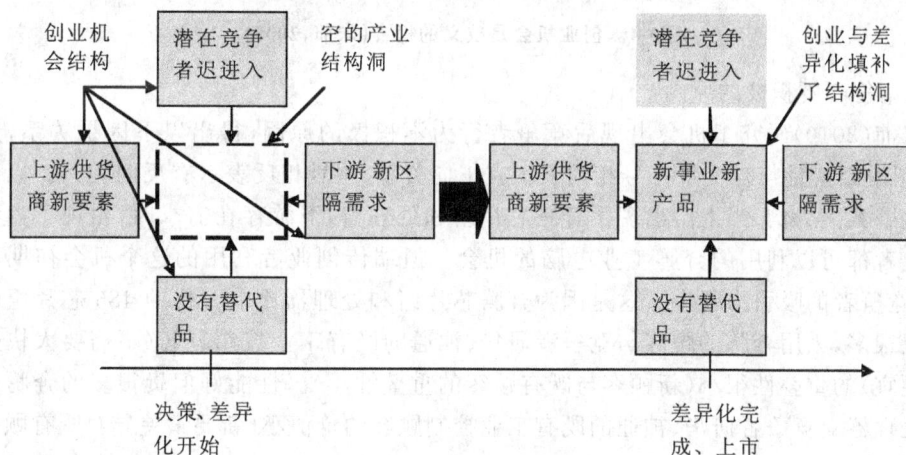

图 3-3　五力模型显示创业机会结构与产业结构洞是一体两面

也可以从服务上游与下游中获得利润,因为他对上游是双边独占,对下游的新细分市场是独占或寡占。产业结构洞的概念从另一方面揭露出,创业与差异化的本质就是做出新企

业的新价值活动与新产品,填补产业链中的一个结构洞,即填补一个空白的或未填满的市场,一个市场空隙,这也符合实务人士说的"在市场空白处创业"的主张。

创业机会窗口:是指产业开放创业者进入创业的时间期间,在这段时间产业中存在创业机会结构,新产品细分市场刚浮现或即使有竞争者但是细分市场是不饱和的。随着企业进入,细分市场趋近饱和成熟,产业的机会窗口就关闭了。

4.创业机会的狭义性

创业机会是狭义的机会。当上游出现新要素或创业者有创新知识,下游存在市场需求时出现了广义的机会,广义的机会中那些创业者有能力利用的,竞争者不积极利用或竞争者被隔离的,存在互补厂商可合作利用的机会,才是创业机会。图3-4中直角三角形的部分是狭义的创业机会。

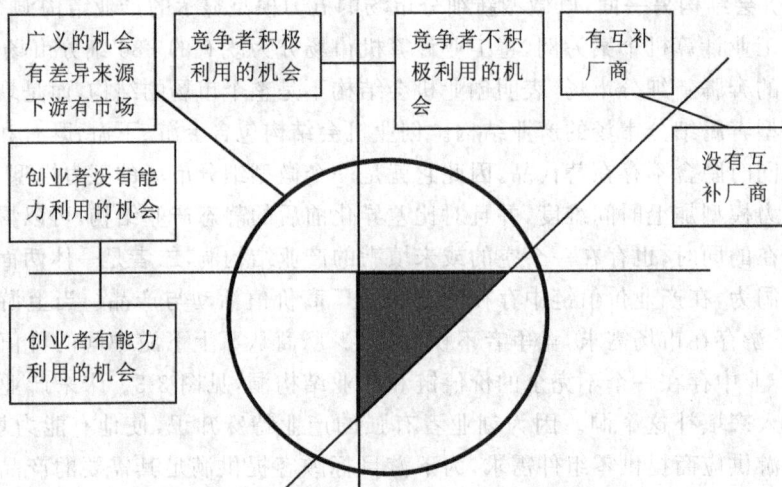

图 3-4 创业机会是狭义的机会(朱沛,2005)

5.竞争者不积极的原因

朱沛(2010)研究了机会出现后竞争者行为不积极的原因,得出以下因果关系,见图3-5。图中因变量与自变量符号相同表示有正向关系,符号相反表示有反向关系。以瑞传工业电脑案例为例,当上游出现了奔腾芯片组和处理器,下游存在需求时,出现了竞争者和创业者都可以利用的奔腾工业电脑的机会。但瑞传创业者利用的这个机会初期不明确,对竞争者的吸引力很小。这是因为奔腾芯片组和处理器比上一代的486芯片组和处理器贵很多,采用奔腾的顾客与竞争者研华、神通的既有工业控制顾客(不需要太快速但需要便宜)的重叠性很小(新顾客与既有顾客的重叠性小)。性能好但贵很多的奔腾芯片组和处理器对竞争者研华、神通的既有工业控制顾客的价值小(新要素差异对既有顾客的价值小)。初期新细分市场的需求不明显(初期新细分市场需求强度小)。竞争者对未来奔腾市场需求高增长的信念程度小。多元化的竞争者追求更好的机会,不利用创业者利用的机会(竞争动力学派:不对称竞争观)。瑞传工业电脑证据显示:竞争者研华认为市场对奔腾主板没有需求,这是一个错误的方向,它把注意力放在做工业控制卡(占营收七成)。PC是竞争者神通的主要业绩和利润来源,神通对IPC不重视。

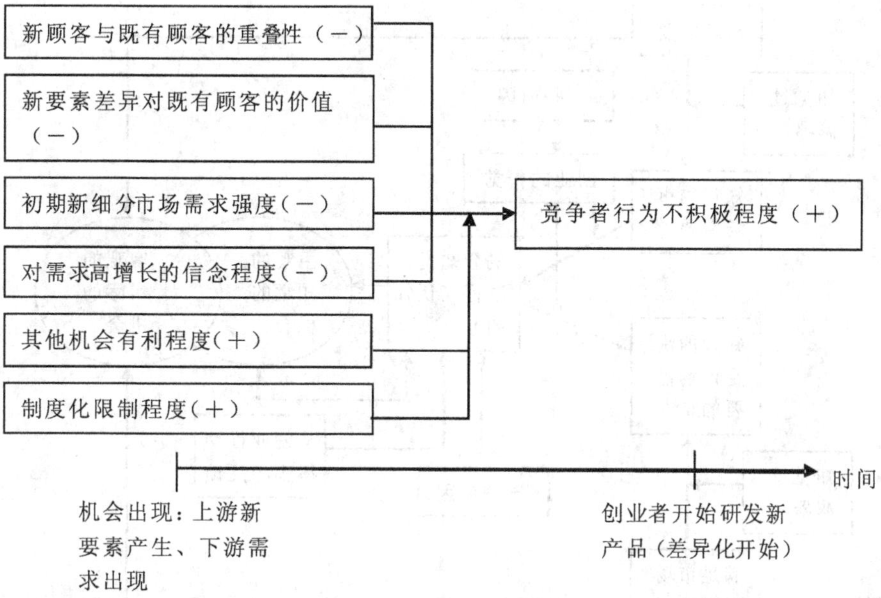

图 3-5　机会出现时竞争者行为不积极的原因(朱沛,2010)

## 三、创业机会的发现和识别

### 1.创业机会发现和知觉的过程

深入分析创业者认知创业机会的过程,它可能是非常复杂的。Renko(2012)提出了一个创业机会知觉过程的架构,见图 3-6,读者可以从图中直观地看出一些过程和因素。由于很多创业机会不难发现,而且根据 Shane(2000)和 Chandler(1996)的观点,创业者利用先前的产业特殊经验知识能够领先竞争者发现创业机会,并没有积极地搜寻它们,因此本书不深入讲述创业机会的认知过程,以下仅列出影响创业机会发现的一些因素。当知觉的主观机会和实际的客观机会重叠性偏低时会产生创业的不确定性与风险,本书在第九章第三节讲述降低不确定性与风险的方法,包含探索调整定位和小步骤快速微创新的方法。

### 2.影响机会发现和识别的因素

创造创业机会:创业者的创新知识来自创新、模仿或技术引进等活动。个人的兴趣和专长的持续发展,产生了差异化与价值很高的创新知识,这种知识可以产生产品差异,配合下游市场存在需求,也可以形成创业机会。

(1)先前的产业特殊经验知识与创业机会发现:创业者运用产业特殊知识,特别是产业环境知识,可以发现相同产业或相关产业的创业机会。产业环境知识包含:上游供应商的要素、下游顾客的需求、竞争者行为、互补厂商、已有的相关产业知识、资源整合的创意。创业机会是上游出现新要素与下游顾客需求改变产生新需求类型形成的机会,同时是竞争者不积极利用的,创业者有知识与能力能够利用的机会。Shane(2000)研究了一项实验室的新技术产生后,创业者的先前知识与创业机会发现的关系,得出以下结论:一项新技术产生后,存在一系列应用的市场机会,但它们是不明显的;机会的发现是相对于人所

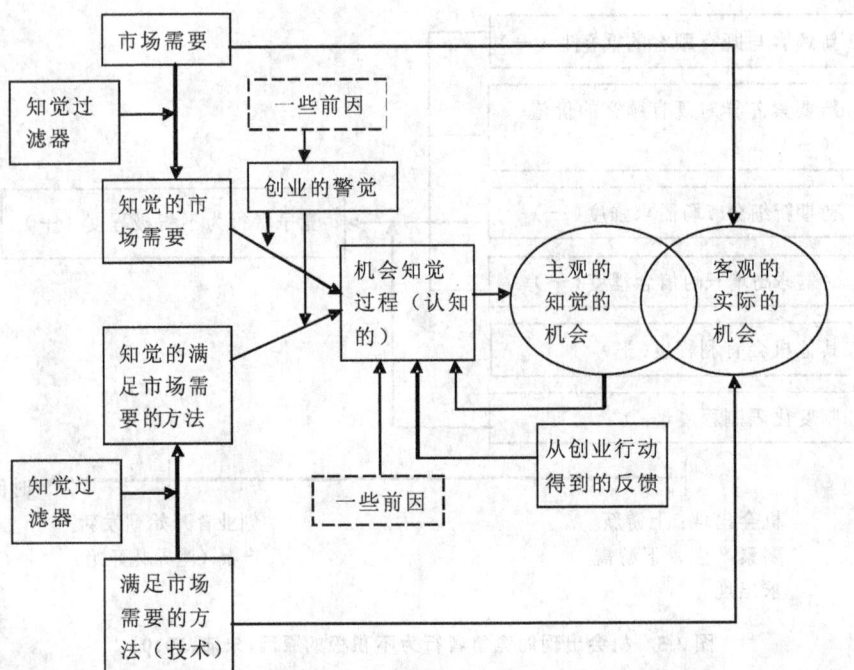

图 3-6　创业机会知觉的一般架构(Renko,2012)

拥有的特殊(不同)时空知识;创业者将只发现与他先前的产业特殊知识有关的机会,并且没有积极地寻找他们;此项技术与创业者的先前产业特殊知识是互补的;潜在创业者关于市场的先前知识,影响他们发现应进入哪个市场以利用新技术;关于如何服务市场的先前知识,影响他们发现如何用新技术服务一个市场;关于顾客问题的先前知识,影响他们开发利用新技术的产品和服务。

(2)社会关系网络与创业机会发现:创业机会包含创造的创业机会和发现的创业机会(朱沛,2005;Burglund,2007;唐鹏程、朱芳明,2009)。创业者的社会关系网规模,弱连接的范围,网络结构洞影响创业者发现创业机会。

①弱连接范围与创业机会发现:创业者的社会关系网可以按关系的强连接和弱连接来分。Hansen(1999)指出,网络的弱连接范围大,有助于取得信息与发现创业机会,强连接关系有利于知识等深度资源的取得。潜在创业者的大范围弱连接社会关系有助于信息的取得与创业机会的发现。例如,1988 年温州永嘉县花坦乡农民王丐旦从哥哥的朋友处了解到贩卖纽扣的创业机会,可以从温州市永嘉县桥头镇的纽扣市场以 1 分钱 1 颗的价格批发买进纽扣,带到南京包供销社的柜台以 1 角钱 1 颗的价格销售。

②网络结构洞:Burt(1992)提出的网络结构洞概念,它可以解释创业机会的发现和独家利用。若一个有潜在需求的下游网络和一个有潜在资源的上游网络没有相互连接,则存在网络结构洞。若只有创业者在中间联结,则他填补和独占了这个结构洞。创业者的关系网填补了越多结构洞,则他发现创业机会的可能性越大。若上游出现了下游可以利用的资源,或者下游出现了上游的资源可以服务的需求,创业者在结构洞位置,则它可以发现和独家利用这个创业机会。

**案例**　浙江亚尚家纺创办人杨先生住在温州,20 世纪 90 年代初因为身体的缘故在家休养。他有一个亲戚从广东批购录音机,运到温州销售。录音机外面用整张海绵包裹起来避免运输损坏,到温州将包裹的海绵拆掉后就成为废品(接近零成本的有剩余价值的低度利用的资源)。杨先生的一个朋友在邻近的缙云县办了一家做床上用品的福利厂,也包含做枕头。温州亲戚与缙云福利厂的人相互不认识,杨先生在中间连接了两方(填补网络结构洞),并且发现一方有资源,另一方有需求(出现了产业结构洞)。于是他就把这些海绵运到缙云作为枕头填充物卖给福利厂(从事贸易活动创业)。常去缙云使他观察到福利厂用钉满铁钉的电动滚筒将整张海绵绞碎,作为枕头填充物,他也了解到枕头的生意可以赚钱。于是杨先生回家自己制作了一个简陋的机器,就是用木头做成一个滚筒,钉上一些钉子,再用一个电动机带动滚筒。将海绵塞进转动的滚筒,上面的钉子会把海绵撕碎。再将碎海绵塞到爱人做的用整张海绵包在外面避免疙瘩的枕芯袋里,再车上袋口就做成了枕芯(增加下游制造销售价值活动,向下游一体化)。杨先生先向附近床品店销售低端海绵芯的枕头,后来又用生棉做枕芯填充物生产销售高端枕头(产品升级)。随着枕头事业越做越大,温州人给了杨先生一个"枕头王"的称号,他也靠枕头事业养活了一家人。这个事业后来发展成床品零售事业,进入了好又多等几十家超市,后来转型成亚尚家纺公司。比尔·盖茨也填补了网络结构洞,使微软发现和利用了一个成长机会。

　　(3)创造性:创造性地整合资源产生价值(Berglund,2007)。创业机会来自获得产品有价值(对目标细分市场顾客有价值)有差异的属性(相比于竞争者的产品属性),即提高产品服务性价比。所以当创业者创造性地想出了解决既有产品服务的问题,可以提高性价比的方法,形成了创意(创新知识最初始的形式),则他也发现了创业机会。

**案例**　方太创业者想出了解决现有竞争者的抽油烟机六大缺点的方法,加上下游的需求量大,他们发现了一个创业机会。

**案例**　Google 创业者想出了一个方法改善现有搜索引擎的搜索效果,在设计了新搜索引擎并测试成功后,他们最终创造出了一个创业机会。学术界评价一篇论文价值的方法是,此论文发表后被引用的次数越高,则它的价值越大。Google 创业者将这种方法应用到搜索引擎设计中,当一个网站被网民点击的次数越多,显示它的重要性越大,则应该将它排在越前面。这种设计可以使搜索引擎快速搜索到重要的网站,搜索的效果效率更高(与 Yahoo 的搜索引擎比)。

(4)跨地区或跨国旅行和观察:当地区之间、国家之间存在商业模式差异,产品种类与价格差异,技术差异时,旅行和观察也会发现创业机会。①跨地区旅行可以发现商业模式和技术差异。例如,优酷创业者到美国旅行,看到 Youtube 的成功,回中国模仿建立了优酷。百度李彦宏在美国的 Infoseek 公司工作,他回中国讲学,发现中国搜索引擎技术落后,因此发现了回中国复制创建搜索引擎公司的创业机会。②在产品货源地区与外地的市场地区旅行考察可以发现商贸机会。过去改革开放早期,外出弹棉花打工的温州永嘉县农民发现了,在温州永嘉县桥头镇的纽扣产地市场的纽扣种类多价格低,一颗纽扣批发价一分钱,在江苏南京、无锡等外地市场的一颗纽扣可以卖 1 角钱。由于温州存在纽扣产业的优势,在温州与江苏南京之间的产品种类和价格差距很大,因此他们发现了商贸创业机会。

## 四、机会投资报酬评价与创业评估(投入资本、未来报酬)

1.按照差异化模型进行机会价值的评价

由于在创业决策时根本没有新产品,新企业也没有成立,在那时创业者只看到一组创业机会和资源,就决定创业了。在相同产业成长期创业阶段,产业中是存在许多竞争者的,创业者是后进入者,存在创业风险,仅仅从这一点看他是不应该进入产业的,但是创业者决定进入产业创业,因此他一定是从机会结构中看到了潜藏的东西。

请思考问题:创业机会结构中潜藏了什么,或创业者看到了什么,并且被吸引?

后面"创业机会结构与差异化后的三项产品竞争属性、产品优势、利润关系的理论架构"会对此问题提供答案。

有时创业者决策时会同时面对几个可利用的机会。学者提出了机会吸引力的观点,用以解释利用某个机会的创业行动的发起。在一个机会的信息出现后,只有当创业者认为"一个机会的价值＞产生价值的成本＋其他产生价值的机会成本",他才会利用此机会创业(Shane & Venkataraman ,2000)。这个公式显示出一个机会的相对吸引力够大,亦即此机会的相对有利程度足够大,才会创业。一个机会的绝对吸引力(利润多少)＝此机会的价值－产生价值的成本。机会成本项目显示出,创业者面对一个机会时,同时面对了其他机会形成的多个选择权(Ucbasaran,Westhead and Wright ,2001)。利用这个机会产生的净价值高于利用其他机会的净价值时,才会创业。

思考问题:一个机会的价值有多少?

竞争者也会应用上述公式决策。当竞争者认为"这个机会的价值＜产生价值的成本＋其他产生更大价值的机会成本",则他不会利用此机会。这是因为既有竞争者的产业范围大与资源能力强,可以利用更大范围内的需求、更大投资额的机会,他们与创业者可能具有不对称的竞争观。

2.机会开发特征与创业资源评估

创业者和团队是否会利用机会创业还要考虑:开发机会的工程大小,需要的资金规模大小,是否有足够资金,是否需要建立一个规模较大的团队。虽然一个机会的报酬可能很大,但是如果开发此机会需要很大的投资金额,创业者和团队的自有资金很小,也没有能力利用此机会。如果开发机会需要建立一个规模较大的团队,而创业者没有能力建立这个团队,则他也不会创业。

在看似不可能的条件下,睿智的创业者思考以下问题:是否可以将机会开发划分出不同的阶段,建立一个渐进投资发展的战略路径图? 如果答案是肯定的,则创业者可以运用以小博大的战略,利用看似不可能成功的创业机会。

## 五、构思形成创业战略方案、决策

### 1.构思创业战略方案

创业者发现了相同相关产业的一个机会,他要构思形成粗略的创业战略方案,进行评估与决策,即选择利用这个机会。之后进入执行阶段。

决策:发现机会→辨认是创业机会→评估机会价值→评估资源(知识)、资本需求→构思战略方案与发展路线(团队组织—研发—生产—营销)→决定创业。

执行:组建团队(与内部利益相关方交换、明确所有权、控制权,组织建立,开发人事系统)→投入财务资本→整合资源→研发产品与商业模式→融资补足资金缺口→建立企业与事业运作体系→生产产品与提供服务→独特差异产品上市→取得竞争优势→开拓市场销售产品(对外部利益相关方让利)→提升市占率产生利润→后续:盈余转增资、发展组织、持续创新、发展核心能力、市场渗透。

战略方案包含:组建创业团队与投入人力资源;投入财务资源;聚焦在创业机会点;建立与外部互补厂商的合作关系弥补自身弱势;立基与利用已有的优势无形资源,即产业特殊知识与关系,利用相同或相关产业的创业机会条件,领先多数竞争者,利用创新资源,即上游差异化的新要素或创新知识,以产业特殊知识中的产品结构知识整合创新资源研发差异化的新产品,研发创新的商业模式与有效的运营系统;生产产品与服务;开发浮现和成长早期的目标细分市场,避开现有细分市场的竞争威胁;创造出竞争优势,为目标顾客创造更高价值,提高销售额与利润,提升市占率与市场地位,并改变产业结构。

### 2.Porter的事业竞争战略

在第一章第二节已指出,企业可以分为公司、事业、职能三个层次,在每个层次都有相应的战略。新创企业只有一个事业,因此只有事业战略,没有多事业间的公司总体战略。

事业竞争战略要回答在某一项事业领域里我们应当如何竞争。Porter(1985)提出了一个事业战略分类架构,见图3-7。Porter按产品属性差异(更低成本或更高性能),以及市场范围二维度进行分类。战略可以分为成本领先、差异化、聚焦三种类型。

请思考问题:新创企业适合采取哪种战略? Porter的战略分类是否缺少了某些维度?你能描述更完整的战略吗?

(1)成本领先战略

成本领先战略是以低于行业平均成本的成本生产"标准"质量的产品。低成本来源于:①规模经济:指生产规模越大,则单位产品成本越低。②经验曲线:指同一件产品做的次数越多,做得越有效率(速度越快、成本越低)。③内部管理专业化。采取成本领先战略会面临一些风险,包含:①过分强调效率会导致企业失去与顾客需求转变的联系。②如果企业仅在价格上竞争,那么行业整体利润水平会下降。③许多形成低成本的方法是容易效仿的。

(2)分别差异化战略

分别差异化战略是指对不同的细分市场提供独特的产品或服务,以获取高于行业平均利润水平的利润。采取差异化战略的关键是理解顾客的需求以及研发的能力。采取差

|  | 单一细分市场 | 全部市场（多细分市场） |
|---|---|---|
| 降低成本 | 聚焦、集中差异化 **Focus** | 成本领先 **Cost leader** |
| 独特性能 | | 分别差异化 **differentiation** |

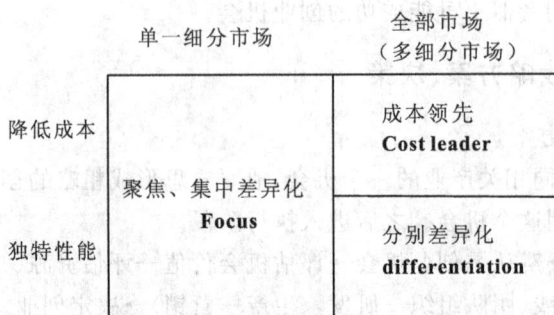

**图 3-7 事业战略分类（Porter,1985）**

异化战略也存在风险,包含:①如果差异化容易被模仿,则容易转变为价格竞争;②市场范围广大的差异化可能被瞄准某一特殊细分市场的专门企业所取代;③如果战略是以连续的产品革新为基础,企业则冒这样的风险:巨大花费为其他企业追随铺路;④如果企业忽略了差异化的成本消耗,则不会给企业带来很高的利润。

(3)聚焦战略

聚焦战略是指选择行业中一个或少数细分市场比竞争者更好地满足顾客需求。聚焦也可以称为集中化、专注、减法、重点、定位。采取集中化战略也存在风险,包含:①细分市场的消失;②竞争企业的进入并且采取更集中的战略;③由于产品的产量较少,导致成本的压力。

5.企业职能战略

企业的职能包含研发、采购、生产、营销、财务、人力资源管理。职能战略主要解答如下问题:如何以职能战略支撑事业层战略? 通常职能战略是建立一个与事业战略配合的职能系统,支持事业战略。

Porter 的事业战略分类图有水平的细分市场与产品线范围维度以及产品差异化方向维度,但是缺少了垂直的价值活动范围维度、地区范围维度,以及时间维度。完整的范围包含价值活动范围、市场范围、地区范围等。战略聚焦是指缩小范围,这是战略最重要的内容之一。新成立的、小的、资源弱势的、竞争地位劣势的企业要善用聚焦战略创造竞争优势,聚焦在一个地区、一个细分市场、一个价值活动、一个职能、一个产品线。

同样你的职业生涯要善用聚焦定位战略。如果不是很聪明,能力不是很强,你如何让自己的人生成功呢? 答案之一是,你必须长期聚焦在一个很小的专业范围,聚焦 20 年,学习钻研创新,使你成为举世无双的专家,进一步成为一个立足于专业的创业家,靠你的专业安身立命。

# 第三节　创业机会与产品差异化

## 一、创业机会结构与差异化后的产品竞争属性、产品优势、利润的因果关系

1. 理论架构:利用产业特殊知识和创业机会产生产品差异化、竞争优势和利润

朱沛研究得出,在相同产业成长期创业,创业者应用产业特殊知识,利用创业机会,将产生三种产品竞争属性,分别为产品有价值的差异性、产品稀缺性、产品需求强度。这三种产品竞争属性会产生产品竞争优势。产品竞争优势会产生产品利润。第一类创业机会结构和第二类创业机会结构产生差异化产品的理论架构见下面图 3-7、图 3-8,完整的创业机会与产品差异化关系的理论架构见下面图 3-9。

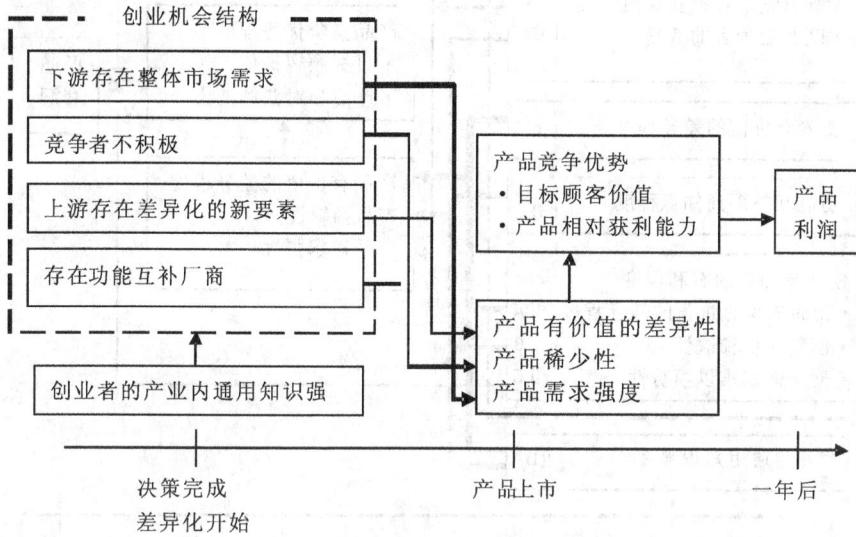

图 3-7 利用上游新要素形成的创业机会进行产品差异化的理论架构图(瑞传 IPC 个案)

图 3-8 利用创业者的创新知识形成的创业机会进行产品差异化的理论架构图

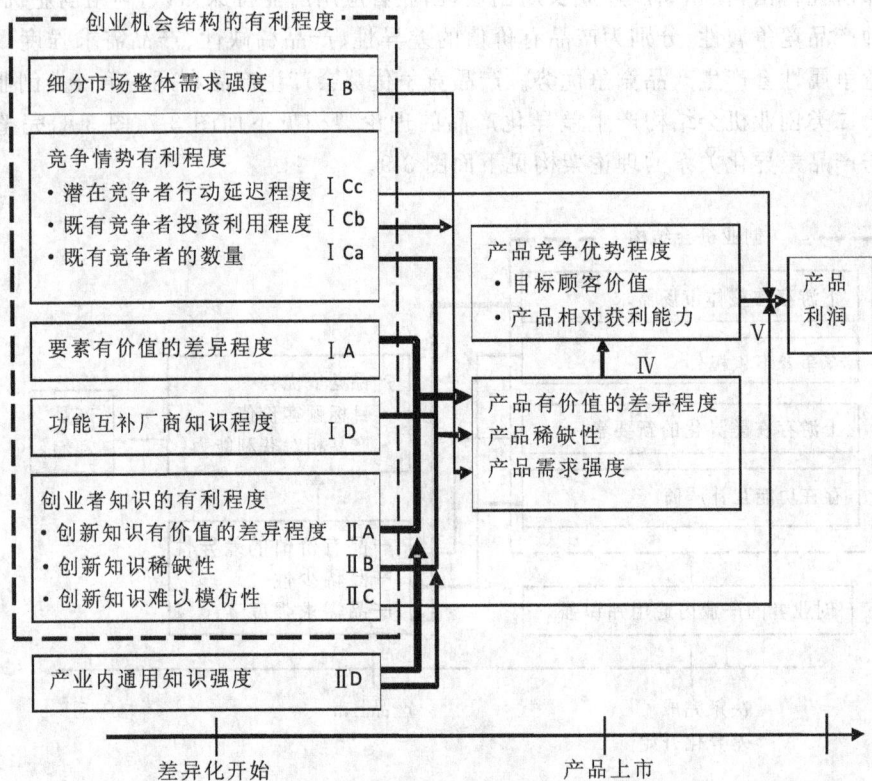

图 3-9　创业者利用创业机会进行产品差异化的理论架构图(朱沛,2005)

**案例**　李晓华利用冷饮机创业获利(肖彦登,2001)。改革开放初期的 1980 年春天,北京的李晓华已经下海,他决定做点生意。听朋友说广州的经济好,他决定带着几千块钱坐火车到南方的广州看看。在广州街上他看到了北方见不到的各类新鲜服装和商品。一天在广交会上,一个产品吸引了他,那是两台喷泉果汁冷饮机,里边黄澄澄的果汁沿着玻璃壁滑下,令人一阵沁凉。李晓华觉得这冷饮机在北京还没有,夏日里卖果汁冷饮,肯定热销而且能赚钱。后来他拿出了四千多元钱买了一台喷泉冷饮机。盛夏来临他把冷饮机带到了北戴河的海边。北戴河是中国高干开会、疗养、游泳的避暑胜地,游客多而且实力不菲。李晓华出设备,一位当地朋友出电、场地和人员,开张了一间冷饮亭。那年夏天他的冷饮机出足了风头。避暑的人们游泳乏了,在太阳底下玩渴了,看到这清爽冰凉的大玻璃杯便被吸引住了。为了解渴消暑,人们排长队买二角钱一杯的饮料。那年夏天,李晓华净赚了十多万元。秋冬来临,他想明年冷饮机肯定不新鲜了,一些脑子动的快的人会紧紧跟上,竞争激烈可想而知。于是他果断地卖掉了冷饮机。第二年夏天他又到北戴河海边,不止一百台的冷饮机在海滨上演了一场冷饮大战,他笑了。

**案例**　　Google 创业者佩吉和布林是斯坦福大学的博士生,佩吉的博士论文选题为研究网页搜索。雅虎最早开发的是超级目录搜索引擎,它通过关键词到数据库中比对找出有此关键词的网址,但是在大量有此关键词的网站中不知道哪些是重要的。当时学术界已经发展出评价一篇科学论文的方法,以一篇论文发表后被后期论文引用的次数多少来评价这篇论文的学术价值高低。佩吉想到可以借用这种方法应用到搜索引擎的网站搜索设计。以一个网站被网民点击次数的多少,评价此网站的重要程度,将重要的网站排在前面。与 Yahoo 的搜索引擎比,以此方法设计的改良搜索引擎在重要网站的搜索上更准确更快速。佩吉和布林开发出这个搜索引擎,1998 年 9 月 7 日两人正式在朋友处租来的仓库里创立了 Google,当时日均搜索量10 000次。Google 搜索引擎上线后搜索量日新月异,到 2000 年 5 月日均搜索量已经达到1 800万次,早已成为全球搜索引擎之王,Google 并且在 2000 年通过授权搜索和广告服务盈利2 500万美元。

**2.相同产业成长期创业理论架构中的概念间因果关系**

相同产业成长期创业,在创业者的产业内通用知识强度大的前提条件下,存在以下因果关系构成的理论架构。这部分内容是经由分析瑞传、科林、鸿松案例资料得出,同样适用于其他相同产业成长期创业项目。下面按照图 3-9 中的编号陈述概念间的因果关系。

Ⅰ:创业机会结构的有利程度越高,则产品利润越高。

下面陈述ⅠA到ⅠD中的变量越大,共同显示创业机会结构的有利程度越高,因为它们最终影响产品利润,因此产品利润也会越高。

ⅠA:上游要素属性有价值的差异程度越高,则产品属性有价值的差异程度越高。

简单说,创业者利用的上游新要素对比竞争者利用的上游旧要素,假设第一种情况是相差200%,第二种情况是相差20%,则第一种情况的要素差异程度高。新要素整合到产品中产生产品差异,假设要素在产品中的影响权重为40%,则在第一种情况下导致产品相差80%,在第二种情况下导致产品相差8%。

上游要素属性(性能与绩效、质量、价格)有价值的差异程度,是指创业者利用的上游新要素属性与竞争者利用的旧要素属性的相对差异程度(即超出的百分比),这种差异对下游目标细分市场顾客是有价值的。要素差异程度的测量,可以以客观的方式计算新要素绩效超出旧要素绩效的百分比,或应用主观判断。

"产品属性有价值的差异程度",指创业厂商的产品属性比竞争者的产品属性相对超出的程度,就是与竞争产品的性价比相比,新产品的性价比更高,就是俗话说的人无我有、人有我优,产品有特色,能更好地满足顾客需求,为顾客创造更高价值。产品属性指产品的性能、价格、质量、服务等重要属性;有价值是指产品属性相对差异对下游目标细分市场的顾客有价值。"产品有价值的差异程度"的测量,可以计算新产品属性超出竞争产品属性的百分率。无法量化测量的可经由主观判定。

举例而言,"产品属性有价值的差异程度"就是:(1)一个新开餐厅烧的饭菜比竞争餐厅的饭菜更(差异)好吃的程度。(2)与竞争餐厅的菜比,对于喜欢吃辣的细分市场顾客,有一家"珍味鱼头"餐厅的"剁椒鱼头"菜更好吃。(3)与竞争歌手比,王菲唱歌更好听。(4)与竞争的手机厂商的键盘手机的操作方便性比,刚上市的结合了触控屏幕组件和手指指令软件技术的 iPhone 手机操作更简单方便人性化,对不在乎价格贵的有钱顾客更有价值。

广义的新产品可能是以产品结构知识或服务知识结合上游厂商的新要素(组件、原料、技术设备、产品)生产的产品或产品服务组合。上游要素属性有价值的差异程度越高,则会导致产品属性有价值的差异程度越高。

例如,486 处理器是 Intel 的前一代处理器,奔腾处理器是之后的下一代处理器。之前竞争者利用 486 芯片组和 486 处理器(66 Mhz)设计 486 工业电脑主板。1995 年 6 月,新创业的瑞传公司领先竞争者利用奔腾芯片组和奔腾处理器(133Mhz)设计奔腾工业电脑主板(决策与差异化开始时点)。10 月瑞传公司研发生产成功,领先竞争者在市场推出了奔腾工业电脑主板(上市时点)。在差异化开始时点,上游要素属性有价值的差异程度 =(133Mhz−66 Mhz)÷66 Mhz=100%。即创业者利用的组件(要素)的价格高 4 成,运算速度(性能)高一倍(新组件与竞争者利用的组件属性之间的差异),这种高性能组件是下游需要高运算速度的厂商(顾客)需要的。将芯片组结合到主板中,产生了奔腾工业电脑主板,插上处理器后,奔腾工业电脑的"产品属性有价值的差异程度"=(133Mhz−66 Mhz)÷66 Mhz=100%。即奔腾工业电脑比竞争者的 486 工业电脑的运算速度快一倍(新产品与竞争产品属性比的差异),这种高运算速度是下游需要高运算速度的厂商(顾客)需要的。例如下游电话交换机厂商和电脑语音整合厂商(目标细分市场顾客)认为更高运算速度是有价值的。

其他的正面案例。2000 年前只有滚球鼠标。在 2000 年前美国安捷伦(Agilent)公司研发出了光学鼠标模组,并且微软在 1999 年 8 月利用安捷伦的光学模组推出了世界上第一支光学鼠标。世洋公司的创业团队来自做滚球鼠标的将盟公司(Tremon)。2000 年 1 月 1 日成立的世洋公司利用安捷伦的光学鼠标模组,在 2001 年 3 月,与另外 5 家台湾公司同时推出了光学鼠标。过去鼠标的滚球会粘灰尘,会使鼠标不灵敏。与滚球模组比,光学鼠标模组不会粘灰尘,而且比较轻,有科技感(要素有价值的属性差异)。将光学模组应用到鼠标中(与电路、结构、造型结合),生产的光学鼠标不粘灰尘、比较轻、有科技感(产品有价值的属性差异)。

ⅠB:细分市场整体需求强度越大,则产品需求强度越大。

细分市场整体需求强度是指下游存在对全部厂商的差异性产品的需求强度。下游技术发展与产业起飞等因素使细分市场整体需求强度越大,市场需求线越偏右。"产品需求强度"是指对新事业产品的需求线位置偏右的程度。可以在给定价格下计算单位时间产品销售量来测量。假设新事业产品上市时已有竞争厂商的相同产品上市了,则细分市场整体需求强度被竞争的产品吸收掉一部分,剩下的成为产品需求强度。在控制其他变量不变的情况下,细分市场整体需求强度与产品需求强度有正向关系。

ⅠCa:既有竞争者数量越少,则产品稀缺程度越高。

创业厂商利用上游新要素的决策与差异化开始时,竞争者分两类,已经利用上游新要素的竞争厂商归到既有竞争者类,还没有利用上游新要素的竞争厂商归到潜在竞争者类。"既有竞争厂商数量",指决策与差异化开始时已经利用上游新要素的竞争厂商数量。假设创业者与竞争厂商执行差异化的速度一样,则在创业厂商推出差异化新产品时,既有竞争厂商也推出了差异化新产品。差异化开始时的既有竞争厂商数量越少,则上市时的产品稀缺程度越高。若既有竞争厂商数量=(0,1,2…)则产品稀缺性=(独特:垄断独占目标细分市场;稀少:2家寡头垄断目标细分市场;稀少:3家寡头垄断目标细分市场……)。稀缺的最高水平就是独特,就是与众不同。

例如,1995年6月,瑞传公司利用奔腾芯片组时还没有竞争者利用,既有竞争厂商数量=0(决策与差异化开始时点)。10月瑞传公司领先竞争者推出了奔腾工业电脑主板(上市时点),产品是独特的,是稀缺性的最高水平。

ⅠCb:既有竞争者投资利用程度负向调节整体市场需求强度与产品需求强度的正向关系。

"既有竞争者投资利用程度",指在差异化开始时既有竞争厂商已利用上游新要素或创新知识等异质资源的程度。衡量方式为比较竞争者与创业者的产量规模、相对成本和市场占有率。在决策与差异化开始时点,既有竞争者的投资利用程度越高,投入的资本与资源越多,则在创业厂商产品上市时点,竞争者吸收掉的细分市场需求越大,负向影响细分市场整体需求强度与产品需求强度的正向关系(陈述ⅠB)。如果新产品细分市场中有10家厂商,9家竞争者分掉了90%的市场需求,则创业厂商的新产品只有10%的市场需求。

例如瑞传工业电脑个案中,在决策时没有既有竞争者,投资利用程度为零,产品上市时,整体市场需求强度就等于产品需求强度。瑞传Modem个案中,多家既有竞争者加总的利用程度大,多个大厂的产品吸收了大部分市场需求,使瑞传产品需求强度小。

ⅠCc:潜在竞争者行动延迟程度,正向调节产品竞争优势程度与产品利润的正向关系。

"潜在竞争者行动延迟程度",指潜在竞争厂商比创业厂商利用新要素晚的程度。衡量方式为计算潜在竞争厂商比创业厂商推出产品晚的月数。潜在竞争者行动延迟程度会影响上市后产品竞争优势的持久程度,即正向调节产品竞争优势程度与产品利润的正向关系(陈述Ⅴ)。潜在竞争者行动延迟程度越低,即潜在竞争者跟进利用新要素的行动越早,则创业机会窗口越短,创业厂商产品上市后的产品稀缺性下降得越早,上市时的产品竞争优势(产品的相对利润率)就越早下降,导致未来一段期间(一年)的利润就越少。

例如,潜在竞争厂商延迟了三个月到半年推出奔腾主板,使瑞传产品优势在三个月到半年以后才降低,导致一段期间该产品的利润较高。在瑞传第一个新产品优势下降前,瑞传又推出了接下来的新产品,使竞争优势能够保持。

ⅠD:职能互补厂商知识程度越高,则新产品的稀缺性越高。

"职能互补厂商知识程度",指职能互补厂商知识的强度、差异性、稀缺性的整体程度。衡量方式为检视职能互补厂商人员是否相关工作年限足够长并担任管理者,是否有差异与稀缺的知识。与创业者合作的职能互补厂商的知识程度,影响差异化的速度,进而影响产品稀缺程度。职能互补厂商的知识程度高,使得产品的设计速度快且领先上市,取得较高稀缺性。由此可得陈述ⅠD。

Ⅱ:创业者知识的有利程度越高,则产品利润越高。

下面陈述ⅡA到陈述ⅡD中的自变量的程度越高,共同显示创业者知识的有利程度越高,产品利润越高。

ⅡA:创新知识有价值的差异程度越高,则产品有价值的差异程度越高。

简言之,创业者的创新异质知识的差异越大,则导致产品的差异越大。以方太为例,假设解决竞争产品的一个缺点,则方太产品差异10%。由于创业者的创新异质知识可以解决竞争产品的6个缺点,创新知识的差异大,则可以产生产品60%的差异。

"创新知识属性有价值的差异程度",是指相比于产业内其他人员的产业内通用知识,创业者创新知识的属性相对差异程度,并且此差异对下游目标细分市场顾客有价值。衡量方式为比较创业者用这种知识能做到的产品或服务属性与其他竞争厂商的差异,量化为超出部分的百分比。

创业者创新知识本身只有差异性,是否有价值只有在产品上市后才能被证实。创新知识与产业内通用知识结合成为产品服务后,创新知识的差异产生产品服务的差异,产品被提供到对的目标细分市场,产品服务的差异是目标顾客需要的,因而有价值。

**案例** 在科林医疗设备代理公司创业个案中,上游厂商制造的白内障手术设备是科林利用的新要素,科林销售的设备与服务是广义的产品。科林创业者有创新服务知识,包含与销售设备搭配的教育训练与售后保修服务,以及将英文手册翻译成中文,这些是竞争者没有的服务。科林创业者用创新服务知识做出的服务水平比竞争者高,具有服务差异;创业者创新服务知识的差异产生产品服务组合的差异,这些差异是顾客需要的,因此有价值。

**案例** 在鸿松金属冲压事业创业案例中,创业者的四方pin模具创新知识使他能解决四方pin上下两端倒角问题,能用连续冲模更有效率地生产四方pin。鸿松创业者运用创新模具知识以连续冲模一分钟可以做500个四方pin,其他厂商用专用机一分钟只能做150个四方pin,存在创新模具知识产生的效率差异,创新模具与连续冲模的设备与生产技术等产业内通用知识结合产生生产四方pin的成本效率差异。成本效率差异产生了鸿松四方pin的价格较低,这是顾客需要的,因此有价值。

ⅡB:创新知识稀缺程度越高,则产品稀缺程度越高。

创新知识稀缺性指创业者的创新知识在产业中的稀缺程度。衡量方式为计算产业中有这种创新知识的竞争厂商数量,数量越小,则知识稀缺程度越高。例如,科林的服务知识是独特的,产生产品与服务组合(广义产品)的独特性。鸿松的四方pin模具知识在台湾是稀缺的,只有两家有。

ⅡC:创新知识难以模仿性,正向调节产品竞争优势程度与产品利润间的正向关系。

资源基础观学者 Barney(1991;2001)主张,能使竞争优势持久的创新资源须是难以模仿的。朱沛(2005)发现,创新知识难以模仿性影响产品竞争优势持久性。

学习模仿复制需要的时间越长,人员互动指导的强度越大,越不容易通过观察了解,则难以模仿程度越大。难以模仿性来自这种知识的专用性、内隐性、复杂性(Reed & Deffillipi,1990)。创新知识难以模仿性越强,竞争者模仿的时间越长,新事业产品的稀缺程度保持得就越久,竞争优势就越持久。

**案例**　在科林个案中,"一般代理公司人员没有服务的想法,使医生买设备后有很多维修问题。科林创业者林先生认为产品是服务,医生们买机器是要买训练维修服务。所以他把服务做好,让他们买后没牵挂。"此显示科林创业者有创新服务知识,有与众不同的服务理念与做法。创业后创业者在多项细节做法上都有所发展,显示服务知识包含多种成分,是复杂的与内隐的,因此创新知识难以模仿性强。由于创新服务知识的难以模仿性强,使广义产品竞争优势持久,使后续的产品利润高。

**案例**　鸿松个案显示,创业者的四方 pin 模具知识的难以模仿性中等,只要没有同业参观,鸿松能保持这个商业机密不被模仿。创新知识难以模仿性,使未利用的竞争者很晚才引进或模仿出四方 pin 模具,使这项产品的优势持久,产品利润高。

ⅡDa:产业内通用知识强度,正向调节上游要素属性有价值的差异程度与产品有价值的差异程度的正向关系(正向调节陈述ⅠA)。

ⅡDb:产业内通用知识强度,正向调节创新知识有价值的差异程度与产品有价值的差异程度的正向关系(正向调节陈述ⅡA)。

如果创业者与团队的产业内通用知识强度大,则后面的正向因果关系成立。在相同的差异化时间长度的条件下,即使上游新要素或创新知识有价值的差异程度较高,但是如果创业者与团队的产业内通用知识强度小,则会降低产品属性差异的水平。例如创业者的内部流程、品管、研发管理,以及关于目标细分市场顾客的知识弱,则会导致生产效率低、产品成本高、质量差、产品性能不能满足目标客户需要,会降低产品有价值的差异程度。

ⅡDc:产业内通用知识强度,正向调节既有竞争者数量与产品稀缺程度的反向关系(正向调节陈述ⅠCa)。

ⅡDd:产业内通用知识强度,正向调节创新知识稀少程度与产品稀缺程度的正向关系(正向调节陈述ⅡB)。

如果创业者与团队的产业内通用知识强度大,则后面的正向因果关系成立。即使上游新要素或创新知识有价值的差异程度较高,但是如果创业者与团队的产业内通用知识强度小,为了要达到相同的差异化水平,则要拖长差异化的时间,使得竞争者的产品更可能提前上市,降低产品稀缺性。

Ⅲ:若创业者有创新的知识,或上游存在差异的新要素,或二者都存在,则新事业可推出差异化与稀缺性的产品。(能产生竞争优势→获取利润并使创业成功。)

若按照产品差异来源不同进行分类,即按创业者仅有产业内通用知识或还有异质知识维度,上游有或没有差异性新要素维度,可以分为四种类型。其中三种类型存在产品差异来源与创业机会结构。图 3-10 呈现出分类维度和四个个案归属于的类型。

|  | 上游是否有差异性新要素 | |
|---|---|---|
|  | 没有差异性新要素 | 有差异性新要素 |
| 产业内通用知识强度小 | 没差异、劣势、失败<br>瑞传modem个案 | 没差异、劣势、失败 |
| 产业内通用知识强度大 | 没差异、劣势、失败 | 有差异、优势、成功<br>瑞传工业计算机个案 |
| 还有异质知识 | 有差异、优势、成功<br>鸿松个案 | 有差异、优势、成功<br>科林个案 |

(左侧纵向标注:产业特殊知识)

图 3-10 差异来源和差异化结果、四个个案归属的类型

Ⅳ:产品有价值的差异(见图 3-11)越大、产品稀缺性越大、产品需求强度越大,则产品竞争优势越大。

"产品竞争优势"在顾客方面指为顾客提供比竞争产品更高的价值(性价比更高),能吸引和留住更多顾客;在新企业方面是指新产品的获利能力高于产业中竞争产品平均获利能力。产品获利能力是单位时间利润流量,等于产品毛利率×单位时间销售量。

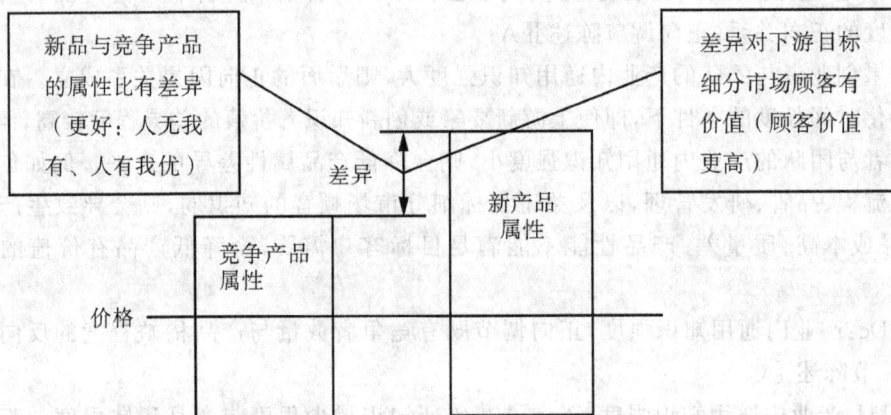

图 3-11 产品有价值的差异示意图

产品有价值的差异性越大(即产品性价比越高),则产品竞争优势越大。差异越大则对目标细分市场顾客的价值越大,越能吸引新顾客和留住既有顾客,顾客越愿意花高价买,使毛利率越高。

产品稀缺性越大,则产品竞争优势越大。产品稀缺性是指产品在产业内厂商中稀缺的程度。衡量方式为计算差异性新产品上市时有相同差异性新产品的竞争厂商数。差异化产品的竞争厂商数量越少,则产品稀缺性越大。稀缺性的最高水准是独特(人无我有)因此可以独占(垄断)此细分市场;次高为两家寡占目标细分市场的稀少;依此类推。经济学的市场类型理论已指出:产品稀缺性越大,则产品竞争优势越大。

产品需求强度越大,则产品竞争优势越大。产品需求强度是指对此项差异性产品的市场需求线位置靠右的程度。衡量方式为在给定价格下计算单位时间产品销售量。经济学的市场均衡理论指出,当产品需求越强,则均衡的价格和销量越大,使产品获利能力与竞争优势程度越高。

Ⅴ:产品竞争优势越大,则产品利润越大。

Barney(1991)指出,当某事业的获利能力高于产业平均获利能力,则它有竞争优势。事业的获利能力来自每个产品的获利能力。产品竞争优势程度是指该产品与竞争者的产品比的相对获利能力,是指新事业新产品的获利能力高于产业中竞争产品平均获利能力的程度。产品获利能力是单位时间利润流量,可用单位时间产品毛利率×销售量简单衡量。产品获利能力乘以时间即为一段期间(一年)的利润。例如,竞争产品获利率=100(万/月),一年的利润=100(万/月)×12(月)=1 200万元。新事业新产品获利率=300(万/月)。一年的利润=300(万/月)×12(月)=3 600万元。产品竞争优势程度越高,导致产品利润越高。

## 二、理论架构的战略和经济学含义:产品竞争属性→竞争优势→利润

1.创业机会结构中潜藏着利润,有利程度显示出利润多少,利润引诱创业者采取创业行动

从图3-7、3-8、3-9可以看出,创业者利用创业机会结构使产品差异化能成功,可以产生竞争优势和利润,因此创业机会结构中潜藏着利润。因为构成创业机会结构的各因素的属性程度最终都会影响产品利润高低,它们共同显示出创业机会结构的有利程度,即潜藏的利润多少,也是对创业机会的价值的评价和估计。在创业决策与差异化开始时点,创业者看到了创业机会结构,通过评估,洞察到了在未来他能获取利润。最终因为创业机会结构中潜藏的利润吸引创业者采取创业行动。

2.产品竞争属性、产品竞争优势和产品利润的经济学解释

下面用经济学的不同类型细分市场供需均衡原理解释陈述Ⅳ的因果关系。差异化后产品的三个竞争属性对产品竞争优势的影响可以以经济学的价格与产量二维度的供需图说明。以瑞传工业电脑案例为例,图3-12为奔腾主板细分市场的供需图。假设产品性能与价格有权衡(tradeoff)关系,在价格上升有限的情况下,若性能上升越多,则有越多人会选择高性能的产品。若产品有价值的差异越大,即性能越强,在性能产生的价值大于支出的价格的情况下,图中的需求线会右移,使均衡价格上升与优势上升,从而未来一段期间

的利润越高。当产品稀缺性很低,接近完全竞争,由 $MC=P=AR$ 得到市场均衡点在 $B$ 点,此时单一厂商的产品销售额$=P_2 \times Q_2 \div$ 厂商数。厂商销量只是整体市场销量的很小一部分,只能赚取正常利润。当产品稀缺性最高,独占奔腾主板细分市场,此时由 $MR=MC$ 得到均衡点为 $A$ 点,均衡数量为 $Q_1$,均衡价格为 $P_1$。此时单一厂商的产品销售额$=P_1 \times Q_1=$全部市场的销售额,并且能赚取垄断独占细分市场的超额利润。因此若稀缺性由低到高,则图中的市场均衡点由 $B$ 移动到 $A$,价格上升且厂商的产品销量也大幅上升,因此优势上升,可以从赚取正常利润上升到赚取超额利润。产品需求强度越大,显示市场中有越多顾客要买高价的产品,使图中的需求线右移幅度越大,因此使均衡价格上升与优势上升,使未来一段期间的利润越高。

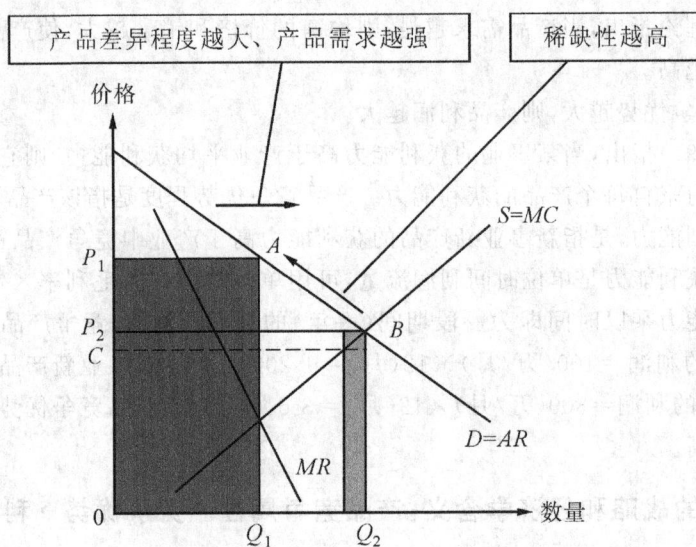

图 3-12 产品竞争属性与产品竞争优势的经济学解释

### 三、解释创业战略

1.创业战略是条件、方法、目的的因果关系连接

图 3-13 显示出创业者决策时的条件(创业团队的产业特殊知识、第一类创业机会结构),实施创业战略,达到创业目的(差异化成功、取得优势、创造利润)的关系,它显示出图 3-7、3-8、3-9 中的因果关系是如何经由战略连接起来。

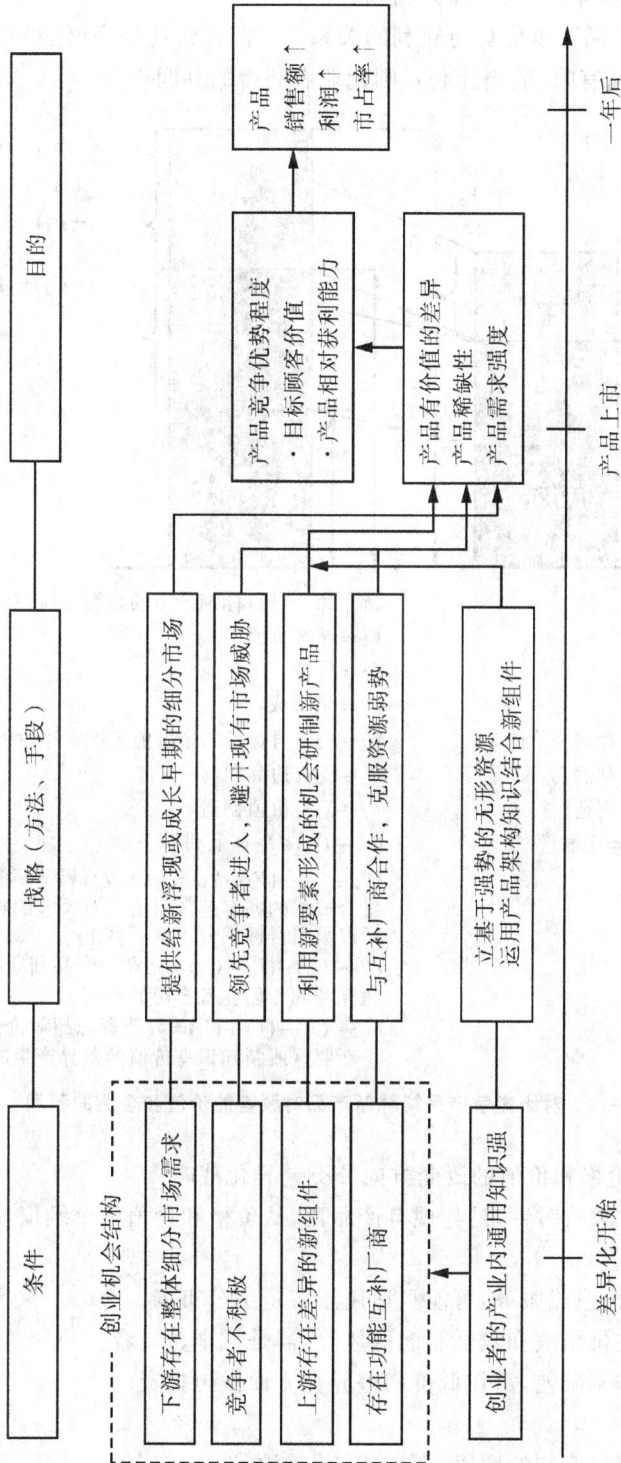

图3-13 创业者决策时的条件（创业团队的产业特殊知识、创业机会结构），创业战略（差异化、优势、利润）的关系

2.从产品方面解释差异、竞争优势、利润

图 3-14 解释了产品竞争优势与获利的关系。产品性价比提高（优势），为目标顾客提供更高价值，价格提高有限（适当让利），则创业者获得的利润更多。

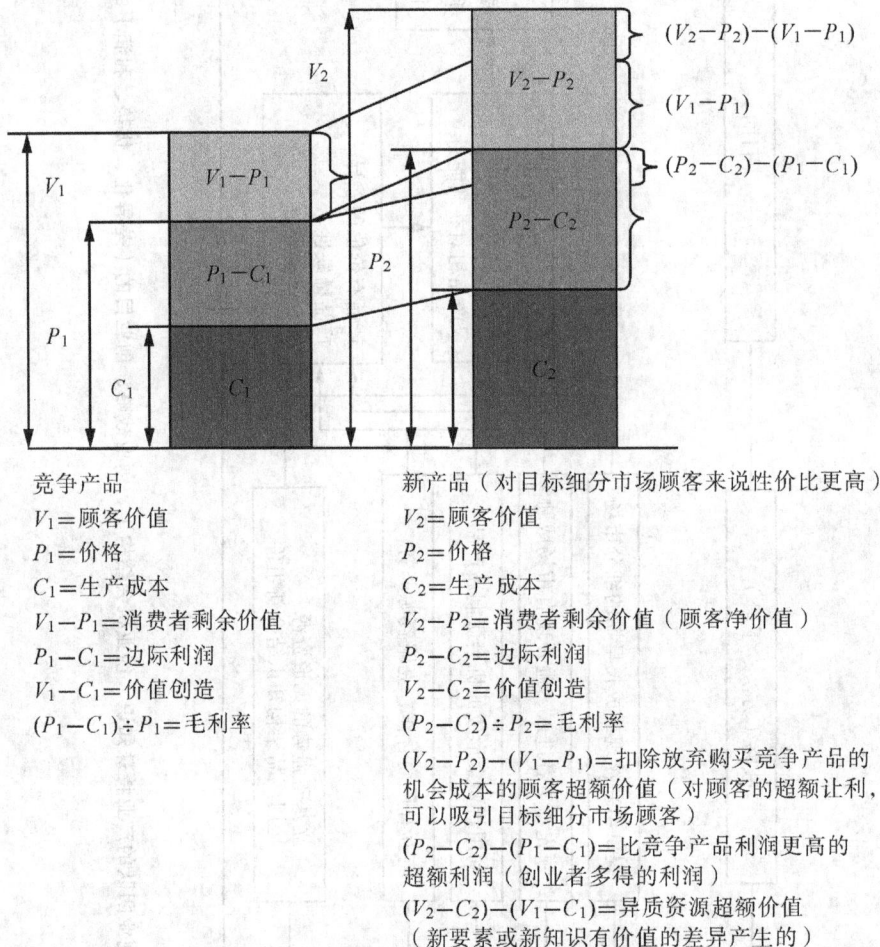

竞争产品

$V_1$＝顾客价值

$P_1$＝价格

$C_1$＝生产成本

$V_1-P_1$＝消费者剩余价值

$P_1-C_1$＝边际利润

$V_1-C_1$＝价值创造

$(P_1-C_1)\div P_1$＝毛利率

新产品（对目标细分市场顾客来说性价比更高）

$V_2$＝顾客价值

$P_2$＝价格

$C_2$＝生产成本

$V_2-P_2$＝消费者剩余价值（顾客净值）

$P_2-C_2$＝边际利润

$V_2-C_2$＝价值创造

$(P_2-C_2)\div P_2$＝毛利率

$(V_2-P_2)-(V_1-P_1)$＝扣除放弃购买竞争产品的机会成本的顾客超额价值（对顾客的超额让利，可以吸引目标细分市场顾客）

$(P_2-C_2)-(P_1-C_1)$＝比竞争产品利润更高的超额利润（创业者多得的利润）

$(V_2-C_2)-(V_1-C_1)$＝异质资源超额价值（新要素或新知识有价值的差异产生的）

**图 3-14  对比竞争产品解释新产品对顾客的价值和企业的利润**

3.战略时钟：以价格和价值的改变方向分类差异化战略

Bowman 提出了战略时钟，是与现有产品比，从价格和价值两个维度显示战略方向选择的理论，见图 3-15。

(1)只提供必要价值或服务：可能只适用于特定细分市场。

(2)低价格：存在价格战和较低利润的风险，需是成本领先者。

(3)混合型：成本基础差，需在低价和差异化方面做再投资。

(4)差异化

(a)没有溢价：客户感知的增值，产生市场份额收益；

(b)有溢价：客户感知的增值足以支撑溢价。

(5)集中差异化：在特定细分市场上形成的感知增值保证溢价。

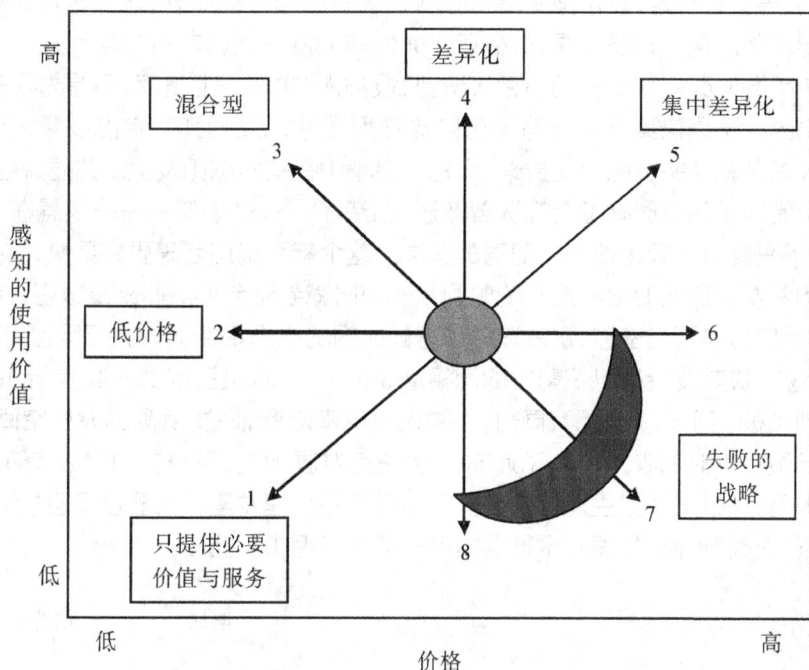

**图 3-15　战略时钟**（Faulkner & Bowman, 1995）

（6）提高价格/标准价值：如果竞争对手不采取同样措施，将有更高的利润；但有丢失市场份额的风险。

（7）提高价格/低价值：只有在垄断条件下才可行，可能失败。

（8）低价值/标准价格：会丢失市场份额。

4.产品服务的属性差异与价值曲线

《蓝海战略》作者用产品服务的多属性构成的价值曲线图，显示出特殊新产品的属性差异。图 3-16 以日本快美发屋为例，显示出价值曲线的不同。此图显示创业者不一定要在所有属性上都要做得更好，也可以对目标细分市场顾客更有价值。

**案例**

快美发屋（Quick Beauty House）在日本男性理发业中开拓了一片蓝海，并在整个亚洲快速增长。自 1996 年在东京创建以来，快美发屋已经从当时的一家理发店扩展到 2003 年的 200 多家，顾客从 1996 年的 5.7 万人次增加到 2003 年的 3 500 万人次。这家公司正在新加坡和马来西亚扩展业务，并且定下目标，到 2013 年在亚洲开设的分店达到 1 000 家。

快美发屋的蓝海战略，其核心是把男性理发业从情感型产业转换成高度职能型产业。在日本，男人理一次发大约要花上一个小时。为什么呢？因为理发的过程包括一长串的繁文缛节：热毛巾一块又一块地递上，肩膀被按摩来按摩去，顾客们还要享用茶和咖啡，理发师理起发来也有一套成规，包括头发和皮肤的特别护理，比如吹干、剃须等。结果是,真正剪头发的时间只占一小部分。此外,这些做法让等候的顾客排起长队。整个理发程序,价格在 3 000～5 000 日元(27～45 美元)。

快美发屋改变了这一切。它认识到,很多人,尤其是上班族,不想为了理发浪费一个小时。于是快美发屋取消了这些情感型服务,如热毛巾、肩部按摩、茶和咖啡。它也大力削减了头发的特别护理,而把力量集中在基本的剪发上。此后,快美发屋又进一步剔除了耗费时间的传统洗剪做法,创造了"气洗"系统——只悬在上方的龙头,拉下来就可以吸走每一根剪落的头发。这个新系统用起来更好更快,又不用弄湿顾客的头发。这些变化将理发的时间从一小时减到十分钟。此外每家店外都有指示灯,显示店内是否有空位,这就减少了等候时间的不确定性,也剔除了预约柜台。

这样,快美发屋得以把剪发的价格从 3 000～5 000 日元(27～45 美元)的产业均价降到 1 000 日元(9 美元),同时,因为人员成本降低,理发所需的零售空间减少,每个理发员每小时的收入提高了近 50%。快美发屋创造了这样一套"没有花架子"的理发服务,又改进了卫生清洁水准。它不仅给每个理发座椅都配置了卫生设备,还引入了"一次性"机制,为每一个顾客提供一套新的毛巾和梳子。

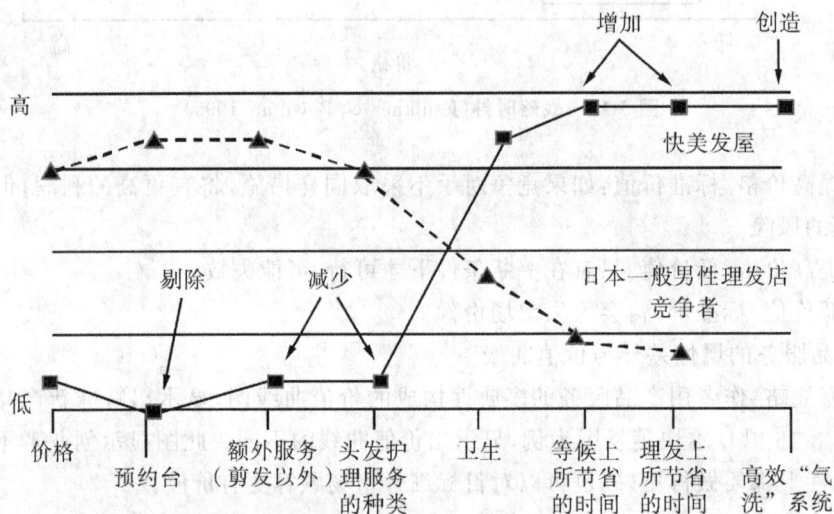

图 3-16 快美发屋的产品服务属性差异与价值曲线(金、莫博涅,2005)

5.利益相关者与企业组织

利益相关者是与组织及组织活动有利益、权力或所有权关系的个人或团体。简单而言,是指企业经营好坏攸关于其利益的那些自然人或法人,包含:顾客、员工、股东、供应商、社区、社会等。企业与利益相关者的关系是不同资源交换与相互依赖关系。不同的利益相关者之间有利益冲突,但可以用战略管理,包含产品创新与制度设计来调和冲突,创造出多赢。一个企业能在产业环境中存在与成长的原因是,此企业为利益相关者提供了相对于竞争者更有利的资源交换。一般而言,企业只有为顾客创造更大价值,才能为股东、员工、外部合作厂商创造更大价值。亦即创业战略是通过先利他人达到后利自己的目的,在利益相关者中创造多赢的结果。利人利己、以德报德,符合社会的道德伦理,特别要义利并举、诚信对待利益相关者,符合商业道德。

**如何保持优势?**

· 战略正确、持续创新、发展核心能力

---

![本章要点图标] **本章要点**

**概述创业战略结论**

· 创业战略要符合 SWOT 原则。

· 要选择相同产业、相关产业或浮现期非相关产业利用机会创业。

· 组建一个职能完整、互补的创业团队,立基于强势产业特殊知识与关系创业。

· 经历丰富(工作年限长、职级高、经历的职能多、合作过),则有效产业特殊知识强。若产业内通用知识不强,则不创业。

· 创业环境层次分为微观产业环境、宏观环境。

· 六力模型描述了产业环境分析的方面。

· 创业机会存在于微观产业环境中,是由改变形成的、竞争者不积极利用的、能使产品差异化成功的、存在市场需求的一个有利的情景结构,称为创业机会结构,也是一个产业结构洞。

· 机会起源于产业中的改变,被竞争者利用之后消失,所以创业机会是在一段期间存在的,这段期间称为创业机会窗口。

· 影响创业机会发现的因素包含:先前的产业知识、关系网络、创造性、旅行观察等。

· 在有效产业知识强的条件下,若有上游新要素或内部创新知识形成的创业机会,则应该在相同或相关产业创业。

· 缩小新事业的范围:聚焦在一个对创业者有利的存在机会的细分市场。

· 存在创业机会结构,相同产业成长期两种类型创业机会结构的构成项目:

☞上游存在差异新要素(新资源)、下游存在市场需求、竞争者不积极、存在职能互补厂商。

☞创业者有创新知识、下游存在市场需求、竞争者不积极与被隔离、存在职能互补厂商。

· 创业机会是狭义的,要辨认是否是创业机会,特别要认清竞争者行为。多元化的竞争者追求更好的机会+浮现的机会初期很小,则会使竞争者不积极。

· 利用创业机会的现在条件实现未来产品差异化成功的理论架构,简化描述了创业战略的核心因果逻辑关系。它揭示了机会中隐藏的利润有多少,可用于评估机会价值。

· 利用创业机会可以创造出产品有价值的差异性、稀缺性、产品需求强度,通过产生高顾客让渡价值和高获利率形成竞争优势,进而产生销售额和利润。

· 从经济学的供给需求图上看,产品差异化成功,就是通过创造更高产品性价比,在一个细分市场激发出需求,获取垄断独占利润。

· 创业战略可以使利益相关者多赢。

- 战略时钟、产品属性组成的价值曲线是对创业战略的不同角度的描述。
- 要持续创新(产品、服务、技术),针对存在需求的细分市场,创造产品有价值的差异性、稀缺性、产品需求强度,产生竞争优势。

**以下条件下不应该创业**

- 不应到成熟期的产业创业,因为产业没有改变、没有机会。
- 不应到成长期的非相关产业创业,因为没有立基于强势知识。
- 工作年限很短时(产业特殊知识不强),不应在既有产业创业。
- 需要团队但无法建立一个职能完整的团队时,不应在既有产业创业。
- 即使有强势的产业知识,若产业中没有机会时不应创业。
- 若强竞争者积极利用某机会时,创业者不应利用此机会创业。

### 重要概念

宏观环境、产业环境、五力模型、创业机会、创业机会结构、竞争者行为、产品差异化、机会窗口、事业竞争战略、聚焦战略、网络结构洞、机会成本、价值曲线(由产品属性差异组成)、战略时钟、利益相关者

### 思考问题

1.假设 10 年以后你在思考要不要创业,请你从立基于何种资源、产业相关性、你和创业伙伴的经历、创业团队的知识、创业机会、企业的范围、选择的市场、商业模式、产品等方面说明,你选择何种做法将导致创业成功? 为什么?

2.请你参考图 3-7 到 3-13,试试从多种角度以及用通俗说法,将"创业战略是什么"详细写出来。答案见本章后面的附录一。

### 课外练习

1.请分组,各收集一个成功或失败的创业案例故事,分析检验是否符合本章讲述的创业战略理论。包含分析创业的产业相关性与产业生命周期阶段,创业机会结构形态,对新产品竞争属性的影响,产品竞争属性对产品竞争优势以及利润的影响。制作 Word 文本报告与投影片,上台报告该案例,分析创业成功的逻辑。

2.请分组讨论目前出现了哪些新兴产业? 是否存在较多创业机会? 哪些人可以利用这类机会?

3.请讨论在你的产业和专业领域附近,出现了哪些相关产业新兴区块? 是否存在较多创业机会? 哪些人可以利用这类机会?

# 附录一:创业战略是什么? 融合理论的多角度与通俗说法

请你参考图 3-7 到 3-13,试试用通俗说法,将"创业战略是什么"详细写出来。

答:

①从认知与决策方面看,创业战略决策就是要:

· 洞察、见人所不能见、信息不对称、前瞻、远见。

· 依据对未来的预测、洞察、推测、判断,形成一组决策的前提假设条件。

· 在信息不完全与存在不确定性的情况下,依现在的条件对未来决策。

· 运用想象和构思,形成创意、点子、想法、思路、理念、方案、计划。

· 通过科学理性的分析思考形成行动的内在因果逻辑。

· 形成利用机会条件开发新产品、技术或新商业模式的过程。

在决策完成与差异化开始时点,战略就是:

· 按照完善程度依次呈现为一个理念、想法、方案或计划。

· 要符合 SWOT 原则:立基强势、克服弱势、利用机会、避开威胁。

②从执行过程方面看,战略是:

· 立足于现在的条件达到未来目的的方法。

· 是条件—方法(战略、手段)—目的的因果逻辑关系的连接。

· 符合产业组织经济学的 S—C—P 模型(结构—行为—绩效)。

· 通过对未来的前瞻、洞察,采取行动实现未来理想。

③从方案选择的角度看,创业战略就是:

· 一组选择的结果,包含机会项目、范围、方式、方法的选择。

· 是选择聚焦在存在机会的重点上,选对利用的方式。

· 选择浮现的黎明新兴产业或成长的朝阳产业。

· 选择一个或一组价值活动、建立上下游合作联盟。选择一组产品。

· 选对细分市场、领先进入、聚焦定位。

④从范围上看,创业战略就是:

· 聚焦、集中化、专注、定位、专一、重点、减法、缩小范围。

· 决定不做什么事,决定要做什么事,把要做的事做好。舍得,通过舍达到得。

· 要建立合作联盟。

· 利用过去的专业核心,聚焦定位在小范围,建立与发展一个新专业核心。

⑤从创业机会上看,战略要利用的创业机会是:

· 一段期间存在的,不是随时有的,可能稍纵即逝,看起来若有若无,不均匀分布,与产业发展趋势一致,产业环境中的一组多个条件因素共同构成的特殊情境。

• 狭义的,竞争者不积极利用、创业者有能力利用、有互补厂商可以合作利用的。

• 使产品差异化能成功的条件,里面潜藏着利润。

⑥从资源上看,战略是:

• 利用低度利用的差异资源、借势。是创新,进行资源新整合。

• 利用异质知识或创造异质知识(产品、商业模式、服务、技术、市场)。

• 利用强势资源、发挥长处、避实击虚、以石击卵。

• 要取得资源,克服创业者自己的资源限制,利用分享机会中潜藏的未来利益(适度让利),与拥有资源的利益相关者交换需要的资源。

⑦从产品上看,战略就是要:

• 选对需要产品的目标细分市场,创造产品(在功能、品质、成本或服务方面)有价值的差异性与稀少性。

• 差异化、有特色、创造产品更高性价比。

• 为目标细分市场顾客提供更好的有偿产品与服务。

• 更好地满足目标细分市场顾客需要,为顾客创造更高价值,更高度地适配。

⑧从利益相关者角度看,创业战略就是:

• 符合创造多赢、利人利己的商业伦理规范,是通过先利他人(顾客),达到后利自己(股东)的目的。因此创业是诚信的、正当的与合法的。

• 创业者与利益相关者进行做蛋糕与分蛋糕的活动。

• 创业者是通过创造出多赢的结果(分蛋糕),对利益相关者提供比竞争者更有利的资源交换(让利),来吸引利益相关者提供资源支持新事业(做蛋糕)。

• 通过创新更好地满足顾客需要,为目标顾客创造更高价值,达到为创业股东赚取利润,为员工提供就业机会,增加供应商的销售和利润的目的。

⑨从行动和目的上看,创业战略是要:

• 领先竞争者、先发、先动,创造竞争优势。

• 超前思维、超前行动,人弃我取,利用竞争者不积极利用的资源。

⑩从财务与资本方面看,创业战略就是:

• 将现在的钱投资到未来能赚钱的事业与价值活动中去。

• 以小投资博大报酬。赚取利润、创造财富。

⑪从市场上看,创业战略就是要:

• 选对浮现的新兴产业与朝阳产业的成长细分市场、领先进入、聚焦定位。

• 选择定位的细分市场与现有竞争者服务的细分市场不同,边缘切入,错位竞争。

• 建立优势,开拓、渗透、占领、扩大市场,提升市场份额,提升市场地位。

⑫从顾客上看,创业战略就是:

• 要选对目标细分市场,选对目标顾客群。

• 更好地满足目标顾客需要,为目标顾客创造更高价值。

• 通过利他达到利己,利人利己,诚信经营,义利并举。

⑬从新企业与外部合作伙伴组织的关系上看,创业战略就是:

• 利用合作联盟,使自身聚焦。借力、借势。

- 利用旧关系,建立新关系,选择适当关系形态,嵌入产业链,定位价值活动。
- 与利益相关者交换,取得资源。
- 互补、互信、互助、互利互惠。

⑭从路径方面看,创业战略就是要:

- 与现有资源和过去的路线相关,路径依赖、承先启后、继往开来。
- 发挥长处,在相同或相关产业创业,走一条朝向未来目标与方向的路线。

⑮从科技创新方面看,创业战略就是要:

- 利用机会与资源创新与差异化,建立与规模无关优势的过程。
- 利用新资源,创新资源整合方式,采用新方法,创造新知识,创造新产品服务。
- 通过创新达到利益相关者多赢共赢,达到利己。
- 应用新科技,转变为更高社会生产力。

⑯从环境的改变与适应以及生态方面看,创业战略就是要:

- 要顺势而为,做台风口上的猪,飞上天。
- 通权达变,在环境中更好地适应、适配、生存。
- 与时俱进,与时竞进。
- 寻找一个生存利基,建立生态战略,通过变异、被选择,获得存续。
- 控制环境中拥有资源的利益相关方,降低依赖关系,通过交换取得生存所需的资源。

⑰从组织与人力资源管理方面看,创业战略就是:

- 一个社会组织诞生的过程,有组织生命周期。
- 要建立一个组织与人力资源管理系统,建立团队,利用产业特殊知识。
- 使组织(结构)与战略适配。组织限制未来可行战略选择范围。
- 使人力资源管理系统与战略适配。
- 人管系统建立组织,组织执行战略,达到目标。

⑱从立足点、机会切入点的位置方面看,创业战略就是要:

- 在相同产业与相关产业利用机会。
- 从最容易成功的点切入。
- 定位并建立一个与定位适配的商业模式和事业系统。

⑲从系统方面看,创业战略就是要:

- 使企业组织系统达到内部和外部适配。
- 使组织从环境中通过交换获取资源,能够生存与发展。

⑳从选择生存的产业特征方面看,创业战略就是要:

- 选择产业生命周期的早期进入,选对产业获得高成长。
- 选择存在机会的与技术发展空间大的产业,选对萌芽期新兴产业、成长期朝阳产业、技术改变期的新兴或朝阳产业。

㉑从经济方面看,创业战略就是要:

- 在新兴成长产业,进入竞争不激烈的细分市场,通过创新,创造有价值的差异性和稀缺性,在市场中追求自然独占或寡占,获取利润。

· 通过创新与差异化,达到为顾客创造更高价值,为股东创造更高利润,为员工创造更多就业与收入,为其他利益相关者创造更高价值的目的,实现多赢与共赢。

· 通过创新与良性市场竞争,以高附加值的企业与产品替代低附加值的企业与产品,调整经济结构、促进转型升级、实现经济成长、创造与增加财富、有利民生、促进社会发展、应对经济波动。

㉒ 从知识方面看,创业战略就是:

· 要立基于创业团队的强势产业知识,通过利用机会、结合资源、创新产品、技术、商业模式的过程,创造与发展新产业知识与异质知识。

· 产业知识的利用、整合、创造、复制、扩散等活动。

㉓ 从能力方面看,创业战略就是:

· 立基于产业特殊知识,发挥原有专业的核心能力,运用动态能力,执行创业活动。

· 建立新的核心能力,发展动态能力。

㉔ 从产业方面看,创业战略就是:

· 利用产业集群中的配套互补企业的产品与服务。

· 填补产业结构洞。

· 完善与强化一个新产业链,提高产业链与产业集群的竞争优势。

㉕ 从不确定性与风险报酬角度看,创业战略就是:

· 在信息不完全与存在不确定性的情况下,立足现在的条件对未来的决策与行动。

· 要容忍不确定性,承担一定风险,有赌博成分,以小资本博大报酬。

· 要设法降低不确定性,化解风险。控制风险、稳健成长。

㉖ 从信息角度看,创业战略就是:

· 要保持信息流通的渠道畅通,取得信息,应用有限的信息,准确决策。

· 要处理分析信息。

㉗ 从关系网络角度看,创业战略就是:

· 利用网络结构洞、弱联结关系取得与传递信息,利用强联结关系动员资源。

· 在产业网络结构中选择有利的位置,建立有利的结构,例如处于网络中心位置。

# 附录二　创业机会类型与特性

附录二讲述创业机会的一些类型与特性,内容由读者自行阅读学习。

## ▶ 核心问题

- 创业机会起源于什么?
- 创业机会有哪些类型?
- 创业机会有哪些特性?

## ▶ 学习目标

- 了解创业机会起源于改变
- 了解不同类型创业机会形态
- 了解创业机会的一些特性

## 一、价值链中的改变与创业机会

广义的机会要有产品差异来源和市场需求。产品差异来源于创新的资源。因此未完全利用的差异性资源和未满足的市场需求构成了机会,但不一定是创业机会。创业机会是狭义的机会,是创业者有产业知识和能力可以利用的,同时也是竞争者不积极、不知道、被隔离而不能利用的,有互补厂商可以合作利用的机会。

机会起源于改变。Eckhardt 和 Shane(2003)指出产业价值链中的改变会形成创业机会。改变包含:

1.上游供应商的组件、技术、原料、产品、平台改变,产生了差异的新组件、新技术、新原料、新产品、新平台。利用这些新要素可以产生差异化的新产品。

- 组件的跨代升级(瑞传、南科)。
- 技术改变产生了新技术。技术的应用发展空间很大(腾讯、阿里巴巴)。
- 组件的技术大改变(激烈改变)(世洋)。
- 产品改变,产生了新产品(科林代理创业机会、海尔)。
- 上游产生了新平台(淘宝),出现了网店创业机会。

2.厂商内部创业者的知识改变(创新),包含技术知识、产品知识、服务知识、商业模式知识等改变。利用这些创新知识可以生产差异化的新产品。

- Google(创新技术知识)。
- 方太(创新产品知识)。
- 商业模式知识等改变:联邦快递、西南航空、如家、阿里巴巴。

3.创业者的关系改变(创新),利用这些异质关系可以进入壁垒高的寡占产业,生产差异化的新产品。

- 蓝登书店、城市学院

4.互补厂商的知识和技术改变。利用这些创新互补知识可以产生差异化的新产品解决方案。

- 苏宁、奔腾、华旗(爱国者)

5.下游的市场和消费者需要改变。下游顾客的需要改变,使现有产品的特征和性能不太符合顾客需要,浮现出新细分市场。

- 浮现出新细分市场:比利小鸡、远雄

6.区域经济发展形成了地区间产品价格与性能差异,形成产品提供到其他地区市场的商贸创业机会。

- 永嘉农民包柜台
- 在现有市场边缘出现新细分市场的机会。例如在现有市场的边缘浮现出更高端或更低端新细分市场

7.跨国、跨地区产业发展优势的改变形成产品性价比差异。

- 飞科、百度、多美丽

8.大学和研究机构中的创新产生新技术,形成创业机会。

- 谷歌、新怡力

9.政治制度、政策改变。

- 希望、中博商标事务所

10.产品消费后的剩余价值利用。

- 张茵、亚尚、新华物流

## 二、创业机会形态

以下列出一些创业机会类型。

1.上游改变,包含上游要素改变(组件跨代升级与技术改变、设备、原料、平台)结合下游需求形成创业机会。瑞传、世洋属于这种类型。

创业机会结构形态:

- 创业者在原事业中的关系使他能形成创业团队
- 创业者与团队的相同产业特殊知识强
- 上游存在差异化的新要素
- 下游存在市场需求
- 竞争者不积极
- 存在互补厂商

2.模仿国外创新的知识,可以形成产品差异,下游有市场,形成创业机会。台湾的鸿松科技模仿日本的连续冲模技术,温州的飞科电器模仿国外的设计+国内便宜的零件生产产品,利用的都是这类机会。

创业机会结构形态:

- 创业者的产业内通用知识强

・国外竞争者有新产品和生产方法的创新知识,创业者可模仿取得这种知识,使创业者有创新的知识(可产生差异、稀缺产品)。

・下游存在国内市场需求

・竞争者被隔离或不知道

・国内存在互补厂商

3.利用原事业内部发展的创新知识,到外面去独立创业,类似价值活动转出独立。台湾的网讯电通创业者在花旗银行的 Call Center 发展了客服中心运营的创新知识,独立创立了网讯电通客服外包公司。台湾的台积电与这种模式类似。

创业机会结构形态:

・创业者在原事业中的关系使他能形成一个创业团队

・创业者与团队的相关产业特殊职能知识强

・创业者有单一职能活动创新的知识(可产生差异、稀缺产品),在外部市场中与竞争者的职能服务比存在有价值的差异

・下游存在市场需求

・竞争者被创新知识的难以模仿性隔离或不知道

・存在互补厂商

在以上条件下,创业者可以形成团队,在外面形成一个职能外包的专业公司。

4.在原事业内部发展创造了新产品创新知识,外面有市场,带到外面去创业。台湾的新怡力科技属于这类。

创业机会结构形态:

・创业者有创新的知识(可产生产品差异、稀少性),在外部市场中与竞争者的产品比存在差异

・下游存在市场需求

・竞争者被(创新知识的难以模仿性)隔离或不知道

・存在互补厂商

5.找出竞争者产品的弱点,产生解决这些弱点的创新知识,下游有市场,形成创业机会。方太和王永庆开米店创业属于这类。

创业机会结构形态:

・创业者有创新的知识(可产生差异、稀缺产品),发现了竞争者产品的缺点,同时找到了解决方法

・下游存在市场需求

・竞争者忽视产品问题或不知道

・存在互补厂商

6.内部发展了新生产方法的创新知识,可以大幅改善效率,到外面创业。比亚迪、福特汽车发展了大批量标准化生产方法、温州精金电器创业者发展了生产工艺的创新知识,创业成功,属于这类。

创业机会结构形态:

・创业者有创新的知识,新生产方法,可生产更低成本、稀缺产品

- 下游存在市场需求
- 竞争者不知道或没运用此种生产方法
- 存在互补厂商

7.产业原本有工匠技艺的小批量生产知识,创业者内部发展了创新知识,可以标准化大量生产,创业成功。台湾功学社公司创业者从工匠技艺发展出标准化大量生产萨克斯风乐器的知识,蒙牛发展了奶车桑拿浴＋牛奶蒸馏的创新知识,属于这类创业。

创业机会结构形态:

- 创业者有创新的知识,新生产方法,可生产大量、更低成本、稀缺产品
- 下游存在市场需求
- 竞争者不知道或没运用此种生产方法
- 存在互补厂商

8.依附强势关系,代销强势产品。温州的奔腾电器代销美的强势产品,苏宁代销春兰强势产品并利用季节波动形成的机会,都是依附或借势强势互补供应商关系创业成功。

创业机会结构形态:

- 上游制造商生产了有竞争力的(差异化的)产品,创业者建立产销关系,在地区市场代销强势产品
- 下游存在市场需求
- 独家代理销售契约,或地区销售商少
- 存在互补厂商

9.核心企业提供解决方案,创业企业代理或加盟。温州多美丽代理新加坡多美丽,永嘉超市创业者加盟华联超市,属于这类创业。

创业机会结构形态:

- 外地的零售服务商创造了有竞争力的产品与服务,在创业地区存在差异
- 创业地区下游存在市场需求
- 独家代理契约,或地区代理商少
- 存在互补厂商

10.核心企业提供产品或事业平台的解决方案,降低进入门槛,有利于新事业创业成功。联发科创新出山寨手机平台,淘宝网创新出网店平台,有助于山寨手机厂商与网店创业成功,属于这类。

创业机会结构形态:

- 核心部件厂商创造了有竞争力的部件与解决方案,存在差异
- 下游存在市场需求(存在很多细分市场)
- 在创业者进入的细分市场竞争者少
- 存在互补厂商

11.新原料来源。找到别人没发现的低成本高质量原料来源,创业成功。例如玖龙纸业的创业者张茵发现和利用美国的废纸原料,温州亚尚创业者利用包装后废弃的海绵(枕头填充原料),是利用这类机会。

创业机会结构形态:

- 创业者发现新原料来源,原料存在成本差异
- 下游存在市场需求
- 竞争者少或不知道
- 存在互补厂商

12.利用国家或地区差异进行独立复制创业。百度利用美国与中国的国家间搜索技术差距,带着国外技术到中国创业,属于这类机会。

创业机会结构形态:

- 创业者在国外取得先进技术,与国内技术比存在差异
- 下游存在国内市场需求
- 国内竞争者弱,国外竞争者没有进入国内
- 存在互补厂商

13.发明创新知识形成创业机会。例如 Google 运用学术界以论文引用次数作为论文价值评价的方法,设计出更高效的搜索引擎,属于这类机会。

创业机会结构形态:

- 创业者创造出创新知识
- 下游存在市场需求
- 国内竞争者不知道或被隔离
- 存在互补厂商

14.进入没有竞争者的市场。温州的速博汽车改装店利用的是这类机会。

创业机会结构形态:

- 创业者没有产业特殊知识,但产业进入门槛很低
- 下游存在市场需求
- 市场中还没有竞争者,或竞争者很少
- 存在互补厂商

15.重新定位到没竞争者的新细分市场+新商业模式创新(创新知识)。阿里巴巴利用的是这类机会。

创业机会结构形态:

- 创业者产生了创新知识(对新细分市场的新商业模式)
- 下游存在市场需求
- 竞争者不知道
- 存在互补厂商

16.增加下游的价值活动,提高产品性价比。台湾比利小鸡增加了设计的下游价值活动,将蛋糕做成艺术品(创新知识),服务高端客户;台湾的 Party Shop 开展以气球布置会场的价值活动,都是利用这类机会。

创业机会结构形态:

- 创业者产生了创新知识(对新细分市场的新商业模式)
- 下游存在市场需求
- 竞争者不知道

・存在互补厂商

17.发现国家间要素差距很大,可以进入国外市场,进行全球化创业。台湾突破通讯公司创业者创业时将研发设在硅谷,利用领先的技术;在台湾生产缆线数据机,利用优势的生产技术,销售到北美。

18.政策转变形成的机会。希望集团家族创业时期,利用了政府政策开放农民经营个体经济的机会,判断过去不能养家禽的农民,未来会养鹌鹑,创立鹌鹑孵化事业;中博商标事务所利用政府政策开放私人设立商标事务所的机会创业。这两个案例利用的是这类机会。

19.关系与特许事业。有特殊政商关系的人存在这类机会,可以利用关系进入政策限制进入的产业,创业并取得超额利润。温州的某书店与某学校的创业,是利用这种机会。

20.竞争合流→逆向思考,逆向战略。当产业存在竞争合流(竞争收敛,竞争趋同)现象,创业者采取逆向战略,英国的 Pret A Manager 与日本的快美发屋利用的是这种机会。

21.进入低端市场没有竞争者的市场。吉利以拼凑模仿的汽车进入最低端汽车市场,Palm 进入掌上电脑市场,属于这类。

22.进入高端没有竞争者的市场。联邦快递、方太、飞科,属于这类。

23.在经济发达地区存在延伸出来的机会。顺丰快递物流公司利用广州与香港间的经济发展与货物流通需要创业,温州泰利物流利用温州与外地货物流通需要创业。

24.区域经济发展形成产地与外地间两地贸易机会。温州大量农民创业家利用纽扣、皮鞋等产地与外地的巨大价差创业,属于这类。

25.将产品模块化,让客户可以购买模块组合出个性风格产品。台湾欧德家具从非组合家具发展出系统组合家具创业成功,属于这类。

## 三、创业机会的特性

1.创业机会的有利程度影响创业后的改善期长度

如果创业机会结构的有利程度很高,则在原型产品服务研发出来后,产品服务的性价比很高,已经具有竞争优势,则新事业不经过或者经过一个短暂的改善期,很快直接进入成长期,研发的风险比较小。新事业要处理后续竞争优势发展的问题。

2.利用创业机会的开发工程需要的团队组织规模

如果利用创业机会的开发工程需要的团队组织规模较小,甚至可以一个人创业。在个体户销售成长后,再雇人发展成企业。

如果团队组织规模太大,创业者没有能力组建和领导这个团队,则会放弃这个机会。创业者只能利用他能够组建的团队可以利用的机会。

3.利用创业机会的开发工程需要的投资金额

不同创业机会的开发工程需要的投资金额是不同的,从小到中到大都有。创业者和团队能否利用机会还要看他们的自有资金有多少。即财务上能否利用机会是相对的,要看创业团队的自有资金能否达到开发机会的最低资金要求。关于这一部分的决策,将在财务管理部分讲述。

4.创业机会中竞争情势的有利程度影响产品上市后的优势持久程度

创业机会中竞争情势的有利程度低,即竞争者跟进快,则新产品上市后,竞争产品也会很快上市。在这种情况下,新事业要采取策略,快速发展新的优势和新优势来源。

# 第四章　撰写创业计划书

## ▶ 核心问题

● 创业计划书的使用者是谁？目的与作用是什么？
● 创业计划书格式上有什么要求？
● 创业计划书包含哪些内容？要回答的主要问题是什么？

## ▶ 本章学习目的

● 了解创业计划书的内部与外部使用者、作用、撰写的必要性。
● 了解创业计划书的格式要求。
● 了解创业计划书的内容与要回答的主要问题。

## 第一节　创业计划书及其作用

透过撰写创业计划书的过程，一方面可以阐明新事业的营运内容，另一方面可以理清影响成败的各种因素。

### 一、创业计划书与撰写必要性

#### 1.创业计划书

创业计划书是说明新事业的起始条件以及未来发展的书面文件。创业计划书有四个基本功能。第一，它点出该事业的机会本质与来龙去脉，也就是"为何会存在该机会"。第二，它描述出创业者打算如何运用此机会。第三，它阐明了最足以决定该事业成败的相关因素。最后，它也是一项用以募集资金的工具。

创业计划书可视为创业者的行动方针；它把刺激创业者行动的梦想与希望具体化了。创业计划书应展示出创业者对该事业的基本理念，详述其目前所处的地点、打算前往的目标，也勾勒出其前往的路线与方式。最重要的，创业计划书应点明影响成败的关键变数，让创业者为可能出现的各种状况与可能犯错之处预作准备。事实上，这才是创业计划书最重要的功能。因此，大体而言，创业计划书给创业者与管理团队提供了一个省思的好机会，使其认真考虑到底有哪些因素足以左右公司成败。

简言之，创业计划书是创业者的蓝图，是联结理想与现实的一座桥。如果没有创业家当初在头脑中对过程与结果的想象，日后他也就无从亲眼看见该事业理想的具体化。创业计划书的角色就在于为创业者所欲达成之事提供鲜明的想象。创业者要在计划书中，对未来三至五年内,该新事业在营销、营业与财务等各方面的发展情况作出预测。

2.撰写创业计划书的必要性

大量创业者没有为新企业撰写创业计划。美国富国银行调研的 600 位小企业创业者中,只有 31% 的人表示他们在创建新企业时准备了正式的创业计划。

是否需要写创业计划书,与创业机会的特征有关。许多创业项目没有写计划的原因在于:(1)创业机会是短暂的、很快就会消失的,创业者不能花太长的时间在写创业计划上,以避免延误商机。(2)创业者在相同或相关产业创业,进行复制或少量创新,他的产业特殊知识使他对要创立的新事业和创业路线已经成竹在胸,因此不需要写创业计划。(3)创业者的自有资本可满足创业需要,无需向外部投资者融资,因此不需要为融资写创业计划。

一项学术研究发现,完成创业计划的潜在创业者成功创建新企业的可能性,比那些没有写创业计划的个人高出 6 倍。因此在下述情况下,撰写创业计划是值得的:(1)机会不是稍纵即逝的;(2)需要谋定而后动,控制创业过程的不确定性;(3)需要获得外部资金提供者的投资或需要获得其他利益相关者的支持。

## 二、创业计划书的作用与使用者

1.创业计划书的作用

撰写创业计划的目的与原因,亦即创业计划书的主要功能包含两方面。(1)供企业内部使用,要明确揭示目标与策略,在创建过程中引导创业团队。为此,创业者和团队在撰写创业计划的过程中,需要缜密地运用创意和逻辑,设计达到未来目标的战略发展路线和事业经营方式;需要系统思考新创企业的每个方面,审视创业想法的现实可行性和潜在价值。(2)作为向外部人士推销用的文件。向外部资源提供者(潜在投资者、银行家、供应商、商业伙伴、关键职位应聘者)进行展示,推销新创企业,寻求他们的支持。

图 4-1 列出了一些对新事业之创业计划书感兴趣的人士。主要使用群之一是关心事业成败的企业外部人士:顾客、供应商、投资者。另一主要使用群是内部人士:新事业的管理团队及其员工。

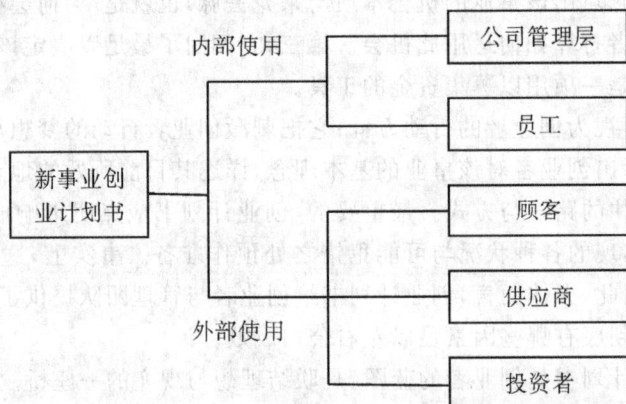

图 4-1 创业计划书的内部使用者和外部使用者

2.创业计划书的内部使用者:企业内部管理者和员工

对新企业管理团队和普通员工来说,一份清晰阐明愿景和未来规划的创业计划十分重要。它可以在混乱的创建过程中给创业者和员工方向感,来引导企业的创建、发展与经营活动。如果计划准备不充分,创立新事业的相关活动通常会执行得杂乱无章。创业计划书应能让公司每位成员都有效了解。它为创业者提供了一个能与现有及潜在员工沟通其理念的架构。

规划构思新事业是一种心智过程,需要运用想象,但是不能凭空想象。必须思考与运用收集的事实数据,将粗略的想法具体化或量化,并且采取最严格的标准分析与审视内部的逻辑关系。

书面的计划书可确保新事业的所有重要事项已被系统化地囊括于其中。点出影响事业成败的变数后,创业计划书便成为协助创业者专注于重要事项与活动的一套模式。对创业者与管理团队来说,撰写一份正式的创业计划书,有一些应注意的原则。比如说,撰写有关营销策略的文件时,创业者与管理团队应事先进行市场调查。同样地,规划财务事项时,应依据预期之每月收入与支出来进行规划。若非如此,再好的新事业机会也可能因负数之现金流量而功败垂成。简言之,创业计划书迫使创业者设定出一些为使事业成功,管理者必须遵守的信条。

3.创业计划书的外部使用者:投资者和其他利益相关者

投资者、潜在商业伙伴(渠道顾客、供应商)、关键应聘者等外部利益相关者,是创业计划的外部读者和使用者。创业计划书可以强化公司信誉,成为向顾客、供应商及投资者推销自己的有效工具。若创业计划书清楚地显示出了新事业的价值与获利潜力,则可以用于吸引借款人和投资者,使这些资金提供者对新事业有全面的了解。包括该公司所提供的产品或服务、创业机会的市场价值、创业者与管理团队的经历与合作能力、支持企业运行的资源状况,以便做出是否投资的决策。风险投资公司是对新创公司提供大额股权融资的重要投资者。天使投资者是有资金与专业投资经验的个人投资者。风投公司与天使投资者是不会把钱花在一份看起来草率了事的创业计划书上的。此外,创业计划书也是新公司与商业银行建立良好关系的得力助手。另外,完备的创业计划书可取得供应商的信任,使其提供较为优惠的信用条件。供应商会因而扩大交易信用,这对新公司的财务计划来说通常甚为重要。有时候,创业计划书还可以让顾客得知一家公司能够建立竞争优势,并具有永续经营的潜力,从而获得顾客支持,改善销售状况。

## 三、投资者观点下的创业计划书

1.投资者的观点

如果创业者打算拿创业计划书融资,就必须从投资者的角度来思考。多数创业者在这方面做的不多,因为创业者经常会用不同于投资者的眼光看待新事业。通常创业者会着重在新事业的正面发展潜力,也就是一切顺利之下的大好前景。投资者则扮演着质疑的角色,他们必须顾虑失败的后果。创业者必须了解与尊重此一观点上的歧异。

风投公司、天使投资者等潜在的投资者只有一个目的:通过所获得的现金流,让投资报酬率最大化,让投资风险最小化。由于投资者与创业者有观点上的基本差异,最重要的问题就变成:创业者该如何撰写一份吸引投资者的创业计划书？回答这问题可不简单,但有两件事倒是可以确定的:(1)投资者的注意力很短暂;(2)创业计划书的某些特征最能吸引投资者,其他特征则是他们没有兴趣的。

### 2.投资者的注意力很短暂

就某种程度而言,新创事业或新公司的投资者可以算是"一分钟投资人",这是因为他们手边收到太多创业计划书,无法一一细读。某位风投公司的投资经理表示,"我每年会阅读三百多份的创业计划书,但只投资其中三到四家。我们根本没有闲工夫彻底分析每个投资机会"。由于创业计划书被浏览的速度通常很快,这迫使其内容必须能迅速有效地被投资者理解。

### 3.投资者感兴趣与心生反感的创业计划书特质

为了向投资者募资,创业计划书必须是一份"对的"计划,也就是说它必须使用投资者的语言。创业者必须明白,什么对投资者重要,什么不重要,以及如何用他们认为有意义的方式表达自己的理念与想法。若非如此,就会马上失去信誉,也失去可能的资金来源。

里奇与甘伯特(Rich & Gumpert,1985)点出了几个足以提升投资者挹注资金概率的创业计划书特征。图 4-2 列出了部分特征。比如说,若要让创业计划书产生效率,就不能让它太长或太拘泥于细节。它通常不该超过 40 页,投资者多半喜欢阅读简报,而不爱看太冗长难读的计划书。此外,报告的整体外观也应该吸引人,内容应该有组织、有条理,编好页码,列出目录。

投资者较看重市场,而非产品,即便是专利再多的发明,也未必能从投资者身上拿到一毛钱。创业过程的精髓就在于发展出新产品,但前提是它能够满足可资证明的顾客需求。因此,创业家必须尊重投资者重视市场的心态,也要跟着投资者一起关心市场前景。

---

①内容顺序应排列得宜,并提供执行摘要、目录以及正确的章节次序。

②内容长短与外观都要适切,长短适中,措辞不宜太过浮夸或平淡。

③须让人感受到创办人与公司在未来 3 至 7 年确实希望达成的目标。

④须以定性与定量词汇说明该公司产品或服务使用者所能获得的好处与价值。

⑤须以实际数字说明产品或服务确实具有可营销空间。

⑥须以财务数字解释将选择何种方式销售产品或服务。

⑦须介绍公司经营团队中的合伙人,并证明他们是经验丰富的管理者,拥有彼此互补的技术与商业技能。

⑧须尽可能举出一个整体评价指标,说明新事业之产品开发具高水平,团队亦极为成熟。

⑨须囊括足以令人采信的财务预测数据,并对关键信息与文件做一说明。

⑩须言明投资者如何能在 3 到 7 年内获取现金回报,并适度考虑资本之增值。

⑪须将计划书呈交给最可能有投资意愿的金融家,以避免白白浪费宝贵时间又募不到资金。

⑫内容说明须简单扼要,声调要清晰适中。

---

**图 4-2　成功创业计划书的特征**

其他足以吸引投资者的特征包括:

①提供能说明顾客对新事业产品或服务接受度的证据。

②透过对投资者特有的财务目标(比如其所期望的投资报酬率)的认同,显示出对投

资者需求的尊重。

③集中经营焦点,只专注于少数几种产品或服务的销售。

④公司拥有特定资源,如专利权、著作权、注册商标等。

以下是一些容易让潜在投资者心生不悦的特征:

①对产品或服务过度狂热,却对市场需求认识不足。

②财务预测数字与业界既定水平不一致。

③成长预期不切实际。

④产品或服务有待进一步修改或规划应用范围,目前尚难以期待其具体成长。

# 第二节　撰写创业计划书

撰写创业计划书时,主要有两件应予以考虑的事:一是书面表达方式的基本格式与有效性,二是计划书的内容。

## 一、创业计划书的格式、重要因子与要解答的问题

1.计划书之格式与撰写

要让创业计划书有好的品质,就必须有够品质的生意概念。新事业的点子如果构思得很差,写得再光鲜亮丽也没用。不过话说回来,好概念可能也会毁在沟通效果太差的撰写上。会计机构安达信有一本名为《创业家的计划书撰写手册》的小册子,提供了几个撰写计划书时的务实建议,可供各位参考:

(1)要有目录并分章节,以利参考。

(2)用活页夹方式留存,以便未来修改。

(3)为引起阅读人的兴趣、便于理解,多运用图表说明、表格式摘要、地图或其他辅助性视觉组件。

(4)为确保创业计划书不致外泄,应于封面与标题页注明,任何内含之资讯皆属私有而具机密性质。每份拷贝均加编号,并请计划书收取者签收。

(5)新创事业若因植根于先进科技而具敏感本质,可适度保留部分资讯,如技术之细部设计或营销策略中敏感度较高之部分——即便是对潜在投资者亦应如此。可准备一份巨细靡遗的计划书供内部使用,对外则适度截取部分精华说明,以有效支持募资之提案。

(6)写好计划书的主要内容后,慎选曾有成功融资经验的第三方,包括会计师、律师、其他创业家等,请对方查看计划书品质如何、论点是否清晰合理、内容是否完整等。一旦计划书接近完工阶段,再请这些独立人士提出最后的意见,修改后,才复印并对外发送创业计划书。

2.创业计划书的重要因子与要解答的问题

(1)便于投资者了解新企业的重要因子

决定创业计划书的内容时,应考虑便于投资人及其他相关人员了解新企业,需注意以下 5 项因子:

①人:描述创业者和团队主要成员,说明他们拥有开发创意并经营新企业所需的知识、经验和技能,以及提供关键服务或重要资源的外部个体,如律师、会计师、供应商等。

②机会:介绍事业,卖什么新产品或服务,说明新产品或服务的特色和价值,为什么这是一个有价值的创业机会?卖给谁、价钱、成长性、财务前景,以及可能阻碍其成功之人、事、物。

③战略与环境趋势:战略主要涉及如何开发、生产、销售新产品或服务,以及有何应对现存和未来竞争的总体计划。宏观总体环境状况主要涉及经营环境之规章、利率、人口趋势、通货膨胀,以及其他无可避免会变动却又非创业者所能抗衡的因素。

④需要的支持和共赢方案:如果是为了筹资,那么需要筹集多少资金,需要何种融资方式,如何使用资金?创业者和其他人如何实现投资收益?

⑤风险与报酬:评估任何可能出错或应该做对之事项,讨论创业团队如何应对变化多端的挑战。

这些是投资人感兴趣的核心内容,也是创业者必须牢记的基本因子。

(2)创业计划书要回答的重要问题

下面列出了创业计划必须回答的 10 个最重要的问题,这些问题对任何创业计划制订者来说,都很有价值。

①新事业仅是一个利用机会的创意,还是一个已经有实现获利潜力的事业?

②产品或服务是否可行?它能给客户带来重大价值吗?是否完成了可行性分析,结果如何?

③企业正在进入令人激动的成长产业吗?企业已经识别出产业内有吸引力的定位了吗?

④企业有明确的目标细分市场吗?

⑤企业拥有区别于竞争对手的差异化方面吗?这些差异是否可持续?

⑥企业也拥有正确的营销计划吗?

⑦管理团队是否有足够的经验和技能来创业?

⑧企业的运营计划合适吗?

⑨企业财务规划依据的假设,是否现实可行?

⑩企业财务规划是否正确完成,它们是否为企业描绘了光明未来?

## 二、创业计划书的结构与内容

### 1.创业计划书的结构与内容简述

下面对创业计划书的结构与内容做一概略性的阐述。这些是大多数创业计划书所共有的重要段落。后面我们要针对这些段落内容做出说明。

①封面:提供公司、负责人与管理人员的名称、地址与电话号码;所准备资料;拷贝份数;联络人。

②目录:提供计划书各重要段落的页码。

③执行摘要:在各大段落结束后,提供 1 到 2 页的内容摘要,强调值得注意的重点,并让阅读者产生想继续看下去的冲动。

④企业描述：说明公司的名称与地址、性质、主要产品或服务、历史与现状、愿景与使命、企业战略与商业逻辑、组织形态（独资、合伙，还是公司制）、所有权结构。

⑤创业团队与管理计划：说明重要成员（主动投资者、管理团队，以及经理等）的经验与能力。本段应提供下列事项之描述：管理团队、外部投资者与经理级别以上人士之条件，外部可用人力及其条件，以及员工招募与训练计划。

⑥产品服务与研发计划：描述所提供的产品与服务，并指出其特点；说明人们为何会购买此产品或服务。本段应提供下列事项之描述：产品与服务、其具竞争优势之特征；现有的法规保护（专利权、著作权、注册商标）；在技术或款式上过时的可能性等。

⑦产业市场分析和目标细分市场选择：描述宏观环境趋势、产业增长趋势，判断其是否有利于新事业发展。分析产业结构集中化的程度、产业内新兴领域、产业空隙以及产业关键成功因素。进行市场细分，选择某个目标细分市场。对目标细分市场展开消费者行为分析、竞争者分析。

⑧营销计划：说明目标顾客之样貌以及可能出现的竞争；简述营销策略，说明公司的竞争优势何在。本段应提供下列事项之描述：对目标市场的分析以及目标顾客基本特性的掌握；区别与吸引消费者的方式；销售方式，销售人员种类，以及渠道状况；促销方式与广告；信用与定价策略。

⑨运营计划：说明所采用的生产或运营系统；描述厂房设施、劳工、原物料以及产品流程需求。本段应提供下列事项之描述：运营或生产方式，运营设施（地点、空间与设备），品质控制方式、存货与营运控制流程、供应来源，以及采购流程等。

⑩财务计划：说明财务需求与预期的财务来源；对盈收、成本与利润进行预测。本段应提供下列事项之描述：过去三年内的历史财务报表（可能的话）；未来三至五年的预估财务报表，包括利润表、资产负债表、现金流量表与现金预算（每年第一个月、次年第一季）；利润与现金流量的损益平衡分析；预期资金来源等。

⑪风险因素：讨论新企业将面临的各种风险，以及管理团队为防范风险所采取的措施和步骤。

⑫收获与退出：如果公司获得成功，投资者将如何取得收益（比如，公司何时以何种方式公开上市）。

⑬时间表和里程碑：包括有关新企业的每个阶段将在何时完成的信息（比如，开始生产、初次销售、突破盈亏平衡点等）。本部分可以是独立的，在适当的情况下，也可以包含在其他部分中。

⑭补充文件附录：提供补充计划书之不足的资料。本段应提供下列事项之描述：管理团队自述、其他任何足以补充计划书内容不足之处的重要资讯、公司道德标准等。

2.内容撰写说明

（1）执行摘要

执行摘要是整个创业计划高度精练的概述，可以向忙碌的读者提供他必须了解的有关新企业独特性质的所有信息，是创业计划中最重要的部分。执行摘要简述创业团队、产品、技术、市场、财务状况。它对时间不多的投资者来说相当重要，阅读完执行概要后，投资者应该能比较明确地了解整个计划的大致内容。它必须明确而清楚地说明新创事业，并同时创造出与前景有关的刺激感。这表示它必须写得(必要的话得重写数次)很清晰,让人产生兴趣。执行摘要虽出现于创业计划书的前面部分,但是应该在写好整个计划书后才动笔写它。执行摘要不应该超过两页篇幅,可采取一览表或叙事体方式呈现。

(2)企业描述

要描述企业经营形态、地点;历史、经营现状;愿景与使命;战略;产品、服务;组织法律形式;所有权分配情况。①首先说明企业的经营形态、目标、地点,以及它是针对本地还是全球市场。②企业历史部分应该简明解释企业创意从何而来以及企业创建的驱动力量。要回答:企业开始于何时何地? 企业本质与活动是什么? 目前为止有何成果? 如果企业创意起源的故事真实感人,那就把它写出来。③当前状况部分应该显示企业进展到何种程度,位于发展过程的哪个阶段(萌芽还是成长阶段),以及未来目标是什么。根据里程碑来考察企业状况,是一个很好的方法。里程碑指的是企业的显著或重大事件。④使命部分界定了企业为何存在、专注于什么。愿景部分则陈述企业期望成为什么,也就是目的和未来期望状态。使命宣言原则上要简单、可信与可达成才行。⑤战略部分精要地描述创业家在实现愿景的过程中,预定采用的策略与商业逻辑。包含定位的目标细分市场、经营模式,以及如何结合各领域力量达成目标。战略也应该要能让企业与其他竞争者区分出来。战略部分还要描述产业目前与预估的经济状况并对竞争者进行分析(可采取 SWOT 模式分析),此外也要描述企业拥有的某些重要合作伙伴关系。⑥产品与服务部分应该说明主要产品或服务是什么,产品/服务有何独特优势,如何将它在市场中定位,目标顾客是谁。⑦组织法律形式要说明是独资、合伙,还是公司。⑧所有权部分,应该说明谁拥有企业,企业所有权如何分配。

(3)创业团队与管理计划

潜在投资者要找的是管理得宜的公司。创业团队的品质是他们考虑的重要因素之一,甚至比产品或服务本身重要。投资者常说他们宁愿要一流的管理团队加二流的产品或服务,也不要二流的管理团队加一流的产品与服务。不幸的是,创业者有开创新事业的能力,并不代表就有管理的能力。因此,管理计划必须详细说明创业者与关键管理人员的相关职位头衔、背景、经历、经验、教育背景,显示他们能够胜任工作,能做出特殊贡献。管理计划要说明团队的互补性、完整性、异质性,以及过去是否有合作经验。可以用一张组织结构图显示团队的权责分工与指挥链。理论上,投资者喜欢相互平衡的管理团队——有财务、营销专家,也有生产与创新人才。有相关事业管理之经验,或曾在新创公司待过,这些在潜在投资者眼中都弥足珍贵。管理计划也可以描述创业团队的技术能力,概要介绍技术的相对优势,以及团队的创新能力。如果新创企业拥有董事会或顾问委员会,应该说明成员的任职资格与作用。董事会是由公司股东选举产生以监督企业管理的小组,顾问委员会可以提供不具约束力的建议。

(4)创业机会

应说明创业机会的构成,包含利用的创新资源,目标细分市场的需求情况,产业的竞争程度,产业知识与技术可得性,以及互补厂商。此外还要阐述创业者如何利用这个机会,创业的阶段构成,各阶段的战略与发展路线。

(5)产品服务与研发计划

产品与服务计划应介绍公司提供给消费者的产品与服务,有什么特色(差异)、独特性,能解决什么顾客问题、满足什么需要。所提供的新式或独特实体商品若已有样品或原型,应附上照片。投资者会对已经开发、测试,或已能展现功能的产品倍感兴趣。任何创新特征与受保护的著作权都应特别提及,更应该特别标示有别于其他公司的特质。描述目前的产品或服务处于什么阶段,包括产品概念、原型化、试生产或全面投产阶段,并提供后续开发的进度安排,描述未来的产品与服务开发计划是什么样子。应该揭示产品或服务上市后可能会遇到什么设计、研发风险和挑战,以及如何应对这些挑战。描述企业拥有或打算保有的专利、商标、版权或商业秘密。

(6)产业市场分析和目标细分市场选择

描述企业试图进入产业的市场规模、趋势与增长率,并对销售情况进行预测等。宏观环境趋势包含经济趋势、社会趋势、技术进步和政治法规变革趋势,这些因素是否会促使产业增长?产业长期前景是否好,是否有利于新事业发展?产业结构集中或分散化的程度,是否适合于新企业生存和发展?产业内新兴领域是什么,产业有哪些缺陷?企业如何做好竞争准备,或者企业将要填补的产业空隙是什么?最重要的10项产业关键成功因素是什么?新创企业要在哪两三个方面表现优秀,以便使自己差异化?

市场分析将产业划分为若干细分市场,它们是企业企图进入的目标市场。大部分新创企业不会服务于整个市场,而是选择产业内的某个目标细分市场。市场分析的首要任务是细分企业即将进入的产业,然后识别特定的目标市场。企业按照多个维度划分市场,并选择适合自身能力的特定目标细分市场。市场分析还应包括目标细分市场的消费者行为相关内容。新创企业越了解目标细分市场的消费者,它就越有可能使产品或服务适合消费者需求。市场分析也应该包括竞争者分析,它是对企业竞争对手的详细分析。这有助于企业了解主要竞争对手的产业地位,也向创业计划审阅者表明,创业者对企业竞争环境有全面的理解。

(7)市场营销计划

潜在投资者与贷款者会优先考虑营销计划。他们不会想把钱投资在制造精良但消费者全然不需要的产品上。因此,市场营销计划必须说明产品所服务的目标细分市场,以及目标细分市场顾客的兴趣和需要解决的问题,预估目标细分市场需求量规模和趋势,进行产品定位,阐述产品使用者所能获得的好处。营销计划首先要清楚说明营销战略,包含产品市场定位和差异化,也要包含市场分析与竞争分析。如果在前面已经充分解释了产品,就可以直接描述定价、分销、促销组合、销售流程方面的具体战术,它们应该与定位和差异化一致。依产品与服务之不同,营销计划有可能在点出使用者所获得的好处外,还能将此好处以金钱形式量化说明。比如说,使用者购买产品后在多短时间内就能收回资本,或是接受服务后能节省多少营运成本等等。当然,好处也可能会是"时间的节省"或"魅力的增加",或是"安全"、"健康"等等。营销计划应证明市场确实存在,的确有感兴趣之消费者,正准备购买此商品或服务。市场分析必须详尽,以证明对需求之合理推估。需求之推估应有完备的分析方式,且不能完全只立足于"假设"之上,才能让潜在投资者觉得有信心。营销计划必须提及竞争,并描述预定之营销策略,像销售团队类型、促销方式、广告方式等。

(8)商业模式与运营计划

该部分中要说明商业模式的各个要素,包含定位、业务系统、关键资源能力、盈利模式、现金流结构、企业价值。

运营计划概述了企业如何运作,以及产品如何制造或服务如何提供。这部分内容的重要性因公司而异,最好短小精悍。也应该描述企业的地点适合性,有哪些重要的设施设备,未来需要多少空间,未来需要的设备如何获得(购买、租赁)。也应该说明确保品质、控制存货、与分包商合作、取得原物料之方式。可以按照"前台"工作(顾客能看见、体验到的活动)和"后台"工作(现场之外的活动)分类,描述关键的后台工作和前台工作如何进行。

(9)财务计划与融资需求

最后部分是企业的财务规划。它涵盖了整个创业计划,并用财务数据将其表示出来。企业的预估财务报表,类似于已建企业准备的正规历史财务报表,只不过前者预测未来而后者记录过去。预估财务报表,也就是公司的财测报表,是财务部分的核心内容,应在此揭示未来五年以上的财务数字。内容应包括每年的资产负债表、利润表、现金流量表,以及第一年的每月现金预算,第二、三年的每季现金预算,第四、五年的全年预算。也可以用财务比率显示各阶段的财务状况。财测的计算方式,应有业经充分证明的假设与说明佐证。假设清单解释了财务报表所依据的最重要假设。撰写者应该指出支持假设的信息来源。融资规划包括资金的来源与使用说明,要特别指明创业各阶段需要多少投资资金,融资资金要多少,不足的资金可能从何而来,资金使用在什么地方,以及未来投资者的退出方式。财务报表固然都很重要,现金流量表却应特别多加注意,因为企业可以没利润,却不能没有现金流量。现金流量表揭示了现金的来源——多少来自投资者,透过营运产生的又是多少。它同时也揭示了在存货与设备上所应投资的金额。现金流量表应明确指出需要潜在投资者提供的资金有多少,用途又是什么。

(10)风险因素

创业计划书除了预测新企业良好发展的一面,还要充分考虑发展的不利因素,或是新产品开发中容易发生错误的地方。实质上,当危机真正出现时,承认危机、面对问题是解决问题的第一步。

(11)收获与退出

投资者退出战略,即他们如何收获资助新企业所带来的利益。需要列出未来可能出售新事业或与其他企业合并或 IPO 上市,或者其他重新募集资金的事件,使得其所有者和投资人有机会套现先前的投资。

(12)时间表和里程碑

创业计划书正文的最后部分应该说明:主要活动何时实施、关键里程碑何时达到。从投资者观点看,这个部分表明创业者的确仔细关注了企业的运营,并且已经为企业的未来发展制订了清晰的计划。具体如下:

①完成产品或服务设计;

②完成产品原型;

③新企业的正式组建;

④雇用最初的员工(销售人员或其他);

⑤在贸易展览会上做产品展示；

⑥与分销商和供应商达成协议；

⑦进入实际生产；

⑧收到初次订单；

⑨初次销售与交付；

⑩盈利。

当然,这个列表只是新企业可以包括在创业计划书内的众多里程碑的一小部分。重要的是,要选择那些从企业资源及所在产业角度看都有意义的里程碑。

(13)补充文件与附录

附录应包括各种补充的资讯与附件,以增加读者对计划书之了解。

3.不完善的创业计划书的特征

当创业计划书某些方面不完善或遗漏时,会表现出一些"危险信号",见表4-1。

表 4-1　创业计划书中的"危险信号"

| 危险信号 | 解　释 |
|---|---|
| 创业者没有投资 | 如果创业者都不愿投资,为什么别人应该给创业者钱? |
| 引注不明 | 创业计划应该基于现实证据和周密调研,而不是臆测和想当然。所有一手资料和二手资料研究都要注明引用来源。 |
| 市场范围界定过宽 | 市场界定过宽表明真正的目标细分市场还没找到。例如,新事业业若将每年几千亿元的医疗产业视为目标市场,那是毫无意义的。新创企业要界定与瞄准产业内的某个特定细分市场。 |
| 过于激进的财务数据 | 财务部分推理不足或过于乐观的计划,会失去可信度。与此相反,给予合理研究与判断的冷静陈述,能很快得到信任。 |
| 随处可见的疏忽 | 让读者艰难阅读文稿、审看不平衡的资产负债表或面对随处可见的粗心失误,绝不是件好事。这些错误被认为不注重细节,从而损害创业者的可信度。 |

4.寻求专业协助

向外寻求专家援助或将具有规划才干的人才纳入管理团队之中将会很有帮助。请企管顾问帮忙润饰与修改计划书,也会是可行的明智之举。其他可资寻求的外部资源大致如下:律师、营销专家、工程专家、会计公司、风投公司。

5.向投资者口头陈述创业计划

陈述应通俗易懂,避免使用技术术语。新企业创业者常犯的错误是,花费太多时间纠缠于产品或服务的技术,却没有时间陈述企业自身情况。口头陈述要精练,这种陈述形式只需要用12张幻灯片。创业者通常犯的错误是准备了太多幻灯片,他们在30分钟陈述期间急切地翻阅图片。

### 本章要点

- 在需要以计划指导创业活动与向外部融资的条件下,需要撰写创业计划书。
- 要明确创业计划的撰写目的与对象,针对他们的关注重点撰写。
- 执行摘要必须简明扼要,计划书内容要精炼与突出重点。

### 重要概念

创业计划书、风险投资商、执行摘要、内容大纲、格式

### 思考问题

1.什么时候适合撰写创业计划书?

2.从阿里巴巴、7天连锁等融资案例中,你认为是要将创业计划书写得好,说得好,还是做得好?

3.创业计划书要详细写,还是要概略写?

### 课外练习

1.请读者分组,每一组准备提出几个创业项目,做课堂报告讨论每个项目是否存在创业机会。筛选出一个存在创业机会的可行创业项目,撰写创业计划书。

2.请读者收集一些参加各地创业比赛的好的创业计划书,了解撰写的结构、格式、内容与内部逻辑。

# 第二篇

## 创业阶段、战略与职能管理

# 第二篇引言

## 一、到目前为止我们了解战略的全部吗？还不了解什么？

请思考问题：图 3-7 的差异化阶段的理论架构图，就是创业战略因果逻辑关系图，它是否很清楚完整地描述了战略执行？哪些内容没有描述出来？

图 3-7 与图 3-13 的理论架构图是将战略简化的因果关系图，只有决策和差异化开始时的条件以及执行后的结果，没有中间执行的过程和方法，存在一个不清楚的黑箱，见图Ⅱ-1。我们面临着这样的问题：创业战略要如何执行？如何才能从现实条件的此岸达到创业成功的理想彼岸？见图Ⅱ-2。图 3-13 可以让我们辨认出资源、机会条件的概念，并理解因果关系。但是由于简化，使得它没有描述出创业战略执行的过程，没有将创业过程划分出阶段，没有针对不同阶段的条件、过程属性和方法、产出目标，进行更细致的执行过程战略管理。它也没有将企业活动分解成为组织与人力资源管理、产业链定位与外部关系管理、财务管理、研发管理、生产运营管理、市场营销管理的职能战术管理活动。我们不能理解这些职能活动如何执行（战术方法），以及资源或资本如何转化。为了深入到战略执行以及揭示达成目标的方法，需要将创业过程划分阶段，并分解职能进行讲述。

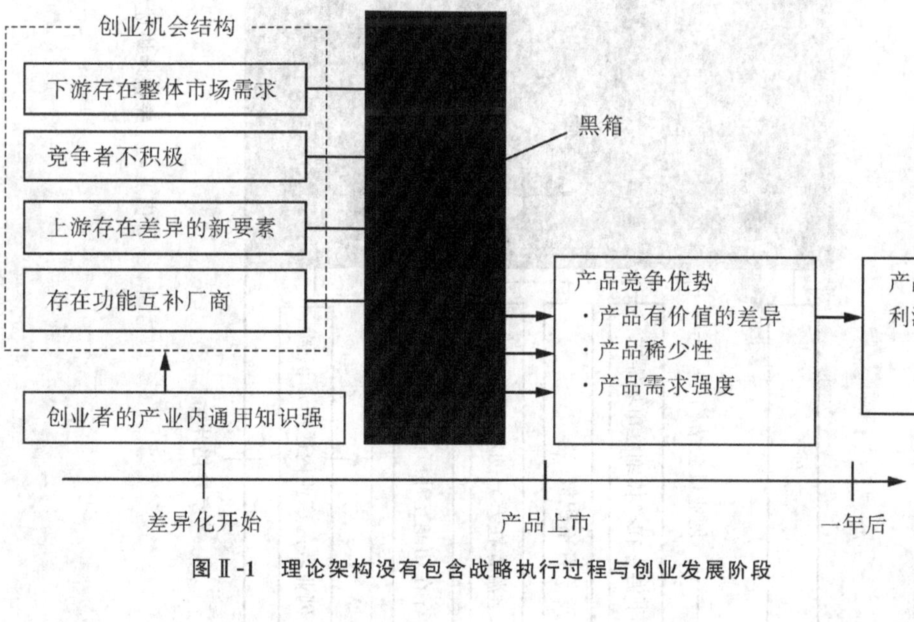

图Ⅱ-1　理论架构没有包含战略执行过程与创业发展阶段

图 II-2 完整地讲述创业还需要包括创业战略执行的过程与方法

## 二、创业过程的阶段划分

思考问题:创业过程可以划分为哪些阶段?有什么意义与价值?各阶段的必要投入、战略(方法)与目标是什么?哪些因素影响阶段长短和顺序?

成功的创业过程可以划分出一些阶段,包含识别出创业机会、利用机会条件开发产品与服务、上市销售等阶段。但是不同学者对创业阶段的定义与划分不同,而且不同创业类型的创业过程可以划分的阶段又有所不同,成立新企业的时间点也不同。王苏生、邓运盛(2006)将创业阶段划分为:种子开发期、启动期、早期成长期、快速成长期、成熟退出期。爱迪斯(2004)将创业阶段划分为:孵化期、婴儿期、学步期、青年期。张玉利(2011)将创业过程划分为以下阶段:(1)产生创业动机:很多人都有创业动机。(2)识别创业机会:识别创业机会并决定创业。(3)创建企业(新事业)、结合资源、形成管理体系。(4)实现机会价值、收获回报。(5)新事业进一步发展。上述前两种划分方法缺少了机会识别的创业决策阶段,是在创业者识别出机会,决定创业并采取创业行动后,再划分出阶段。第三种方法则对创业以后的阶段划分得不清楚。前两种阶段划分方法是较为一致的。种子开发期与孵化期是相同的阶段,是在开发产品、技术、商业模式原型。启动期和婴儿期是一致的,它也是企业建立期,是在成立企业、建立组织、投资设备,产生一个初生的婴儿企业。早期成长期和学步期是一致的,这个阶段是在原型的基础上实验改善产品、技术、商业模式,改善事业运营和渗透市场,朝着商业化成功与跨过盈亏平衡点的阶段目标前进。快速成长期和青年期是一致的。

参考学者划分的创业阶段,本书作者将创业过程划分为决策期、种子期、建立期、改善期、成长早期、成长中期这6个阶段并分别加以定义,见图Ⅱ-3。

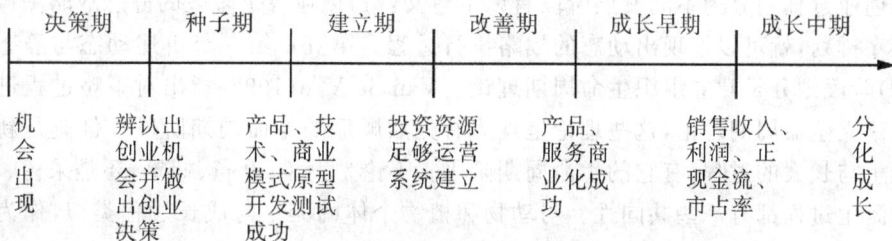

图Ⅱ-3　创业过程的阶段划分

创业决策期:产业中出现了机会,创业者识别出了创业机会,评估自身资源条件,构思出利用的方法(战略)后,做出了创业决策,并开始组建最初期的创业团队。

种子期(孵化期、孕育期):从创业者已决定创业并开始采取创业行动,到产品原型、技术原型、商业模式原型开发完成并上市测试成功。这个阶段开始的特征包含:创业者识别出了创业机会,决定创业。在这个阶段中创业者进行开发产品原型或商业模式原型的活动。种子期阶段目标达到的标志包含:做出产品原型、技术原型、商业模式原型并上市测试成功,显示出商业化的潜力,但是不一定商业化成功。

建立期(启动期、婴儿期):在这一阶段开始时,创业者已经开发完成了产品原型、技术原型、商业模式原型,它们具有商业化的潜力,但是企业和运营系统可能还没建立。在这个阶段中,要融资,成立企业,投资设备,建立事业生产运营系统。达到这个阶段目标的标志为:事业有效运作起来,资源条件足够跨过盈亏平衡点。

改善期(学步期、探索创新期):改善期阶段开始,产品、服务、事业运作还没有商业化成功,还存在很多问题。要创新产品和改善运营,同时促进销售、渗透市场、服务顾客。投资后要达到一定销量规模才能达到盈亏平衡,因此这个阶段的早期是没有利润和现金流入的,后期才有可能产生利润和正的现金流入。这个阶段目标达到的标志为:技术、商业模式产生的产品、服务已经能够销售,已经商业化成功,新事业已经跨过盈亏平衡点,产生了利润和现金流,有一定竞争优势。

成长早期(青年期):这个阶段新事业进一步扩张市场,实现成长,扩大获利。这个阶段是创业的最后一个阶段。

成长中期:这个阶段新企业呈现出不同方向与类型的成长,包含本业成长与地区扩张,在成长中采取竞争战略并发展核心能力,推进垂直一体化、相关多元化、非相关多元化。

## 三、结合创业理论架构与创业阶段

将图3-13与图Ⅱ-3的创业阶段结合,可以得出图Ⅱ-4(将创业理论架构与创业过程的阶段结合的示意图)。在图Ⅱ-4中,各个创业阶段都包含战略与6个职能方面的活动。在第六章到第十章的开始列出各个阶段的详细图,包含投入因素、执行的战略与职能、产出的阶段目标。

## 四、创业过程划分阶段的意义

将创业过程划分为不同发展阶段有以下意义:(1)创业各个阶段的静态战略图像按照时间顺序排列,就可以呈现出动态的战略执行过程。第五章第一节讲述动态与静态的战略。(2)阶段划分是建立组织生命周期理论。Van de Ven(1992)指出对策略过程进行研究可以建立生命周期理论,这些理论呈现为有先后顺序的生命周期阶段。创业是新企业组织诞生与长大的过程,有它的生命周期阶段。不论是大象、麻雀、蜻蜓,还是果树、小草,生物的诞生过程都有一些共同性。与动物和植物个体的诞生与成长过程类似,作为社会经济生物个体的企业组织也有诞生与成长的过程。企业组织不论是经由个人还是团队创立,其过程中都有一些共同性,包括都会经历相似的创业阶段。(3)可以帮助我们认识到不同阶段的关键概念(是实际的因素),以及认识到某阶段前面的因素(因概念)对后面因素(果概念)的影响。如果没有划分出阶段,我们就不能分解出特定时点和时段的概念(因素),就不能控制特定阶段的执行结果。(4)阶段目标导向。阶段划分可以让我们讲述的创业理论以及实际的创业执行活动实现目标导向。可以让我们了解此阶段必要的投入因素、阶段的关键特性,找出阶段特殊的方法与理论,朝向达成阶段目标努力。(5)在阶段目标达成前,不应提早进入下一个阶段的执行活动,否则会失败。特定阶段执行结果不佳,没有达到阶段目标,就提早进入下一个阶段,会影响到下一阶段的结果,最终影响创业的成败与绩效。例如在决策阶段(和差异化开始时点)没有辨认出创业机会,就提早进行创业,则容易失败。若种子期的产品原型没有商业化潜力,就提早投资进入了建立期和改善

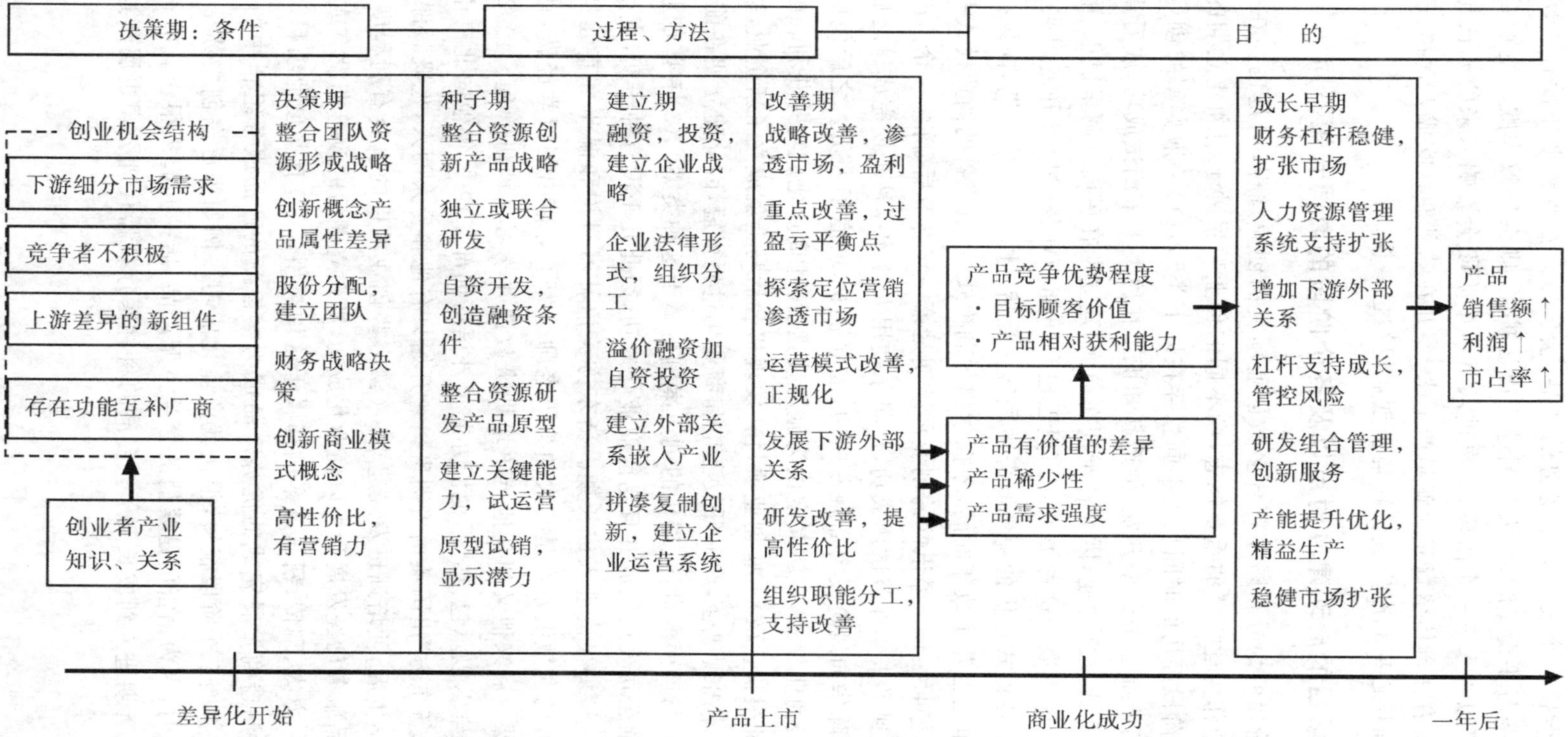

图Ⅱ-4 创业过程的阶段与创业理论架构结合图

期,则新事业要营销一个没有竞争优势的产品,会失败。在改善期还没有实现商业化成功,还没有跨过盈亏平衡点时,就大范围进行市场扩张,则会导致失败。生物必须达到阶段生长目标才可以进入下一个阶段,太早进入下一个阶段会影响未来的成长与增加死亡率。例如胎儿没有在母体孕育完成就早产下来,婴儿在哺乳期就吃成人食物,过早进入下一阶段都会增加死亡率和产生成长缺陷。创业组织也一样。

### 五、不同创业项目的启动建立时点以及各个阶段的时间长短不同

以上创业阶段的划分和顺序符合多数创业项目的创业过程,但是也存在一些变化。若将成立新企业作为建立期的重要标志,则不同的创业项目种子期和建立期的时点会相当不同,另外各阶段经历的时间长短不同。存在以下类型:(1)一般典型的创业项目在发现机会后先进行产品服务原型开发(创造新知识),在原型上市测试成功,或看得出商业化成功的潜力后,才成立新企业,因此种子期在前面,建立期在后面。阿里巴巴、酷讯、方太、巨人等公司的创业都属于这种类型。阿里巴巴种子期商业模式原型开发出来后,提供免费服务半年。商业模式提供的免费服务被顾客接受后,才进入到建立期,向风投融资与成立新企业。阿里巴巴花了数年时间,才探索出盈利模式,形成完善的商业模式并取得商业化成功,因此改善期很长。酷讯网的创业种子期是第一年春节后,陈华一个人开发设计火车票搜索软件,到了来年春节试用成功,汇集了使用人气才算种子期完成。之后才进入建立期,在此阶段陈华向风险投资商融资成功,成立企业,增雇了人员。之后他们用了 2 年时间探索和发展商业模式,在将其定位为旅游搜索后,才商业化成功并获利。酷讯网的种子期和改善期都很长。(2)有些创业项目在发现机会后马上就成立了新企业,甚至成立新企业在先,后来才出现机会,产品开发上市和商业化过程很短,因此建立期在前面,种子期在后面。例如本书后面的世洋、瑞传的创业案例就属于这种类型。(3)有些创业项目的产品服务已在先前公司发展完成并且已能商业化成功,因此几乎没有种子期,直接从建立期开始,改善期也很短,很快进入成长期。新东方英语补习机构和温州百盛健身属于这一类。创立新东方的俞敏洪原本是北大的英语老师。为了筹措出国留学经费,他到外面的英语补习班教课。后来他又到其他英语培训班教课并学习培训班管理。1992 年他找到民办的"东方大学",以承包方式帮他们办起了外语培训部。1993 年他向北京市海淀区教育局申请成立"新东方"出国英语培训班。一开始只有他和爱人两人,他既教课又做行政。后来设法招到学生后,使培训班发展起来。(4)有些创业项目的机会有利程度很高,种子期延长直到产品服务已经发展到可以商业化成功,则建立期后的改善期没有或很短,很快进入成长早期。方太、瑞传、新东方案例都属于这种类型。(5)有些创业项目的机会有利程度很高,上游制造商发展完成的优势产品成为零售商的产品服务组合中的要素,种子期、建立期与改善期三个阶段很短,很快就商业化成功。例如张近东创立苏宁交家电(春兰空调专卖店)时,因为销售的是紧俏的春兰空调产品,店一开起来很快就有很强的市场需求,就跨过改善期进入到成长期了。台湾的科林医疗仪器代理公司也属于这一类创业项目。

## 六、第二篇的章节安排与教学建议

本书第二篇将创业过程分为不同阶段,分阶段讲述战略和职能管理。第五章简述战略与职能管理理论。第六章讲述决策期辨认机会、建立创业团队、作出战略决策;第七章讲述种子期结合资源创造有商业化潜力的新产品原型;第八章讲述建立期融资、投资设备、建立企业;第九章讲述改善期内部改善、渗透细分市场、实现盈利与商业化成功;第十章讲述成长早期运用财务杠杆,稳健扩张市场;第十一章讲述成长中期战略。

第二篇写作中笔者面临着一个问题:如何在一本书中显示出多种创业类型的创业过程?笔者认为,一本好书要能解释多种创业类型。本书先归纳出一般的、完整的、典型的创业过程,再运用分类,指出不同类型的创业过程的不完整与差异点,它们是完整类型的变体和简化。

第二篇的编排允许教师和学生按照两种方式使用此教材:可以按照创业阶段以战略整合职能来讲述和学习,也可以分别按照职能主题讲述和学习。

有关案例教学的建议如下:在讲述第九章的前几周,学生还不了解第九章内容前,先要求学生分析后面的《三星五金、台南营造、晋亿实业》案例,自己撰写案例分析报告并上交。在第九章内容讲述后,再要求学生修改自己的案例分析报告。然后教师讲述该案例分析的结果,请学生对照结果,了解差距,补充学习知识。

------

### 引言要点

· 创业过程可以划分成不同阶段,它们是新企业诞生的组织生命周期阶段。

· 划分阶段有利于找出各个阶段要达到的目标,可以使战略与职能管理活动实现目标导向。

· 阶段目标达到前,不应该提早进入下一个阶段,否则会增加失败和死亡率。

### 重要概念

创业阶段、阶段目标、组织诞生过程、组织生命周期理论、决策期、种子期、建立期、改善期、成长早期、成长中期

### 思考问题

1.生物提早诞生有什么不好? 在什么情况下要提早诞生或延后诞生?

2.在什么条件下应该加长或者缩短创业过程中某一个阶段的时间?

**课外练习**

请读者收集一些创业案例,分析该创业是否经历了本研究划分出的阶段,分析某些阶段时间较短与不明显的理由为何,分析不同阶段的战略与职能活动重点。在各个阶段出现了哪些重大事件? 出现了什么问题要解决? 采取了什么方法解决? 对达到阶段目标的效果好吗?

# 第五章　创业战略与职能管理简述

## ▶ 核心问题

● 战略是什么？动态与静态的战略指什么？战略如何识别利益相关者与执行外部资源整合？战略与各种职能的连接关系是什么？

● 组织与人力资源管理包含哪些内容？与战略和其他职能有什么关系？

● 产业链定位与外部关系管理方面包含哪些理论？与战略和其他职能有什么关系？

● 财务管理有哪些工具？财务决策分为哪几类？财务管理与战略和其他职能有什么关系？

● 创新研发方面包含哪些理论？与战略和其他职能有什么关系？

● 商业模式与运营管理方面包含哪些理论？与战略和其他职能有什么关系？

● 市场营销管理方面包含哪些理论？与战略和其他职能有什么关系？

## ▶ 本章学习目的

● 了解战略执行相关理论在本书章节中的安排；简要了解战略以及动态战略与静态战略；了解识别利益相关者与执行外部资源整合的方法；了解创业战略与各种职能的关系。

● 了解组织与人力资源管理理论的内容在本书章节中的安排；简要了解组织理论与组织设计的成分；简要了解战略人力资源管理理论与组织和战略的关系；了解组织以及人力资源管理与战略及其他职能的关系。

● 了解产业链定位与外部关系管理的理论内容，以及在本书章节中的安排；了解在产业链中定位的价值活动范围，与外部厂商合作关系的类型；了解产业链定位和外部关系管理与战略和其他职能的关系。

● 了解财务管理的工具，包含财务报表和财务比率；了解财务决策的类型，以及财务报表、财务比率与财务决策的关系；了解财务管理与战略以及其他职能的关系，特别是战略决策对财务的影响；了解财务管理的内容在本书创业各阶段章节中的安排。

● 了解创新管理包含的理论内容以及在本书章节中如何安排；了解创新的基本概念和自主技术创新；了解创新项目管理程序的步骤；了解产品服务创新与战略及其他职能的关系。

● 了解商业模式理论，包含商业模式的构成要素、商业模式重构的位置和方向；了解运营管理包含的理论；了解商业模式和运营管理与战略和其他职能的关系。

● 了解营销管理理论以及在本书章节中的安排；了解营销战略战术、营销系统和营销在市场上的竞争方式；了解营销与战略和其他职能的关系。

从做出决策到最终利润产生出来，创业战略执行活动与创业组织将会经历不同阶段，也包含执行各项职能活动,即:组织系统建立与人力资源管理;投资、融资、管理资金、获取报酬的财务管理;建立并管理与上游、下游企业的合作关系,将创业组织嵌入产业链;整合资源与创新研发产品服务;建立商业模式与进行运营管理;进行产品服务的市场营销管理。以下第一节到第七节简述创业战略与各项职能。下一章开始将阶段、战略、职能融合,分阶段讲述创业的动态战略执行,包括讲述创业各个阶段的投入条件、阶段战略活动与职能理论、产出目标(也是下一阶段的投入条件),形成战略指导职能,职能支持战略,共同朝着阶段目标迈进,逐步达到总体目标的战略执行过程。

# 第一节 创业战略管理

## 一、战略执行相关理论在本书章节中的安排

本书在第二章"创业者、资源与机会相关决策"、第三章"环境、创业机会与产品差异化"中,多数是讲述创业决策期的创业战略理论,只有在创业机会与产品差异化的理论架构部分,除了包含创业决策期的产业特殊知识和创业机会条件,也包含了产品上市与差异化成功后的产品竞争属性、竞争优势与产品利润。但是那些都是决策期的抽象简化理论以及差异化执行阶段的抽象简化理论,没有包含执行阶段的更细的战略理论,具体表现在:(1)没有将战略执行与新企业发展过程划分成为创业阶段。没有分阶段分别讲述战略与职能如何互动以达到阶段目标。(2)没有讲述战略之下的职能管理理论。完整的创业战略包含职能活动。(3)战略要建立的未来企业组织也没有从概念展开与具体化为不同层次因素之间具有因果逻辑关系的战略地图(见第六章)。(4)战略也没有将新企业嵌入产业链,描绘成为特殊的商业模式。

本书将上述战略内容按照以下方式安排在不同章节加以补充。(1)本节以下部分简述战略、动态战略与静态战略、利益相关者与资源取得战略、战略与职能的关系。(2)本章后面几节简述职能以及职能理论在后面各个创业阶段章节中的安排。(3)战略执行阶段,也就是创业阶段。(4)本书在有关决策期的章节中讲述战略地图(它是对未来进行描述的蓝图)。(5)由于商业模式是企业的运营模式,因此本书将二者合并为"商业模式与运营管理",在本章第七节先简介商业模式,然后分创业阶段讲述。

## 二、战略简述

创业战略是新企业或新事业层次的宏观的方法,要立足于现有条件,达到未来目的。战略就是组织对环境动态改变的弹性适应,使组织达到与环境更高度的适配,通过交换从环境中取得所需的资源,实现生存与成长。创业战略也要立足于强势资源,特别是创业者和团队的产业特殊知识和关系,克服有形资源弱势的不利条件,利用相关产业范围内的创业机会,避开竞争威胁。在资源少的条件下,创业战略要聚焦定位在一个小范围投入资源,利用机会。在规模小的条件下,创业战略要利用机会创新,创造差异化的产品,建立与规模无关的竞争优势。战略要利用异质的资源,整合资源产生新资源和新产品与服务,创

造产品有价值的差异与稀少性,更好地满足目标细分市场顾客需要,产生竞争优势和利润。战略是将现在的钱投资到未来能赚更多钱的事业与价值活动中去,即战略追求利润与投资报酬的目标。创业战略是在资源缺乏与受限条件下,找到一个以小资本博大报酬的方法。创业战略要建立一个事业的商业模式与运营系统,要更高度地与环境条件适配。创业需要建立一个能执行战略的组织,即创业团队。根据战略与情境特征,可以建立一个战略性人力资源管理系统,它能建立与发展一个创业团队。创业团队执行战略可以达到目标。战略要开拓、渗透与扩张市场,扩大销售额与市占率,进而改变产业结构。

### 三、动态战略与静态战略

战略可以分解为动态战略和静态战略。动态战略是指如何从早期创业者的资源和机会条件,设计一个战略发展的路线,经历一个过程的不同阶段,过渡成为晚期的提供产品服务的事业系统,达到为顾客创造价值的目的。从创业决策期的概念,经过种子期、建立期、改善期到成长期,就是战略从概念转变成为事业系统的动态执行与新企业组织诞生发展的过程。

静态的战略犹如在特定时点拍摄的照片。从时间轴上的不同时点看,静态创业战略呈现为不同的形式。(1)在创业战略萌生初期时点,静态战略是利用资源和机会条件的一个概念、想法、理念、创意、思路。(2)在决策期完成时,经过调查分析评估,静态战略发展成为一个较为清晰的战略方案。(3)在决策后执行前期阶段,静态战略被发展为一个较为详细的执行计划,它描绘在未来成功时点企业运作的商业模式与战略地图,以及从现有条件逐步发展出战略地图的路径与方法。在这个时点,商业模式是从定位、价值创造的业务系统、关键资源能力等角度抽象简化描述的战略;战略地图是从财务、顾客、内部流程、无形资源四个层次的因果逻辑关系角度抽象简化描述的战略。它们都是描述未来时点的蓝图。(4)在执行成功后的未来时点的静态战略是建立起的事业运作系统,它是商业模式与战略地图的具体实现。

### 四、外部资源整合战略:识别利益相关者与进行外部资源整合

从资源角度看,创业战略是整合各种外部资源的活动,不只包含整合上下游实体资源,还包含整合资金、法律、管理等多方面的资源。创业一方面是一个整合资源创造价值的做蛋糕活动,另一方面也是一个分享价值的分蛋糕的活动。外部的资源拥有者是新事业的潜在利益相关者。外部资源整合活动包含识别利益相关者,以及他们拥有的资源、他们关心的利益。创业者要建立一个互惠共赢的交换方案,决定适当的让利条件,建立整合机制。

张玉利(2011)指出,创业者找出利益相关者,争取他们提供资源支持新事业的方法包含:(1)创业者要尽可能多地搜索和识别出利益相关者,了解他们拥有的资源,资源强势程度以及与自身资源的互补结合关系。利益相关者与资源包含:①资金提供者,包含亲友、天使投资者、战略伙伴等。②关键知识技能提供者,包含能提供技术、法律、管理知识协助的相关产业人士。③实体资源提供者,包含提供要素、设备、场地、渠道等。(2)要识别出利益相关者的利益所在,寻找共同利益。(3)设计互惠共赢的交换方案和合作机制,创造

共同利益,保证共享利益,争取他们的支持与合作。共赢不一定是同时赢,也可能是先后赢。共赢机制是一个对利益相关者有吸引力的交换方案,以便从利益相关者处取得差异的要素和必要实体资源,支持新事业的资源整合,以及建立合作关系,实现聚焦加联盟战略。创业者可以利用过去的关系与社会资本寻求有私人交情的利益相关者协助。互惠共赢机制也是在与利益相关者的合作中适度让利,让对方感觉到赢甚至是优先赢。

各种资源的整合可能是广泛与非常复杂的事情,本书将资源取得与整合分解到各个职能活动中,包含在组织人力资源管理部分讲述取得人才资源,在产业链定位与外部关系管理部分讲述取得上游厂商的生产要素和下游厂商的渠道资源,在财务管理部分讲述融资取得资金资源,在创新研发部分讲述取得产业知识和技术资源,在运营管理部分讲述取得实体设施设备资源,在营销管理部分讲述取得渠道和顾客资源。

## 五、创业战略与职能的关系

### 1.创业战略与创业团队组织以及人力资源管理的关系

创业战略要立足于创业者和团队成员的强势产业特殊知识与关系等无形资源。因此:(1)初始人力资源限制了可行战略的范围,通常应该选择利用相同或相关产业范围内的机会。(2)有效的战略可以通过互利的交换,获得人才,克服弱势。(3)战略的执行要建立一个适配的组织,包含组织结构与人员。(4)创业者在选择团队伙伴时,要运用自己的产业特殊知识辨认与选择有强势的产业特殊知识,或者强势的互补职能知识的成员加入团队。(5)强势无形资源是组织化的,创业者利用在原事业中自己的关系与社会资本,动员伙伴加入团队成为一个组织化的既有团队。(6)在创业战略利用创业机会,以及创业者个人财务资源有限的条件下,创业者要吸引这些成员加入,可以提供股份让伙伴投资,以分享创业机会中潜藏的未来利润的方式吸引伙伴成立创业团队。(7)创业组织规模很小,无法执行多个价值活动,因此建立单一职能的简单直线结构就是在执行聚焦加联盟战略。(8)人力资源管理系统要适时改变,与各个阶段战略相互适配,才能支持组织的建立与发展,支持战略执行与达成目标。

### 2.创业战略与产业链定位及外部关系管理的关系

(1)在产业链中聚焦定位在从事少数价值活动,就是在人力财力资源限制下进行战略聚焦。(2)建立与管理外部关系就是构建战略联盟,选择强势与成长的联盟伙伴,利用它提供的差异新要素,可以提升新企业的竞争优势。(3)发展新企业在网络中的中心性节点位置,就是发展网络定位战略,创造竞争优势。(4)价值活动范围扩大,往高获利的价值活动环节移动,加强对供应链的控制,这些都是战略活动。

### 3.创业战略与创新研发的关系

(1)创业战略与研发创新都要运用强势的事业和产品结构知识结合上游新要素,或者以创新知识结合资源,创造差异化的与稀少的新产品与服务,达到为目标细分市场顾客创造更高价值,并且使新事业获利的目的。(2)因为资源有限,创业战略和研发创新要缩小产品组合宽度范围,聚焦在少数产品项目上进行创新与差异化,创造竞争优势。(3)持续创新可以形成核心能力,维持持久竞争优势并且成为相关多元化的基础。

### 4.创业战略与创业财务管理的关系

(1)创业战略与财务管理都需要投资。(2)在创业者与团队的自有资本不够的条件下,创业战略与财务管理都要找出以小博大的方法,包括聚焦降低投资额,或者利用事业潜力溢价融资,补充财务资本。(3)创业战略与财务投资都要追求使未来的投资报酬更高,即通过结合资源创新产品,为目标细分市场顾客创造更高价值,同时达到为自己创造利润的目的。

5.创业战略与商业模式及运营管理的关系

(1)商业模式与战略都要定位,创业战略就是在未来创造出一种能产生更高价值的商业模式,商业模式是新事业的运营模式因此需要进行运营管理。(2)利用异质资源和在市场中重新定位是创业战略与建立新商业模式的基础。(3)创业战略要创造出产品服务有价值的差异性,商业模式的创新与运营管理的有效可以提高产品服务有价值的差异性。(4)有效的战略可以利用拼凑资源和利用外部实体资源的方法,克服有形资源限制,进行新的资源结合,产生新产品服务。(5)因为资源有限,所以战略和商业模式都要在产业链上聚焦定位在少数价值活动环节。在这些价值环节创造竞争优势后,再扩大价值活动范围。

6.创业者的创业战略与市场营销管理的关系

(1)因为资源有限,战略与营销都要在市场方面聚焦定位在一个细分市场,建立竞争优势。(2)营销是做出能在市场卖出去并且获利的性价比更高的产品服务,为目标顾客创造更高价值。战略要利用机会差异化与创造竞争优势,竞争优势来自产品服务有价值的差异性和稀少性,即产品的性价比更高,这也是营销成功的首要条件。(3)战略与营销都要在市场方面开拓、扩张、渗透,争取到更多顾客与减少竞争者的顾客,提高自身的销售额与降低竞争者的销售额,提高自身的市场份额(市场占有率),从更多的顾客那里获取利润。

# 第二节　组织与战略人力资源管理

## 一、组织与人力资源管理理论在本书章节中的安排

创业的组织理论与人力资源管理理论包含以下内容:在组织理论部分包含创业团队理论、组织结构形态设计理论、组织生命周期理论。在人力资源管理理论部分,本书讲述战略人力资源管理理论,不讲述人力资源次职能理论。(1)本节下面先讲述单一事业标准的职能型组织结构设计包含的内容,为后面的内容讲述提供一个框架。(2)接着简述组织理论,包含情境变量对结构变量的影响。(3)接着简述战略人力资源管理基本观点,以及人力资源管理与其他职能的关系。(4)在第六章决策期讲述创业团队建立,团队的简单直线型组织结构,建立团队的战略人力资源管理系统。(5)在第八章建立期讲述新企业组织的法律形式。(6)在第九章改善期讲述团队的调整和扩大,以及战略人力资源管理系统。在创业各阶段的组织形态就是在组织生命周期的孕育期、婴儿诞生期、学步期的早期组织形态。(7)在第十章成长早期讲述组织生命周期理论、职能型组织,以及复制扩张期的人

力资源管理系统。

## 二、组织理论简述

组织是一个为了达到共同的战略目的进行人员之间分工协作的系统,包含组织结构。组织结构是按照流程和企业职能划分部门,划分层级指定指挥命令链,每个层级部门由岗位和人员所组成的结构(刘松博,2009)。单一事业的正规组织结构呈现为分工协作的职能型结构。职能型组织结构包含几个部分,见图 5-1。从股东会、董事会到总经理层级属于财产权与治理结构。从总经理到基层员工属于管理组织结构。组织与上游下游企业间的关系属于组织间关系结构。每个事业都按照研发、生产运营、营销、财务、人力资源管理划分职能部门。前三个属于主要直线职能部门,后两个属于参谋辅助职能部门。贯穿直线职能部门的是事业内部流程。企业在价值链与在市场中的定位,与利益相关者的交易结构,加上内部流程组成的业务系统共同构成为商业模式。

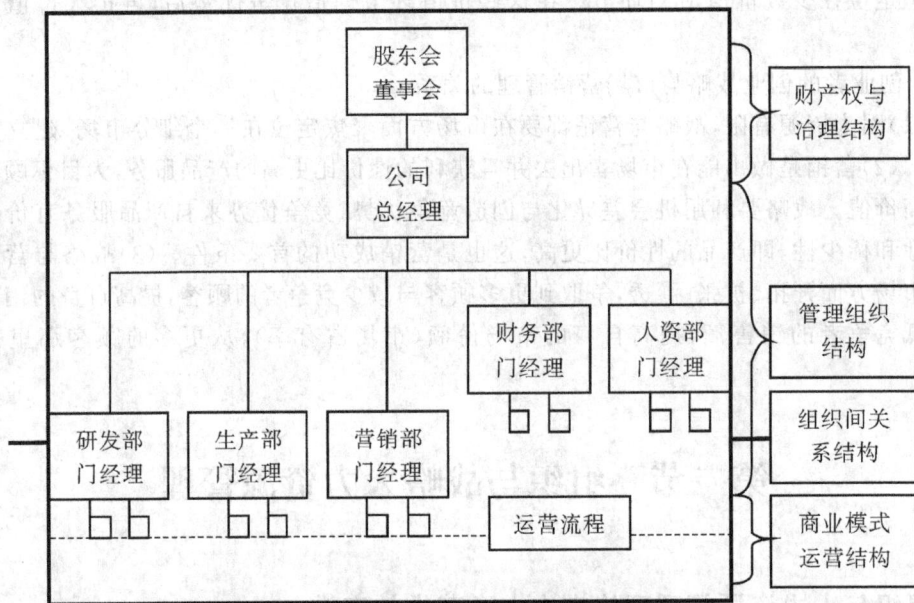

**图 5-1 职能型组织结构的不同结构设计部分**

本书战略执行篇的理论部分,将分阶段讲述阶段投入、阶段战略与职能的互动、阶段产出目标。职能包含:组织与人力资源管理、产业链定位与外部关系管理、财务管理、整合资源研发创新、商业模式与运营管理、市场营销管理。

组织是由人组成的,是为了达到战略目标的工具。Chandler 指出,组织结构要跟随战略。实际上创业者要考虑外部情境影响因素来设计内部组织结构要素变量(达芙特,2008)。外部的环境、战略、商业模式、运营流程、技术类型、人员素质、规模、生命周期阶段、合作关系性质等情境变量,影响内部的管理层级和管理幅度、专门化、地区分布、分工形式、集权程度、关键职能、规范化(标准化)、制度化(正规化)、人员结构、组织间关系形式等结构设计变量。

创业型组织设计和调整是从初始的创业小团队开始的,随着作业量与人员的增加要进行组织结构的水平和垂直分化,包含细分流程与职能分工,以及组织层级增加。组织结构由各种不同职位(岗位)构成,人员按照组织结构配置,每个人员执行一个职位的工作。每个职位包含职权(该职位人员被赋予的决策权限)、职务(要执行的任务)、职责(要承担的责任)、人员的胜任能力与薪酬。组织发展需要创业者和团队成员增聘各层工作人员。在分化的组织中,上层要向下层授权,逐步实施分权管理和分工协作。

## 三、战略人力资源管理理论简述

1.人力资源管理的定义

人力资源管理是指一组由政策、实务组成的系统,包含人力资源规划、岗位设计与分析、招募、甄选、训练、薪酬、绩效管理等主要模块或子系统,具有管理与影响(吸引、选择、发展、引导、激励、留住)人的行为的功能,以便建立与发展一个战略性的组织。组织能执行战略,达到为顾客创造价值,为股东赚取利润的目标。

2.人力资源系统的构成模块

创业者需要设计人力资源管理系统,包括设计以下子系统:

招募、甄选子系统(吸引、选择):没有产业特殊知识和技能的人无法为目标顾客做事。有效的招募、甄选、裁员子系统要能吸引和选出有产业特殊知识和技能的人,能够为目标顾客做事与创造价值。

训练子系统(发展):有效的训练子系统要能发展人,训练他们成为有产业特殊知识与技能的人,能够为目标顾客进行价值创造。

薪酬子系统(酬偿、吸引、留住):人为了自利的目的,为了满足自己的需要而做出行为。有效的薪酬子系统要满足员工的目的与需要,即向他们提供合适的报酬。

绩效评估子系统(引导):人不会自发地为企业股东和目标顾客做事。有效的绩效评估能够通过绩效指标和奖惩机制,引导和约束人的行为到一个为目标顾客做事与创造价值的共同方向,达到为股东创造价值的目的。

绩效奖励子系统(激励):透过绩效评估系统将人的行为引导、约束到为目标顾客做事与创造价值的方向,并不能使人努力为目标顾客做事与创造价值。只有当人为目标顾客做事的行为能够满足自己内部的需要时,他才会努力。有效的绩效奖励子系统运用绩效奖金制度能够激励人努力,通过为目标顾客创造价值,达到为股东创造价值,同时也为员工自己创造价值的目的。

3.人力资源管理系统设计须符合的原则(策略性人力资源管理原则)

战略人力资源管理假设,对于不同属性的人力资源所构成的组织,需要用不同的人力资源管理元件(人力资源管理方法)组成人力资源管理系统,才能有效地建立、发展与管理。战略人力资源管理的焦点放在人力资源管理系统,而非各种人力资源管理方法。战略人力资源管理的管理者需要根据战略决定组织(成员)的属性;再根据组织(成员)的属性选择适合的人力资源管理元件,组成有效的人力资源管理系统。管理者应该运用新知识,运用多种理论观点,设计利益相关者多赢的人力资源管理系统。这个人力资源管理系统要符合以下原则:(1)外部适配(fit):这个系统是为特定组织量身定做的,与组织的策略和情境条件适配,支持策略的执行朝向目标(Becker & Huselid,1998)。(2)内部适配:整合所有人力资源管理活动,使系统具有内部一致性,包括政策、实务相互配合协调,产生1+1＞2的综合效果。(3)有弹性,能持续被评估,对策略与情境改变及时反应与调整(Wright & Snell,1998)。

4.使组织成为一个高绩效工作系统并且具有成功组织的特征

符合策略性人力资源管理原则的人力资源管理系统会使组织逐渐发展成为一个高绩效工作系统(Becker & Huselid,1998),通常具有成功组织的以下人力资源管理特征(Pfeffer,1998):有雇用安全性,不随意解雇员工;广招慎选地雇用新人;组织设计采用分权化的自我管理团队;总体薪酬水平高于市场平均水平并且绩效奖酬比例高;有广泛的训练;减少地位的区别和障碍;广泛地分享信息。

5.对人才应产生何种效果,并使组织人力资源达到何种境界

人力资源管理系统能对人才产生吸引、发展、引导、激励、留住的效果。能将一般人力资源转变成有竞争力的异质的策略性人力资源,使他们拥有的知识技能具有下列属性:有价值、稀少、难以模仿、难以替代(Barney,1991)。能执行战略,持续开发、生产、营销新产品与服务,实现组织目标。透过产品和商业模式创新活动,使创新的知识保存在创业团队中,使组织具有核心能力。

## 四、组织以及人力资源管理与战略及其他职能的关系

组织以及人力资源管理与战略的关系在前文已讲述过了。

1.组织以及人力资源管理与产业链定位及外部关系管理的关系

与外部伙伴厂商的关系是组织结构设计的成分之一:(1)可以保证取得组织依赖的重要资源,取得信息,使供货与分销顺畅、合作开发顺畅。(2)需要内部指派人员进行外部关系管理,例如企业的采购员、跟单员管理供应商和外包商的交货、品质并与之协商价格等,企业的业务员管理下游的渠道商、经销商的销售、订单、价格等。

2.组织以及人力资源管理与财务职能的关系

前者为财务职能部门提供人力资源。创业团队成员筹集的自有资本与必要投资水平的差距影响融资水平。能否建立与战略适配的分阶段人力资源管理系统,影响创业的效果和效率。例如建立与改善期战略适配的绩效管理系统,影响跨过盈亏平衡点的时间、获利水平和财务状况。

3.组织以及人力资源管理与研发职能的关系

前者为研发职能部门提供有胜任能力的人力资源。创业团队成员的产业特殊知识强度影响能否利用机会创新与差异化成功,进而影响获利水平和财务状况。

4.组织以及人力资源管理与商业模式运营职能的关系

前者为运营职能提供人力资源。创业团队成员的产业特殊知识强度与创业机会影响能否通过复制加创新建立成功的新商业模式。能否建立与分阶段运营相适配的绩效管理系统,影响创业能否以小博大,跨过盈亏平衡点的时间早晚,获利水平和财务状况。

5.组织以及人力资源管理与市场营销职能的关系

前者为营销职能部门提供人力资源。能否建立营销的分阶段绩效管理系统,影响能

否成功地开拓、渗透市场,跨过盈亏平衡点的时间,获利水平和财务状况。

# 第三节　产业链定位与外部关系管理

## 一、产业链定位与外部关系管理理论在本书章节中的安排

在第六章、第八章讲述价值活动范围理论。在资源少的情况下,价值活动范围是否要小,在产业价值链中是否要聚焦于少数价值活动?在第八章讲述:外部厂商选择与资源依赖理论,解答应该选择与哪些上下游厂商建立合作联盟关系,以及如何保证取得重要资源;关系形态选择理论与交易成本理论,解答根据交易的性质,应该选择建立什么形态的关系;联盟管理理论,解答如何管理联盟关系。在第十章、第十一章讲述:未来价值活动的延伸、扩大、移动方向;网络定位理论,解答应如何选择在价值网络中的位置与形态。

## 二、产业价值活动范围与合作关系的类型

1.产业价值链、价值活动、网络、利润池、价值活动范围、移动、扩张、聚焦

产业价值链由很多个价值创造活动环节构成。一个价值创造活动环节与多个上下游价值创造活动的关系构成了价值网络。在不同价值环节上创造价值获得的利润不同。产业的市场也可以分为不同的细分市场。每种细分市场和价值活动环节上可赚得的利润多少称为利润池(profit pool)大小。新企业创立时,可以选择在产业链中定位,选择在产业链中的位置与价值活动范围大小,包含几个价值活动。之后可以选择扩大或缩小价值链的范围,可以在价值链上移动到新的价值活动环节。新企业创立时,可以选择市场的范围大小,聚焦在一个或少数几个细分市场,之后可以扩大或缩小产品市场的范围,可以从一个产品细分市场,移动到新的细分市场。随着细分市场的改变,价值链也会相应改变。

2.合作联盟的类型

与外部厂商的合作联盟可以分很多类型。按照垂直或水平分工可以分类为:垂直联盟、水平联盟。水平联盟包含互补产品联盟、合作承包联盟等。垂直联盟可以分为上游联盟、下游联盟。上游联盟包含零组件供货联盟、生产联盟、产品供货联盟。下游联盟包含销售联盟、服务联盟。其他职能联盟可以分类为:产品开发联盟、人事联盟、财务联盟、信息联盟。

## 三、产业链定位及外部关系管理与其他职能的关系

1.产业链定位及外部关系管理与财务职能的关系

资源有限的新创小企业,要采取聚焦加联盟战略,要在产业价值链中聚焦定位在窄的价值活动范围,从事少数价值活动环节。如此可以减少投资额,减小融资难度,可以在创业团队自有资金不多的条件下,实现以小博大。

2.产业链定位及外部关系管理与研发职能的关系

研发要利用上游差异的新要素,利用从渠道商处取得的下游的目标细分市场顾客需

求信息,以及与研发联盟中的外部互补厂商合作。

3.产业链定位及外部关系管理与商业模式、运营职能的关系

(1)价值活动定位以及与上下游合作厂商的关系形态与交易结构是商业模式的一部分。(2)运营管理也要管理上下游伙伴厂商,甚至管理供应链,通过信息交换建立分工协同。

4.产业链定位及外部关系管理与市场营销职能的关系

(1)营销职能的成功运作有赖于营销系统的完善,营销系统是向下游延伸到渠道商与市场,内部延伸到其他职能,向上游延伸到供应商的。(2)与细分市场定位一致的营销系统,可以利用上游供应商的新要素差异,结合到产品中产生产品有价值的差异,为下游细分市场顾客创造更高价值,形成产品竞争优势。

# 第四节　财务管理简述

## 一、财务管理理论在本书章节中的安排

财务管理包含编制财务报表以及根据财务报表数据计算财务比率。它们是反映财务状况的信息工具,创业者要根据财务信息针对财务状况做出财务决策。(1)财务报表包含:资产负债表、利润表、现金流量表。(2)财务决策类型包含:投资管理决策、融资管理决策、营运资金与现金流量管理决策、股利分配决策。由于财务报表和财务比率是通用的管理工具,根据财务报表不同部分可以对财务决策进行分类,它们与创业阶段无关,因此安排在本节讲述"二、财务管理"、"三、财务报表与财务决策类型"、"四、财务比率与财务状况评估"、"五、财务管理与战略以及其他职能的关系"。由于投资、融资、现金管理与创业阶段有关,因此放在后面章节讲述。在第六章创业决策期讲述在不同的自有资本、相对投资规模、风险与报酬条件下的战略与财务决策。从第六章到第十章讲述各阶段的投资、融资和现金管理决策。

## 二、财务管理

1.财务管理的定义与目标

财务管理是在一定的初始财务条件下,为了达到未来整体目标,关于投入资本购置资产,资本的融通,管理经营中的现金流量(营运资金),以及利润分配的活动。创业期财务管理的最终目标(同时也是战略管理的目标),是实现利润最大化与股东价值最大化。但是在创业期存在风险与不确定性,因此也包含控制风险的目标。创业者创业前考虑财务条件与限制,通过财务规划决策和创业后的执行来实现这两类目标。

2.财务管理工具

财务工具是一面透视企业的镜子,可以发现、诊断问题,提出对策。财务管理工具包含财务报表和财务比率,是过去经营绩效与财务状况的反映,映射出过去战略与战术产生的经营结果与当前的财务状态。它们能让创业者从多角度透视企业,发现未来潜在的问

题、风险与危机,进而可以发展出解决问题的未来战略与战术、对策。特别是当企业规模变大,更复杂时,若没有财务工具,是无法进行有效的经营管理的。

## 三、财务报表和财务决策

### 1.财务报表与财务决策

主要的财务报表包括资产负债表、利润表、现金流量表,它们有以下特点。(1)以企业的既成事实数据编制的财务报表都是事后的,是过去战略执行结果的反映。(2)创业初期由于没有过去经营记录,因此只能靠创业者对未来的估计和预测进行财务规划与决策。根据预估的未来投资、融资与经营状况,编制预估的资产负债表、利润表、现金流量表。(3)创业之后的某个时点的财务报表,反映了过去一段时间的经营结果与财务状况,它是未来决策的根据。面对未来创业者需要进行财务预测,以便做出决策。

### 2.资产负债表

资产负债表则说明年底时点公司的财务状况。资产负债表呈现的是公司先前财务决策的累计效应;也就是公司在年底,所拥有的资产、负债以及股东权益。用最简单的方式呈现,资产负债表的公式如下:

总资产＝负债＋股东权益

图 5-2 呈现的是一家小公司的资产负债表项目,以及财务决策类型。以下将就资产负债表的三大要素(资产、负债以及股东权益)进行说明:

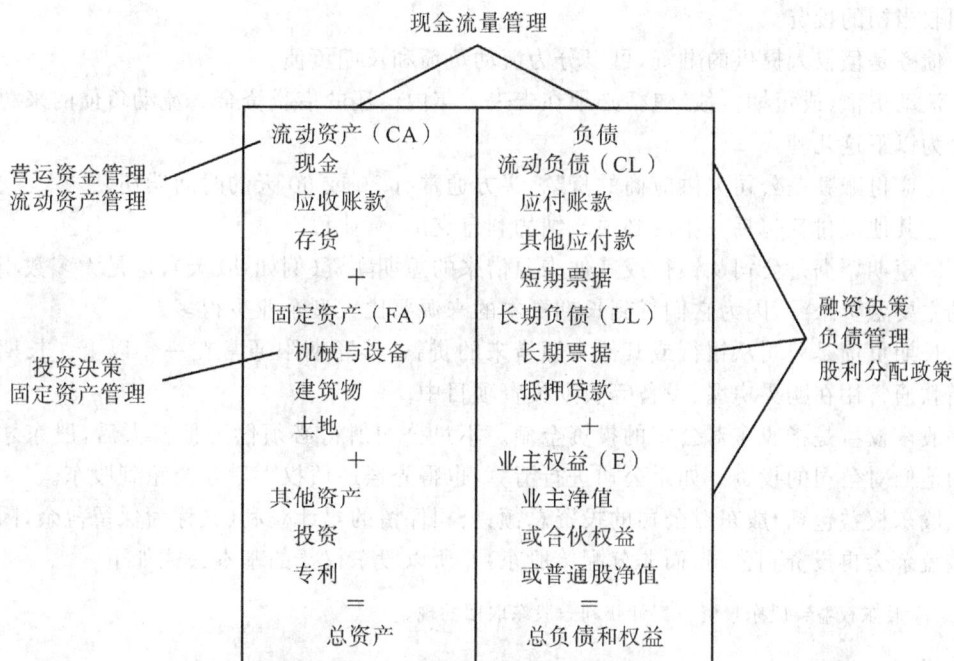

图 5-2 资产负债表与财务决策

(1)资产类型

图 5-2 左边列出的资产可以分为三大类:流动资产、固定资产和其他资产。

流动资产包括相对较为流动的项目,也就是可以在一年内变现的资产。流动资产包括现金、应收账款、存货和预付费用。流动资产的管理没有效率,是小公司面临财务问题的普遍原因。

①现金:正常营运需要一定量现金。在现金收支失衡的时候,公司的现金准备也能发挥弥补的功效。公司的现金准备规模不只要看公司的销售量,还要看预期应收账款的变现能力。

②应收账款:也就是客户欠公司的款项;提供客户信贷服务的公司,应收账款可能是相当重要的资产。

③存货:包括公司的生产原料和成品,纵然根据不同的业务性质,其相对重要性也各不相同,不过这往往是公司主要的营运资本。

固定资产是公司较为持久的资产,包括机械设备、建筑物和土地。资本密集的公司拥有更多的固定资产。

其他资产:包括专利、版权、商誉之类的无形资产项目。

(2)融资的类型

图 5-2 中,资产负债表右边列举的是债务和权益,说明公司对其资产的融资方式。融资来源有二:负债和股东权益。前者是借来的款项,而且得在预定日期之前偿还。后者是股东对公司投资的钱,并没有任何特定的偿还日期。股东可以卖掉他们在公司的股权,借以回收当初的投资。

债务是债权人提供的融资,可以分为流动负债和长期负债。

流动负债(或短期负债)包括必须在未来一年内偿还的借贷资金。流动负债的来源可以分为以下这几种:

①应付账款是公司欠供应商的贷款,买方通常有 30 或 60 天的时间偿还。

②其他应付款包括一年内必须缴纳的利息支出、营业税。

③短期票据是公司从银行或其他来源借来的短期融资(例如 90 天),这是大多数小公司的主要融资来源,因为它们贷到长期资本的来源要比大型企业少得多。

长期负债是公司从银行或其他来源借来的贷款,偿还期限通常在一年以上。长期负债借款通常用在购买房屋、设备等长期投资项目中。

股东权益是指股东对公司的投资金额。不过公司所得必须偿还债权人后,股东才能取回他们对公司的投资。如果公司进行清算,也得先偿还债权人后才会轮到股东。

股东权益包括:股东对公司的投资总额;公司保留的累计获利(又称为保留盈余,因为这些盈余会再投资到公司,而非分配给股东)。所以股东权益的基本公式如下:

股东权益=股东投资+累计获利-股东取回的现金

或

股东权益=股东投资+企业保留盈余

股东权益可以分为创业团队的股份与权益与外部投资人的股份与权益。创业团队的股份与权益还可以再分为创业者的股份与权益,以及其他团队成员的股份与权益。下面列出的创业者股份比率、创业团队股份比率、外部投资人股份比率,显示出所有权与控制权的分配比率。

> 创业者股份比率＝创业者的股份÷全部股份
>
> 创业团队股份比率＝创业团队的股份÷全部股份

或

> 外部投资人股份比率＝外部投资人的股份÷全部股份

总结来说,新公司的融资渠道有二:举债和股东权益。债务是跟供应商、金融机构和其他债权人借来的钱。股东权益则代表股东对公司的投资资金,以及由公司保留的获利。创业者向外部投资人发行股份取得股权融资资金,会提高外部投资人股份比率,降低创业者股份比率和创业团队股份比率,会稀释创业者和创业团队的股份,降低其所有权和控制权。

(3)资产负债表与财务决策

从图 5-2 的资产负债表和财务决策类型可以看出:

①左下方企业固定资产的多少受投资决策影响;

②左上方的流动资产部分需要进行营运资金管理;

③左上方的流动资产和右方的流动负债部分需要进行现金流量管理决策;

④右方的短期负债、长期负债、股东权益部分涉及企业的融资决策;

⑤在左边流动资产中的现金和应收账款不变,以及右边流动负债中的应付账款不变的条件下,若需要增加左边的资产(固定资产和存货),将产生资金需求,需要在右边提供足够的资金供给,需要向外融资,增加股权资本、长期负债、短期负债。

3.利润表

利润表说明公司在一年内经营的获利成果,可以用以下式子来表达:

> 销售业绩－开支成本＝获利

利润表会提供以下五大商业活动的财务信息:

①销售公司产品或服务所得的收入。

②生产商品或取得服务所需的成本。

③营销和经销商品或服务所需的费用,以及和经营管理相关的开支。

④公司经营的融资,特别是付给公司债权人的利息。

⑤缴税情况。

图 5-3 是利润表的一般项目和计算方式。从销售收益开始,减去销售商品成本或生产商品、取得服务所需的成本后,得到公司的毛利。再减去营业费用(包括销售费用和营销费用以及行政管理方面的费用),得到营业利润(也就是还没扣掉利息费用和营业税之前的收益)。再减去融资成本,就是公司举债的利息支出,得到税前盈余。再减去公司营业税(通过税前盈余和适用税率计算得到),得到净利。不过就算得到的数字是正数,也未必表示公司有任何现金。

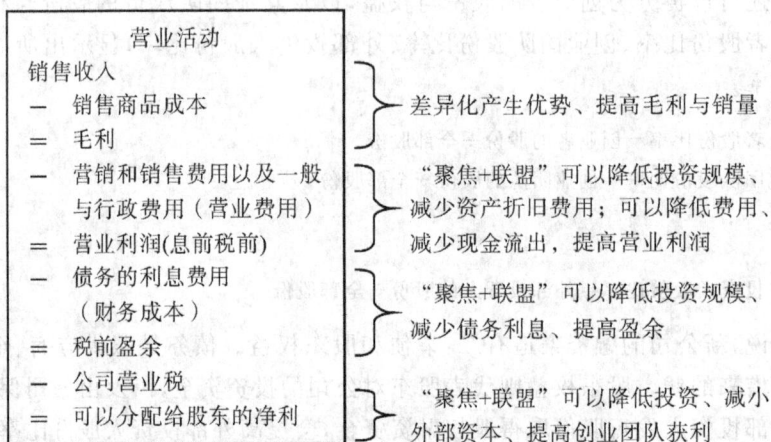

**图 5-3　简要利润表以及战略决策对利润表的影响**

图 5-3 也展示了战略决策的结果对利润表有以下影响：

①产品差异化成功可以同时提高产品的毛利率和销售量,提高产品的竞争优势(产品获利力,即单位时间利润流量),会提高净利。

②固定资产投资大,使年度折旧费用大,营业费用上升,会降低净利。若利用"聚焦＋合作联盟"策略,降低固定资产投资,可以降低折旧费用,降低营业费用,会提高净利。此外,固定资产投资减少,可以减少向外部借债,可以降低利息费用,提高净利。

③固定资产投资不足,会使新事业的产能供应不足,会使销货成本和营业费用增高,降低净利。

④向外部借债,会提高债务利息费用,会降低净利。若向外部借债的比例很高(资本结构的负债比例高),会使利息费用大幅提高,容易导致亏损,增加企业的风险。

4.现金流量表

现金流量表是以现金流入流出为基础,按照一段期间内营业活动、投资活动、融资活动的现金流量编制的财务报表。现金流量表可以反映出一段期间的现金流动情况,可以揭露出潜在的现金短缺的现金流问题。

如果企业经营时能维持竞争优势,并且保持宽裕的资金,则通常不会发生严重的现金短缺。因此本书不讲述详细的现金流管理内容,仅概要讲述如何通过战略与战术进行现金流管理。详细的现金流量表编制和现金流管理请读者利用财务教科书进行学习。

## 四、财务比率和财务状况评估

创业者需要了解管理决策是产生了正面还是负面的财务成果,资金提供者需要了解公司经营的财务状况,这些结果会呈现在财务报表上。从财务报表的以下四个问题中就可以获得其精要：

①公司是否有财力偿还短期债务(一年或更短)？

②公司资产是否产生足够的营运收益？

③公司如何融资其资产？

④公司所有人(股东)是否已得到应有的股东权益的报酬?

要回答这些问题,需要以相对的方式表示利润表与资产负债表上的资料,也就是计算财务比率。

1.公司是否能偿还其债务

企业的流动性的定义是企业偿还其到期债务的能力,是衡量企业现在或未来所拥有的可以对债权人偿付其债务的资源。当一家企业所拥有的现金相对大于其应负的债务比率时,就具高流动性。这个问题的回答有两方面:(1)比较公司资产在本质上较具流动性者,与在近期内将到期的债务;(2)检视会转换成现金的流动性资产的时程。

流动性衡量:方法一

第一个衡量流动性的方法是比较现金及一年以内应转换成现金之资产,与在一年内将到期且需给付之债务(负债)。这里指的是资产负债表上的短期资产与短期负债。用流动比率来预测公司的相对流动性:

$$流动比率=\frac{流动资产}{流动负债}$$

三种最主要的流动性资产为现金、应收账款与存货,存货是三者中最不具流动性者。将分子中的存货剔除,所得到的称为速动比率:

$$速动比率=\frac{流动资产-存货}{流动负债}$$

通常新事业的流动比率和速动比率应该不低于产业平均水平。如果比率低于产业平均水平较多,无法有效偿债,将会发生债务违约风险,或偿债后会发生现金流断裂风险。

流动性衡量:方法二

有关流动性的第二个观点是检视公司将应收账款与存货及时转换成现金的能力。将应收账款转换成现金的能力可以经由计算公司平均花上多长时间可以收齐应收账款来加以衡量,换句话说,销售额流通在外以应收账款形式存在的时间有多长?平均回收期的计算可以回答这个问题:

$$平均回收期=\frac{应收账款}{每日赊销金额}$$

计算应收账款周转率也可以得出相同的结论。也就是计算这一年中应收账款"滚动"了多少回合。

$$应收账款周转率=\frac{赊销额}{应收账款}$$

再更深入了解该公司存货的流动性,我们现在需要知道在一年中公司存货周转了几次。存货周转率的计算方式如下:

$$存货周转率=\frac{售货成本}{存货}$$

新事业的平均回收期应该越短越好,应收账款周转率与存货周转率应该越大越好。

2.公司资产是否产出了足够的营业利润

另一个对于公司投资者相当重要的问题是：相对于所投资的总资产额，可以分配给所有投资者的营业利润是否充足？营业利润与资产的比值显示所有的资本所能获得的报酬率。

计算投资的营业报酬率，即将公司的营业利润（息前与税前收益），与总投资资本或是总资产做比较。投资的营业报酬率计算式如下：

$$营业报酬率 = \frac{营业利润}{总资产}$$

股东可以将投资的营业报酬率分成两个重要的部分来看：营业毛利率与总资产周转率。

营业毛利率的计算公式如下：

$$营业毛利率 = \frac{营业利润}{销售额}$$

由营业毛利率可以知道公司是否妥善管理其利润表，是否妥善管理影响公司所得的活动。会影响营业毛利率，进而也影响投资营业报酬率的主要因素有五项：

①售出产品或服务的单位数量（销售量）。

②每项产品或服务的平均售价（销售价格）。

③制造或购买公司产品的成本（售货成本）。

④管控一般支出与管理支出的能力（营运费用）。

⑤管控公司产品营销配送费用的能力（营运费用）。

有关公司营业报酬率的第二个因素是总资产周转率，计算如下：

$$总资产周转率 = \frac{销售额}{总资产}$$

这个财务比率可以显示管理层运用公司资产产生销售额的效率，也就是公司是否已妥善管理其资产负债表。

重新拆解投资的营业报酬率，可发现其是前述两个财务比率的乘积，也就是：

$$营业报酬率 = \frac{营业利润}{销售额} \times \frac{销售额}{总资产}$$

$$营业报酬率 = 营业毛利率 \times 总资产周转率$$

将投资之营业报酬率分成两个因素——营业毛利率与总资产周转率，公司的强弱立辨，有助于找出为总投资资本获得竞争性报酬率的道理。

除了早先计算出的应收账款周转率与存货周转率外，第三个比率——固定资产周转率是将销售额除以固定资产。

$$固定资产周转率 = \frac{销售额}{固定资产}$$

新事业的营业报酬率、营业毛利率、总资产周转率、固定资产周转率都是越大越好。

**3.公司目前如何融资其资产**

我们稍后会再回到获利性的主题。然而,现在要考虑的是公司如何筹资。公司的资产大部分都是举债融资或是经由股权投资?

负债比率的计算如下:

$$负债比率=\frac{总负债}{总资产}$$

或是以负债对权益比来表示同样的关系,就是将总负债除以股东权益总值。

赚得利息倍数的比率,也就经常被用来显示公司的债务状况,这个比率的计算方式如下:

$$赚得利息倍数=\frac{营业利润}{利息费用}$$

新事业应该在资产利得率大于银行利率的条件下,考虑风险程度,决定负债比率的最适水平。通常在创业的种子期到改善期,因为存在不确定性和风险,负债比率应该偏低比较好。

**4.所有人的投资是否能得到充足的回收**

最后一个问题是检视所有人投资的会计报酬率,或称之为股东权益报酬率。我们必须知道公司的所有人(或股东)获得的盈余,与产业中其他类似公司所有人获得的报酬率相比是否更具吸引力。所有人权益的报酬率可以计算如下:

$$股东权益报酬率=\frac{净利润}{普通股权益}$$

新事业在风险可控的前提下,股东权益报酬率应该越高越好。

## 五、财务管理与战略及其他职能的关系

**1.财务管理与战略的关系**

(1)财务条件限制了可行战略的范围。创业初期创业团队具有一定的财务条件(自有资本),它们限制了可行战略的范围。所有的战略和职能战术决策都多少影响未来的财务状况。为了实现利润最大化与股东价值最大化,以及控制风险,公司必须维持良好的财务状况。因此创业者必须在初始财务资本,以及经营过程中维持良好财务状况的限制条件下,在有限的范围内从数个创业战略方案中进行选择。创业的战略决策通常是在财务限制条件下做出的既达到稳健与控制财务风险目的,也达到实现股东价值最大化目的的决策。例如采取"聚焦+联盟"的创业战略决策。创业后的某些职能决策,目的是改善与维持良好的财务状况。例如采取低底薪高股份的薪酬决策,以及采取租赁设备,或将就使用低价格资源,以便降低现金流出的决策。

(2)战略决策与执行结果影响财务状况。某些有效的战略管理可以克服财务条件的限制,达到以小博大与控制风险的双重目的。这部分内容将在第六章第五节详细讲述。

(3)有效的投资、融资与现金管理可以保障新企业生存和战略顺利执行。

请思考问题：为什么必须在财务条件和维持财务状态良好的限制条件下选择战略方案？什么因素导致战略决策不符合财务决策的要求？

2.财务管理与其他职能之间的关系

(1)财务管理与研发管理的关系是：投资到有效的研发活动中可以创造一系列差异化的新产品，可以提高获利率，增加利润、现金流，改善财务状况。

(2)财务管理与运营管理的关系是：生产运营系统的设备投资影响财务管理中的投资决策和融资决策；投资到有效的运营改善活动中，可以降低成本提高品质，可以提高获利率，增加利润、现金流，改善财务状况。

(3)财务管理与营销管理的关系是：投资到选对目标细分市场的营销活动中，可以创造利润和现金流，改善财务状况。

(4)财务管理与组织人力资源管理的关系是：建立与发展有效的组织与人力资源管理系统，可以执行战略战术活动，提早达到阶段目标，创造利润和现金流，改善财务状况。

# 第五节　创新研发管理

## 一、创新理论在本书章节中的安排

创新研发包含以下理论：创新分类理论、创新项目管理理论、创新项目组合管理理论、资源结合理论、知识创造理论等。以下说明本书将这些理论安排在哪些章节讲述。(1)本书只对产品创新、服务创新、技术创新类型讲述如何结合资源创新研发。(2)由于商业模式是企业运作模式以及与利益相关者的交易结构，因此将商业模式创新与企业运营管理合并讲述。(3)本节以下先对创新进行概述(包含：创新定义；产业不同位置新企业的创新流程；创新的特性；创新的效果；创新是困难的，成功率低)。接着讲述"自主技术创新"，显示出创新对企业发展的重要性。接着讲述"创新项目管理程序"，因为创业的产品或商业模式创新都属于创新项目管理。(4)因为创新项目管理程序贯穿创业的不同阶段，因此应该在不同阶段讲述涉及的步骤。在第六章第二节讲述创业决策期执行的差距识别、概念形成、项目定义步骤。在第七章第四节讲述产品创新分类理论，以及种子期执行的设计、开发、应用、评估的项目管理步骤，同时讲述资源结合理论，特别是资源拼凑理论和创造新产品的知识创造理论。在第九章第六节讲述创新范围的垂直扩张与水平聚焦、创新导向与创新项目组合管理理论。在第十章第六节讲述市场聚焦的创新以及服务创新理论。在第十一章讲述技术发展与建立核心能力理论。

## 二、创新概述与自主技术创新

1.创新概述

创新是创业家领先于竞争者，用新知识使生产要素重新结合，创造一种新的资源结合、配置与生产组织方式，使资源利用的效率与生产力更高，创造出符合顾客需求的新产品和服务，为顾客创造更高价值，使创业者达到获取利润的目的。创新包括结合资源与商业化,不一定要包含新发明。创新要运用新知识,包含技术方面的新知识与市场方面的新知识。技术方面的新知识包含组件、产品结构、组件间结合、制程、工艺等与产品服务有关的技术知识。市场方面的新知识包含细分市场,配销渠道,产品应用,顾客期望、偏好、需要、欲望等知识。创新者是能够发现潜在利润、敢冒风险、具备组织能力的创业家与企业家,而不一定是发明家。检验是否创新成功的标准是对新产品、服务的市场需求能否实现。创新联结了技术与经济,是将技术转化为生产力的过程。利用机会进行创新可以产生产品、服务的领先差异化优势,达到出奇制胜的效果,并获取利润。持续创新能建立核心能力,能获得长期竞争优势,推动企业的发展,成为行业领先者。创新可以破坏旧的产业均衡,产生产业结构改变。创新能将资源配置到高价值创造的经济组织,往高生产力方向调整经济结构,促进经济发展。创新是困难的,研究结果显示,从最初的创新想法到产品成功投入市场的平均成功率只有 38%。创新有许多的不确定性,受技术、市场、竞争、生产、社会、政治、法令等多重因素影响。创新是一个综合化的系统工程,需要企业中多个部门的参与、合作。创新过程的管理涉及个人和集体运用技能及知识。

2.产业链不同位置新企业的产品、服务创新流程

处于产业价值链不同位置的新企业的产品、服务创新流程都不一样,而且创新流程可能跨过新企业的边界,延伸到上下游伙伴企业,需要跨边界的人员互动。小事业的规模和范围小,通常只有少数价值活动,知识范围很小,使得单纯事业内部无法形成完整的创新流程。因此小事业常透过与上、下游公司形成联盟合作网络,形成完整的产品创新流程。(1)在产业下游的销售代理小公司,创新流程为产品代理权取得流程。销售代理公司经由搜索国外制造商的新产品,谈判取得代理权,进而在市场推出差异化与稀少的新产品。(2)在产业中游的贸易和销售小公司,创新流程为市场导向的新产品开发流程。由于接近市场和顾客,因此可透过了解顾客的特殊需要(needs)特征形成新产品概念,并经由需要明言的过程,将需要转变为特殊产品的规格。然后再透过上游设计与制造公司,发展出差异性的稀少的新产品。(3)在上游设计端的小事业,创新流程为技术导向的新产品开发流程。由于掌握核心技术,因此可研发应用高端技术的差异性与稀少的新产品,并推向下游应用客户。(4)在中游制造职能端的小事业,创新流程为新制造订单的取得。可经由核心的制造技术,以高品质的制造和良好的服务,争取下游客户的新订单,推出差异性的稀缺的产品。

3.自主技术创新通过研发活动掌握微笑曲线两端的高附加价值活动

1992 年宏碁电脑集团创办人施振荣先生,在《再造宏碁》书中提出了“微笑曲线”理论,见图 5-4 。微笑曲线的中间是制造,是附加价值低和利润低的活动;左边是研发,属于全球性的竞争;右边是营销,主要是当地性的竞争。研发与营销都是附加价值高的活动,因此企业应朝微笑曲线两端的价值活动发展,也就是通过产品和技术创新在左边加强研发创造知识产权,在右边加强客户导向的营销与服务。

高旭东(2007)指出,真正的核心技术是买不来的。自主技术创新是以形成拥有自主知识产权的技术和产品为目的的科研活动,是破解关键技术受制于人这一难题的战略安排。自主技术创新需要扎实地进行研究开发。有效研发活动具有以下基本特点:(1)尽早开展以自主核心技术为目标的研发活动;(2)舍得在研发活动上投入比较多的资金;(3)从

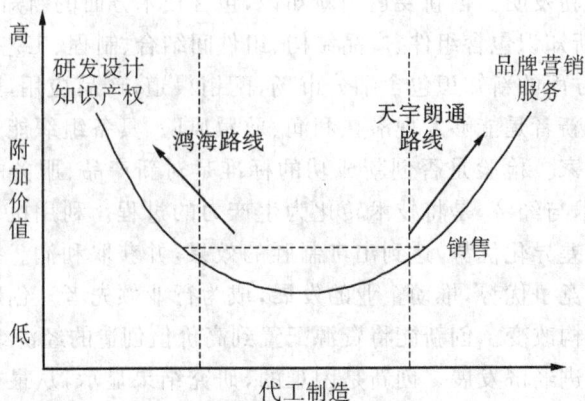

图 5-4　微笑曲线

事研发的人员数量多、素质高。(4)与科研院所展开深入的研发合作。

## 三、新产品、服务开发创新项目管理

利用相关产业知识、创业机会结构、实体资源进行产品、技术、商业模式的创新研发，是战略执行的一项具体活动。这种开发活动又具有创新项目管理的特征，因此可以结合创业阶段的产品开发与创新项目管理。

1.创新项目的特点

(1)目的明确。创新开发项目的目的是创造出预期的更高性价比的产品，或者提高工艺流程的效率，或者创造出全新的商业模式与更好的服务。

(2)由一系列相关任务组成，需要充足的资源。需要拥有互补与完整知识技能的团队人员，足够的仪器设备、零部件、原材料等生产要素，以及足够的资金。

(3)有明确的时限。有一个预定的开发周期，包含任务的开始时间与完成时间。拖延项目完成时间可能会丧失市场机会，从而导致失败。

(4)外部客户导向。创业的创新结果必须对外部目标细分市场顾客创造出价值，实现商业化和市场化，获取利润。

(5)存在不确定性。预算是否足够，人员是否完备，机会是否确实，资源能否充分取得，竞争者是否也在开发等方面的问题使创新能否成功存在不确定性。

2.创新项目管理程序图

图 5-5 描述了创新项目管理的 7 步骤构成的一般框架(怀特等,2008)。实际上每个创新项目都有其独特性,在这 7 个步骤中每个步骤经历的时间和程度都不同。创业决策期的新产品或新商业模式项目开发步骤有些可能是在创业者的头脑中完成的。本书从下一章开始,结合创业阶段与创新项目的 7 步骤,说明不同创业阶段的创新。

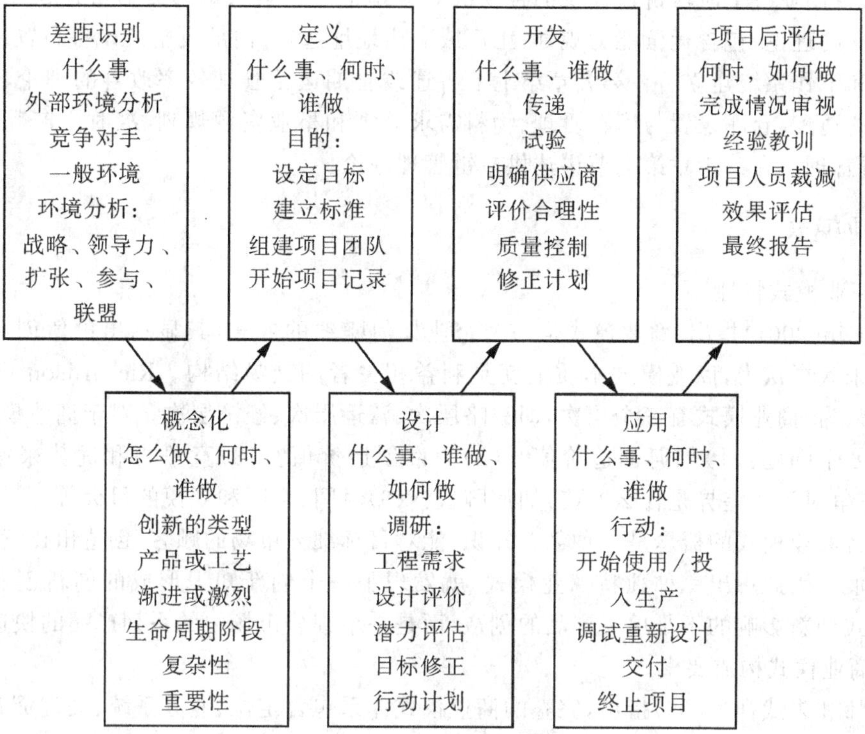

| 差距识别<br>什么事<br>外部环境分析<br>竞争对手<br>一般环境<br>环境分析：<br>战略、领导力、<br>扩张、参与、<br>联盟 | 定义<br>什么事、何时、<br>谁做<br>目的：<br>设定目标<br>建立标准<br>组建项目团队<br>开始项目记录 | 开发<br>什么事、谁做<br>传递<br>试验<br>明确供应商<br>评价合理性<br>质量控制<br>修正计划 | 项目后评估<br>何时，如何做<br>完成情况审视<br>经验教训<br>项目人员裁减<br>效果评估<br>最终报告 |
|---|---|---|---|
| 概念化<br>怎么做、何时、<br>谁做<br>创新的类型<br>产品或工艺<br>渐进或激烈<br>生命周期阶段<br>复杂性<br>重要性 | 设计<br>什么事、谁做、<br>如何做<br>调研：<br>工程需求<br>设计评价<br>潜力评估<br>目标修正<br>行动计划 | 应用<br>什么事、何时、<br>谁做<br>行动：<br>开始使用/投<br>入生产<br>调试重新设计<br>交付<br>终止项目 | |

**图 5-5　创新项目管理程序的 7 个步骤**

## 四、创新研发管理与其他职能的关系

（1）创新研发管理与运营管理的关系是：①产品研发要考虑生产难易、运营效率和成本降低。②除产品研发外也要进行商业模式研发和提高运营效率的流程和技术研发。

（2）创新研发管理与营销管理的关系是：①针对目标细分市场顾客需要研发产品，可以提高产品性价比，提高产品营销能力。②创新也包含在营销方面创新，包含利用新渠道、新媒体等。

# 第六节　商业模式与运营管理

## 一、商业模式和运营管理理论在本书章节中的安排

商业模式这个概念是中国社会的习惯叫法，更贴切的翻译名称应该为事业模式（business model）。商业模式是比运营管理更大范围的概念，因为商业模式内容包含事业的定位，运行模式与机制，以及与利益相关者的交易方式。而运营管理理论是在事业定位和运行模式给定的条件下，只讲述如何有效运营的理论。由于创业是商业模式逐步建立，并逐步进行运营的过程，因此本节下面先讲述基本商业模式理论，列出运营管理的次职能理

论,然后在创业各个阶段讲述涉及的各项次职能理论。在第八章第五节讲述建立期运营系统建立的理论,包含运营能力规划、工厂或商店地址选择、内部设施及设备布置、生产运作流程和工作系统建立。在第九章第七节讲述改善期运营管理效率改善的理论,包含运营系统的适配、仓库设置与库存管理、物料需求计划和事业资源规划、准时生产和精益生产、质量管理。在第十章第七节讲述供应链管理理论。

## 二、商业模式

### 1.商业模式特性

Colvin(2001)指出,商业模式是一个企业如何赚钱的方式,其显示出价值创造逻辑。魏炜和朱武祥认为,商业模式本质上就是利益相关者的交易结构。Richardson & Allen(2006)认为,商业模式有三个层次,即战略层次、营运层次、经济层次。对于商业模式的把握要问 6 个问题:(1)如何创造价值?(2)为谁创造价值?(3)竞争力和优势来源在哪?(4)与竞争对手的差异是什么?(5)如何赚钱?(6)时间、空间和规模的目标等。

独特商业模式的概念是一种创新知识,能对目标细分市场的顾客,创造出比竞争者更高的价值。因此想出一种独特商业模式,就发现了一个创新知识形成的创新创业机会。商业模式创新影响的不是单一产品的创造,而是一个细分市场中的系列产品的快速创造。

### 2.商业模式构成要素

魏炜和朱武祥(2009)指出,完整的商业模式体系包含定位、业务系统、关键资源能力、盈利模式、自由现金流结构、企业价值 6 个方面的要素,见图 5-6。商业模式反映的是企业的运行机制。

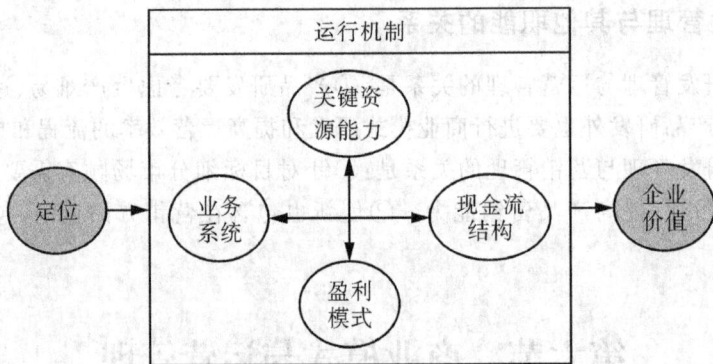

**图 5-6　商业模式的 6 要素**(魏炜、朱武祥,2009)

(1)定位就是企业应该选择做什么,包含选择的目标细分市场顾客,产品与服务,以及价值活动环节。商业模式是细分市场特殊的,是聚焦的、独特的。

(2)业务系统是指企业达成定位所需的业务环节、合作伙伴扮演的角色以及与利益相关者合作与交易的方式和内容。业务系统是商业模式的核心,有一个价值创造系统、价值活动链。

(3)关键资源能力是指企业要完成业务系统的活动所需要掌握的一整套复杂的有形、无形的资产、技术和能力。关键资源能力是构建新商业模式的重点。技术发展会使商业模式改变。商业模式符合技术的基本价值创造逻辑。

（4）盈利模式是指企业如何获得收入、分配成本、赚取利润。它是企业利益相关者之间的利益分配格局中企业利益的表现。良好的盈利模式不仅能为企业带来收益，更能为企业编制一张稳定共赢的价值网。

（5）自由现金流结构是指企业经营过程中产生的现金收入扣除现金投资后的状况，其贴现值反映了采用此商业模式的企业的投资价值。

（6）企业价值是企业预期未来可以产生的自由现金流的贴现值。

3.管理模式

管理模式包含战略、组织结构、管理控制、企业文化、人力资源管理和业绩，见图5-7。管理模式反映了企业的执行机制。

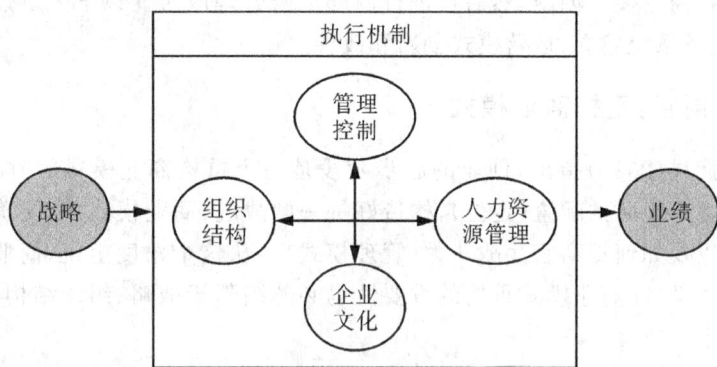

**图 5-7 管理模式结构图**（魏炜、朱武祥，2009）

战略决定企业的发展方向，是实现长期目标的方法和路径。

组织结构是按照战略要求建立的组织内部分工协作结构，包含划分的部门岗位、职权职责和目标要求。

管理控制是指组织内的管理流程和制度方法，包含战略规划流程、预算管理流程等。

企业文化是企业内部员工的共同价值观和行为准则。

人力资源管理是对于人员的招聘、选拔、培养、考核和激励等相关工作。

业绩是战略执行后实现的结果。

4.商业模式与管理模式的不同

由于定位是战略的核心内容之一，也是商业模式的内容之一，因此商业模式和管理模式从两个不同的角度保证了战略的实现，二者是互异但互补的。

商业模式是企业的基础结构，类似于一艘战舰的构造。不同种类战舰的发动机、船舱、夹板、炮塔、导弹等的结构和配置是不同的，它在舰队中的位置和功能也是不同的。

管理模式类似于驾驶战舰的舰队官兵。舰队的最高长官，既需要组织分配好官兵的工作（组织结构），制定出相应的管理控制流程，建立官兵的选拔、培养和激励制度，也需要培育能够凝聚战斗力的舰队文化。

管理模式看重的是企业长远目标的确定和业绩的达成；商业模式则是在满足顾客需要、为顾客创造价值和实现企业价值最大化之间构造出一座桥梁。

管理模式目的在于有效发挥组织中人的执行力。商业模式告诉人们企业是怎样运转起来的,反映的是企业的运行机制。好的商业模式的一个非常重要的特征是,平均水平的人员素质和管理能力,也可以创造出上佳的业绩。

5.商业模式与运营模式的不同

在第一章我们了解了创业成功(绩效高)来自模仿、复制加创新。除了进行产品和服务创新外,还需要解答问题:如何进行商业模式创新? 如何进行运营改善? 生产运营管理一般是指企业内部生产产品与提供服务的职能管理活动,通常不包含营销和渠道商管理活动与采购和供应商管理活动,以及与利益相关者的交易结构,因此生产运营管理的范围较小。商业模式除了包含生产运营模式,还包含营销和渠道商管理活动以及采购和供应商管理活动,甚至包含与利益相关者的交易结构,因此商业模式的范围较大。企业的运营创新首先要进行商业模式创新,然后再进行内部运营管理改善。以下先讲述商业模式创新,接着讲述运营系统建立、运营模式创新和改善。

## 三、商业模式创新:重构商业模式

魏炜和朱武祥(2010)指出,创业的起步阶段是一个重构商业模式的时机,见图 5-8。只有先确定好整个舰队的配置(定位),构造好每一艘战舰(商业模式)才能确定需要招募什么样的官兵以及如何提高官兵战斗力(管理模式)。从这个角度上说,商业模式设计必须先于管理模式设计,商业模式重构的重要性也必然凌驾于战略、组织结构、人力资源管理等的转型之上。

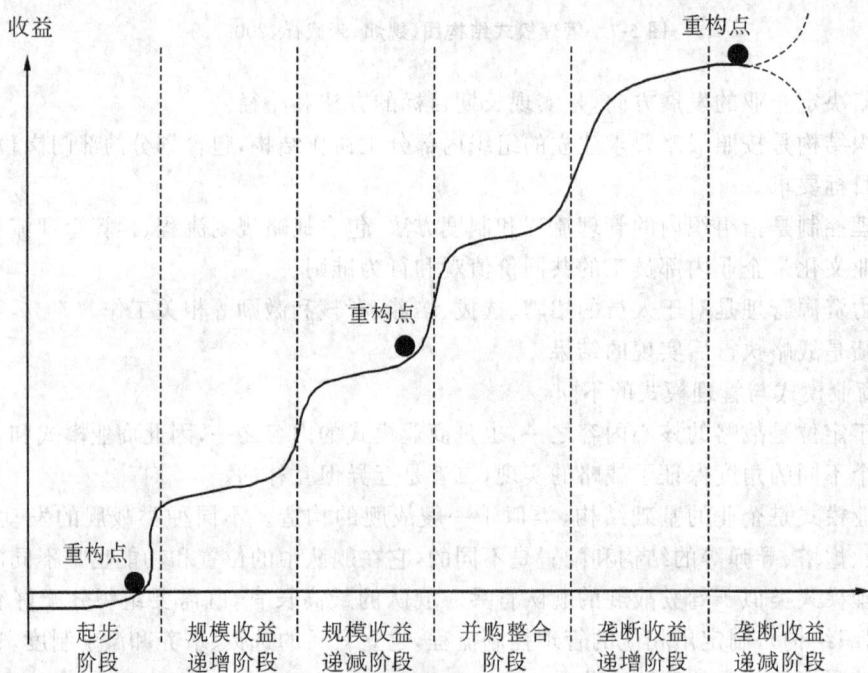

图 5-8 企业发展阶段与商业模式重构的时机(魏炜和朱武祥,2010)

1.从哪里开始重构：重构商业模式的位置

魏炜指出，商业模式重构的位置包含：定位、业务系统、关键资源能力、盈利模式、现金流结构这几方面。重构的方向包含：(1)从固定成本结构到可变成本结构；(2)从重资产到轻资产；(3)盈利来源多样化；(4)利益相关者角色的多元化；(5)从刚硬到柔软。

重构定位：定位是满足顾客需要的方式。这个定义中关键不是顾客(顾客可以改变)，也不是需要(需要可以不同)，重点是方式。企业会选择什么方式与顾客交易，决定因素是价值空间和交易成本。寻求两者的差值及价值创造最大化，是企业选择那种定位的动因。创业阶段可以选择定位重构，即创业者选择服务于不同的目标细分市场顾客，使"价值创造＝价值空间－交易成本"最大化。例如马云创建阿里巴巴时，选择服务于中小企业，不服务于大企业(当时还没有竞争企业对中小企业提供 B2B 平台的信息服务)；提供商业信息内容服务，不提供新闻、财经等信息服务；只提供交易前的信息流，不提供交易中和交易后的服务。

重构业务系统：商业模式的本质是利益相关者的交易结构，集中体现在业务系统上。当科技改变、竞争和消费者行为改变、企业资源和市场地位改变等因素，使现有业务系统不足以保持竞争优势时，企业就要重构业务系统。魏炜的书中举出了雷士照明和天宇朗通的案例，读者可以阅读这些案例进行学习。

重构盈利模式：盈利模式包含盈利来源和计价方式。同一个产品，例如纺纱机，盈利来源和计价方式有很多种。(1)销售产品与让渡所有权，以台为计价方式；(2)让渡使用权，保留所有权，例如租赁，以时间为计价方式；(3)销售产品生产出来的产品，例如为纺纱机建生产线，销售生产出来的纱线(得到整个收益)；作为投资工具，例如在生产纱线的同时，将纺纱机打包卖给固定收益基金，企业得到流动资金(剩余收益)，基金公司得到一个有固定收益的证券化资产包，计价方式是将整个收益分为固定和剩余两部分，以价值为计价方式。当原有盈利模式不再有效时，要问：是盈利来源出问题，还是计价方式不合适？然后对症下药。

重构关键资源能力：商业模式不同，背后支撑的关键资源能力也不同。重构商业模式时，要审视原有关键资源能力，对不适应的资源能力要及时舍弃，对还不具备但确有需要的关键资源能力要建立和培养。

重构现金流结构：在相同盈利模式下，现金流结构可以不同，现金流结构是可以设计的。例如，同样是手机卡充值，可以是预存话费，也可以月结。在客户初期投入较大的情况下，借助金融工具，或分期付款，或融资租赁，降低客户一次性购买门槛，可以吸引到更多顾客。在客户每次消费不大又重复消费的情况下，预收款，同时配以高质量服务，可以保持顾客满意，释放现金流压力。

## 四、商业模式创新案例

1.西南航空：商业模式定位在短程旅客细分市场，建立服务牛的商业模式

西南航空创立前，美国的航空公司多数既服务长途旅客，也服务短程旅客。因为长途旅行航班较少，且坐飞机很累、枯燥，因此航空公司提供机上餐点、电影、音乐娱乐，以及候机室、订票系统、行李转运等服务。因为服务很好，所以票价很贵。过去的企业对短程旅

客市场是过度服务的,实际上短程的旅客不需要这么多的服务,反而需要价格便宜。因为在两个距离不远的城市间通行的多数是商务旅客,旅程只有一个小时左右,这些短程旅客并不需要这些服务。常常开个会后就去机场,希望到机场很快搭上班机,不需要候机室,不需要订位系统;只带轻便的行李包,不需要行李转运;可以在地面吃饭、看电影、听音乐,不必到飞机上吃饭看电影听音乐。

发起创业的是一位企业家金恩,因为坐飞机在休斯敦、达拉斯、圣安东尼奥三个短距离城市间旅行机票很贵,两个城市间的距离最远 400 公里,最近的 250 多公里,见图 5-9。西南航空公司创立后,定位(聚焦)在短程航线。除了吸引到航空公司的短程旅客,还吸引到原本搭乘长途汽车的旅客,因为搭飞机票价不贵又节省时间。(重构定位)其商业模式的特点是,采取密集的航班,去掉多余的服务,包括去掉了机上餐点、没有电影和音乐、没有订位系统、没有候机室、没有行李转运。(重构业务系统)密集航班,使用一种机型降低维修成本,去掉了多余服务和设备,使西南航空公司的成本大幅降低,使票价能够降低。后来与其他航空公司打价格战时,西南航空将两个城市间的票价降到 13 美元。西南航空公司的商业模式被称为服务牛的商业模式,你能解释为何这样形容它吗?

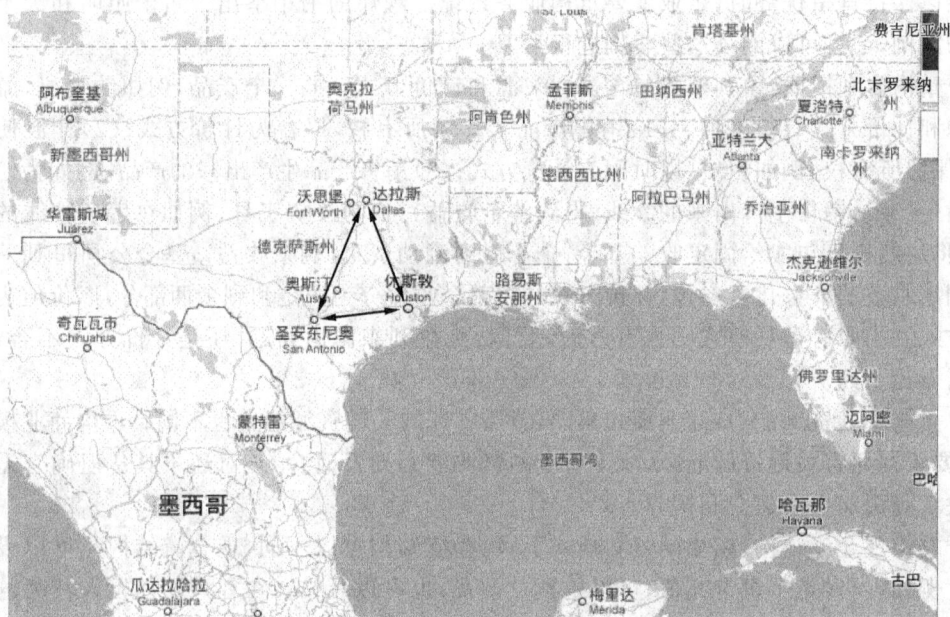

**图 5-9 西南航空的创业航线**

### 2.联邦快递:轴辐式系统

史密斯(Smith)在大学期间的一个学期报告中分析了美国包裹邮递业。美国传统包裹寄送是在一个城市收到包裹,将包裹按目的地分类后,运到该城市的机场;因为该城市没有到目的地城市的直飞飞机,因此飞机运到下一个中转城市的机场;在中转城市分检包裹后,再用飞机运到下一个目的地城市的机场;再用汽车分送到客户家中。有时候包裹会中转不止一次。当时美国邮寄包裹的时间较长,大约寄出后要五天到七天时间才能收到,因为从一地到另一地的包裹要转好几次飞机，班机之间常接不上，使等候时间较长。

史密斯当时想到了一个轴辐式系统的运营模式，见图 5-10。后来他服完兵役后投资创立了联邦快递，逐渐实现了这个模式。联邦快递创业时定位在包裹快递细分市场，为了达到当天收到包裹邮件，隔日送达客户的目标，联邦快递要建立一个创新的轴辐式运营模式和系统（业务系统）。

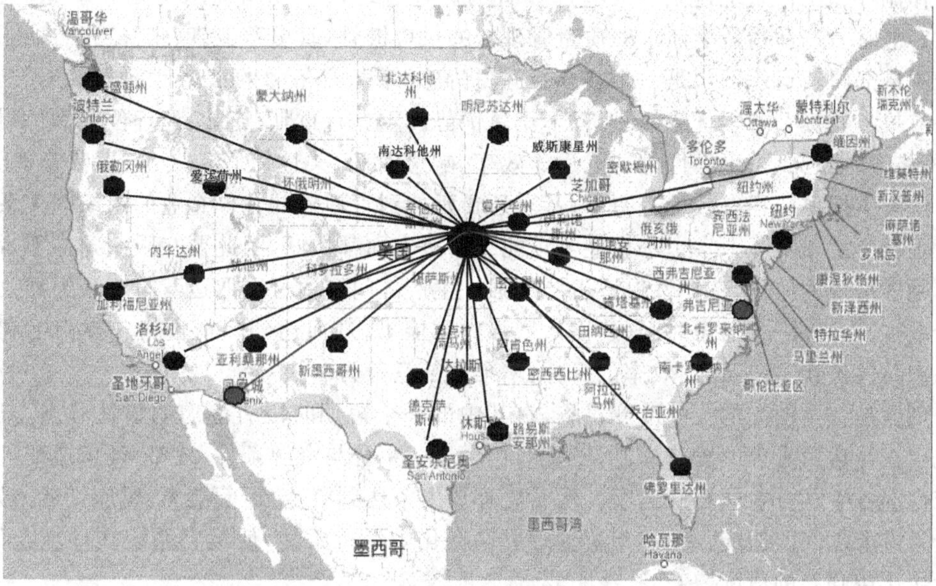

**图 5-10 联邦快递的业务模式：轴辐式系统**

轴辐式模式的运作方式如下：在美国中部设一个专用机场，进行包裹自动分拣。某地的包裹当天下午 4 点收件，用标准的有条码的箱子包装，用车辆当晚送到附近的机场装上飞机。此架飞机当晚 10 点飞往中部的专用机场。12 点各城市飞来的飞机将包裹卸下，送上自动设备按照条码进行自动分拣。然后约 3 点钟从某城市飞来的飞机载着要运往这个城市的包裹飞回原来的城市。凌晨 5 点到这个城市的包裹再用汽车送往客户的地址（家里或公司）。这种商业模式是一种快递模式，可达到当天下午收件，隔日上午送达。因为美国商业活动的速度越来越快，对高价格快递服务的需求也随之增长。

这个商业模式的市场定位在快递顾客，与传统包裹寄送公司不同。新的运营模式中，飞机与汽车运送的模组是与传统公司一样的，可以通过招聘有传统邮递公司经验的人进行模仿复制。轴辐式系统是创新的，根据目标细分市场顾客需要特征设计的。自动分拣运用了新的自动输送设备技术和条码分拣技术，即新技术支持了这种商业模式的成功。

在本书的案例集中提供了阿里巴巴、世洋科技的商业模式创新案例。要更多了解商业模式，读者可以阅读魏炜的书《发现商业模式》、《重构商业模式》，了解雷士照明、天宇朗通的重构商业模式案例。

请思考问题：图 5-5 是不是一个企业的商业模式？

### 五、运营管理

在战略地图中,生产运营流程是企业内部流程之一。建立生产运营系统需要进行有形的实体资源投资,建立生产运营流程。以制造企业为例,生产运营系统可以分解为以下次功能的理论:(1)运营能力规划;(2)工厂或商店地址选择;(3)内部设施设备布置;(4)生产运作流程和工作系统建立;(5)仓库设置与库存管理;(6)物料需求计划和事业资源规划;(7)准时生产和精益生产;(8)质量管理;(9)供应链管理(史蒂文森、张群、张杰,2008)。生产制造部门或运营部门是一个整合资源、提高效率与竞争力的策略性部门。生产运营战略与战术要提升竞争优势,要对以下竞争优势的重点有贡献:产能、地理位置、效率与成本、价格、性能、品质、可靠性、服务、运送效率、响应时间、柔性、创新。生产运营管理除了要组织人员按照流程有效地进行外,甚至还要延伸到管理外部合作企业的组织间关系,甚至管理供应链。实际上一个小企业不可能在所有方面都做好,因此要在限制条件下,针对目标顾客重视的属性,选择性地改善与加强。生产部门要通过采取运营策略来提高效率、降低成本、提高品质、缩短时间(速度),增强内部能力;进而达到降低价格与提高毛利率,提高产品性价比、提高运销效率的目标,增强外部竞争力。

创业是一个动态的柔性改变过程,在其中的一个短期时段有静态的最适状态。运营系统建立与运营管理的静态原则是适配,包含运营系统与资源条件、战略、环境适配,以及系统内部各个部分之间相互适配。运营管理要力争达到资金、运营能力、供应链能力以及消费者需求之间的适配。动态运营管理要在变化中保持柔性,使运营系统在环境条件变化后快速达到新的适配。

### 六、商业模式、运营管理与其他职能的关系

商业模式、运营管理与营销职能的关系如下:(1)商业模式通过独特的价值创造逻辑,为目标细分市场顾客创造更高性价比的产品与服务,有利于渗透、扩张市场。(2)商业模式与营销都包含市场定位,建立一个与内部资源条件以及定位的目标细分市场适配的运营系统,这也是营销系统的一部分。(3)通过运营管理提高效率降低成本,为目标细分市场顾客创造更高性价比的产品与服务,有利于渗透、扩张市场。

# 第七节　产品市场营销管理简述

### 一、市场营销理论在本书章节中的安排

营销是创造与提供顾客需要的有价值的产品,服务市场并产生销售额和利润的活动。市场营销理论包含市场营销战略与战术理论。营销战略理论包含市场定位理论、产品服务差异化理论。营销战术理论包含:消费者(顾客)行为分析理论(小企业要特别注重目标细分市场消费者行为),营销规划和营销组合理论(营销组合中包含产品、价格、渠道、促销方面的理论)以及顾客关系管理理论。本节以下讲述"二、市场营销战略与战术"、"三、市

场定位理论"、"四、营销系统和市场上的营销竞争"。配合创业阶段在第九章讲述探索市场定位、营销导向、目标细分市场消费者行为分析、营销组合。在第十章讲述顾客关系管理。

## 二、市场营销战略与战术

从宏观事业整体层次与微观营销职能层次，可以将营销分为战略和战术活动。营销战略与战术应是紧密联系的，战略中隐含了战术，特别是发展出产品的优势，可以使产品本身就已有营销力。新创企业的营销战略决策就是市场方面的战略决策。即进行市场分析，将大市场划分为许多小市场，分析每个小市场，选择一个存在机会的目标细分市场进行创业与经营。创业者发现一个创业机会，立足于强势产业特殊知识，利用机会条件做出有价值差异与稀少的产品，并比竞争者更佳地服务于一个目标细分市场，就是制定了营销战略。营销战术决策：要对目标细分市场的消费者行为进行分析，在营销组合，也就是产品、价格、渠道、促销（4P）的各方面做出决策，制订跨职能的具体详细的计划，服务于目标细分市场的消费者，为他们创造价值。战略决策是宏观、抽象与概括的，战术决策是微观、具体与详细的。表 5-1 对二者的活动、目的、重要性进行比较。

表 5-1　营销战略与战术（朱沛思想）

| | 活动内容/结果 | 目的 | 对中小企业的策略重要性 |
|---|---|---|---|
| 市场分析（战略决策） | 细分市场化→选择目标细分市场（定位） | 选择要服务的顾客群，以发挥内部资源优势，利用外部机会 | 利用强势知识资源，资金资源集中运用 |
| 目标细分市场的消费者行为分析（战术决策） | 分析目标细分市场中的消费者行为，回答 5W1H 的问题→拟定营销战术 4P | 使战术有效，瞄准目标顾客（来福枪：弹无虚发），避免资源浪费（散弹枪） | 资金资源有效运用 |

## 三、市场定位理论：选择聚焦定位在一个目标细分市场，创造竞争优势

1.资源限制下，战略要聚焦定位

新创的小企业有以下限制条件：（1）有形资源有限，包括资金、设备等有形资源有限；（2）人力资源有限，即创业者和团队的精力、注意力有限；（3）无形资源有限，即创业者的强势产业知识和技能可应用的范围有限。在上述限制条件下，新创的小企业最重要的决策是事业范围与位置决策，即缩小范围进行聚焦，选对位置进行定位。

2.新事业范围与位置决策：需要在产品细分市场上聚焦与定位

新事业要根据资源能力与机会条件，选择聚焦和定位的一个细分市场，作为目标细分市场，集中运用资源。此项活动是策略活动和营销活动的交集。市场方面聚焦的理由包含：（1）因为资源有限，同时经营多细分市场，会使资源分散与稀释，无法创造优势。（2）不同细分市场的顾客属性与偏好不同，价值创造逻辑不同，让创业者面对两难，不容易既服务好 A 细分市场，又服务好 B 细分市场。通过聚焦可以达到市场简单化，经营内涵深化，发展出一个价值创造逻辑一致的系统、商业模式。（3）竞争强弱度与被服务程度不同。在

竞争者不多,竞争不激烈的,被竞争者低度服务的,过度服务的细分市场,存在机会。聚焦可以在小范围集中资源,形成更高资源密度和资源优势。对聚焦的细分市场发展量身定做的营销,通过创新研发活动发展出创新知识并实现产品差异化,就能将有形资源强势转化为无形资源强势,最终小企业就可以在这个细分市场中发展出竞争优势来。当小企业仅服务一个细分市场时,可以发展出最适的资源构造和商业模式,可取得相对的竞争优势。

3.聚焦到哪里(目标细分市场位置)

不同企业选择的目标细分市场位置不同,见图 5-11:(1)创业一开始就是聚焦的,维持在已有优势的现有细分市场。(2)聚焦到现有市场中的一个细分市场:当小企业的资源对现有市场中的某一个细分市场相对强势,且竞争者没有聚焦在此细分市场,那么此时要聚焦在这个投入有限资源可取得优势的细分市场。(3)聚焦到相邻细分市场:当小企业的资源对现有市场的某一个显现成长潜力的相邻细分市场相对强势,且此细分市场竞争者的服务不是最佳的,则此时要聚焦在这个投入有限资源可取得优势的相邻细分市场。

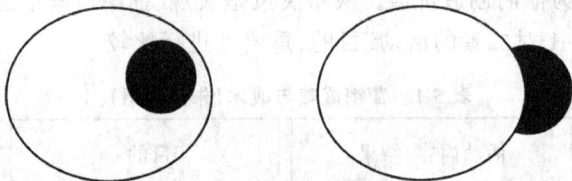

图 5-11　两种聚焦类型

4.如何找出目标细分市场

实务中,创业家靠先前的相关产业知识发现机会结构,运用联想和推理形成对产业的洞察,认知产品差异化的可能性,找出一个可被更佳服务的细分市场,靠创意、思考形成服务它的方法。在以下情况中,身处于产业中不难观察找出目标细分市场:(1)现有竞争者服务于全部市场,没有聚焦或定位在某一细分市场,因此存在开发这个细分市场的机会。例如佐丹奴原先产销各种服装,后来仅仅产销基本实用的服装,在整个服装市场中聚焦到竞争者没聚焦的一个细分市场。(2)现有竞争者的策略存在竞争合流的现象,这些竞争者将主要目标放在其他细分市场,因而忽略了某细分市场。对这些被忽略的或未被聚焦定位的细分市场中的顾客,现有竞争企业的服务存在着不合理和可改善之处,可以根据它的价值创造逻辑创造出更好的商业模式服务它。例如西南航空聚焦到短程旅客细分市场。(3)科技改变产生了可以服务于这个细分市场顾客的特殊资源组件,可以为这个细分市场提供更高价值的服务。例如世洋从一般光学鼠标市场聚焦到店面销售的光学鼠标细分市场。

理论上可以运用逻辑严谨的市场分析方法找出目标细分市场。市场分析是用一些变量将市场细分化,再分别分析各个细分市场五力模型的各方面,确定某些细分市场存在机会后,选择一个最有利的作为目标细分市场。在《策略核心组织》的书中,作者介绍了美孚石油案例的市场分析和目标细分市场选择。台湾的亚都饭店运用市场研究方法,将旅客分为 80% 对价格敏感的团体观光旅客,以及 20% 对价格不敏感与服务要求高的个人商务旅客,找出了后者作为目标细分市场。

5.市场细分化,然后选择目标细分市场

市场细分化是根据一些特征与行为变量划分出不同的消费者群体,也是将大众市场分为许多小的细分市场。细分市场是指具有相似需要与行为的消费者群体所形成的市场子集合。同一个细分市场的消费者群体对特定的营销战术有相似的反应。市场细分化的变量种类包括以下这些。①消费者特征:人口统计、心理、购买与消费行为、价值观、文化、性格。②地理区域特征:国家、省、市;平地、山区、沿海等。③情境特征:工作 vs 休闲;时间;地点。适合用来划分市场的攸关变量特征包含:①需求量与这些变量;②容易衡量这些特征;③衡量的资料可获得且成本低。

接着分析各细分市场的顾客需要形态与期望程度,以及需要被服务程度。然后选择一个对创业者最有利的目标细分市场,发展此细分市场特殊的商业模式与资源构造。目标细分市场是指企业根据其资源能力、竞争情势、外部机会与威胁选定的一个最有利的值得进入创业与经营的细分市场。由于细分市场有许多划分方式,因此找到目标细分市场实际上是一个发现、分析与探索的过程。选择目标细分市场的策略性准则包括以下这些。①细分市场的潜在需求大:目前此细分市场是过度服务或低度服务的(包含未被服务的),未来可经由更佳的服务激发出大量潜在需求。②竞争情势有利:这些目标细分市场是竞争者没有最佳服务的,没有企业对此目标细分市场建立独特定位。③立足于强势资源:小企业本身已有强势相关产业知识,有限的资金投入能产生效果,它们是创业者能达到的。④此细分市场与其他细分市场的价值创造逻辑不同,创业者能够了解这种逻辑并形成解决方案,创造出创新资源构造与商业模式。选择目标细分市场的营销战术性准则包括以下这些。①可衡量性:能找出并衡量细分市场的特征和规模。②可接近性:市场是企业资源与能力可达到的。③一致性:潜在消费者有相似的特征与行为。④足量性:目标细分市场有足够大的获利潜力。目标细分市场种类可按以下维度界定:特定顾客群体、特定产品线、特定地区。通常要以多属性维度才能精准界定目标细分市场。例如:年龄 30～40 岁(人口统计变量)∩每周吃素 7～10 次(消费行为变量)∩每周在家做饭 5 次(情境特征变量)。

## 四、营销系统和市场上的营销竞争

在第二篇开始的战略地图部分已经指出,新事业的战略在执行后会转化成为一个事业系统,这个系统要以营销为主导。

1.使小事业成为一个营销系统

Kuriloff(1993)指出,营销策略要将必须用到的所有事业的资源动员起来,以完善产品或服务的一个独特理念,并产生有利润的销售额。营销是一个事业活动的系统,界定与分析目标细分市场消费者行为,设计一个计划,以便开发、生产一个产品或服务并进行定价、促销、分销,使现有和潜在的目标顾客满意并使企业获取利润。此定义强调三个关键点:(1)营销要求在事业的职能活动间有成功的关系和互动,应该形成一个跨职能的营销系统,从营销部门延伸到研发、生产运营、人力资源管理以及财务职能,它们都是营销系统的一部分。(2)营销是一个有目的被管理的活动集合,创业者须担起管理营销系统的责任,包含分析、规划、控制,使事业内外的营销活动集被小心思考出的计划、纲要指导。(3)营销必须以目标细分市场的顾客为导向。目标顾客需要的是什么,指出产品或服务须满足的需要,但只有当需要经由研发与生产,被转成目标顾客有欲望的产品特征,才会有销售。(4)营销也必须为绩效(利润)为导向:销量应足够大,价格应足够高,以便产生适当的利润,补偿投进事业的时间、精力和资金。更精确地说,透过更高度地满足目标顾客的需要来获取利润是公司存在的唯一方法。

创业者的工作与责任是建立、发展与管理营销系统,将目标顾客的需要转变成为目标顾客对新产品的欲望及销售额,使顾客满意并获取利润。管理影响内外两方面,经由做对内部的事,可以影响外部的市场销售。顾客将只看到营销系统的结果。

销售(Sale)与营销(Marketing)是不同的,不应混淆两者:做出销售额是小心计划与有效执行营销策略的最终结果。企业常因为销售额过低导致失败,而归责于销售单位。但销售额过低是失败的症状,而非原因。失败通常来自无效的营销管理,即没有界定好聚焦的目标细分市场,没有发展出营销系统,没有创造出对目标顾客更好的产品。有些时期企业的哲学是内部产品导向的或技术导向的,没有营销导向与目标细分市场顾客导向。这些企业的经营者对产品和技术的思考多于对目标顾客需求的思考,事业哲学是以自我为中心的,他只向内看,服务于自己的需要。这种现象称为营销近视症,是需要避免的危险陷阱。不要只爱自己的产品和服务,顾客不管你的需求,顾客只关心满足他自己的需要。必须了解满足目标顾客的需要是公司存在的唯一理由,这是营销概念的根本。所以要将目标顾客的需要转成产品的特征,提供能满足目标顾客需要的产品和服务。

2.如何营销才能获得竞争优势

小事业应该通过针对目标细分市场量身定做的营销策略来进行竞争,包含以下几个方面:(1)以特殊的、精致的、差异性的新策略产品来竞争;(2)运用卓越的服务使小事业胜出;(3)以针对细分市场的特殊分销和促销策略来竞争。

首先以特殊的、精致的、差异性的新的产品来竞争。大事业靠低成本、品牌形象、促销和商店位置、规模竞争。小事业应经由建立特色与长处,提供独特、差异性的产品及个性化的服务和创造高价值来竞争。因为不同细分市场的消费者属性和需求是不同的,因此大公司不是为某细分市场量身定做的产品,对此细分市场的顾客而言,并非最佳和最有价值。当小事业聚焦在此细分市场,发展细分市场特殊的量身定做的新产品与服务,则该产品与服务是差异性与有价值的,新产品与服务就会有竞争优势。竞争优势不是来自于规模形成的低成本,也不是来自于广告的过度宣传,而是来自于核心的产品与服务的属性差异提供的价值。特殊产品对此细分市场特殊的顾客本身就有销售力了。

其次,卓越的服务是小事业胜出的关键。对消费者的价值存在于产品的高品质、个人化的亲切服务、对创业者和事业声誉的信赖、拥有独特性带来的身份地位感。相对于大公司,小企业更容易提供这些服务价值。大公司常用疏远的自动化、电脑化、制式化的方法。在此情况下小公司对目标顾客经由个人化量身定做的服务和诚实的价值建立忠诚,就可取得优势。在服务上做出差异可以产生以下效果:(1)可建立更紧密的顾客关系;(2)可增强事业在细分市场的独占力;(3)保护核心价值活动与延伸价值活动。例如,台湾阿瘦皮鞋创业者罗水木,在路边摆摊擦皮鞋上做出优势,使顾客选择给他擦,未选择给他的同乡阿荣擦,导致阿荣离开。一个偶然的机会,罗水木从一个久未登门的顾客那里了解到,因为生意忙碌使他没时间送皮鞋来擦。自此以后罗水木便亲自到客户公司收鞋来擦。此额外服务使擦鞋摊的生意更稳定,并且在服务的交易范围里形成了独占。后来罗水木也帮客户送破掉的鞋子去修。提供这项额外服务虽然辛苦,但罗水木了解到修鞋的量很多,而且可以请一位修鞋师傅(刚出师)加入擦鞋摊,因此又增加了修鞋的价值活动。

再次以针对细分市场的特殊分销和促销策略来竞争。要制定特殊的分销策略,须研究目标细分市场消费者购买此类产品的渠道,决定最合适的分销渠道。制定特殊的促销策略则需要:(1)研究目标消费者接触的媒体、行为特征,决定最适广告媒体、沟通方式和内容;(2)研究目标消费者的人口统计特征,辨认与界定目标消费者。

比喻言之,创业者必须小心地对目标细分市场进行规划,要用来福枪精准瞄准,而非用散弹枪乱打。在许多资本小、进入障碍低的创业项目中,创业者必须准确瞄准,快速建立消费者对事业的商店、产品、服务的知觉。目标是在竞争者进入前,培养顾客忠诚度。

小事业不要做相同的产品,然后用割喉价格战和广告战竞争。小企业如果做与竞争者相同的产品,则由于规模小会处于成本竞争劣势,不适合打价格战和广告战。小企业资金少,通常承受不起较长期的价格战。进行广告战耗费资金,以相同产品促销也不易收到效果。广告战同价格战是灾难,都应该避免。

---

## 本章要点

- 战略要统合职能管理活动,包含组织结构设计、人力资源管理、外部关系管理、财务管理、商业模式与运营管理、创新研发管理、市场营销管理。
- 外部资源整合战略要识别利益相关者以及他们拥有的资源、他们关注的利益,要建立互惠共赢的交换方案,决定适当的让利条件,建立整合机制。
- 单一事业的组织包含职能:组织与人力资源管理、产业链定位与外部关系管理、财务管理、整合资源研发创新、商业模式与运营管理、市场营销管理。组织结构与人力资源管理系统要与情境和战略适配。
- 产业链定位与外部关系管理要选择内部执行的价值活动,与外部合作厂商建立适合的联盟与关系。
- 财务管理要在控制风险的条件下追求投资报酬。财务报表和财务比率是财务管理的工具,根据提供的信息进行财务战略决策,执行结果影响财务状况。
- 创新研发管理是结合资源创造新产品、服务的活动,要执行创新项目管理的步骤。自主技术创新可以建立和保持竞争优势,破解关键技术受制于人的难题。
- 商业模式显示出企业赚钱的方式和价值创造逻辑。完整的商业模式体系包含6个方面的要素。商业模式重构就是商业模式创新。
- 内部运营系统包含多种成分,改善运营管理可以提升产出的效果、效率。
- 聚焦到目标细分市场就是营销战略;分析目标消费者行为,建立营销系统,制订营销组合计划就是营销战术。小企业营销要以差异化的性价比更高的新产品,卓越的服务,以及针对细分市场的特殊分销和促销策略来获取竞争优势。

## 重要概念

外部资源整合、组织结构、人力资源管理系统、产业链、价值活动、外部关系管理、财务管理、财务报表、财务比率、融资、创新研发管理、项目管理程序、商业模式、运营管理、市场营销管理、营销战略战术、营销系统、营销组合

## 思考问题

1.创业战略与各个职能之间有什么关系？

2.在创业的不同阶段，哪些研发活动可为或不可为？

3.请指出新创小企业营销的关键特征与做法是什么。

4.请说明营销要设计成为一个什么样的事业系统，哪种顾客的哪种特征要与新事业中的那种职能活动连接。

5.请说明小企业在市场扩张方面的特殊做法。

## 课外练习

1.请收集几个商业模式创新的创业案例，分析该案例中商业模式在哪些方面创新了，与过去的事业相比价值创造逻辑有什么不同以及商业模式创新与技术有什么关系。

2.请读者收集一些成功的创业案例，分析创业家获取不同资源的方法，包括人力资源，财务资源，场地、设施、设备等实体资源，技术、经验等智慧资源。

# 第六章　创业决策期辨认机会、组建团队、做出投资决策

## ▶ 核心问题

● 创业决策期的投入条件、产出目标是什么，要进行哪些战略决策？
● 有效的创业决策必须具备哪些条件？
● 如何将战略展开成为战略地图？
● 创业者要从事哪些利用资源的活动？
● 创业者是否需要建立团队？如何才能建立有效的团队？
● 如何安排创业初期的股份比例、所有权与决策权？
● 什么样的人力资源管理系统特征有利于创业团队的建立与发展？
● 创业项目的投资额、风险与报酬存在哪些类型？
● 在自有资本不够创业项目开发所需时能否创业？
● 新事业的商业模式应该具有什么特征？
● 如何建立内部运营系统？
● 在产品还没做出来时，如何判断出产品能营销成功？

## ▶ 本章学习目的

● 了解创业决策期的投入条件、产出目标，需要做结合资源创新产品、建立团队、评估投资报酬与克服财务限制、建立新企业的战略决策。
● 了解有效的创业决策必须具备的资源、机会条件和战略方案。
● 了解如何将战略展开成为未来的战略地图。
● 了解创新项目管理中结合资源形成产品与事业概念的步骤。
● 了解创业机会特征对一开始是否需要建立创业团队的影响。
● 了解要建立的创业团队特征。
● 了解股份比例对所有权与决策权安排以及团队稳定性的影响。
● 了解创业的人力资源管理系统特征，以及与战略情境的适配。
● 了解创业项目的投资额、风险与报酬的分类。
● 了解如何在自有资本不够的条件下发展以小博大的战略。
● 了解新事业的商业模式应该从事少数价值活动。
● 了解可以运用复制加创新建立内部运营系统。
● 了解产品性价比更高就能营销成功。

# 第一节 创业决策期阶段战略:评估差异、建立团队、做出投资战略决策

## 一、阶段投入

①创业者要有创业获取利润的动机,要有价值创造的成就动机。

②创业者有在原事业累积的先前产业知识,能执行战略。

③创业者要有累积的关系网络与社会资本,原事业内外有潜在合作伙伴。

④可能没有机会,或者可能在相关产业环境中出现了几个机会。

⑤创业者有认知能力,能想象未来的产品和事业,逻辑分析能力与洞察能力强。

⑥个人有一定的资金和财力。

⑦在上游和下游存在可以合作的厂商。

思考问题:这个阶段要达到什么阶段目标? 答案在本节后面。

## 二、创业决策期战略与职能活动

图 6-1 显示出创业决策期的投入条件、战略与职能决策活动与阶段产出目标。创业决策期的活动包含:发现与辨认创业机会,评估资源与投资报酬,进行战略规划与决策,建立创业团队。这个阶段首先要解决的问题是如何辨认出存在一个值得利用的创业机会,以便做出正确可行的创业战略决策。在这个阶段可能有也可能没有创业机会。如果没有辨认出创业机会则不该创业,否则会失败,损失资本。如果产业中出现了几个机会,然后创业者发现了它们。他要通过调查分析,辨认出哪些是战略可利用的创业机会,然后选择一个有利与可行的机会。创业者也要明确自有资源、存在的资源缺口,以及社会中的利益相关者拥有的资源。在第二章已经讲述了创业战略所基于的创业者的产业特殊知识与关系。在第三章已经讲述了创业战略要利用的创业机会的样子以及对产品差异化的影响。本章重点放在补充之前没有讲述的决策期创新研发、建立团队和制定财务决策的职能管理理论。

在辨认出创业机会后,这个阶段的重点是构思战略方案和建立团队。这个阶段要解决的最主要战略问题是:要发展一个什么样的战略方案? 如何建立团队与取得人力、技术资源? 创业者可以粗略形成一个从现有条件达到未来目标的企业商业化的组织系统以及战略发展方案与路径。未来静态的商业化组织系统可以用商业模式与战略地图描述,战略地图在本节下面讲述,商业模式在第五章第六节讲述。动态战略执行方案要指出如何建立团队、利用自有资源与机会条件、取得资源、建立合作联盟、聚焦执行、达到目标。具体细项包含在需要团队的创业项目中能建立创业团队,建立股份结构投入资本,在产业价值链中要聚焦定位在做哪些价值活动,与哪些厂商合作让它们提供哪些价值活动,利用哪些资源结合成哪种类型的新产品,建立怎样的商业模式和运营系统,聚焦定位在哪个目标细分市场为顾客提供服务,在产品哪些方面做出差异赢过竞争者。

时间

阶段产出目标

战略地图、商业模式
团队、产业知识
上游厂要素、下游商渠道
自有资本至少 [够种子期]
能结合资源、创新产品
实体资源商、能建立企业
细分市场、存在需要

创业战略、差异化决策

创业计划

战略方案决策：利用机会、建立团队、创新产品、投小博大
组织：建立团队、技能需要、社会资本、投资股权
财务：团队投入自有资本、投资报酬、项目决策
研发决策：领先识别机会差距、概念创新 [定义项目]：人员、技能、资金

②　③　①

识别机会差异条件　概念创新　组建团队　财务决策股份投资

机会出现

阶段投入条件

人才、机会、资源
创业者：[产业知、异知] 关系
上游厂要素差异、互补联能商
自有资本、融资对象
机会、创新空间
实体资源供应商
下游商、细分市场顾客需求

创业前创机：动机、产业知识、实体资源

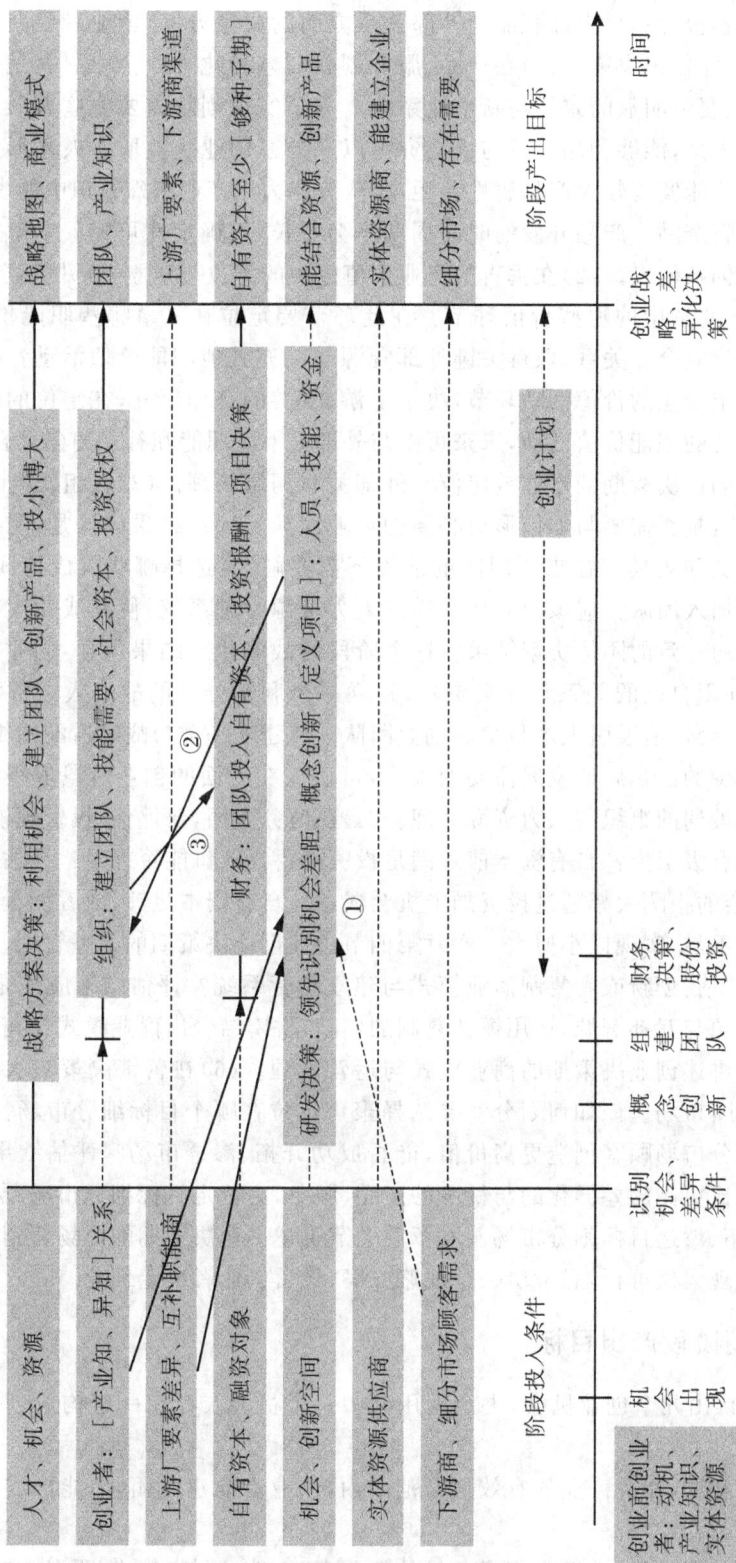

图6-1　创业决策期投入条件、战略与职能决策活动、阶段产出目标

战略决策内容包含一组内部职能与外部关系方面的决策方案,创业者要回答以下问题,做可行性评估并作出决策。(1)在产品、服务创新与差异化方面,要评估:是否能结合资源创造出产品、服务明显的差异与新事业系统?为了实现创新需要哪些人形成创业团队?评估结果应该是,能够利用关系与社会资本以及分享创业利益取得人才形成创业团队。利用该机会可能实现较大产品属性差距,团队有能力用产业特殊知识中的事业知识,结合新要素产生新产品。产品开发的时间周期不会很长,不确定性可控。本章第二节讲述创业决策期的创新研发。(2)在垂直的产业价值链中的定位与建立外部网络关系方面,要决定:定位在产业链中的哪些价值环节?在此环节要定位在从事哪些职能价值活动?与哪些外部厂商建立合作关系,取得关键外部资源与补充其他职能价值活动?决策结果应该可以大概决定聚焦的价值活动环节,决定上游、下游的合作厂商,在定位的价值创造环节决定内部执行的职能价值活动,未来可能与外部上下游职能互补厂商建立合作关系。本章第六节讲述创业决策期的产业链定位与外部关系网络管理。(3)在组织与人力资源管理方面,要评估:是否需要与如何形成必要的创业团队?评估结果应该是,明确利用机会需要的团队成员和规模。在需要团队的前提下需要解答:选择哪些人成为团队伙伴?如何吸引这些人加入团队?应该建立什么样的人力资源管理系统,使其成功支持团队建立?如何形成方向一致的团体决策结果?这个阶段的战略执行结果包含:创业者要正确选择伙伴,可以利用自己的关系与社会资本,建立一个利益分享的战略人力资源管理系统,利用未来的机会价值吸引人才与组成创业团队。要建立一个与战略适配的组织结构。对于初期团队缺少的但是后期发展需要的人才,可以放在后面的创业阶段取得。本章第三节讲述创业决策期的组织与人力资源管理。(4)在财务方面,要评估:投资规模与风险、机会的报酬是否有吸引力?自有资本能否满足投资需要?缺口能否补足?评估结果应该是,利用创业机会的报酬大幅超过投资加上机会成本。自有资本足够,或者能运用战略方法解决自有资本不足,实现以小博大。本章第四节讲述创业决策期的财务管理。(5)在事业运营方面,要评估:创新或者复制商业模式与建立运营系统?评估结果应该是,创业者能够取得创新资源与互补资源,运用模仿复制加创新,拼凑结合出商业模式与建立运营系统。本章第五节讲述创业决策期的商业模式与运营管理。(6)在营销决策与水平的市场选择方面,要评估:市场应该如何划分?要选择聚焦定位在哪个目标细分市场?产品、服务能否为目标细分市场顾客创造更高价值,能否成功开拓、渗透市场?评估结果应该是,能够创造出性价比更高的差异化的与稀少的产品、服务,为特定目标细分市场顾客创造更高价值,可以开拓、渗透目标细分市场。本章第七节讲述创业决策期的市场营销管理。

经过评估发现大概可行,思考出一个战略方案,最后创业者决定创业。

### 三、创业决策期阶段产出目标

1.创业者辨认出几个创业机会,决定利用其中一个机会。存在一组构成创业机会结构的条件:

①该机会在相同、相关产业的有效战略范围内,创业者能建立团队,能形成强势产业特殊知识。

②存在产品差异来源,上游出现了差异的新要素(组件、原料、技术、设备、产品),或者

创业者产生了创新知识(产品、技术、商业模式的新知识)。

③建立新事业价值活动与产品的可用实体资源。

④多数竞争者不积极。

⑤有互补厂商能执行互补职能活动。

⑥下游存在目标细分市场顾客的特殊需要(种子期是不明显的)。

2.可实现的产品差异明显,对特定目标细分市场顾客有价值。

3.能够形成创业团队的关系与社会资本;原事业组织内外有必要的人才,能在决策期阶段形成创业团队。

4.财务资本有限,但是至少有足够的种子期阶段资金,能发展到商业化潜力显示出来。

5.有事业技术能力,可以结合资源开发新产品。

6.根据过去经验能够形成商业模式与运营系统。

7.决定从事的价值活动环节与职能活动,有可能的外部合作厂商。

## 四、创业决策期的风险因素

(1)没有识别出创业机会就决定创业。(2)到低相关成长中期的产业创业,有效产业特殊知识存量不足。(3)在需要团队的创业项目中,不能形成阶段完整的创业团队,团队拥有的产业特殊知识存量不大,技术知识不够强;团队搭配不尽合理,缺乏应对环境复杂性的团队异质性;因为利益分配不公平,使团队成员缺乏共同的目标、思路、规则等。(4)自有资本太少,无法满足大规模机会开发工程的资金需要,并且没有发展出以小搏大的财务战略。要避免以上风险因素与做出错误决策。

## 五、创业决策期不一定在种子期前面

(1)对于在创业项目的决策期在种子期前面的类型,决定创业了以后,要研发新产品、新技术或新商业模式。例如,阿里巴巴、方太、世洋属于这类。(2)对于创业项目的决策期不在种子期前面这种类型,种子期是创业者还在前一家公司工作,或者还在研究机构或大学里工作,利用业余时间完成的新产品、新核心技术被开发出来,并且已经有了商业化潜力。创业决策是针对要不要辞职创业与建立企业,决策期是在种子期后、建立期前。例如,佩吉和布林在斯坦福大学博士班研发了创新的搜索引擎核心技术,要针对出售这个核心技术或者创立谷歌公司做出决定;俞敏洪在之前工作的英语补习班已经发展出了英语教学服务产品,要决定创立新东方英语补习学校,或者继续在现在的学校工作。酷讯网、史玉柱创业也属于这类。

## 六、战略地图

卡普兰和诺顿(2005)创造了一种未来静态事业战略的描绘工具——战略地图,它能将未来事业系统的价值创造逻辑呈现出来。按照创业阶段显示战略地图建立的过程可以呈现出事业战略执行的动态过程。

一个事业包含研发、生产、营销、人力资源、财务等方面的管理活动。事业战略要通过研发、采购、生产、营销、财务、人力资源等职能管理活动执行出来。战略地图可以呈现职能在事业战略中的角色定位和相互关系。

战略就是选择一套行动方案使企业能够在市场上创造持续性差异。持续性差异能够向客户传递超过竞争者的价值，或者在相同价值下实现更低成本。差异化源于行动方案及其实现方式的选择。卡普兰和诺顿(2005)在《战略地图》书中，用全面衡量绩效的平衡计分卡，将战略方案展开成一个显示出因果逻辑的战略地图，见图6-2。平衡计分卡包含财务、顾客、内部流程、学习成长四个方面的绩效衡量指标，形成一个完整的体系，平衡地对内部与外部，过去与未来，短期与长期进行衡量。以下对照图6-2分层次讲述。

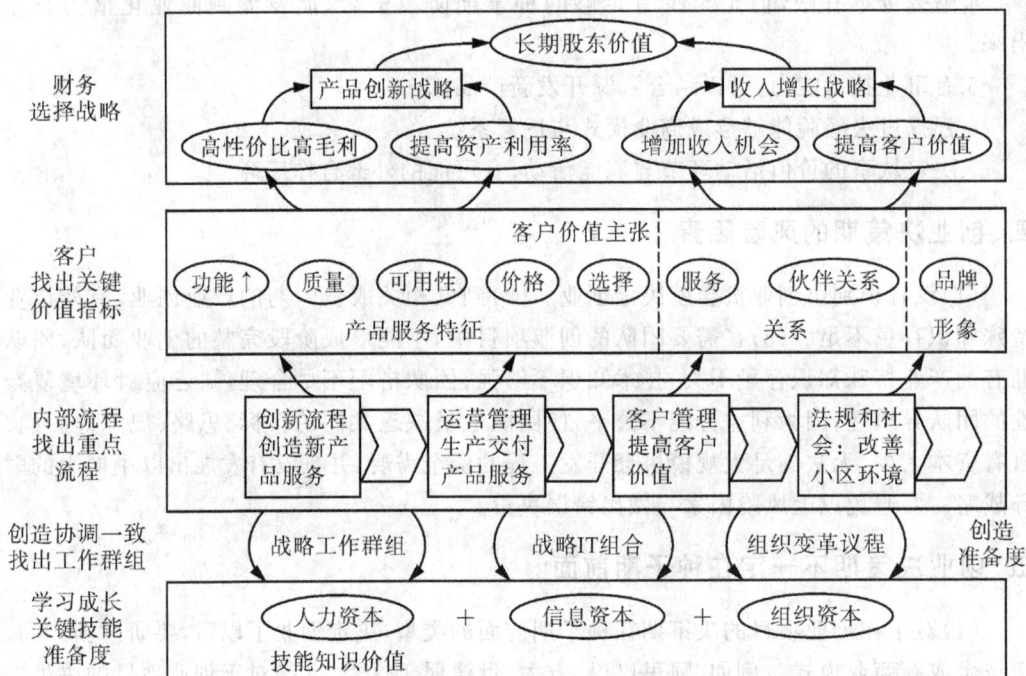

**图 6-2　战略地图**

**(一)财务层面：长短期对立力量的战略平衡**

战略与财务的最终目标是利润最大化与长期股东价值最大化。企业可以通过以下方式赚到更多钱。(1)多销售，即收入增长战略，可以分解为：①增加收入机会，即销售全新的产品实现收入增长；②提高顾客价值，即改善现有顾客盈利性，例如提供额外的服务增加盈利。(2)少开支，即生产率战略，可以分解为：①改善成本结构，包含减少现金支出，减少缺陷提高良品率等；②提高资产利用率，包含提高现有资产的管理能力等。

**(二)客户层面：战略的基础是差异化的价值主张**

在客户层面，战略要明确针对目标细分市场客户的特殊价值主张，它们是战略要创造的产品、服务属性的差异化方向，属性差异可以为客户创造更高价值。属性包含：功能、质量、可用性、价格、选择、服务、伙伴关系、品牌等。目标细分市场客户的业绩衡量指标包含：客户满意度、客户保持率、客户获得率、客户获利率、市场份额、客户份额。当企业明白了谁是目标细分市场顾客,它将明确差异化的价值主张。在顾客重视的属性方面,企业将做得比竞争者更好(差异)更与众不同(稀少)。

(三)内部流程层面:价值通过内部业务流程创造

内部流程实现两个关键的战略要素:(1)它们向客户生产和传递价值主张;(2)为了财务层面的生产率要素,它们改善流程并降低成本。内部流程可以分为四种类型:(1)创新流程;(2)运营管理流程;(3)客户管理流程;(4)法规与社会流程。

创新流程开发新产品、技术与服务,使企业渗入新的市场和细分客户。创新管理包含四个流程:(1)识别新产品和服务的机会;(2)管理研究和开发;(3)设计和开发新产品、服务;(4)将产品、服务推向市场。

运营管理流程生产产品和服务并交付给客户,是日常流程。制造业运营管理流程包含:(1)从供应商处获得原材料;(2)将原材料转变为产成品;(3)向客户分销产成品;(4)管理风险。

客户管理流程拓展并加深与目标客户的关系。客户管理包含四个流程:(1)选择目标客户;(2)获得目标客户;(3)保持目标客户;(4)增长客户业务。

法规与社会流程有助于企业在所处的社区和国家持续赢得经营的权利。公司要在环境、安全和健康、招募实践、社区投资方面报告它们的法规和社会表现。

(四)学习与成长:无形资产与战略协调一致

无形资产要能支持战略。无形资产分三类:(1)人力资本:是支持战略所需的知识、技能、才干的可用性。(2)信息资本:是支持战略所需的信息系统、网络和基础设施的可用性。(3)组织资本:执行战略所需的发动并持续推进变革流程的组织能力。要重视战略所强调的关键内部流程所需的特殊能力。

(五)战略地图的内部因果逻辑关系

现有的无形资源加上新建的无形资源,构成了未来事业的无形资源基础,支持内部流程的有效运作。内部流程的有效运作,创造出产品、服务有价值的差异。差异为顾客创造了更高价值,增加了顾客满意度、客户获得率、客户获利率,也为企业创造了利润。成本差异提高了生产率战略的盈利,客户获得率的增加提高了增长战略的盈利。

战略地图是对企业未来战略的有形化,是对企业未来创造价值的静态的描绘。它适用于大企业,同样适用于小企业和新创企业。多数创业家不知道或不了解战略地图,但是他们的创业执行行为实际上是建立一个真实具体的战略地图。企业的职能活动可以简单划分为:产(生产管理)、销(营销管理)、人(人力资源管理)、发(研发管理)、财(财务管理)。由于在战略地图中包括了企业的职能,而职能战略是事业总体战略的分解部分,因此本书借用战略地图明确职能的位置。

创业决策期的创业战略方案隐含地规划了一个战略地图,创业执行过程就是在具体建立这个战略地图。战略地图的具体建立是从学习成长层次的无形资源和外部创业机会的利用开始的,不同阶段在逐步建立不同的部分。(1)在创业决策期,只有创业团队、产业知识与关系、资金,因此只有图 6-2 中学习成长层次的人力资本、信息资本和组织资本。(2)种子期在内部流程层次先执行创新流程,创业团队应用产业知识和异质资源,针对构成创业机会的新细分市场中的顾客需要,结合资源研发新产品、服务,产出新产品原型,可以满足微小细分市场顾客的特殊需要。(3)建立期在内部流程层次,投资建立运营流程与系统。(4)改善期在内部流程层次,提高运营系统的效率;在顾客层次,提高产品的性能、质量,降低价格,提高顾客价值,渗透一个细分市场,产生销售额和利润;在财务层次前面三个阶段主要是采取产品创新战略达到跨过盈亏平衡点,产生利润和正现金流的财务目标。(5)成长早期在内部流程层次开始执行顾客管理流程,加强服务与顾客关系管理;在顾客层次,通过扩张市场增加新顾客;在财务层次采取收入增长战略,提高利润与增加股东价值。

# 第二节　创业决策期创新研发

## 一、是否进行创新

Teece(1986)认为两个原因影响新企业能否从创新中获利:独占性机制及互补资产,见图 6-3。独占性机制是经由知识产权保护防止技术被仿造,允许发明者从创新中收取权利金。互补资产是商业化该技术所必需的能力,包含制造、营销、渠道、服务、商誉、品牌及其他互补技术。按照这两个维度可以分 4 类创新的结果。(1)如果技术易被模仿且独占性机制是松散的,互补资产易取得,则创新者难赚钱。(2)如果互补资产被牢牢掌握且相当重要时,则这些资产拥有者就能获利。(3)如果技术不易被模仿,且独占性机制是合宜的,则互补资产易得且不重要,创新者最可能获利。(4)如果技术不易被模仿,且独占性机制是合宜的,则互补资产不易得且重要时,创新者和互补资产拥有者都可获利,视各方的议价力决定分配到多少利益。

这个模型可以让创业者分辨出,哪些创新类型可以为他带来利益,值得创业追求,哪些不能带来利益,不值得创业追求。

互补资产

| | | 易得且不重要 | 紧密持有且重要 |
|---|---|---|---|
| 独占性机制 | 松散 | 难以赚钱 | 互补资产拥有者 |
| | 合宜 | 创新者:可获利 | 投资者或有议价能力的团体 |

图 6-3　谁从创新中获利的决定因素

## 二、创业决策期创新项目管理:评估差异、形成产品概念、决定团队成员

在创业决策期,创业者执行了差距识别、概念化和定义三个步骤(怀特等,2008)。创业者从创业机会结构的上游新要素差异和创新知识差异,识别出了可以创造的产品服务

属性差距,并且初步在头脑中产生了结合资源形成的新产品概念或新商业模式概念。他想象针对新的顾客群,运用产品结构知识结合上游新要素产生新产品,或者运用创新知识重新结合资源形成新商业模式与服务。然后他决定自己一个人或者组织一个团队进行原型开发。

1.差距识别阶段

差距(差异)可以分类为:产品导向的差距、技术与工艺导向的差距、商业模式产生的服务差距。在战略决策阶段,创业者可以从创业机会结构的产品差异来源(上游要素差异、创新知识差异),竞争者对某个新细分市场的服务不佳程度,以及下游细分市场顾客的需要水平等方面,识别出潜藏的产品差距。一般而言,在既有企业中,差距和创新方案可能有一大堆,因此需要对各种差距按重要程度分类处理。

(1)属性与差距的类型

在本书第三章产品属性差异部分,指出了一个事业的产品或服务存在很多个属性维度,参见图3-16的快美发屋。这些属性被顾客评价,构成了新事业产品的价值元素与价值曲线。与竞争者的既有顾客重视的属性相比,新浮现或成长早期的目标细分市场顾客重视的属性不同,对这些属性的评价权重不同。创业者要根据差异来源识别出在重要属性上的可改善差距,并且需要识别出总共有哪些属性,目标顾客对某个属性重视或不重视。创业者可以根据以下分类决定在某个属性上是否要做出差距。①必须解决的差距:没解决会导致处于竞争劣势、地位下降,没解决的风险比解决的成本大很多。②应该解决的差距:没解决会导致市场份额和地位下降,会导致生存不确定。③最好解决的差距:解决后会获取竞争优势、地位上升,收益大于风险和成本。④没必要解决的差距:由于规模或市场地位产生的差距,对目标细分市场的顾客不重要的差距。

有利的创业机会具有如下特征:上游要素差异明显,或者创新知识的差异明显,且它们是已经发展完成的、能立即使用的、竞争者不积极利用的,可以判断出原型产品将实现的差距较大。实际创业机会的有利程度不同,使得上游要素的差异或创新知识的差异程度不同。有些要素的差异并不大,有些要素是尚未发展完成的,不能立即使用的。创新知识可以从发展最初期的理念,到发展中期的原型,到完成期的成熟的产品、技术或商业模式。在上述情况,可以识别出原型产品将实现的差距不同,差距从"没有→小→中→大"都有可能。没有形成差距的创业项目属于纯复制型的创业。

②针对目标细分市场顾客分析属性差距进行产品服务决策

要针对目标细分市场顾客进行属性差距的分类,要综合考虑解决与否的风险、潜在收益与成本、组织优势与劣势、环境中的机会与威胁等因素。在正规企业中用以下步骤分析差距的显著性并决定是否要处理。①列举现在的属性水平与潜在的属性水平的差距;②明确顾客对消除这些差距的需要及带来的获利机会;③根据事实证据判断内外部环境对差距处理的影响和可行性;④对可行性、风险及差距的其他要素进行评价;⑤选择最重要的差距,尽快采取行动。

经过分析,创业者对不同属性做出创造、增加、减少、剔除的决策(金,2005),通过解答以下问题形成一条类似图3-16的新价值曲线:哪些产业从未有过的元素需要创造?哪些元素的含量应该被增加到产业标准以上?哪些元素的含量应该被减少到产业标准以下?

哪些产业认为理所当然的元素需要剔除？决策的目的是在一组限制条件下,对目标细分市场的顾客达到产品服务的性价比最高。

**2.概念化阶段**

创新项目管理的第二个阶段需要定义产品、技术、商业模式的相关概念。概念化是想好产品、技术、商业模式是什么样子,用什么概念可以概括产品属性。例如,过去的互联网成功商业模式主要有门户网、C2C、B2C 模式,都不是为中小企业提供商业信息服务的。1998 年年底马云想到了为中小企业的买卖双方提供商业交易信息服务的网站平台概念,可以让提供某产品的卖方制造商找到需要该产品的买方销售商,通过完成交易为他们创造价值,马云将它命名为 B2B 模式,之后创立了阿里巴巴。

正规企业对创新项目进行概念化时需要做到以下几点:①清楚地描述需要解决的差距,包括问题的构成、对解决方案的要求;②明确创新的特性及它对差距的重要性,包括创新的类型、生命周期阶段、项目的复杂程度;③识别限制与约束条件,在内外部环境中都存在限制,差距分析有助于识别某些时间限制和资源限制,另外还要考虑客户需求及其他利益相关者的要求;④针对差距分析中发现的问题提供多个备选方案,提供备选方案的过程也提供了解决差距的新想法;⑤明确创新项目目的,这是定义项目参数的基础,它紧随在分析过程之后。

概念化需要创意,也要有价值创造逻辑。创意有以下来源:习惯和个人兴趣;针对现有产品或服务的缺点,找出克服缺点的方法;找出问题的答案(为什么没有……);原有核心产品技术的外部应用;发现新需求,需求是发明之母;结合互补资源,利用创新技术、技术进步、新组件。

**3.定义阶段**

一般而言,创业者识别了创业机会的构成项目后,会运用想象、推理,构思出产品、技术、商业模式的样子,并且明确开发项目的内容,决定哪些人可以吸引进创业团队,因此会完成项目管理的前三个步骤。多数创业者不会进行正规的项目定义,通常是大概想通后就几个人干起来了。正规企业的项目定义要说明:①要做什么事?阐明创新项目的任务。②由谁做?需要哪些互补团队成员? ③需要哪些资源?项目如何实施?④何时做?设定从开始到结束的期限。⑤要达到什么结果?设定目标、建立标准,用于项目评估。设定的目标应是具体且明确定义的、现实可行的、能及时完成的、可测量的。

产品及商业模式设计与实体开发通常在种子期执行。

**创业决策期创新研发管理阶段产出目标**

· 构思出结合资源创新产品、服务或商业模式的概念。
· 明确开发机会需要的创业团队伙伴。

# 第三节　创业决策期组织与人力资源管理:建立创业团队

创业决策期在组织与人力资源管理方面创业者要考虑以下问题:是否需要建立一个创业团队?应该选择个人创业或家族创业或团队创业?是否需要在创业初期就建立一个

大规模、职能完整的创业团队？在仅仅靠创业者个人没有能力利用机会以及需要建立团队的情况下,建立创业团队属于创业决策期的组织与人力资源管理活动,建立团队也是一个团体决策的过程。

## 一、创业机会特征与创业早期组建团队的必要性

思考问题:创业者是否需要建立一个团队？是否创业一开始就要组建团队？

以上问题的答案要看机会的特征。机会特征的不同决定了创业可以采取个人创业、家族创业或团队创业的形式。

### 1.个人创业

有些类型的机会特征允许一个人创业。有时产品或服务较小,利用机会的开发工程规模很小,不需要多种技术,机会窗口打开的时间很长,创业者对其他人才和技能不依赖,在这些类型中,创业者不需要建立团队,一个人就能创业。一人创业可以一直发展到成长早期获利后再扩大组织。也可以一个人渡过种子期,到建立期之后再扩大组织。许多企业是从一人开始创业的,一人包办个体户的所有工作,或者雇用几个员工。例如,巨人集团的史玉柱是一个人创业,在种子期自己设计了排版软件,销售成功与获利后再扩大组织。俞敏洪是一人创业,创设了新东方留学英语补习班,初期自己从事教学、营销、财务等多项工作。新东方现在已是中国最大的留学英语补习学校。京东商城的刘强东是一人创业,创立一个销售刻录机的销售小摊子,雇了一位员工。京东现在是中国最大的B2C网上商店。飞科电器也属于个人创业,李丐腾研发、生产、销售双转头剃须刀。现在飞科已成为中国最大的剃须刀和小家电企业。酷讯网在种子期也属个人创业,陈华一个人开发二手火车票搜索软件,软件上线后吸引了使用的人气,之后进入建立期融资、成立公司并扩大组织。早期温州永嘉县几千位农民,在温州桥头镇以一分钱一颗的价格批发买进纽扣,带到南京等地在供销社"包柜台"以一角钱一颗的价格销售纽扣。这批农民后来成为超市创业者商帮,在中国开了几万个超市。台湾阿瘦皮鞋的罗水木也一个人创业,从路边擦皮鞋摊开始。阿瘦皮鞋现在是台湾最大的皮鞋品牌厂商。戴尔电脑也从一个人创业开始,大学生戴尔自己组装电脑,在大学中直接销售。戴尔现在是世界第二大电脑企业。肯德基也是一个人开始创业(山德士做炸鸡销售)。

### 2.家族创业

有些机会特征允许创业者运用家族企业形式创业。若利用创业机会的开发工程规模较小,主要创业者对其他成员不依赖,仅仅需要补充低技能的人力资源,而且创业者可以传授技能与知识给低技能的劳动力,并且这类人力是家族中有的,则创业者可以建立一个家族企业进行创业。相比于团队创业,家族企业创业在人员间的互信、人员稳定和股权集中方面都比较好。

### 3.团队创业

一个人的能力有限,可能无法与一个组织有效竞争,因此许多创业项目都是团队创业,主要创业者需要建立团队。有些创业机会具有以下特征:利用机会的开发工程规模大、历时长;需要多种技术组合;机会的时间窗口很短,竞争者的竞争压力较大,竞争将会很激烈。在这些类型中,创业者需要的是高技能的人力资源,他们与创业者的技能互补,

创业者对其他成员有依赖，需要建立一个规模较大的或多职能互补的创业团队，才能有效利用机会，缩短创业周期，及时应对竞争。创业者要评估开发利用机会需要的人员规模与技能组合，以及人力资源与技能缺口。为了填补这些缺口，创业者要建立一个团队。

**案例** 苹果决策期和种子期是乔布斯和沃兹2人研发。Google决策期和种子期是佩吉和布林2人研发。阿里巴巴决策期和种子期是马云带着团队共18人研发。微软种子期是比尔盖茨和保罗艾伦2人研发。方太决策期和种子期是3人研发。台湾的世洋科技决策期和种子期是7人研发、生产、销售。台湾的瑞传是3人规划工业电脑主板，与设计公司合作研发，设计公司外包生产并按照成本加三成给瑞传独家销售。比亚迪种子期是王传福和另外2人研发。百度种子期是3人带下面团队成员研发。前3个团队在种子期都没有成立企业。

## 二、分阶段建立阶段完整的创业团队

### 1. 创业初期建立职能完整的创业团队的必要性

思考问题：创业者是否需要在创业初期就建立一个大规模、职能完整的创业团队？

此问题的答案要看机会的开发特征。若机会的开发利用是一个大工程，需要多种技术，竞争者进入快，机会窗口打开的时间较短，时间紧迫，竞争将会很激烈，则创业者需要尽快建立一个人员规模较大的职能完整的创业团队。有些类型的机会窗口打开的时间很长，虽然开发利用的工程不小，也需要多种技术，但是创业者可以将创业过程划分出发展阶段，再分阶段建立团队。创业者一个人或少数人先创业，先达到种子期或建立期的阶段目标，显示出事业潜力，再吸收下一阶段需要的高能力的新伙伴加入团队。采用这种方式创业者的股份稀释较少，渐进的发展方式比较稳健可控，可以避免组织快速膨胀产生的管理混乱和失控。

### 2.分阶段逐渐建立创业团队，创业团队应具有阶段完整性

创业可能是一个长时间的大工程，目标不是短期能达到的，因此创业者需要规划出朝向长期目标的战略路线和发展阶段。主要创业者在创业各阶段要扮演好不同的角色，分阶段逐渐建立与发展创业团队，使创业团队具有阶段完整性。不同的创业项目经历的阶段和各阶段的人才需求不同，以下谨列述几个阶段的团队人才需求。

(1)种子期：以核心价值活动执行的技术人才为主，包含产品研制、运营和商业模式创造人才

主要创业者在创业初始阶段的角色可能不同。有些创业者是产品或技术专家，有创新知识或能够研发出创新的产品或技术，他们担任创业早期的研发者角色。例如比亚迪的王传福，eBay的皮埃尔·欧米迪亚。他需要的是能辅助他执行初期活动的人才，组成团队。有些创业者领导一个团队，担任执行长的角色，创业活动由下面的团队成员执行。例如阿里巴巴的马云与17位团队成员。

(2)建立期：延揽财务、研发、运营人才

建立期是融资,成立企业,投资设施设备,建立运营系统的阶段。在较大的创业工程项目中,这个阶段需要懂法律的财务人才,以便利用种子期创造的事业潜力融资。另外这个阶段的人才需要也是为下一阶段的改善期发展做准备,要根据下阶段的人才需要聘人。

(3)改善期:延揽财务、研发、运营、营销人才

创业经历了种子期发展阶段,达到阶段性目标和成功融资后,现有团队人员对执行下一阶段新任务可能存在知识技能与人力的不足。因此创业者需要取得下一阶段发展需要的关键人才,可能需要延揽财务、研发、运营人才。

> **案例**　阿里巴巴原始团队都是技术人员,建立了网站聚集了人气,获得了第一阶段成功,面临下一阶段的资金短缺。这时需要向风投溢价融资,实现原始资本增值,并达到新企业财务资源宽裕的目标,另外公司发展也需要一位财务长。下一阶段也面临网站技术升级,需要高级研发长的需求。后来马云从瑞典 AB 风投公司网罗了财务长蔡崇信,从雅虎公司网罗了技术长吴炯。

(4)成长期:延揽执行长

当主要创业者是一位技术专家,并且新事业已经进入到成长期时,主要创业者不能胜任企业管理工作,此时他要延揽一位执行长。例如,eBay 的创业家皮埃尔·欧米迪亚在企业成长期,延揽了 Hasbro 公司学前儿童部的总经理惠特曼担任 eBay 公司的执行长。

(5)危机期:延揽变革管理人才

当新事业遇到危机期,创业者不能胜任企业的重整变革工作,此时他要延揽一位变革管理人才。

> **案例**　马云在阿里巴巴过早国际扩张产生的危机时期,延揽了通用电气公司的经理关明生担任运营长,执行企业重整工作。

### 三、要建立什么样的团队？要取得的知识与技能资源

1.要吸收什么样的人加入团队(决策问题)

创业者需要技能相似与互补的伙伴,彼此之间存在依赖关系。创业者需要与自己相似的有产业知识技能的伙伴,这些人能够执行创业活动。创业者也需要知识技能与自己互补的伙伴,他能够解决新事业未来发展必须要解决的问题。这种技能是稀少的、不易在就业市场低价买到的,创业者对伙伴有一定程度的依赖,则创业者要吸引这些人投资,或者分享股份吸引他们加入团队。如果需要的人才是就业市场有充足供应的,则创业者可以采取聘任的方式取得这种人才。

2.成功创业团队特征

关于有效创业团队特征存在一般观点(也称为普遍适用观点)与权变观点。关于创业团队一般普遍特征的实证研究已得到以下结果:团队规模、过去合作经验或团队成员的友谊、

团队完整性、团队成员异质性会影响新事业绩效(Bruton & Rubanik,2002;Eisenhardt & Schoonhoven,1990;Francis & Sandberg ,2000)。以上特征结合主要创业者产业内工作年数长、担任过管理者,团队成员职能互补,共同构成了有效创业团队的特征。这种团队的产业特殊知识强,可以克服新创事业的新的不利。在相同产业或相关产业成长期创业的范围条件下,当创业团队接近一个原事业中的既有事业团队,则产业特殊知识强度大。

一般观点可以归纳为,成功创业团队通常具有以下特征:职能互补,阶段完整,合作过,有友谊、默契和信任。这些特征通常是与相同、相关产业成长期创业的一般范围条件(general scope condition)相适配的。在相同、相关产业创业的环境中,竞争者已经存在许多年了,已经组织化,产业特殊知识存量大,形成了创业的范围条件。这要求创业团队也要有互补、完整与分工协作的组织化特征,接近原事业中的既有团队,成员相同或相关产业工作年数长,符合创业阶段的要求,才能使团队的产业特殊知识强,接近竞争厂商的产业特殊知识存量。范围条件界定了特定理论适用的范围(Cohen,1990)。

权变观点认为,由于每个创业的特性都不同,不可能有一种最好的团队特征适用于所有的创业,因此最好的创业团队特征就是与创业环境特征最适配的(Lepak & Shaw,2008)。权变观点实际上暗示了创业团队特征必须符合创业的特殊范围条件(special scope condition)对团队特征的要求。特别是创业环境是特殊与异质的,团队要有相应的异质性与分工才可以应付环境各方面的挑战。

**案例**
温州某物流集团创业者,在创业初期提供中介服务,利用外地运货到温州的货车的回程空车(低度利用的资源),载运温州要发往外地的货物,让司机能多一份收入,货物可以便宜地运往外地。这个事业后来要发展成为一个合法的货代事业,需要有人能处理政府工商局的执照申请,让它批下来。同时,社会上有些帮派社会势力在争夺运输线,需要有人能解决。因此主要做事的创业者,找了另外两人组成了一个异质与互补的三人创业团队。他找了一个与政府工商部门有关系的伙伴,帮助取得货物代理公司的经营许可。他也找了一位帮派头目,帮助解决社会帮派争夺货运线的问题。每个成员解决创业环境中的一类问题,使新事业成功发展起来,目前该物流集团已经发展到有几亿资产。

**案例**
在美国搜索引擎公司工作后,有英文搜索技术的李彦宏,和有营销技术的徐勇,到中国创立百度时,吸引了第一个中文搜索引擎设计者刘建国加入创业团队。

### 3.创业团队集聚的资源

创业团队在资源获取上可以产生以下效果:(1)团队伙伴弥补了创业者个人在产业特殊知识、管理知识或职能知识方面的不足,使创业团队的产业特殊知识强度大。(2)有时伙伴还带有创新异质的知识。(3)创业团队的关系与社会资本强度大,能够从外部利益相关者那里动员更多的财务资本和智慧资本。(4)建立团队获得了团队伙伴的股权投资,增大了自有资本额规模,达到财力条件门槛,可以利用投资额相对较大的创业机会。

4.强势无形资源特征

创业团队具有强势的产业特殊知识与关系,也就是使新事业具有以下强势无形资源的特征:(1)强势资源主要由无形资源构成,包含由人携带的经验知识与关系,因此没有人才不行。(2)强势资源是由多种资源结合而成的,因此需要有职能互补与完整的人才、高技能与低技能的人才。另外环境的复杂性要求,针对环境特定方面的问题要有不同专业的人才来应对。(3)强势资源是组织化的资源,因此要有团队才行。(4)强势资源是多年才发展出来的,因此要求工作年数长。(5)强势资源是产业特殊的,只在有限范围内有效,即资源限制了可行策略范围,一般而言创业者只能利用有限的相同产业或相关产业的机会。强势无形资源构成了商业模式的关键资源能力,以及战略地图中的学习成长层次的无形资源,它们是战略成功最重要的资源。

5.创业团队经历程度、产业内通用知识强度、创业机会发现的关系

思考问题:在相同产业成长期创业,为什么要创业者和团队成员的经验度高,接近一个既有事业团队,以及要创业团队的产业特殊知识强度大?

经历程度、产业内通用知识强度、创业机会发现的关系以及这些条件与范围条件的关系示之于图 6-4。

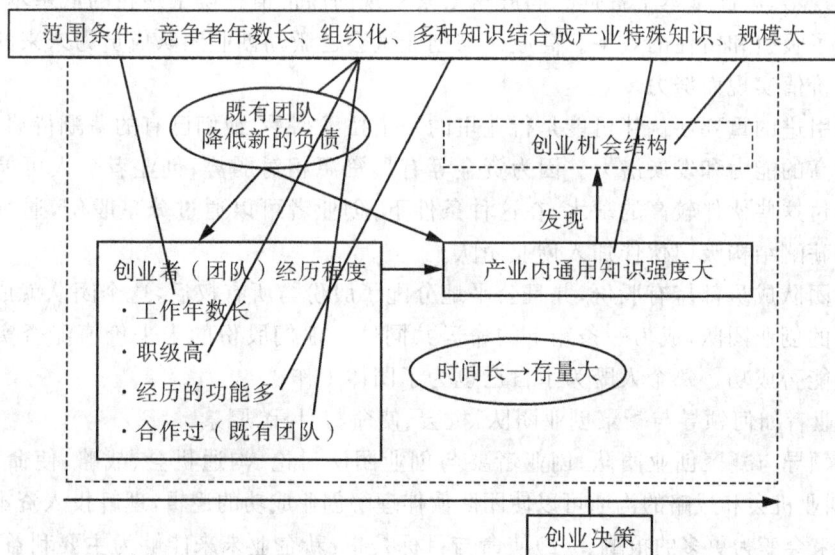

图 6-4　创业团队的经历程度、产业内通用知识强度、创业机会发现的关系

互动问答:决定创业时,为何要重视创业团队的无形资源?为何重视经历的时间?既有团队为何重要?产业内通用知识强度大有何作用?职能互补厂商有何作用?

创业团队特征与 SWOT 原则的关系:有效的战略要符合 SWOT 原则。SWOT 原则为:立足于强势、克服弱势、利用机会、避开威胁。以下是关于创业团队特征与 SWOT 原则间的问答。

互动问答:创业的有形资源 vs.无形资源何者强?到非相关产业创业好吗?创业者工

作了半年就在相同产业创业好吗？个人创业好吗？拼凑的团队好吗？创业者工作多年、任主管、可组成一个创业团队,在相同产业创业一定成功吗？

**结论:**要在本业或相关产业组建完整团队、立足于强势产业知识和关系、利用机会创业。实务人士总结得出了以下经验。创业要求符合五本:要本人、在本业、拿本钱、凭本事、守本分。符合五本则创业容易成功,但不保证一定成功,因为五本是新事业内部的因素,若外部没有创业机会,仍不符合 SWOT 原则,仍然不能成功。

## 四、如何建立团队

1.吸引人才加入创业团队:运用社会资本和分享股份

思考问题:创业者如何吸引需要的人加入团队？如何凝聚和激励他们？特别是在创业者个人资本不多的条件下。

创业需要具有强势的相同或相关产业经验知识或互补职能经验知识的人才组成核心创业团队。主要创业者如何吸引和凝聚需要的团队人才呢？如果主要创业者与原事业内部其他伙伴有很好的关系与很强的内部社会资本,则创业者可以利用社会资本动员他们。另外,在创业初期总体薪酬中,基本工资很低,没有短期绩效奖金,也没有福利,但是他让伙伴投资取得股份,分享未来利益,或送给吸引的人才较高股份。创业初期资金少,需要节约使用现金,因此基本工资低。高股份未来实现的高价值补偿了现在的低基本工资,对人才产生了吸引和留住的效果。高股份与创业机会也激励创业团队成员为未来的创业成功与股份价值实现而努力。

外部引进的重要新伙伴可能是行业里的一个技术高手,他们已有的薪酬待遇不低,而且也有很高的能力和发展潜力。因为资金等有形资源相对弱势,创业者个人可能并没有多少钱支付这些伙伴较高的薪水,在这种条件下,创业者可以通过分享股份,通过高股份低底薪的薪酬结构吸引伙伴加入创业团队。

创业团队成员都持有股份,并且公平地分配了股份与所有权后,这个团队就成为一个比较稳定的创业团队,成为一条船上的命运共同体。他们股份的未来价值能否实现有赖于新事业能否成功。每个人既为了自己也为了团体工作。

2.创业者如何领导与凝聚创业团队:机会、使命与目标、愿景

为了领导与凝聚创业团队,创业者要与创业团队讨论、沟通机会、战略、使命与愿景。(1)对于创业机会和战略的沟通可以使团队伙伴理解创业成功的逻辑,理解投入资本取得的股份在未来会变为更多的报酬。(2)使命与目标是指:新企业未来能够为主要利益相关者,特别是目标顾客提供更好的服务,创造更高价值,改善、提升他们的工作、生活水平。使命显示出新企业能为社会创造价值,能在社会中生存并具有正当性与合法性。(3)愿景是指:新企业未来能成长为特定细分产业领域的领先大企业,使得原始资本能增值几百倍上千倍。

3.股份比例、所有权、控制权、剩余索取权

思考问题:是否一个团队成员的钱多,他就可以多投资取得较多股份？谁决定投资金额多少？个人分配资金多少？取得股份多少？

创业者从机会开发需要哪些人员的角度确定创业团队成员,之后创业者需要决定团队里的分工和股份分配方案。团队分工是对个人承担任务的安排。股份分配是根据投资

额和个人贡献对利益分配方式的约定,也是所有权的分配,是剩余利润索取权的分配,是维系创业团队凝聚力的基础。股份显示所有权多少,它们决定了公司控制权与经营决策权,就是创业者与团队成员的决策权力与分工。在新创企业中,所有权与经营决策权合一的状态较好,在这种状态下主理人(大股东)与代理人(总经理)合一,不会发生代理问题,有利于创业的开展。主要创业者与团队成员的这种管理者与下属的权力关系,与持有股份的比例关系一致,对团队稳定是有利的。所有权与经营权不一致,即创业者不是持股最高的人,则存在创业者是在帮别的大股东打工的现象,这与创业者利用机会追求利润行为的自利本质不一致。另外,所有权决定了经营权,若股份多的大股东干涉股份少的主要创业者的决策,甚至换掉创业者,这种结果违背创业者的意愿,也破坏了团队稳定。

创业者为自己保留较高股份与最大的所有权,目的是保持最大的控制权,进而能保持经营决策权。利益是每个人都想追求的,当某个新加入的投资股东,或者新加入的伙伴已经与创业者协商出了溢价比例,即投入较多资金换取较低的股份,例如投入 2 倍的资金,换取相当于原始投入资本一半的股份,如果投资者要求投资额较大,以便换取最大股份或者较多股份,在这种情况下创业者往往会拒绝投资者或新伙伴的超额投资要求,以便保持控制权和决策权。

**案例**　马化腾在 1998 年创立腾讯公司时,相邀四位伙伴共同创业,由马化腾出主要的启动资金。有人想加钱,占更大的股份,马化腾说不行,"根据我对你能力的判断,你不适合拿更多的股份"。虽然主要资金由马出,但是他却自愿将所占的股份降到一半以下,47.5%。"要他们的总和比我多一点点,不要形成一种垄断独裁的局面。"马化腾占大股但不到一半,他掌握了所有权、控制权和最终决策权,但是没有人能够独断,使团队在维持张力时保持和谐。

**案例**　在阿里巴巴创业 1 年后的 2000 年 1 月,孙正义与马云协商资金与换股比例后,要求投资 3 000 万美元,并且取得第一大股东地位。马云后来反悔了,他要求孙正义的助理回去告诉老板,只接受孙正义投资 2 000 万美元,此比例可以使阿里巴巴的原始创业团队维持最大股东的地位,不失掉控制权与经营决策权。

**案例**　2000 年时台湾的魔比家(mobile home)手机销售网站的创业者接受了外部投资者投资,并使外部投资者成为最大股东。由于失去了控制权,在一年时间里,这位原始创业者就被外部投资者排挤出了公司,他只换得了投入资本 2 倍的回报,退出了自己亲手创办的公司。

通常主要创业者在整个创业过程中要有高度的控制权,甚至要有战略决策的独裁权,以便保证利用的是正确的机会,以及成功开发机会与获取价值。有些团队是从原事业出来的既有团队,保持了原有的权力、分工和责任结构,若创业团队中股份分配比例与权责结构一致,则这种团队是较为稳定的。在许多案例的创业过程中,创业者几乎都独自指定决策,如马云、李彦宏、王传福。在创业存在很高的模糊性、不确定性、风险性,而且创业者与下属以及外部投资者间存在很大的决策能力、认知能力以及创新能力差距的情况下,这种接近独裁的决策权是必要的。

4. 做蛋糕与分蛋糕

主要创业者发现了机会,整合资源拥有者,开发利用机会,是做蛋糕(创造价值)与分蛋糕(分享价值)的人。组织一群有资源和能力的人开发机会是在做蛋糕,提供股份吸引资源拥有者加入团队或成为事业伙伴是在分蛋糕与进行资源交换。在形成团队时,创业者面临一个问题:给谁分多少股?自己保留多少股?在所有权分配问题上,创业者既要使其产生吸引和激励效果,又要达到公平。在分配的公平性方面,所有权分配要在团队内部趋向公平,符合贡献决定权利的原则。在吸引和激励方面,创业者以低本薪高股份(在未来机会开发成功后会实现更高价值)与团队伙伴现有的高薪酬交换,对这些人产生足够强的吸引力,吸引他们加入团队,实现资源整合。股份在手的团队成员会受到激励,努力从事团队的机会开发利用活动。

创业者也要决定给自己保留多少股。由于创业者是贡献最多的人,而且他要拥有经营决策权,指挥人员开发机会,因此他自然应该是最高股份持有者,以便使所有权与经营权一致。不过如果创业者太贪婪,不愿分享利益,把公司大部分股权都揽在自己手里,而不是与其他伙伴共同创造与分享一块大蛋糕,那一切可能都会成为泡影。

**案例** 赵向阳(2009)描述了一位北大教授在创业过程中不愿与掌握技术的团队成员公平分配股份导致团队分裂与创业失败的案例。

**案例** 蒙牛的创业者牛根生深谙此道,在许多场合强调过"财散人聚、财聚人散"的道理,在创业过程中始终注重与创业团队成员共分利益。

**案例** 阿里巴巴的马云也懂得让他所依赖的创业团队成员都能分享到利益。马云和牛根生虽然与团队成员分享股份和未来利益,但是因为他们是团队领导者,因此在创业时他们个人的股份还是最多的。即通过对股份分配比例亦即所有权的控制,实现对经营权的控制。

在确定所有权分配时,创业者要遵守三个重要原则,避免以后发生冲突。第一,重视契约精神。在创业之初就以契约形式将所有权分配方案写成法律文件,并且在新成员加入团队时,通过协商调整股份比例并写成文件。这有助于长期保障团队稳定。第二,遵循贡献决定权利的原则分配所有权比例。在现实中,出资额多少,关键技术价值,以及关键人才的技能都是股份分配的考虑因素。第三,所有权与经营决策权一致原则。股份分配,也就是所有权的分配,本质上是对公司控制权的分配方案。控制权与经营决策权保持一致或合一,有助于创业团队的稳定。

## 五、创业团队组织结构:个人、伙伴合作型、简单直线型、职能型结构

由于资源少,因此创业期的组织要聚焦,包含在市场方面和价值活动方面聚焦。因此创业组织初期从事职能很单一的价值活动,在此小范围中创新和生产,成为一个扁平、有机、富有、弹性、适应性强的创业团队。由于机会特征不同,要求的组织规模不同,使得创业初期的组织结构呈现为图 6-5 所示的几种形式:(1)创业者一个人。例如新东方的俞敏洪,飞科的李丐腾,京东商城的刘强东。(2)伙伴合作型。例如苹果的乔布斯和沃兹。Google 的佩吉和布林。(3)简单直线型。创业者带几位下属执行研发或生产或销售的单一职能工作,组织是简单直线型组织结构。例如,阿里巴巴、瑞传、科林。(4)职能型。在规模较大的新事业中创业者带几位干部分别负责生产、营销、研发、人力资源、财务管理的工作,组织设计采取职能型组织结构。例如蒙牛公司、世洋科技。

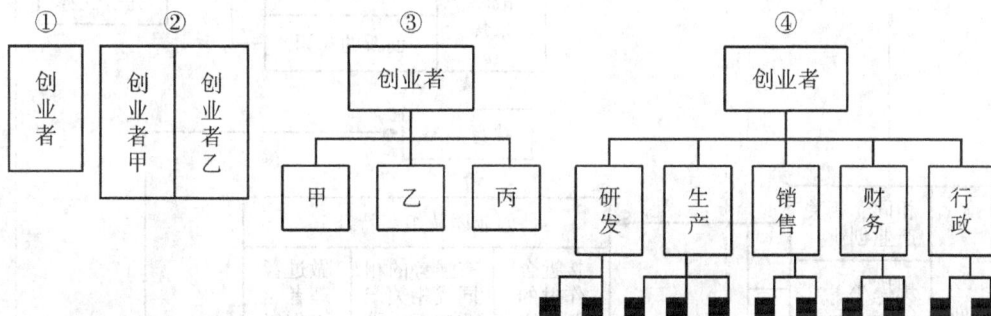

图 6-5　创业初期的组织结构类型

## 六、创业团队的人力资源管理系统特征以及与情境、战略的适配

1.创业期的情境、战略和人力资源特征

朱沛和苗青(Zhu and Miao,2011)研究了创业期的人力资源管理系统,以蒙牛和阿里巴巴为验证案例,读者可以阅读书籍《蒙牛内幕》(孙先红,2005)和《马云的阿里巴巴神话》(孙燕君,2007)。以下讲述相同或相关产业创业的情境、战略和人力资源特征:(1)立足于强势的相同或相关产业知识,以便在模仿、复制的基础上创新。(2)规模小(与竞争者比),因此需要寻找机会差异化。(3)资金少(资源少)。创业者要运用聚焦加联盟的战略减少资金需要,同时也要节约使用现金。(4)组织新。需要建立一个既有团队。(5)时间紧。需要能立即执行工作任务的人。(6)组织非正规化。没有正规的流程和管理制度。(7)没有短期绩效。创业活动不能在短期看到销售额和利润。

因此:(1)战略上要立足于强势、聚焦与利用机会进行差异化。(2)选择利用相同或相关产业浮现期或成长期的创业机会。(3)创业者经验度高,有强势的相同和相关产业知识与关系。他运用产业知识做正确决策,利用关系与社会资本能够建立创业团队。(4)创业

者需要能立即执行工作任务的人,因此需要团队成员是已经受训过与有经验的,具有相同或相关产业经验知识或互补职能知识。(5)一方面团队要接近于一个既有团队,团队成员相互依赖,相关和相同产业知识强,能模仿、复制原事业的模式、组件和技术知识。另一方面团队要具有异质性,能够解决创新与适应的问题。(6)存在创业机会结构,包含上游有差异的新要素,或者创业团队有创新理念和创新知识,竞争者没有利用,以及下游市场存在需求。利用创业机会使创业者能实现产品差异化。(7)在没有短期绩效的条件下,创业者要设计出一个能吸引、留住人才和有激励效果的薪酬方案。(8)在没有正规管理制度的情况下,要靠创业者的要求和指令来管理。

2.创业期的人力资源管理系统特征以及与战略及情境的适配

创业期的人力资源管理系统、创业团队组织、创业战略与情景条件之间的关系,见图6-6。在创业初期的战略与情境条件下,创业期的人力资源系统具有下列特征。①工作定

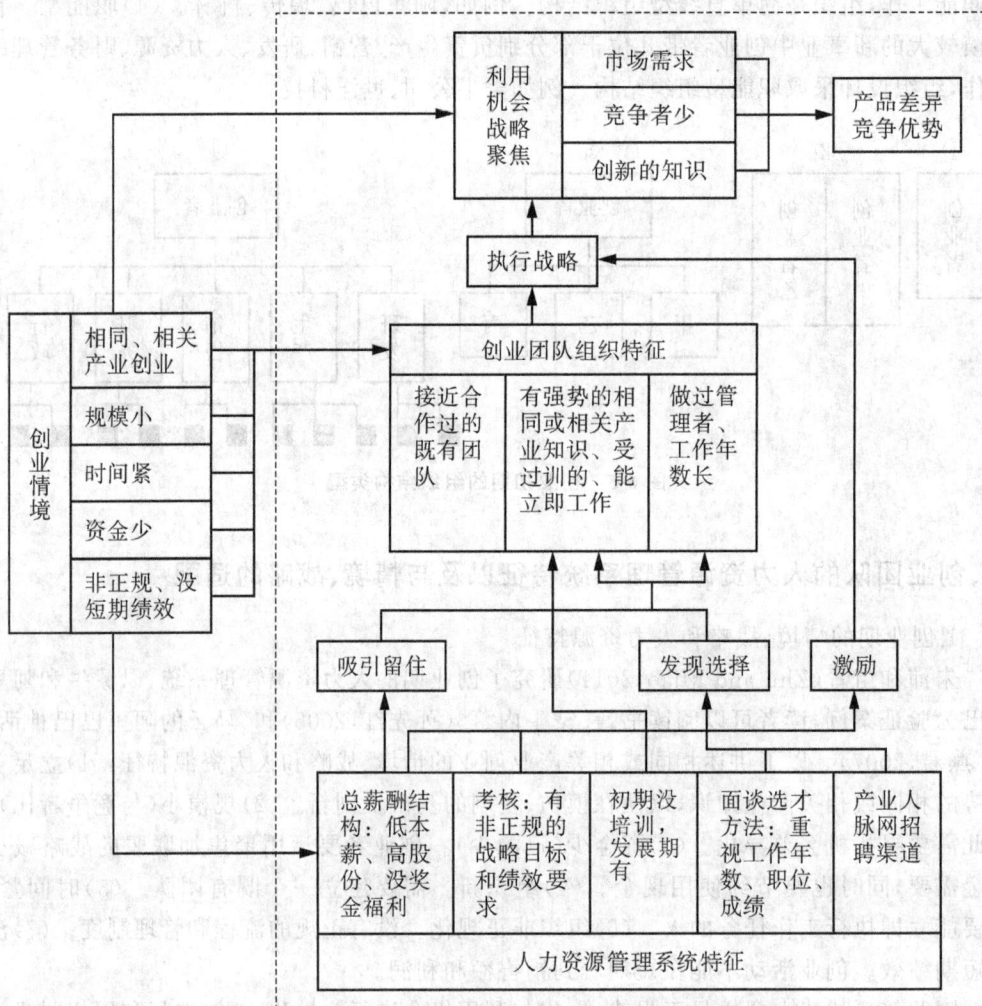

图 6-6 创业期的人管系统与组织、战略关系的理论架构

义:较宽、可变、方向明确。②招募渠道:选择产业人脉网的招募渠道。③甄选:采取面谈方法,重视应征者的工作年数、职位和成就。④安置:按各人所长进行分工。⑤培训:没有短期培训,改善期以后才有培训。⑥考核:没有短期绩效考核,有非正规的战略目标和绩效要求。⑦管理:高度授权、低度监督、结果考核。⑧总体薪酬结构:低本薪,高股份,没奖金、津贴、福利。⑨低本薪、高股份+创业机会→吸引、留住、激励员工。

以下说明人力资源管理系统的构成与战略、情境的适配关系,阿里巴巴与蒙牛等许多案例符合这个理论架构。

(1)招募渠道:选择产业人脉网的招募渠道

在相同产业和相关产业创业中,核心创业团队成员要有强势的相同或相关产业经验知识或互补职能知识。这种人才包含原始创业团队的成员,以及吸引来的关键互补人才。因为这种人才在现存公司中工作,不会看招聘广告,因此不适合通过报纸媒体的招聘广告招募。创业者通过在产业中的人脉网络可以接触到这种人才,因此选择人脉网的招募渠道。

(2)甄选:采取面谈方法,重视应征者的工作年数、职位和成就

创业者甄选的核心创业团队成员要具有强势的相同或相关产业经验知识或互补职能知识。创业初期甄选主要采取面谈的方法,根据应征者的工作年数、职位和过去的成就选择人才。

(3)培训:没有短期培训,改善期以后才有培训

创业期要求员工有强势的相同或相关产业经验知识或互补职能知识。过去的工作经历使他们是已经受训过的,能立即执行任务的,因此不需要培训。另外因为时间紧也没有时间培训,因此创业初期基本没有培训。

(4)考核:没有短期绩效考核,有非正规的战略目标和绩效要求

创业初期没有严格的流程和管理制度,创业也不是很快能看到利润的活动,因此没有正规的短期绩效考核。但是创业期有非正规的绩效管理方法,包含战略目标,主要创业者有短期绩效要求。

(5)总体薪酬结构:低基本工资,高股份,没奖金、津贴、福利

总体薪资包含基本工资、津贴、奖金和福利的成分。因为创业初期资金少,要节省与减少现金流出,因此基本工资水平低,也没有津贴与福利。创业期没有正规的短期绩效考核制度和短期绩效,因此也没有短期绩效奖金。受过训的、有强势产业经验知识甚至做过管理者的人才原先的薪资水平较高,若创业时总体薪资水平低,则对员工就缺乏吸引力。因此要么创业团队成员投资持有了股份,要么创业者以低工资加高股份与这些成员过去的高工资进行交换,以高股份的未来高价值补偿现在的低基本工资。

(6)总体薪酬结构与吸引、留住、凝聚、激励人才的关系

单纯持有高股份并不一定会产生激励效果,还要有创业机会,才使股份未来变成现金。高股份的未来高价值即补偿了现在的低基本工资,具有吸引、凝聚和留住人才的功能,也可以激励团队成员为未来价值的实现努力。

(7)人力资源管理系统的水平和垂直适配关系

因为有强势产业经验的人才通过人脉网招募,通过面谈甄选才有效,进入公司后不需

要培训,因此招募、甄选、培训是水平适配的。高股份的未来高价值补偿了现在的低基本薪,对人才产生了吸引和留住的效果,使总体薪酬与招募、甄选水平适配。股份价值实现的激励,加上有战略目标和短期绩效要求,使非正规的绩效管理方式与薪酬水平适配。

招募、甄选的人才已经具有执行战略的产业经验知识与技能,不需要培训,能立即执行短期任务,因此招募、甄选、培训是与情境、战略和人力资源特征垂直适配的。在创业初期总体薪酬中,基本工资低与资金少及需要节约使用现金的情境适配。高股份与创业机会也激励创业团队成员努力,即总体薪酬结构与创业期的情境、战略和人力资源特征垂直适配。有战略目标和短期绩效要求,加上股份激励,使非正规的绩效管理方式与战略垂直适配。

如图 6-6 的理论架构所示,左边虚线外面是创业情境,虚线内部是情境中发生的创业现象。创业情境特征产生了对创业战略的特殊要求,对执行创业战略的创业团队组织的要求,以及对人力资源管理系统特征的要求。领导者要根据创业的情境、战略和组织要求,选择适当的人力资源管理方法,建立一个适配的人力资源管理系统。人力资源管理系统能建立与发展一个有效的创业团队组织,并激励团队执行战略。战略要聚焦和利用机会差异化,并在未来创造出竞争优势。

例如:阿里巴巴的创业经历:(1)愿景为,创办一个中国人创立的最好的公司,要活101 年,要成为世界十大网商之一。(2)18 人组成的既有团队,有产业特殊知识(网站开发技术)。(3)团队内部有分工,如孙彤宇建站推广,吴泳铭负责技术等等。(4)目标、考核为2 个月设计出 B2B 平台,半年聚起人气。(5)马云对工程师尊重、授权、不干预技术细节,但干预设计原则(必须简单、对顾客有价值)。(6)战略决策由马云独自做出。(7)它是一个有机组织。战术决策自由争论、平等决策,没有严格的制度、流程。(8)股份是马云较多,其他成员较少。后来在改善期开始提供股份网罗了技术长吴炯,在改善期危机阶段网罗了变革管理者关明生。

**创业决策期组织与人力资源管理阶段产出目标**
- 建立了创业团队,设立分工协作的组织结构,达到种子期阶段团队完整。
- 取得了产业特殊知识,互补职能知识,以及关系。
- 建立了股权分配关系。
- 建立了初期的人力资源管理系统。

# 第四节　创业决策期财务管理:评估风险报酬,进行以小博大的投资决策

## 一、财务管理者

1.谁来进行创业期的财务管理

创业期最主要的财务管理者就是创业者,他通过一系列事业战略决策以及职能战术决策(包含财务职能战术决策),影响财务报表与财务状况,进行财务管理。创业初期多数

新事业没有财务职能负责人。如果新事业中有财务负责人,他主要通过财务报表提供财务事实数据,通过财务比率监测财务状况,提供财务职能战术决策建议给创业者,维持企业财务状况良好,支持事业战略的执行。例如有些财务长有能力帮企业融资,适当配置资产负债结构,监测现金流,提醒企业的风险等等。

2.何时需要请一位财务长

新事业是否与什么时候需要聘请一位财务长?这是与新事业发展阶段有关的。有许多没有成长起来的小企业可能永远不需要请财务长。一般来说,当新事业成长起来了,规模较大,复杂性较高,创业者若不利用财务报表已经无法监控企业各方面运行状况,潜藏的风险较高,或者需要向外融资时,需要聘请一位财务长。通常在种子期是没有财务长的,在建立期或改善期比较可能聘请财务长。

## 二、决策期财务管理阶段投入条件

创业者个人可投入一定自有资本;吸引伙伴加入可使创业团队具有较多自有资本;创业机会需要一定的投资水平,具有一定风险程度、报酬水平;环境中存在一些创业融资机构。

## 三、创业财务决策:选择投资小报酬大的项目,发展以小博大战略

决策期创业者要权衡投资规模与风险、机会的报酬是否有吸引力,自有资本能否满足投资需要以及缺口能否补足。

创业者需要分析机会特征,明确自有资本金额、需要的绝对投资规模和相对投资规模。不同创业项目的机会开发工程要求的投资规模不同,相对于创业者和团队的自有资本,需要的投资额存在小(足够)、中(不够)、大(少很多)的情况。有些要求的投资规模较小,自有资本可以满足资金需要,相对投资规模小。有些要求的投资规模中等,自有资本不够用,相对投资规模中等,除了自有资本外,需要融资。有些要求的投资规模很大,需要大额融资,相对投资规模大。在自有资本不足的条件下利用机会,需要发展出融资方案补足资金或者发展一个战略合作方案降低自身投资规模,实现以小博大。此外,不同创业机会的报酬也会不同,有些超大,有些中等,有些较小。一般而言,投资的报酬与风险是对等的,在存在不确定性的条件下,相对投资规模越大,则可能风险越大。图 6-7 列出了相对于自有资本的机会开发投资规模与风险、报酬的两维度决策图。

创业者应该放弃图 6-7 中Ⅳ、Ⅶ、Ⅷ的三类机会的创业项目。因为这三类机会开发的投资规模很大,创业团队的自有资本不足,需要融资,风险很大,但是机会的报酬又不高。

图中Ⅱ、Ⅲ、Ⅵ的类型是最为有利的,相对投资规模小,风险小,报酬很高,因此值得坚决利用此机会。

如果创业者和团队的自有资本有限,可以放弃投资规模大的创业项目,选择符合自身财力的中小投资规模的创业项目。例如选择图 6-7 中Ⅰ、Ⅱ、Ⅲ的三类机会的创业项目,在自身财务条件限制下进行战略选择与决策,并且采取保守稳健策略。美国富国银行 2006 年在美国调查得出,创设一家企业的平均资本仅为 10 000 美元(康沃尔,2006),多数创业的资本要求不太高。

| | | 低 | 中 | 高 |
|---|---|---|---|---|
| 相对投资规模 | 大 自有资本不够 | Ⅶ.低报酬、高风险 投资决策：放弃、不利用 | Ⅷ.中报酬、高风险 投资决策：放弃、不利用 | Ⅸ.高报酬、高风险 投资决策：放弃或豪赌、战略降低风险 融资决策：高融资 |
| | 中 自有资本不够 | Ⅳ.低报酬、中风险 投资决策：放弃、不利用 | Ⅴ.中报酬、中风险 投资决策：放弃或利用 融资决策：中融资 | Ⅵ.高报酬、中风险 投资决策：赌、利用 融资决策：中融资 |
| | 小 自有资本足够 | Ⅰ.低报酬、低风险 投资决策：自有资本利用 融资决策：不融资 | Ⅱ.中报酬、低风险 投资决策：自有资本坚决利用 融资决策：不融资 | Ⅲ.高报酬、低风险 投资决策：自有资本坚决利用 融资决策：不融资 |

机会的报酬（吸引力、利润）与风险

图 6-7　相对于自有资本的机会开发投资规模与风险、报酬的两维度决策图(朱沛思想)

许多投资规模比自有资本规模更大的创业项目也是创业者能利用的,例如选择图 6-7中的Ⅴ、Ⅵ、Ⅸ三种类型,创业者做这种决策是由于报酬大于风险,选择了冒险进取战略。第Ⅵ类是最有利的,可以以小资本博大报酬,创业者应该赌进去,坚决投资利用。第Ⅴ类有中度的风险与中度的报酬,但是以小资本加融资,仍然可以以小资本博大报酬。第Ⅸ类的投资很大,自有资本差很远,需要高融资,风险很大、报酬也很大。对这类机会创业者可以放弃,也可以豪赌。

在创业者和团队的自有资本有限的条件下,对于投资规模较大的Ⅴ、Ⅵ、Ⅸ三种类型的项目,存在 4 种决策选项。

①第一种是放弃此项目不利用,寻找其他投资规模小的创业项目。

②第二种是在种子期开始就向外融资,取得较多股权投资资金。但是此种策略会稀释创业者和团队的股份、所有权和控制权。

③第三种方式是构思出一条分阶段渐进发展的战略路线。初期与种子期阶段用自有资本开发。在自有资本耗尽前达到种子期阶段目标,让新事业显示出未来高获利潜力,再在建立期或成长早期向天使投资者或风险投资商高溢价融资,以较少股份比例换取较多股权投资资金,从而达到降低外部投资者的权益比例,提高创业团队权益比例,并取得了资本的目的。通过利用这类更有利的机会,最终达到创业团队获取更大利益的目的。

④第四种方式是利用"聚焦＋合作联盟"的战略方法,利用外部伙伴企业的资源与价值活动,同样可以达到以小资本利用大机会的目的。

评估结果应该是,利用创业机会的报酬大幅超过投资加上机会成本。自有资本足够,或者能运用上述第三种或第四种战略方法解决自有资本不足的问题,实现以小搏大。为此,创业者需要进行战略规划和财务规划。

## 四、财务规划

### 1.良好与不良的财务管理

良好的创业财务管理应该:(1)将创业过程划分出阶段,按照各阶段的估计资金需求和供给进行财务规划,进行融资与投资。(2)善用聚焦加联盟战略,进入并聚焦到核心价值活动,在非核心价值活动上与伙伴厂商联盟合作,降低投资规模与融资规模,降低风险。(3)建立一个价值活动逐步进入的战略发展路径。

不良的创业财务管理包含:(1)将整个创业期间的投资认为是种子期开始就要筹集的资金,在种子期进行过多的融资。种子期因为还没有研发出产品与商业模式,没有显示出商业化潜力,不容易进行溢价融资。融资使创业团队的股份被稀释较多,可能导致外部投资者未来对创业者的干涉较多。(2)新事业一进入就要做太多价值活动,没有聚焦到最能够发展出优势的价值活动,使得新事业的价值活动范围很大,投资规模很大,风险很大。(3)没有建立一个战略发展路径。

### 2.财务规划:根据财务判断进行粗略的财务规划,或者根据财务预测进行较准确详细的财务规划

创业决策期创业者要进行财务规划,以便对未来的创业活动进行有效的财务管理。决策期财务规划存在两种情况。(1)粗略的财务规划。如果创业要从一个理念开发产品与商业模式,种子期阶段较长与不确定,则这类创业的财务规划在决策期只是根据大概的财务判断决定影响财务的创业行动。通常在决策期没有进行财务预测,因为产品还没有出来,对于未来各年的收入和利润结果无法准确预估。这类创业通常要到种子期完成与建立期开始阶段,可以从产品、服务的性价比和商业化潜力推估未来的投资额、销售额和利润时,才开始根据财务预测进行较准确详细的财务规划。(2)较准确详细的财务规划。如果产品、服务在先前的事业已经发展到接近完成了,种子期阶段较短与确定性较高,则在决策期就要根据财务预测进行较准确的财务规划。本书在决策期只讲述粗略的财务规划,详细的财务规划放到建立期讲述。

### 3.粗略的财务规划

在决策期创业者可以进行未来数年的粗略财务规划,回答以下问题:创业各阶段需要多少投资?自有资金多少?各阶段需要多少融资金额?应该选择哪种融资类型(负债或权益)?创业各阶段如何管理现金流量?额外的现金应该从何而来?创业者可以利用他的产业特殊经验知识,就是对相同或相关产业的事业投资水平与经营盈利的了解,参考行业平均水平,估计未来数年的财务状况,进行粗略的财务规划,包括根据创业机会的有利程度、机会开发工程的规模与特征,估计产品、服务开发成功需要的时间与投资,自有资本多少,创立新事业需要的投资金额多少,创业各阶段的投资多少,以及资金缺口和需要的融资金额,可能实现的产品优势(销售和毛利),跨过盈亏平衡点的时间,各年的收入、成本与获利。

由于较为准确的销售收入、成本和获利，要到种子期结束才能预估出来，因此决策期只需要粗略地划分出创业阶段，估计各阶段的投资需要、自有资金规模、需要的融资规模、现金流情况。然后在兼顾财务稳健与冒险以小博大的情况下，制定资源利用战略，包括筹集多少初期资本，种子期投资后要达到什么目标，为后期的融资创造条件，以及建立期融资之后，要取得哪些重要的实体资源和人力资源，为后面阶段的发展创造条件。由于财务规划中为了保证资金充分与现金流不断裂，最重要的是有效融资，因此下面重点讲述一部分创业融资理论，其他的融资理论放在第八章建立期讲述。

### 五、融资规划：分阶段取得创业资金

#### 1.融资必要性

当创业者和团队成员自有资金不够创业所需时，需要进行融资。创业融资是指从别人那里取得资金，包含发行股份取得股权资金和向银行或债权人借钱取得债务资金。融资简单说就是将别人的钱拿来自己用，但是要支付利息或者股利分红。融资要按照创业阶段，对自有资金与外部融资比例，融的对象、方式，股权或债务比例（资本结构）以及资金成本做出决策，使股权资金或负债资金与新事业需要的资金性质配合。

由于创业者和团队的自有资金可能不够创业所需，创业初期只有现金流出没有现金流入，创业存在很高的不确定性可能导致投资回收期过长，因此保证创业各阶段所需的资金宽裕，避免创业中途因资金短缺导致失败是非常重要的。这使得取得宽裕资金的融资成为创业期非常重要的财务管理事项，但是融资也是创业期财务管理上的一件困难的事。

#### 2.融资决策原则：要考虑风险和资本利得率，决定适当的资本结构（股、债比例）

在资产负债表右边的股东权益与负债部分，需要做融资决策。融资种类的决策原则如下：（1）若企业未来有发展潜力，则最好是创业团队的股份比例高，外部股权投资者的股份比例低，使创业者和团队股份不稀释，保持较高所有权、控制权，可获得较多未来利益。要降低外部股权投资者的比例，就要降低固定资产投资需求和融资需求，可以运用聚焦加联盟的策略，以及利用创业阶段的特征进行融资。（2）若风险和不确定性较大，不容易保证资本利得率大于借款利率，则应该融资取得长期稳定的股权资金，不应进行负债融资经营。通常在创业初期（包含种子期、建立期、改善期）有很多不确定性和风险，几乎不能产生正现金流，不容易保证资本利得率大于借款利率，因此在产品或服务经过市场测试成功之前，更准确地，在产品或服务商业化之前，应该融资取得长期稳定的股权资金，不应进行负债经营。（3）若风险和不确定性较小，容易保证资本利得率大于借款利率，则应该进行负债融资经营。通常在成长早期的风险不大，资本利得率大于借款利率很多，则值得扩大负债比率，向银行和融资机构借款，进行负债经营。（4）若已经进行了负债经营，企业的风险和报酬都可能会增加，为了降低风险稳健经营，新事业应在市场地位不很稳时采取低负债比、高权益比的资本结构经营。（5）应该进行长投长融，短投短融，避免短融长投。在选择负债种类时，对于回收期比较长和比较晚的长期投资项目，应该选择融资取得长期负债资金；对于回收期比较短的短期投资项目，应该通过银行短期融资取得短期负债资金。否则会增加风险。

3.融资难题

(1)创业融资:创业者面临的难题

创业者寻求外部资金支持比较困难,创业融资是创业过程中的难题。这是因为企业规模小,成立时间短,缺少抵押资产,创业企业没有可供参考的经营记录,创业融资额过小,使银行不感兴趣。

(2)创业融资难的理论解释

①不确定性:创业具有非常大的不确定性和失败风险,我国新创企业失败率在70%左右。国外学者估计,新创企业在2年、4年、6年内的消失率分别是34%、50%、60%。高失败率和投资风险导致创业融资难度大。

②信息不对称:此处是指创业者了解的真实信息与投资者了解的不同。创业者没有清楚的创业计划书,或有创业计划书但仍难详尽说明经营方式,使投资者对创业者的事业产品不太了解,对创业后的经营是否正派和稳健也较难判断,因而不敢贸然投资。

4.融资难题的解决之道:按照创业阶段进行融资,融资对象与种类选择

(1)融资渠道与对象

融资的渠道与对象可以分类为:私人资本融资、机构资本融资。

私人融资包含自筹资金、亲友融资、天使融资、众筹融资。自筹资金融资通常用于初始创业融资,它可以提高创业者和团队的股份,强化创业者的承诺。如果向亲朋好友采取股权融资的方式,创业者不能承诺未来支付红利的时间,因为创业的不确定性很高,获利的时间不易预测。自筹和亲友融资占了初创资本的70%到85%。如果采取债权融资的方式,需要讲明付息还本计划。个人投资(天使资金)可能是在创业构思阶段就可获得的资金。天使投资者是过去的成功创业者或科研机构专业人员。在互联网上出现了新的P2P和众筹融资网站,联结了需要资金的创业者和提供资金的投资者。

机构融资包含银行贷款、风险投资融资(创业投资)、中小企业互助机构贷款、国家和地方的创新创业融资支持、发行股票融资。

向风险投资商进行融资,通常可以取得比较大额的股权资金。一万家企业中大约有四家企业得到风投资本(康沃尔,2006)。风险投资商是最主要的支持创业活动的私营投资机构,通常它们投资的时间较晚,一般在能看清新事业获利与成长潜力的建立期之后,但是有些风投商仍然可以在种子期投资。风险投资商在评审创业计划和融资需求时遵循三大定律:①创业包含五种需要评估的风险因素即研究开发风险、产品风险、市场风险、管理风险、创业成长风险。绝对不选含有超过两个以上风险因素的项目。②V=P×S×E。风险投资商考核创业项目的价值V时,综合考虑P产品市场大小、S产品服务独特性、E管理团队的素质三项因素。③投资V值最大的项目。

向银行融资通常可以取得债权资金。向银行融资需要抵押品,或利用担保机构,银行会对贷款企业征信。银行的个人经营类贷款包含:个人生产经营贷款、个人创业贷款、个人助业贷款、个人小型设备贷款、个人周转性流动资金贷款、下岗失业人员小额担保贷款等。

**案例** 　　孟加拉国的经济学者尤努斯创立了一个穷人银行,以多人信用担保贷款给穷人经营。

(2)创业的阶段与融资渠道、对象及资金种类的匹配

创业融资有阶段性特点。不应把创业融资仅理解为筹集创业启动资金,创业者要了解不同阶段的特点,实现融资阶段、数量与渠道的合理匹配,才能化解融资难题。图 6-8 显示了创业阶段与融资渠道的配合关系。

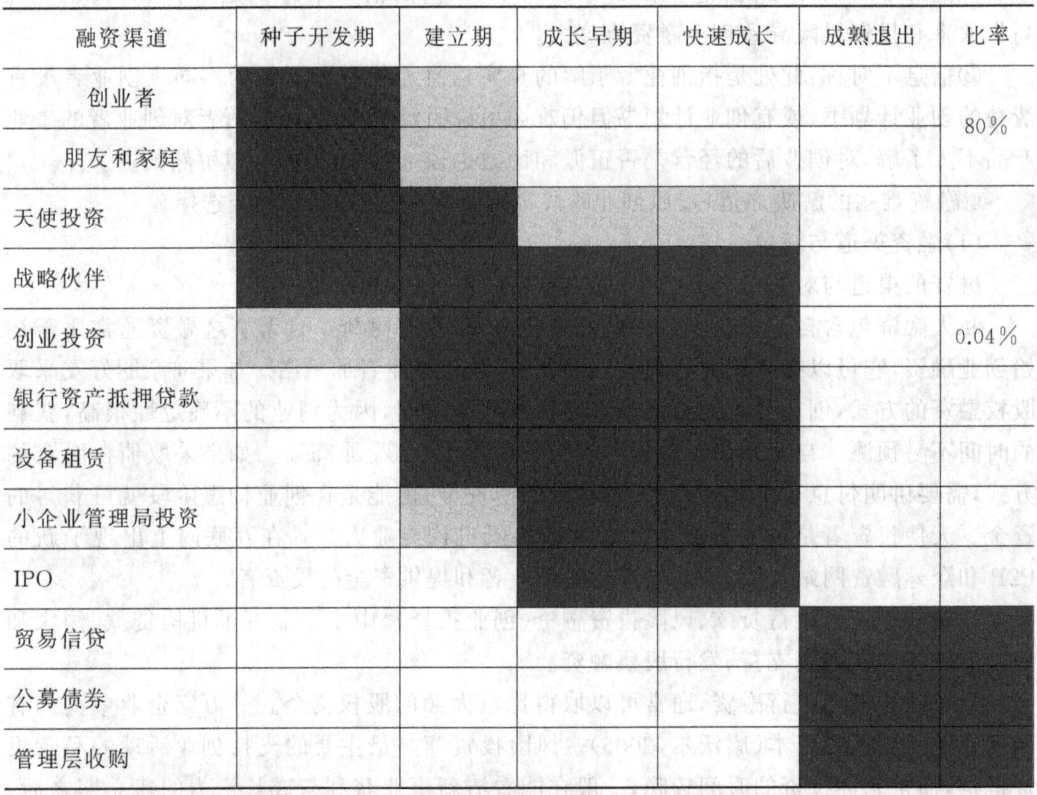

| 融资渠道 | 种子开发期 | 建立期 | 成长早期 | 快速成长 | 成熟退出 | 比率 |
|---|---|---|---|---|---|---|
| 创业者 | | | | | | 80% |
| 朋友和家庭 | | | | | | |
| 天使投资 | | | | | | |
| 战略伙伴 | | | | | | |
| 创业投资 | | | | | | 0.04% |
| 银行资产抵押贷款 | | | | | | |
| 设备租赁 | | | | | | |
| 小企业管理局投资 | | | | | | |
| IPO | | | | | | |
| 贸易信贷 | | | | | | |
| 公募债券 | | | | | | |
| 管理层收购 | | | | | | |

注:黑色部分与灰色部分分别表示该阶段的主要融资渠道与次要融资渠道。

**图 6-8　创业的阶段与融资渠道的匹配**(王苏生,2006)

创业决策期财务管理阶段产出目标

· 筹集了自有资本,至少够种子期开发所需。

· 决定利用的创业项目是创业团队的财力能利用的。自有资本能满足创业各阶段的资金需求,或者自有资本够种子期开发所需,不够整个创业所需,但是创业者发展出了一个以小博大的分阶段财务融资计划。

# 第五节　创业决策期商业模式与运营管理：结合异质资源创新商业模式

## 一、创业决策期商业模式与运营管理阶段投入

①创业机会距原事业专业核心不远，有从原事业工作中取得的产业特殊知识中的运营知识，可以复制建立部分新事业运营系统。

②创业机会结构中存在资源新结合的可能，可以创新商业模式和运营系统。

③存在上下游厂商与职能互补厂商，可以缩小价值活动范围，使内部运营环节较简单。

④有形财务资源有限，正规资源昂贵或难以获得，但是存在手头可用来拼凑的一些资源。

## 二、决策：判断可行性，聚焦于少数活动，能运用复制加创新的方法建立运营系统

关于商业模式创新与运营系统建立，需要思考以下问题并作出决策。

在存在创业机会结构的条件下，创业者可以构思创新商业模式与建立运营系统的方法，以产业特殊知识中的事业运营经验知识，结合新的资源与技术条件，判断与评估可行性。

第一，在产业价值链定位方面，创业者要决定新企业如何在产业价值链上聚焦，要从事哪几个价值活动，以及可以与哪些外部企业合作补充需要的价值活动。如果创业者判断能缩小价值活动范围，则能降低建立内部业务运营系统的门槛和复杂性，容易执行成功。

第二，在商业模式方面，创业者要思考：如何创新商业模式？在哪个方面能创新？要利用哪些新资源与互补资源进行创新？在第五章第六节中，魏炜已经指出商业模式创新是指在五个方面中的任何几个方面进行重构。利用创业机会结构建立的商业模式可以在定位要服务的顾客群、内部业务系统、关键资源能力、利益相关者的交易结构、利用上游要素创造新的资源结合中的某些方面重构。利用异质资源创造一个资源的新结合方式，就是创造出商业模式的业务流程和关键资源能力，也是创造出战略地图的关键内部流程和无形资源部分。利用创业机会结构既是创新商业模式，建立内部运营系统，也是建立战略地图，提供差异化的与稀少的新产品，为定位的目标细分市场顾客创造更高价值，产生利润和现金流的结构。

以下说明两类创业机会结构如何运用模仿复制加创新建立创新的商业模式（Chandler，1996）。（1）在创业者有产业特殊知识，利用上游新要素形成创业机会的类型中，上游差异的新要素（组件）是利用的异质资源，创业者运用从原事业复制的产品结构知识结合上游差异的要素（组件），做出的差异化的与稀少的新产品在组件层次有创新（Henderson & Clark，1990），产品性价比更高，可以服务高端细分市场的顾客。这类商

业模式与过去的商业模式比,定位在高端细分市场,利用的上游要素不同,因此在定位和结合的上游要素方面有创新,在事业内部流程方面是模仿复制的。例如瑞传的商业模式属于这一类。(2)在创业者有相关产业知识以及有创新知识形成创业机会的类型中,创业者用相关产业的运营知识模组,重新针对新产业细分市场的新顾客,做出新的结合。这类商业模式与过去的商业模式比,因为目标顾客群不同,业务系统的结构不同,因此在市场顾客定位、业务系统上有创新,但是在建立业务系统的模组和技术方面是模仿、复制相关产业原事业的。例如阿里巴巴的商业模式属于这一类。

第三,在财务和实体资源缺乏和有限的条件下,创业者特别还要构思如何建立内部运营系统。创业者可以运用拼凑资源的方法,利用手头的可用资源拼凑出运营系统;也可以运用正规的知识创新方法结合资源。这部分知识将在本书第七章第四节讲述。

如果在资源限制下,对商业模式创新和运营系统建立的评估结果是可行的,则意味着创业者能找出一条战略方案和路径,分阶段建立新企业的运营系统。

**创业决策期商业模式与运营管理阶段产出目标**

- 价值活动聚焦,使内部运营系统较容易建立。
- 判断能够运用复制加创新的方法建立商业模式与运营系统。
- 构思出一个运营系统分阶段建立的战略方案与路径。

# 第六节　创业决策期产业链定位与外部关系管理

## 一、创业决策期阶段投入

创业决策期在产业链与外部关系管理方面的投入因素可能包含:(1)存在创业机会结构,其中,存在可以合作的上游与下游厂商,以及职能互补厂商。(2)创业者与团队成员可能有一定进入产业的人脉网络关系与社会资本。(3)可能创业者占据了一个网络结构洞,其中出现了创业机会。

## 二、决策:判断可行性,定位于少数价值活动,可建立外部关系

1.产业链定位与外部关系决策活动

创业战略决策也包含在垂直的产业价值链中进行定位与建立外部关系,要决定:新事业定位在产业链中的哪些价值环节?在此环节要定位在做哪些职能价值活动?与哪些外部厂商建立合作关系,让它们补充其他职能价值活动?新事业能否做出优势和更高价值,能与这些合作厂商分享价值,吸引它们合作?

2.新事业进入的产业价值活动环节:过去从事过的价值活动

从许多相同或相关产业创业案例可以得到以下结论:创业时最适合进入的价值活动,是过去从事过的价值活动,因为如此可以立足于强势产业特殊知识中的原事业知识。从非相关产业创业案例可以得到以下结论:创业时最适合进入的价值活动,是技术知识门槛不高的容易进入的价值活动。例如,在淘宝网已经提供了电商平台和开店服务,开网店的

价值活动很容易进入,创业者只需要将产品照片和文字说明上传与输入,执行线上交易协商的价值活动。开零售店创业主要是货品陈列和销售,价值活动很容易进入,也适合非相关产业的创业者。

**创业决策期产业链定位与外部关系管理阶段产出目标**

决策结果应该大概决定内部执行的价值活动环节。大概决定上游可能的合作厂商与要取得的资源,包含提供差异性新要素的厂商以及提供一般要素的厂商。大概决定下游的合作厂商与它们提供的服务,包含提供渠道服务、广告促销服务的厂商。决定内部执行的职能价值活动,大概决定合作的外部职能互补厂商与它们提供的职能服务。

# 第七节　创业决策期市场营销管理:能创造高性价比的新产品就能营销成功

## 一、创业决策期市场营销管理阶段投入

存在创业机会结构,其中:(1)存在上游新要素的差异,或者创业者有创新异质知识、产业特殊知识,这些构成了产品差异化实现条件,可能产生产品的高性价比;(2)创业者意识到下游存在特殊细分市场顾客需求,他们对产品的差异属性评价更高;(3)多数竞争者不积极,还没有积极利用上游的差异性新要素,或者竞争者没有创新异质知识。这使得目标细分市场需求是对创业者敞开的机会,没有被竞争者满足。

## 二、决策:判断营销可行性,能做出性价比更高的产品就能营销成功

营销成功的最核心因素是产品更好,能为目标顾客创造更高价值。创业初期进入的目标细分市场,最好与竞争者服务的细分市场有所不同,是多数竞争者没有服务的或服务不佳的,以便避开竞争、利用机会。创业者在决策期发现了创业机会结构,他通过想象认知到能够以产业特殊知识结合异质资源(这是差异来源),利用新要素或者创新知识的有价值的差异性,做出具有有价值的差异性与稀少性的新产品。就是与竞争产品比,新事业产品的性价比更高,能为目标顾客创造更高价值,能被顾客接受与选择,能打开市场,同时能获取利润,最终达到营销成功。因此从资源、技术、职能各方面判断能够做出性价比更高的产品,则是做到了营销决策成功。比如能够选对要服务哪个目标细分市场,认知到目标顾客有哪些特殊需要,应用在产品开发上,能使产品属性与目标顾客的需要更适配,可以提高性价比。能认知到在生产时如何降低成本提高质量,可以提高性价比。创业决策期创业者主要聚焦在产品能否做好,对于后续营销问题,只要简单判断可行,就可以行动了。

**创业决策期市场营销管理阶段产出目标**

· 判断能够做出性价比更高的产品、服务,能对一群现在未知的目标细分市场顾客创造更高价值,有营销力。

### 本章要点

· 决策期在发现创业机会后,创业者要执行差异性产品的创新决策、群体决策与建立团队决策、财务决策,以及判断能建立企业运营系统和营销产品。

· 战略地图描述了未来建立的新企业的四个层次间的因果关系。

· 当创业创新产生的利益有独占性机制保护并且互补资产易得时,值得进行创业。

· 在决策期发现机会后,创业者在头脑中执行了识别差距、概念化和定义的创新项目管理三步骤。

· 创业者根据利用机会开发产品的需要决定创业团队成员的构成。

· 创业者要根据创业项目的相对投资规模与风险报酬进行创业决策,并构思以小博大战略。

### 重要概念

决策期、战略地图、平衡计分卡、团队建立、股份、所有权、控制权、剩余利润索取权、投资风险与报酬、财务决策、融资、信息不对称

### 思考问题

1.是否一个人看到机会时一定会利用机会?哪些人会利用?哪些人不会?哪些因素影响人们的决策?

2.针对同一个创业项目决策,是否不同的人都相同地认为这是个好项目?创业项目好可以从哪些方面的特征来定义?

3.优先考虑能快速获利、风险小等因素,哪些创业决策项目较好?请举例。

4.哪些影响因素会使一个创业项目的成长潜力较大?

5.什么情况下个人创业较好?什么情况下团队创业较好?应该吸引什么人加入团队?

6.你觉得有没有一种普遍适用的最好的创业团队特征?好的创业团队特征要从哪些方面看?

7.在创业团队中股份平均分配和决策权力平等分配是否较好?什么样的分配好?什么样的分配不好?

8.应该对加入新企业的哪些人提供股份让他投资?哪些应该只提供工资?

9.主要创业者对于团队伙伴负有什么责任?应该如何领导和管理团队?

10.为什么创业融资难?如何克服融资难题?如何利用创业阶段有效融资?

11.融资的渠道有哪些?融资的对象、资金的性质有什么不同?

**课外练习**

1.请分组从书籍或者网上收集一个创业案例,分析、整理创业过程中,创业者面对了哪些问题? 做出过哪些决策? 有哪些方案选项? 选择了哪个方案? 为什么选这个方案?

2.请读者收集一些创业家的成功或失败案例,分析、检验是否符合本章讲述的理论,包括分析创业种子期团队的人数、互补性、完整性,创业者对伙伴是否依赖,团队发展与创业阶段的关系,股份比例与决策权分配,人力资源管理系统特征。哪些因素可以解释案例中的做法以及具有与理论的差异?

3.请读者收集一些成功的创业案例,分析该企业如何克服资金少的限制,如何以小搏大,如何融资成功。

4.请配合创业的阶段分析创业案例,了解各阶段的财务管理方法。

# 第七章　种子期研发新产品

## ▶ 核心问题

● 种子期投入条件是什么? 要做哪些事? 要达到什么阶段目标?

● 在什么条件下需要建立研发联盟?

● 如何整合资源创造新产品原型?

● 创新研发包含哪些理论?

● 目标顾客的比例是多少? 如何找到目标细分市场顾客?

## ▶ 本章学习目的

● 了解种子期要整合资源创造新产品原型和商业模式原型。

● 了解种子期要至少达到产品有商业化潜力的目标。

● 了解需要建立研发联盟的条件。

● 了解整合资源创造新产品的资源拼凑理论、知识创造理论。

● 了解目标细分市场顾客的比例,以及找到目标细分市场顾客的方法。

## 引导案例

### 阿里巴巴的创业战略执行阶段

　　前接第二章阿里巴巴案例。(种子期开始)1999 年 1 月起,阿里巴巴 18 人团队投资了 50 万元人民币,在杭州马云湖畔家里开发商业模式原型。(种子期上市测试)1999 年 3 月正式推出网站,从零信息起步,让全世界的商人免费发布最新商品图片免费查找信息和贸易伙伴。到 1999 年 5 月 1 日,注册会员超过 1 万,会员总数超过 2 万人。(种子期达到目标,会员多显示商业化潜力,但是商业模式是不完善的,没盈利模式)到 1999 年 9 月 9 日会员突破 8 万名,库存买卖信息 20 万,每天新增信息 800 条。阿里巴巴横空出世半年后,就成为世界上最出色的 B2B 网站之一。

　　5 月瑞典 AB 风险投资集团的亚洲部总裁蔡崇信与马云见面,6 月蔡崇信被阿里巴巴的事业感召,毛遂自荐就任阿里巴巴财务长(CFO),着手成立公司和融资。(建立期开始,融资,成立公司)6 月份阿里巴巴准备成立公司,马云对蔡崇信说:"就等着你这样的人来帮我们成立公司。"不久蔡崇信帮助阿里巴巴注册成立了公司。阿里巴巴凑起来的 50 万资金支撑了半年,员工们的 500 元工资也拿了半年。1999 年 10 月融资之前,阿里巴巴随时会死掉。蔡崇信加盟后,融资的进展加快了,他为马云引荐了高盛等风投公司。1999 年 10 月 20 日,阿里巴巴与高盛、汇亚、新加坡科技发展基金、瑞典 AB、美国 Fidelity 风投公司签约,引入第一轮 500 万美元风险投资。1999 年 10 月 31 日,马云受到软银孙正义的邀请到北京会面。见面后马云介绍了阿里巴巴 6 分钟,孙正义说:我一定要投资阿里巴巴。孙正义决定投资 3 000 万美元持股 49%。后来孙正义把钱打入阿里巴巴的账户后,马云却因钱太多和担心原始股份被稀释太多而反悔了。他对孙正义的助手说:我只要 2 000 万。这位助手听完暴跳如雷,说马云有病。马云当场发了个 email 给孙正义:"希望与孙先生共闯互联网,……如果没有缘分合作,那么还会是好朋友。"5 分钟后孙正义回复:谢谢你给了我一个商业机会,我们一定会让阿里巴巴名扬世界,变成雅虎一样的网站。2000 年 1 月,双方正式签约,软银投资 2 000 万美元帮助阿里巴巴拓展全球业务。手里拿着 2 500 万美金的马云还是像往常一样抠门,一样吝啬。他只做了两家报纸 20 万元的广告,而且员工薪水依然被压得很低。

(改善期)2000 年融资与成立企业后,阿里巴巴一方面探索商业模式的盈利模式,另一方面实施国际化海外扩张。(改善期提早扩张投资)国际化海外扩张从 2000 年 2 月开始,阿里巴巴把总部移到了香港,招聘来了跨国公司的高级管理人才和美国名牌大学的国际化人才,他们用美元发放的年薪都在 6 位数以上。由于互联网最好的技术人才都集中在硅谷,阿里巴巴把服务器和技术大本营都放在了硅谷。2000 年 5 月,马云成功地挖来了雅虎搜索器之王吴炯,担任技术长(CTO)。靠吴炯的帮助,阿里巴巴美国研发中心很快聚集了很多顶尖技术高手,人数最多时有 20 多名,他们的开销比杭州总部 200 多人的开销高好多。后来阿里巴巴又成立了英国办事处和韩国办事处。阿里巴巴的台湾网站、日本网站、澳洲网站都在筹备中。到了 2000 年中,马云已经建立了一支超豪华的国际人才组成的团队阵容。但是从 2000 年 2 月到 2001 年 1 月,阿里巴巴的国际化扩张使得每月烧掉 100 万美元的钱,到 2000 年底互联网泡沫时,阿里巴巴账上只剩下 700 万美元了,按当时的速度只能坚持半年多。

(改善期探索定位与完善商业模式的盈利模式)在商业模式发展方面,在 2000 年 10 月前,阿里巴巴尝试过网上旅店预订、个性化网站、贸易通、主机托管、系统集成等服务产品,但是都因为不成功或不适合而最终放弃了。中国供应商是 2000 年 9 月推出的新产品。因为阿里巴巴一直通过免费来吸引顾客,如果要在原来的服务上收费,会引起用户不满。所以推出"中国供应商"产品一定要提供增值服务,增值了客户才会心甘情愿掏钱。中国供应商产品有三个增值服务:(1)用阿里巴巴专家为客户产品制作静态和动态展示页面。(2)把会员产品放在阿里巴巴网站类目首页。(3)为中国客户提供培训,帮助其应对外商。

(改善期扩张投资导致危机,被迫重整与收缩聚焦,实现节流)2000 年 10 月 1 日到 3 日,阿里巴巴决策层召开了会议决定开源节流的调整战略。(1)面对国际化产生的危机,决定实施 3 个 B to C 的收缩裁员调整战略,实施节流。(2)在盈利模式与产品聚焦和实施开源方面,确定面对中小企业的发展方向,列出了 10 来个产品争论了

2 天半。其中包括网上广告、系统集成、会员付费、主机托管、中国供应商等。最后确定了主打三个产品：中国供应商、主机托管、会员付费。经过几个月的实践，又果断地放弃了后面两个产品，最后靠中国供应商拯救了阿里巴巴。

2001 年初，国际化扩张不久面临资金链断裂危机，阿里巴巴不得不采取收缩与撤站裁员的措施。2000 年 1 月 6 日，马云请来了有 16 年 GE 高层管理经验的关明生，担任最高运营长（COO），执行收缩重整任务。2001 年 1 月，决策层做出了三个 B to C，回到中国，回到沿海（南方六省），回到中心（杭州）。决定困难，执行更困难。当马云、蔡崇信、吴炯对大裁还是小裁犹豫不决与下不了手时，关明生果断坚决地说，要杀就杀到骨头，这个恶人我来做！2001 年 1 月底，关明生执行了一场空前惨烈的撤站裁员大封杀，目的是于危境之中拯救阿里巴巴。当时的阿里巴巴有五个战场：中国大陆、香港、美国、欧洲和韩国，只有一个战场能活命，就是大陆，就是杭州。之后关明生将美国办事处从 30 个工程师裁到剩下 3 人，香港 30 人裁到 8 人，关掉了韩国与英国办事处，昆明办事处，收缩了上海办事处。不但封杀别人，马云和蔡崇信也将自己的工资减了一半。裁员后的效果很明显，阿里巴巴的每月成本从 100 万美元减到 50 万美元，赢得了宝贵的一年喘息时间。

2001 年初，阿里巴巴钱快花光，赚钱无路、盈利无期。来自股东的压力越来越大，媒体的质疑越来越多，主要针对的是商业模式的盈利模式。这段期间马云认为要学会保护自己，没必要和别人讨论盈利模式。过早地暴露商业模式，会成为别人的拷贝对象。网络的盈利模式初期很容易拷贝，但等到三五年后就太难了，几乎没有可能。但是他后来还是对媒体透露了以下模式：（1）从第三方获得收益；（2）在线商业推销和广告；（3）交易收益。但是以上三种模式没有一种成为阿里巴巴的盈利模式。关于阿里巴巴是否真的不知道赚钱之路在何方，只有马云最清楚。

（聚焦到已经发展出盈利模式的能盈利的业务）在 10 月的会议上，中国供应商被定位为三大主打产品之首。数月后它成为唯一的主打产品，其他两项产品先叫停。中国供应商最初定价 1.8 万，很快改为 2.5 万，后来调到 4 万～20 万。后来阿里巴巴组建了中国供应商的直销大军，进行销售培训。这个产品销售之战经过 2000 年底到 2001 年底的艰难启动和艰难拓荒，从 2001 年底到 2002 年底，全面突破，2002 年底到 2005 年进入高速增长期。

2001 年 6 月阿里巴巴又推出了"诚信通"产品。产品内涵包含：（1）诚信认证。由第三方信用机构审核企业真实身份。85% 的买家和 92% 的卖家会优先选择与诚信通会员做生意。（2）独享买家信息。阿里巴巴 394 万买家，其中包括世界 500 强中的 150 家买家。最关键的买家信息仅对诚信通会员开放。（3）发布产品信息。诚信通会员发布一条信息，可以收到 6～7 条反馈，远比非诚信通会员多。（4）黄金商铺。诚信通会员可以在阿里巴巴大市场黄金地段专设一个属于自己的网上商铺，比免费会员地段好。诚信通收费价格不贵，是每年 2 300 元人民币，相当于一个企业每年发电传的费用。后来阿里巴巴组建了诚信通电话销售大军。

（跨过盈亏平衡点，进入成长期）经过销售大军在浙江、广东、上海等地区的市场渗透销售，到 2001 年 12 月，重要的迹象出现了，当月阿里巴巴会员突破 100 万，现金流第一次出现了盈余。到 2002 年 10 月实现了全年收支平衡,年底实现了盈利。2003 年实现每天收入 100 万元,2004 年实现了每天利润 100 万元。

**问题:**

1.阿里巴巴创业过程经过了哪几个阶段?

2.各个阶段在六种职能方面做什么事?达到了什么阶段目标?

3.哪些阶段执行中曾发生过风险?什么原因造成?

# 第一节　种子期阶段战略:整合资源创造 有商业化潜力的新产品原型

## 一、创业项目不一定会经过种子期

创业的初期阶段也可以称为种子期、孵化期、孕育期、开发期。决策期必须达到的目标就是满足种子期的投入要求,关键是要有创业机会结构和相关产业知识与关系等无形资源,已经有了开发新产品新服务的资源条件,创业者形成了创业战略构想。一般而言,这个阶段重点是研发新产品、新技术或者研发新商业模式。图 7-1 显示出种子期战略与职能活动。

有许多创业项目都会在决策期之后经历种子期。例如,阿里巴巴、百度都在种子期开发新商业模式和新服务。瑞传、世洋在种子期利用上游的新组件研发新产品。方太在种子期通过改善竞争产品的缺点研发新产品。

有许多创业项目没有经历种子期或者种子期非常短与不明显。通常这类创业的优势新产品与服务是在先前公司中研发出来的,创业者进行复制型创业,进入一个没有竞争者的新区域市场或者进入一个没有饱和的成长市场;或者开一个小商店销售上游制造商的优势产品,产品服务已经能商业化成功。例如,俞敏洪创业前在北京大学和英语补习班教英语时,已经发展了优势的英语教学服务和学习了补习班管理。俞敏洪创立新东方英语补习机构时,复制了英语补习教学和简单的补习班管理,产品服务是发展完成与商业化成功的,因此几乎没有种子期和改善期,很快就进入了成长期。刘强东创立销售刻录机的小摊,也没有经历种子期和改善期,很快就商业化成功了,后来发展成为京东商城。罗水木创立一个擦皮鞋摊,后来发展成为台湾第一品牌阿瘦皮鞋。蒙牛也没有经历种子期,因为产品是在伊利中已经开发完成的。酷讯网种子期研发火车票搜索引擎是陈华在前一家公司工作时利用业余时间完成的。前一章第一节也提到谷歌的种子期已经在斯坦福大学博士班完成了,研发的搜索引擎核心技术有了商业化潜力。

## 二、种子期战略与职能活动

这个阶段要解决的最主要战略问题是:如何整合资源开发成功产品、技术、商业模式原型,并且具有明显的商业化潜力?这个阶段的战略执行是要筹集充足的财务资源,发挥在原事业取得的产品、模式、技术通用知识,领先竞争者,利用差异化的新要素或内部创新

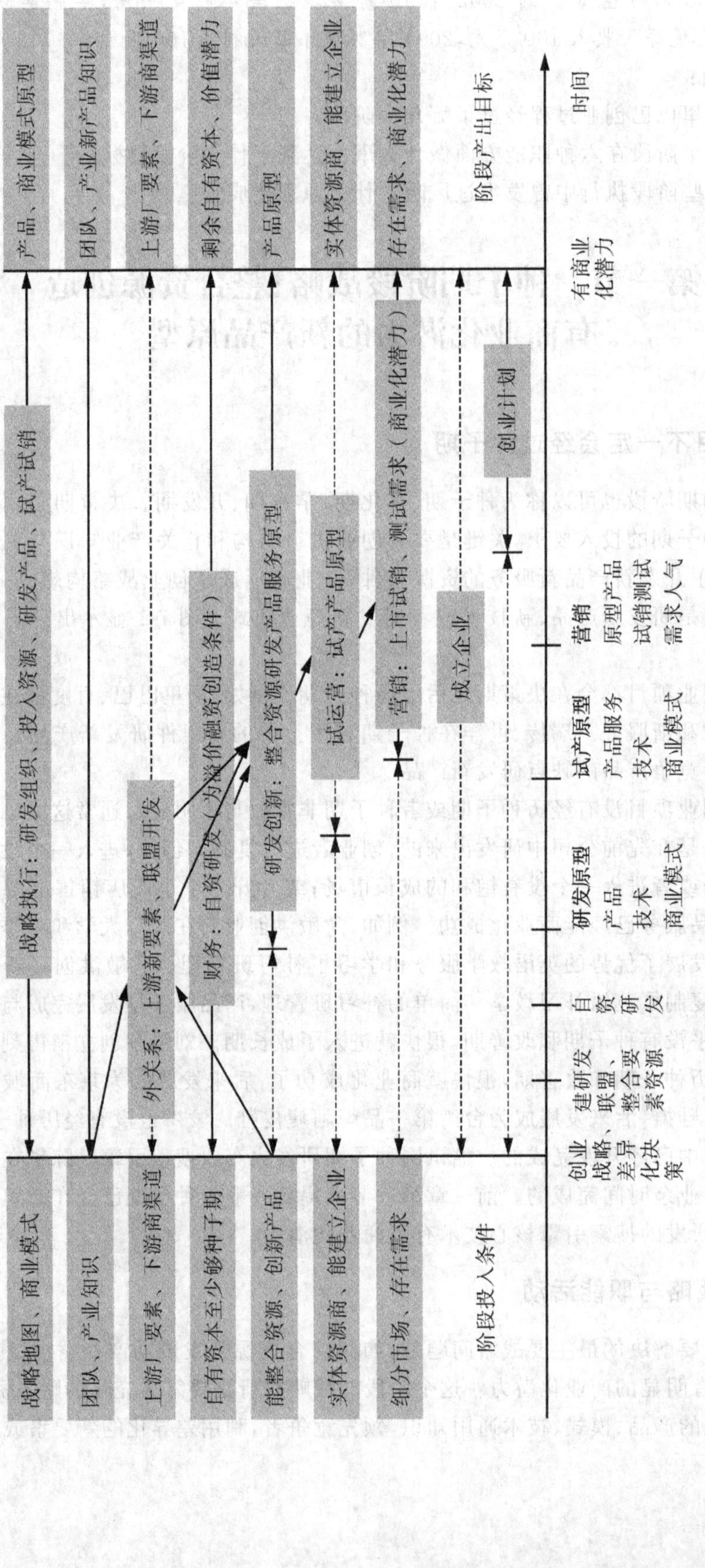

图7-1 种子期投入条件、战略与职能活动、阶段产出目标

知识以及需要的实体资源,进行资源整合,研发出新产品与新商业模式原型,原型的稀缺属性差异要能为可能存在的目前未知的目标细分市场顾客创造更高价值,至少要具有商业化的潜力。

在外部关系与内部职能管理方面,创业者和团队要从事一系列活动解决以下问题。(1)在垂直的产业价值链中的定位与建立外部网络关系方面,要决定:是否需要建立研发联盟?选择什么厂商?如何建立研发联盟?种子期要根据自身缺乏的研发价值活动,选择适合的研发设计互补厂商,通过分享利益建立合作联盟。本章第二节讲述种子期的产业链定位与外部关系。(2)在财务管理方面,需要解答:要筹集到多少种子期资金?自有资金是否足够?不够的话如何筹集股权资金?如何管理资金?如何通过种子期为后期融资创造有利条件?种子期应该以自有资金加上少量股权融资筹集宽裕资金,节约使用资金,执行产品和商业模式原型开发,努力达到产品服务上市后具有商业化潜力,为建立期融资创造条件。本章第三节讲述种子期的财务管理。(3)在创新研发方面,需要解答:如何整合资源?执行活动包含创业团队利用产业特殊知识,运用拼凑或者创造新产业知识的方法,整合资源创造新产品服务,包含整合产品结构知识与创业机会中的上游新要素或内部创新知识,或者整合服务知识与上游的产品,或者整合修改组件知识与下游顾客需要知识产生创新的商业模式,研发新产品原型或新商业模式原型。本章第四节讲述种子期的创新研发。(4)在商业模式与事业运营方面,接着利用外部租借的或自购的新设备或二手设备,试生产一批原型测试样品,或试运营商业模式原型提供服务。本章第五节讲述种子期的商业模式与运营管理。(5)在营销管理方面,让产品或服务上市销售,测试市场需求量,验证项目的可行性,收取反馈的顾客需求特征和产品服务改善信息。本章第六节讲述种子期的市场营销管理。

## 三、种子期产出目标

- 资源整合成功,开发成功产品、技术、商业模式原型。
- 要尽量使原型有价值的差异化明显,接近商业化成功。
- 原型上市,被一部分消费者接受,有市场需求,至少具有商业化潜力。
- 开发耗用的时间周期短,领先竞争者。
- 能验证项目的可行性。
- 创业团队产生了新技术能力、管理能力。
- 一定量的种子期阶段剩余资金。

## 四、种子期的风险因素

种子期的风险来源包含投入因素的风险来源、过程因素的风险来源、阶段目标没达到就过早进入下一阶段产生的风险。(1)投入因素的风险来源包含:(A)阶段投入时没有创业机会;新要素或新技术有价值的差异不大,使产品的实际效果不确定,替代技术使开发的新技术寿命短;许多竞争者积极开发该新产品。(B)创业团队没有达到阶段投入要求,团队成员不具备开发所需的强势产业特殊知识与技能,特别是缺乏技术开发能力,无法解决技术难题。(C)资金不足,缺乏必要的材料、设备、配套技术。(D)目标顾客需求特征不明确,导致产品定位不清与不适合特定目标顾客。这项因素特别在以下情况更为重要,要素有价值的差异性不是很高,需要针对目标细分市场顾客的需求差异化。(2)过程因素的风险来源包含:(A)在机会窗口较短的情况下,人力资源投入不足,使开发周期太长与产品上市进度落后,错失机会。【案例】瑞传 Modem 案例中,设计人员在别家公司上班,没有全心投入。(B)技术难题不能有效解决,导致产品开发不成功,使潜在的、待开发的、待成长的细分市场打不开。(3)过早进入下一阶段产生的风险包含:(A)在证明了产品商业化潜力前,产品还没有竞争优势时,就进入建立期和成长期,开始大量投资扩张。新企业过早诞生,过早上市进入成长期,犹如一个还没有发育完全的早产婴儿,死亡率会很高。以上风险因素使创业团队可能无法达到研发与试制成功有商业化潜力的产品,会产生不确定性与风险,因此要尽量避免这些情况发生。

# 第二节　种子期产业链定位与外部关系管理：独立开发或联盟开发

## 一、是否要建立研发联盟

种子期主要从事产品或商业模式研发活动。在垂直的产业价值链中的定位与建立外部网络关系方面,创业者要解答问题:是否要建立研发联盟? 选择哪些厂商? 如何建立研发联盟? 这个阶段还不需要建立上游要素供应和下游产品销售的运营合作关系。

1.在缺乏和不熟悉研发所需的技能知识时要建立研发联盟

是否要建立研发联盟:Roberts & Berry(1985)提出了熟悉矩阵,它可以解释企业是否需要建立研发联盟。他们指出,创新成功与否依赖企业使用的创新机制,见图 7-2。企业越不熟悉此创新,就越需要向外界寻求支持。依据对技术及市场知识的熟悉与不熟悉程度,可选择的创新机制如下:内部发展、并购、授权、内部创业、合资或策略联盟、创业投资及辅导、教育性购并。

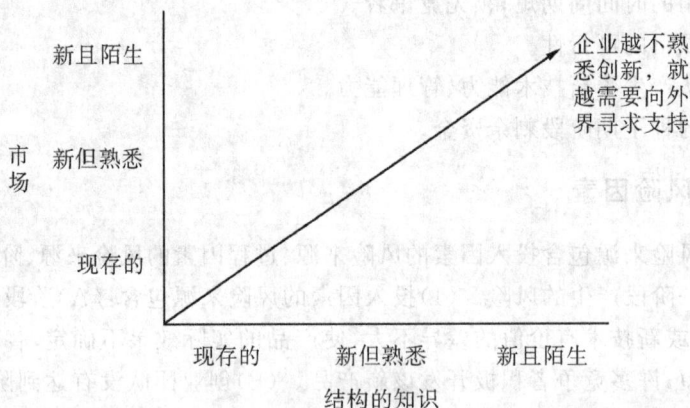

图 7-2　熟悉矩阵

　　如果种子期研发产品或者商业模式依赖的投入资源都可以从市场取得,创业团队有执行研发活动的完整技能,则此阶段不需要与外部厂商建立合作联盟。如果创业团队不具有执行研发的所有技能与知识,存在不能执行与不熟悉的内容,研发需要而且依赖外部厂商的技能与知识,则在这个阶段要形成研发联盟。

　　**选择互补厂商建立研发联盟**:创业者要根据自身缺乏的研发价值活动,选择互补与适配的研发设计厂商建立联盟。

　　**通过分享利益建立研发联盟**:在新事业能发展出竞争优势的前提条件下,可以通过给伙伴企业一定的优惠与让利,争取他们支持与建立合作关系。当伙伴事业处于经营不良状态时,提供有利于他们生存的利益分享条件,更容易吸引他们合作。

### 案例

　　台湾的瑞传科技在 1995 年 6 月种子期决定研发奔腾工业电脑主板时,找到新汉商用电脑主板设计公司,谈判建立联盟,包含研发与生产供应合作,见图 7-3。新汉的两位主要人员有十多年服务器和商用个人电脑的主板设计经验,创业者认识他们,知道对方的能力不错。新汉当时因为战略方向不对,经营得不成功,在亏钱。创业者与他们商谈合作内容。由瑞传规划工业电脑主板规格,外包给新汉做主板细部设计,新汉并负责产品外包制造及品质测试检查。新汉以成本加三成供应给瑞传,由瑞传独家销售。谈判双方一拍即合,觉得可行就合作起来了。

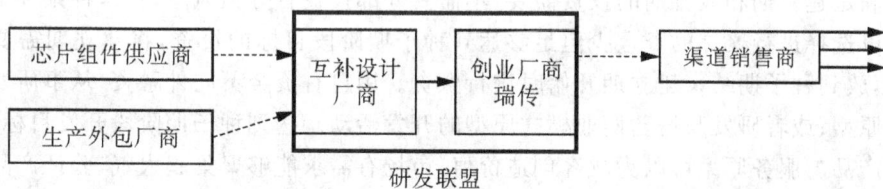

**图 7-3　瑞传与新汉建立研发与供应合作联盟**

　　在种子期研发完成,进入产品试产试销时,可以考虑建立生产与销售联盟。

　　**种子期产业链定位与外部关系管理阶段产出目标**:建立了种子期研发必要的合作联盟关系。

## 第三节　种子期财务管理:以自有资本开发,为未来溢价融资创造条件

### 一、种子期的财务特征

　　1.资金需求规模通常不大。研发产品原型或商业模式原型,可能是创业者个人或一个小团队做的。组织人员规模很小,从一人到十几人,人事费用不高。研发与生产设备需

求不多，可以利用最基本的设备条件，或者租借其他企业的设备生产，不一定需要投资大批量生产设备。上市测试的费用通常不高。

2.存在很大不确定性。研发原型和试产存在很多不确定性，原型上市后，是否有足量的市场需求不确定。这一阶段不一定要成立企业。

3.只有现金流出，完全不能产生利润和现金流入。

## 二、投融资决策：自有资本投资，开发产品商业化潜力，为融资创造有利条件

如果创业团队的自有资本很宽裕，相当于利用图 6-7 中第 I、II、III 三类机会的创业项目，有能力进行大范围多阶段的较大规模资产投资，则可以不外包生产，在创业各阶段都不融资。

如果创业团队的自有资本不够，相当于利用图 6-7 中第 V、VI、IX 三类机会的创业项目，则可以采取以下两种选择融资时机的方法解决自有资本不足的问题。

种子期需要满足阶段资金需求的最起码的投资额度，避免投资不足。若投资不足，将使开发活动的产能受限，延迟新商业模式、新产品开发成功的时间，或者技术、产品服务性能、质量提升受限，可能使创业在初期就失败。

在利用图 6-7 中第 V、VI、IX 三类机会的创业项目中，由于自有资本较少，无法满足整个创业的投资需要，但是能否满足种子期的资金需要存在两种情况。

第一种情况是，创业者和团队有一定自有资本，可以满足种子期开发的资金需要，但是不能满足建立期和改善期的投资需要，不需要外部投资者分担风险，在这种条件下创业团队可以选择进行聚焦的资金少但足够达到种子期阶段目标的投资，将建立期需要的投资资金，放到种子期结束建立期开始时进行融资。用自有资金不向外融资，从事研发与生产产品原型；或者研发与运营商业模式原型的开发活动。达到种子期阶段开发目标，上市测试出产品与服务原型可以为顾客创造价值，市场有需求能够聚集起人气，验证产品服务的商业化潜力与新事业获利潜力，为建立期融资创造有利条件。不向外融资可以保持创业团队最大的所有权和控制权，在未来收获更多报酬。种子期后期达到显示出事业潜力的阶段目标后，若建立期需要高资金投入，且行业竞争加快，则再进行外部股权融资，这样原始股东可以以每股高溢价进行股权融资，使创业团队达到财富最大化。

**案例**　阿里巴巴的马云团队在种子期运用少量自有资金（50 万人民币），聚焦在对中小企业顾客提供商业内容的交易前的信息服务，开发了 B2B 商业模式的网站和有价值的服务，聚集起了人气，显示出了事业潜力，有助于下一阶段建立期的融资。

**案例**　酷讯的陈华在种子期运用自有资金，聚焦在开发二手火车票搜索引擎，开发了商业模式和对顾客有价值的服务，聚集起了人气，显示出了事业潜力，有助于下一阶段建立期的融资。

**案例**　瑞传在种子期运用自有资金（500万台币，约100万人民币），聚焦在工业电脑主板产品规划，利用与设计公司的合作联盟，利用上游的新奔腾芯片组与工业电脑主板结构知识，开发了对顾客有价值的新奔腾工业电脑主板产品，设计公司外包生产降低了固定设备资产投资，显示出了事业潜力。

第二种情况是，创业团队的自有资本不能满足种子期开发的资金需要，需要取得外来投资资金，需要利用外部投资者分担风险，以及需要获得外部战略伙伴对新事业的支持，在这些条件下，需要在种子期向外部资金提供者融资。如果不将建立期的投资和融资需求提早到种子期执行，则种子期的融资金额不大，这样可以降低种子融资的难度。可以以自有资本为主，先融资到足够达到种子期阶段目标的少量股权资本，取得阶段宽裕资金，再在建立期进行第二次融资。

种子期的融资对象包含：向有信任关系的亲戚朋友、天使投资者、战略伙伴、风险投资商融资取得股权资本。战略伙伴可以是新事业未来的下游初期顾客，或重要的生产要素提供者。解决种子期融资困难的方法：创业者要优先利用过去的人脉关系，进行有说服力的沟通，从已有信任关系的亲戚朋友处融资，也可以准备一个创业计划书。

种子期融资的资金性质如下：如果需要长期稳定的资金，且存在风险与不确定性，则通常以股权资金较好。如果机会的有利程度很高，很快会度过建立期和改善期进入稳定获利的成长期，则也可以进行负债融资。例如：（1）向亲友股权融资。王传福创立比亚迪，是从表哥吕向阳处以股权融资。台湾人郭台铭创立鸿海科技公司是妈妈拿钱资助。台湾人唐雅君要创立雅姿舞蹈班，准备了创业计划书向外部融资不成功时，妈妈卖房子资助了200万台币。（2）向风投股权融资。李彦宏要回中国创立百度前，准备了一份创业计划书，利用有说服力的沟通（李彦宏有搜索技术专利和很强的能力），向风投融资了一笔启动资金。（3）向天使投资者股权融资。郑南雁要创立7天连锁酒店时，在酒店客房与天使投资人何伯权（乐百氏创业者）谈论创立经济型酒店的想法，当天下午何伯权就决定投资入股。（4）向亲友债权融资。1988年永嘉县花坦乡农民王丐旦与另一位农民，利用温州永嘉县桥头镇纽扣产业的区域经济优势，以一分钱一颗纽扣的批发价进货，带到南京、无锡供销社包柜台，以一角钱一颗纽扣的零售价销售。王丐旦当时只有300元人民币本金，再向亲戚、朋友、朋友的朋友以30％的年利率借了1 000多元钱。包柜台的第一年，王丐旦就赚了1万多人民币。

### 三、现金管理：低底薪高股份与拼凑资源法降低现金流出、有效利用现金

创业的种子期在做产品研发、试产、上市测试，这段期间的资金需求并不大，是不会产生现金流入的，这段期间存在很大不确定性，包含产品原型或商业模式原型能否研发成功，试产能否成功，初步商业化能否成功。不确定性会延长种子期的时间，消耗掉过多甚至成倍的现金。

通常种子期创业者和团队主要用自有资金执行创业活动，有些会有少部分外部股权投资资金，因此这段期间融资的资金规模不大，资金并不很宽裕。因此种子期的现金管理

目的是降低现金流出速度,延长第一笔资金使用的时间,争取使新事业达到更接近阶段性成功的目标,以便更清楚地显示出获利潜力,利于下一阶段融资,利于协商出更有利于创业团队的股份与资金交换的溢价比例。

降低现金流出的方法包含:(1)在控制人事费用方面,在第六章已经说明了,种子期创业团队成员的薪酬通常采取低底薪高股份的薪酬结构,以便降低现金流出,增加对团队成员的激励;另外若需要低阶与低成本的人力,则可以利用家庭成员、学生等。(2)在控制研发和生产运营费用方面,种子期可以采取拼凑的方法和将就利用便宜的资源,包含利用自有住家场地,租借设备,利用低成本的工具等。读者可以阅读百度、瑞传、阿里巴巴等案例,验证以上观点。

**种子期财务管理阶段产出目标:**自有资金相比种子期资金需求要足够宽裕,至少要在自有资金用尽之前,达到了有商业化潜力的种子期目标,便于进行下阶段融资。

# 第四节　种子期创新研发:整合资源研发新产品原型

对于没有种子期或种子期很短的复制事业和产品的创业项目类型,不会经历这一段种子期创新研发产品的活动。这类企业要到成长期之后要创新产品服务时,才会进行创新研发活动。以下讲述有种子期的创业项目进行的研发活动。

## 一、种子期研发团队与研发活动

当创业者开始创业行动,进入创业的种子期后,组建了开发的团队,然后进入设计与开发的步骤。种子期的研发通常是由一个小型创业团队做的,最少只有一位创业者进行研发,有时会按照需要建立研发联盟。种子期研发活动就是进行资源整合,研发新产品、新技术、新服务、新商业模式。例如,酷讯的种子期只有陈华一个人开发火车票搜索引擎技术,并提供服务。eBay 的种子期只有皮埃尔·奥米迪亚(Pierre Omidyar)一个人研发C2C 网拍平台。肯德基种子期只有一个人。比亚迪种子期是二人开发。台湾友旺的二位创业者研发 PCMCIA 笔记本电脑网卡原型。百度种子期只有 3 个核心的人,研发中文搜索引擎。Google 种子期只有佩吉和布林二人研发更高效的搜索引擎。微软、苹果的种子期都只有二人。阿里巴巴是个 18 人的大团队,在种子期针对过去低度服务的交易双方的中小企业,利用掌握的网站设计与运营技术,设计开发新的 B2B 商业模式的网站。台湾的瑞传公司三人创业团队,利用上游新的奔腾芯片组和处理器,规划新的奔腾工业电脑主板,与新汉设计公司联盟,由新汉做主板细部设计和外包生产。台湾的世洋公司的 7 人创业团队,利用过去的滚球鼠标技术,结合上游新的光学鼠标模组,设计开发新的光学鼠标。由于开发的人少,也不需要很多资金,因此通常会以自有资金执行。种子期也是创业者充分利用自有资源的时期,包含利用自有资金开发,保持高度所有权和控制权;利用自身、家庭以及少数伙伴的人力资源。运用聚焦加联盟策略,杠杆利用外部资源,为后期创造以小博大的条件。

## 二、产品创新的类型

创新有很多分类方式。总体来说可以分为以下几种类型：产品创新、服务创新、技术创新、市场创新、组织与生产方式创新、商业模式创新、管理创新、制度创新。以下列举几种创新分类。

**1.产品创新、流程创新**

创新可以按产品不同或流程（过程）不同分类为产品创新与流程创新（工艺创新）。前者是指不论技术相同或不同但是产品不同，例如在捕蚊灯基础上发展出了电蚊拍。后者是指产品生产流程技术改变，产生了新工艺、新设备、新组织管理方式。例如从传统金属冲压基础上发展出连续冲模技术，以及银行从传统的柜台取款，发展到自动取款机取款。

**2.Abernathy & Clark 模型**

Abernathy & Clark(1985)指出，有两类知识支持创新：技术知识、市场知识，见图 7-4。按技术知识与能力的保留或破坏，市场知识与能力的保留或破坏可以将创新分为四种类型。(1)规律型创新：保留了既有的技术知识和市场知识。(2)利基型创新：保留了既有的技术知识与能力，改变了市场知识与能力。(3)革命型创新：改变了技术知识与能力，强化了市场知识与能力。(4)结构型创新：同时改变了技术知识与能力和市场知识与能力。

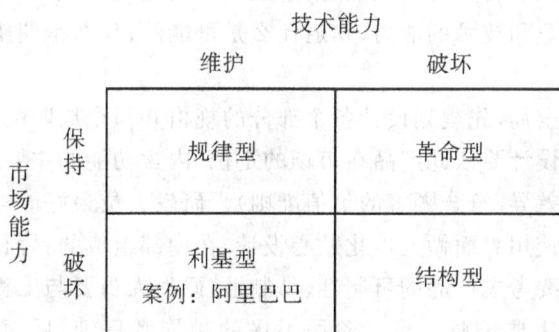

**图 7-4 Abernathy 和 Clark 的创新模型**

**3.Henderson & Clark 模型**

Henderson & Clark(1990)指出，产品产生须有两种层次的知识：组件的知识和结构的知识，见图7-5。结构的知识是指组件间联结的知识。创新可以是组件的知识或结构的知识或两者并存。创新可以分类为对既有知识的强化，或者以新知识替代既有知识的改变。按照组件的知识强化或改变与结构的知识强化或改变可以分为4种类型。(1)渐进式创新：同时强化了结构知识和组件知识。(2)模块式创新：强化了结构知识和改变了组件知识。(3)结构式创新：改变了结构知识和强化了组件知识。(4)突破式创新：同时改变了结构知识和组件知识。

以上创新分类显示，产品创新都要进行资源整合，例如整合结构知识与新组件知识，整合既有技术与市场知识，整合新技术与既有市场知识等。

结构的知识

|  | 强化 | 改变 |
|---|---|---|
| 强化 | 渐进式<br>案例：方太 | 结构式<br>案例：阿里巴巴 |
| 组件的知识<br>改变 | 模块式<br>案例：瑞传、世洋 | 突破式<br>华晶科技案例：<br>扫描仪→数码相机 |

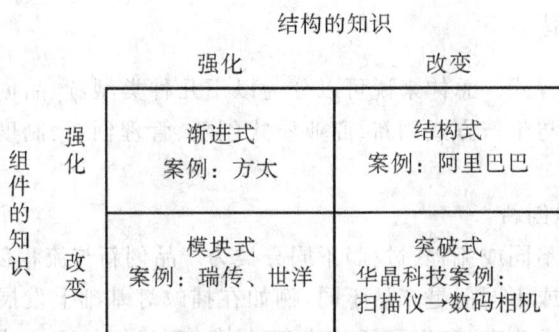

**图 7-5    Henderson-Clark 模型**

## 三、种子期产品研发项目管理

### 1.设计阶段

在创业的种子期设计阶段，可能创业者一人扮演两种角色：概念产生者、概念执行者。怀特等（2008）指出，概念产生者提供解决问题的逻辑思路，概念执行者关注解决问题的具体行动。设计阶段的人需要具备 3 项能力：辨别未来趋势的能力；产生创意（创造性解决方案）的能力；整合商业和技术的能力，知道什么是可能的，什么是期望的。许多创业者同时拥有这些能力。

设计阶段要放眼全局，先规划设计各个部分的规格并与全局匹配，再填充设计各个部分的细节。产品规格设计要依此产品在市场的定位、内含功能的主要特色做取舍，发展什么差异和什么程度的差异（符合顾客的价值准则）。研发人员最好能与营销人员合作。产品细部设计要在人机使用界面做人性化贴心设计，在内部组成的界面做细心设计，以保障品质和可靠度。设计要考虑产品的可制性、易制性，研发人员要与工程人员合作。利用新要素时全局的设计也需要调整。设计阶段考虑的越周密仔细，后面开发阶段的问题就越少。

设计中如何做是在两条线上展开：第一条是技术层面的，涉及工程师和操作人员，是产品、工艺或商业模式创新的真正设计过程。第二条是项目管理层面的，考虑预算和日程安排，在产品或工艺设计好后就制定预算。常用的项目工程日程管理工具包含：甘特图、计划评核术（PERT）、关键路径法（CPM）等。这些工具在运筹学教科书中都有介绍，本书不叙述它们的内容细节。通常创业者会全心全力投入设计与开发，不会拘泥于应用项目管理工具，实际上多数的创业者根本不了解这些工具。

### 2.开发阶段

**投入因素**：种子期开发阶段的开始需要有一组必要投入因素，包含：（1）有限但是满足阶段需要的资金；（2）完整的创业团队与人力资源，强势的产业知识；（3）上游差异的新要素（组件、原料、技术、仪器、设备、产品），或创业者有创新知识；（4）建立新事业价值活动的充足实体资源；（5）不积极的竞争者和有利的竞争情势；（6）互补厂商执行的互补职能；（7）潜在的下游目标细分市场顾客的特殊需要，提供购买需求、市场规模和获利可能。

知识输入：在原型开发阶段，需要输入产品结构知识或商业模式的构成知识，上游差异的要素知识，下游的目标细分市场消费者需要特征知识，生产方法、技术和工艺流程知识，并运用这些知识将要素和资源进行整合，成为产品、技术或商业模式原型。如果不是从市场顾客处取得了改善信息，而是利用差异的资源进行产品开发，则种子期的开发通常是产品导向的而非市场顾客导向与营销导向的，开发的过程不一定能够输入未来目标细分市场消费者需要的信息。但是由于开发的过程也是营销过程的一个阶段，因此最好能够输入未来目标细分市场消费者需要信息，以便做出性价比更高的产品。开发工程也包含生产制造，因此也要考虑生产的便利性，最好多用通用的零部件资源。

## 四、整合资源研发新产品的理论：资源拼凑理论、知识创造理论

开发是整合资源创造新产品与服务的过程。以下介绍整合资源开发的两种理论：资源拼凑理论与知识创造理论。资源拼凑理论更适用于存在资源匮乏和限制的创业情境，但是实现商业化的时间较短。知识创造理论则是正规组织的整合资源创造新产品的理论，适合商业化时间较长的项目。在该理论讲述后，以家用面包机的研发过程为案例，说明这既是新的产品知识的发展创造过程，也是创造异质的新产业知识的过程。通常新创企业先进行资源拼凑，正规化以后则进行正规的知识创造。

### 1.创造性资源拼凑理论

创业者在面临资源限制时有三种反应：(1)不作为，放弃机会或者是消极对待即将到来的威胁，这种反应的结果显然不会令人满意，甚至会影响企业的存活。另外两种反应是比较积极的做法：(2)进行资源获取，寻求外部资源来应对环境变化；(3)充分利用手头资源来面对环境中的机会与威胁，即采取拼凑(bricolage)的方式。创造性拼凑为创业家在面临资源约束的情况下成功把握创业机会创造了条件，是企业实现成长的重要模式。Baker 和 Nelson(2005)指出，创造性拼凑就是通过将手头的资源结合，为解决新问题或利用新机会而积极行事，包括三个特征：(1)积极行事；(2)为新目标整合资源，也是创造有价值的差异；(3)手头的资源。创业者要突破某些常规观念的约束，要看到别人没有看到的资源(甚至是被认为废弃的资源)的某些价值，积极整合这些手头的资源于生产经营中，发挥了这些资源的价值。

Baker 和 Nelson(2005)识别了拼凑的五个资源领域，包括：(1)实物资源投入，把别人认为单一用途、无用甚至有害的物质变成一种有价值的投入；(2)人力投入，除一般员工外，顾客、供应商和在企业逗留的闲人也成为一种人力投入；(3)技能投入，使用业余或自学得到的技术；(4)顾客／市场，提供一种在其他情况下得不到的产品或服务，来创造出市场或顾客；(5)制度和管制环境，主要是打破现有常规做法或标准的约束。通过在以上一个或多个领域开展拼凑活动，为创业企业在一定时期的成长提供基本条件。

Baker 和 Nelson(2005)在研究中发现了两种拼凑模式：同时的平行性拼凑(parallel bricolage)和选择性拼凑(selective bricolage)。前者是企业同时在多个资源领域运用拼凑方式经营，而后者则选择性地使用拼凑，并且企业一旦取得生存地位，往往会减少甚至放弃拼凑。他们发现只有采取选择性拼凑模式的企业获得了成长。获得成长的企业是有选择地在某些资源领域中进行拼凑活动，把资源结合和顾客价值创新结合起来，选择那些

有利可图的市场并为之提供服务。随着业务发展和资金的累积,对投入及市场资源进行常规化,然后逐渐减少甚至放弃拼凑。图 7-6 显示出资源的创造性拼凑的过程,图 7-7 显示出资源的创造性拼凑与企业成长的关系。

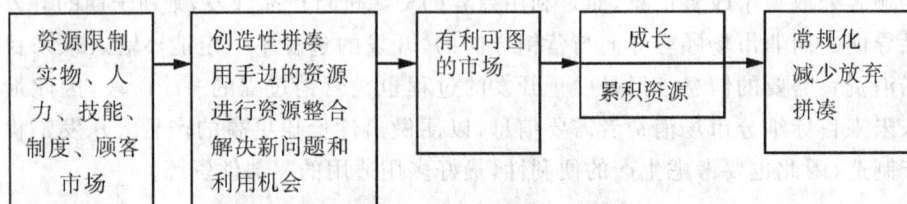

**图 7-6　资源的创造性拼凑的过程**

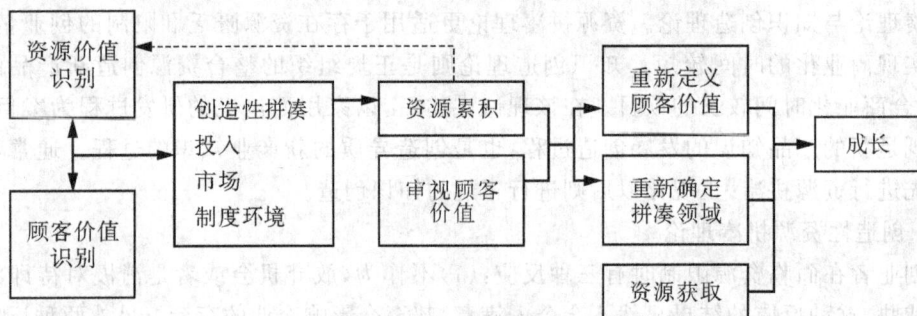

**图 7-7　资源的创造性拼凑与企业成长**

**案例**

创业者 Compton 的案例阐释了这个成长模型。他购买了一个陷入困境的活动住房停车场。刚接手时,停车场停满了许多废弃的活动住房,脏乱不堪,客户也比较难对付。最初,Compton 和其雇员与顾客积极套近乎、拉近关系,争取支持,并慢慢地转向改善停车场的美观以及租客的构成状况。他们把废弃的质量较差的活动住房中有用的零部件拆卸下来(实物资源投入),以修理那些相对质量好的活动住房,同时把质量好的、经过修饰的活动住房聚集在一个区域。他也允许一些新的租客免费使用废弃的活动住房,前提是租客自行利用废弃住房中的可用部件对租用的住房进行修葺(创造顾客/市场)。一旦修葺完成,Compton 允许他们以折扣价租赁,或是把活动住房移走——这主要是因为当时法律尚未对活动住房停车场有实质的约束,对活动住房的归属没有明确规定(利用制度环境)。Compton 的现金状况改善之后,开始收缩拼凑的领域。例如,采取了严格而详细的合同(主要是规范租客的行为),这样不仅赶走了那些棘手的租客,而且还保障了公司与租客间的市场交易关系,减少了过度嵌入于租客网络中的风险(选择有利可图的市场)。此外,他还利用当地法律规定,履行对租客的监督职责(利用制度环境)。境况进一步改善之后,Compton彻底放弃了拼凑。例如,购买新配件而不是利用旧房中的旧配件,使用专业维修公司的服务,等等(常规化)。这些做法虽然提高了经营成本,但同样也提高了租金和利润。总体上,Compton 的活动住房出租率大为上升,租金和利润也有较大的提高,公司获得了明显的成长。

**案例**　　浙江吉利汽车的造车许可是通过借壳取得的(制度环境拼凑要符合法规)。李书福偶然了解到,四川德阳某监狱下属汽车厂可以生产轻型客车和两厢轿车。李书福通过注资该厂取得 70%的股份,后来又买下了剩余的 30%股份。通过买壳,李书福取得了造车许可。吉利第一个产品是从高端市场入手,造模仿奔驰的汽车,但是不成功。之后李书福转向 6 万元的低价车,要造老百姓买得起的车。在种子期保密的条件下,吉利 7 位研发团队的人(其中三人有汽车厂经验),拼凑研发第一辆"豪情"原型汽车。吉利用丰田 A8 发动机,利用浙江一带企业的零配件,模仿天津夏利的底盘和车身,由钣金工敲打出第一款豪情汽车。该汽车售价 6 万元,填补了中国低价车市场空白。该车开始根本没有图纸,它的图纸是大批量生产几年后,由后来加入吉利的专业人员补齐的。1998 年 8 月 8 日,第一辆吉利"豪情"在浙江省临海市下线,当年吉利生产汽车 100 多辆,几乎都没卖出去。1999 年,吉利生产汽车 1 600 多辆,几乎都卖出去了。2000 年,吉利的汽车销售量一跃升至 10 008 辆。2001 年,吉利再接再厉,卖了 24 000 辆汽车。

2.组织知识创造理论

野中郁次郎(Nonaka,1995)提出了组织知识创造理论,多数创业者根本不知道这种知识创造理论,但是他们在创新的实践活动中,可能早已掌握了符合知识创造理论的实务技能。

(1)知识创造的两个维度

知识创造可以在两个维度上描述,分别为认识论维度和本体论维度。

认识论探讨人对于世界的认识。认识了世界后会形成人关于世界的知识。人可以以文字、符号、图表等形式表述出来的可以概念化的知识,可以归类为外显的知识。但是人的许多知识是无法以文字、符号、图表等形式表述出来的,这种知识可以归类为内隐的知识(或称默会的知识)。外显知识是对客观事物较为浅显易明的概括的认识,是可以概念化的知识,容易通过语言、文字、符号、图表等形式沟通传递。内隐知识通常是对事物更为深入细致的认识,难以概念化,也难以沟通传递,通常只能在有共同实践经验的人之间以隐喻的方式沟通传递。外显知识犹如海面上可见的冰山,通常可以表达出来的外显知识只占知识总量的 1/10,内隐知识是冰山在水面下的部分,占了知识总量的 9/10。

本体论探讨认识世界的本体,即人或组织。本体论维度从小到大可以分为:个人、团体、组织、组织之间,它们也是认识、创造和储存知识的层次。

以认识论维度和本体论维度对知识创造现象进行分解见图 7-8。

(2)四种知识转换模式

Nonaka 指出,新知识是在本体的 4 种知识转化过程中创造出来的。知识创造必须由

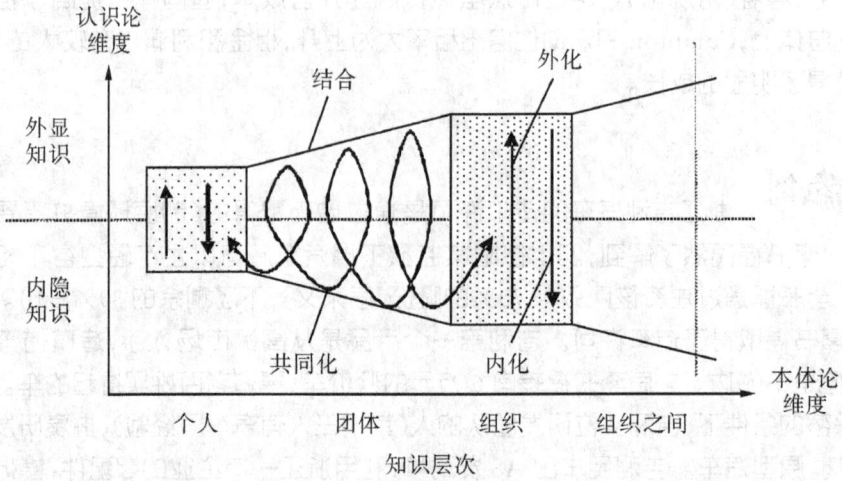

图 7-8　知识创造的两个维度

原有的知识开始,可以分为内隐知识或外显知识,后来产生的新知识也可以分为内隐知识或外显知识。按照原有的内隐或外显知识到新的内隐或外显知识,可以将知识创造的转化活动分为四种类型:共同化、外化、整合、内化,见图 7-9。

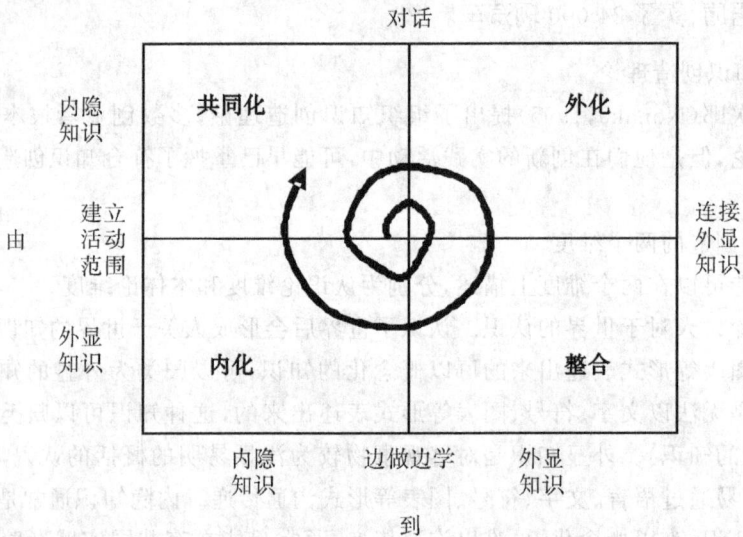

图 7-9　知识转化的四种形式与知识创造的螺旋

从一个人的内隐知识到另一个人的内隐知识的转化是共同化。获得内隐知识的关键是要有共同的经验,否则一个人将很难了解另一个人的思考过程。通常需要在组织的不同职能的人员之间,以及产品开发者和消费者之间通过共同化获取内隐知识。促进共同化的方法是通过建立活动范围,使参与者有共同的经验和心智模式。共同化产生的知识可以称为共鸣的知识,例如共享的心智模式或技术性技巧。

外化是由内隐知识到外显知识的转化过程。内隐知识通过隐喻、类比、观念、假设或模式表达为外显概念,是一个观念创造的过程。促进外化的方法可以通过对话与集体思考,应用隐喻类比说出难以沟通的内隐知识。外化产生的知识可以称为概念性的知识。

整合是由外显知识到外显知识的转化过程。两个以上外显知识模组可以整合成一个新的外显知识体系。促进整合的方法是将新知识与其他部门的知识整合,具体化为新的产品、服务系统。整合产生原型和新组件技术等系统知识。

内化是由外显知识到内隐知识的转化过程。个人学习到的外显知识,通过边做边学的实践经验,内化到个人的内隐知识基础上,成为有价值的资产。内化来自边做边学。内化产生操作性知识。

（3）适合组织知识创造的情境

Nonaka 指出,组织在知识创造过程中扮演的角色是提供适合的情境,促进知识螺旋的进展,以利团体和个人层次的知识创造和累积。知识创造的情境包含以下几项:

·意图:组织要有企图心,进行知识创造,实现战略创新,创造出新产品与服务,解决顾客问题,取得竞争优势和达到获利目标。从知识创造观点看,战略的本质在于组织寻找、创造、累积和利用与战略目标一致的知识的能力。

·自主权:进行知识创造的团队成员要有自主权,避免太多的组织制度限制与干扰。

·变动和创造性混沌:环境的变动使旧秩序瓦解,需要从混沌（无方向）中建立新秩序。新秩序的建立需要边做边思考。

·重复:以重迭法和策略性轮调使组织不同单位的知识与信息重复。

·必备的多样才能:具备多样才能,并且与环境的复杂性匹配,使组织能以不同方式、弹性、迅速地整合信息。

（4）组织知识创造的五阶段模式

Nonaka 指出,在团体层次（即研发小组）的知识创造会经过五个阶段,见图 7-10。第一个阶段是分享内隐知识。在共同经验的基础上,一个小组中的个人分享一个范围内的情绪、知觉、心智模式,使知识共同化。第二个阶段是创造观念。小组通过持续会谈,将心智模式化为单字、片语、比喻、类比,成为具体化的新观念,将内隐知识外显化。第三个阶段是确认观念。确定新观念与组织的愿景和战略目标一致。第四个阶段是建立原型。将新创的观念与已有的外显知识整合,以具体的有形的组件或材料整合为原型,可以是新产品原型或操作机制原型。这个阶段相当复杂,需要多样的才能,包含各种职能部门的技术,需要跨职能的合作。原型经过测试评估后,如果达不到阶段性的目标,则会回到第一个阶段,进行下一轮的知识创造。如果达到了阶段目标,则会进到第五个阶段。第五个阶段是跨层次的知识扩展。新的观念经过创造、确认和模型化后,会在组织内部的横向和纵向进行跨层次的知识扩展,发展成知识创造的新循环。

（5）【案例】松下家用面包机研发的三个循环

Nonaka 描述了松下公司的一个家用面包机产品创新的知识创造案例。松下一个规划小组研究美国人的生活趋势,发现职业妇女增多使得家庭餐饮日益简化,口味也很贫乏,日本社会也有相同的趋势。小组得出结论:烹饪器材应当使烹饪变得简易,又能保持营养美味,因此得到了一个全面的概念"闲逸和丰饶（easy and rich）"。规划小组回到日

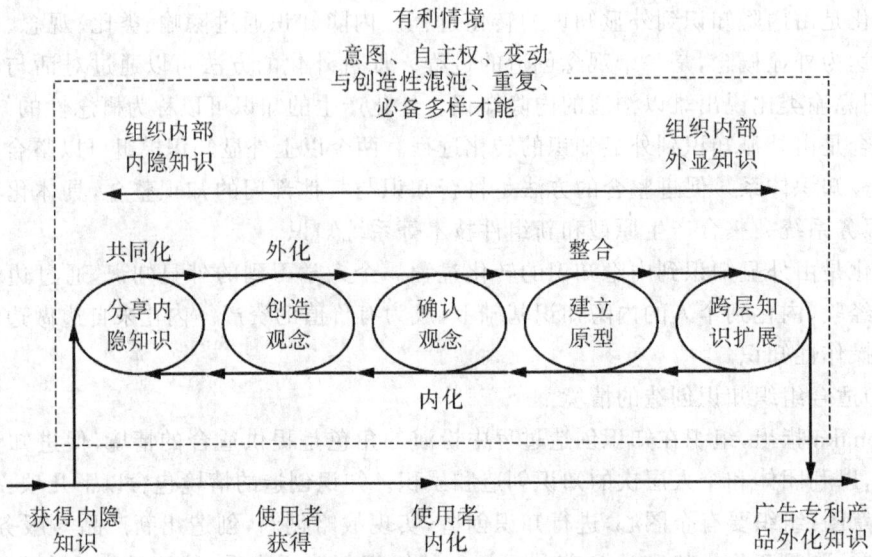

图 7-10　组织知识创造的五阶段模式

本后不久,星电电气公司提出了自动家用面包机的草图。松下立刻发现自动面包机的观念与"闲逸和丰饶"的概念一致,并且符合烹饪器材部门的新目标:它是全新的,同时需要使用多种技术,包括电子锅的电脑控制加热系统,食物处理机的马达,以及铁板烧的加热设计。后来松下决定研发全自动家用面包机,研发过程包含三个知识创造循环,见图7-11。

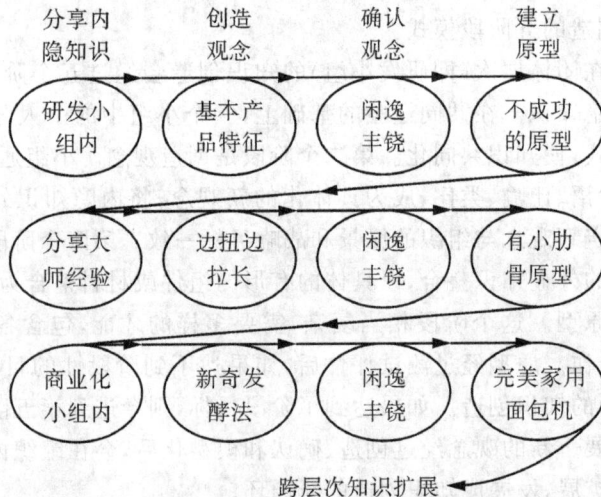

图 7-11　家用面包机三次知识创造循环

第一次知识创造循环从项目小组成立开始。松下的烹饪器材部成立了一个小组,包含来自家用器材实验室的人员岛越正雄,他负责烹饪器材研发工作,领导一位熟悉面包制作的机械设计师,一位软件设计师。小组经过讨论建立了产品规范:(1)只要放进各种材料,机器便能够自动地揉面、发酵、烘焙面包。(2)设有定时开关,夜间放入材料,清晨开始享用。(3)面包制作不受室温影响,形状美观,味道胜过大量产销的面包。(4)价格应在3万到4万日元之间。1985年1月,这个计划经过公司核准后,一个由实验室和烹饪器材部门的人员组成的小组成立,小组发展到11人。成员来自不同部门,包含一位小组负责人,一个来自产品规划,三个来自机械,三个来自控制系统,三个来自软件研发部(负责获得面包制作技巧,发展口味衡量标准)。

　　小组有意图、自主权、多样才能、经过分享使知识重复、存在创造性混沌,符合知识创造的情境。在第一次知识创造循环中,小组反复讨论了家用面包机究竟应该是什么样子,以"闲逸和丰饶"为原则,分享每个成员的内隐知识,并且明确了产品的必备条件:易用与品质优良。在易用方面,小组成员的内隐知识配合消费者的需要化为"一旦放进各种材料,机器必须能够自动揉面、发酵和烘焙面包",同时要有"定时开关,夜间放入材料,清晨开始享用"。在分享内隐知识后,产品概念随之产生,并且与组织目标比对,通过"闲逸和丰饶"这个概念的考验。概念确认后,接着便是结合外显知识以建立原型。

　　第一个原型制作出来的面包惨不忍睹,外表焦黄,里面却还是生的。他们找出了以下存在的问题:(1)原本设计的方形面包盒,应该改为圆形的,以方便揉面。(2)电力和控制系统需要调整。(3)温度要控制稳定,太低发酵不起来,太高面包会酸。由于原型没有达到设想的产品概念,因此知识创造过程移回到第二次循环的起点。

　　第二次循环由软件设计师田中郁子权充大阪国际酒店大面包师傅的学徒,借以取得大面包师傅内隐揉面知识开始(共同化)。一个师傅需要数年时间才能学得揉面技术,这项技术很难以言语表达。田中郁子通过实际观察、模仿学习,但是仍然不能系统化地说明诀窍所在,后来松下决定工程师也加入揉面和烤面包的行列(共同化分享经验)。田中郁子不是工程师,也不会设计机械规格,但是她能够以"边扭边拉长"这个意向(外化),以及揉面时宛如推进器的力道和速度(外化),类比地将她的内隐知识传达给工程师。为了符合她对"边扭边拉长"的要求,工程师在盒子内加入了特制的像小肋骨般的装置(外化的揉面知识与工程师的机械知识结合)。经过改进和试验,小组终于提出了可以符合大师技巧和品质的产品规格。接下来将产品具体化,制成原型产品。小组成员和烹饪器材部主管都将机器带回家试用,他们的配偶小孩使用机器制作面包并提出意见,他们的评语证实家庭制作美味面包的目标达成了。原型产品符合丰饶的要求,试用和测试成功后,整个发展进入了第三次循环,进入到商业化的阶段。(以上描述的两次循环相当于创业的种子开发期,商业化的第三次循环相当于创业的改善期)

　　第三次循环项目从技术发展阶段进入到商业化阶段,并将项目从实验室转交到烹饪器材部门。原小组的10位成员还留在项目中,另外也加入了设计、营销、制造人员。这个阶段的主要任务是工业设计、品质稳定和降低成本。为了降低成本必须修改某些规格,同时不伤害品质,在这个过程中原有成员的内隐知识是不可或缺的。

　　商业化最大的挑战是降低成本,成本的最大问题来自防止加过酵母粉的面团在高温中发酵过度的冷却器,它非常昂贵。后来某个小组成员发现可以先加入别的材料,在揉面过程稍后再加入酵母粉,事情有了转机。这种方式是前人无法控制温度时采用的发酵法,一举两得地改善了品质又降低了成本。用这个方法可以省掉冷却器,它是小组成员内隐知识共同化和外化的结果,后来松下还申请了这种方法的专利权。新的产品需要变更设计,设计一个由定时器控制的新酵母粉盒,同时拿掉冷却器。这些变动使新产品上市时间要延后4个月以上。1986年2月的经销商会议,面包机大受经销商好评,同时有传言指出,竞争者也正准备推出自行研发的自动面包机。在品质和上市时机的两难下,领导层对"闲逸和丰饶"的承诺还是占了上风,最后变更设计付诸实行。

1987年2月,松下的家用面包机上市,售价仅3.6万日元,第一年就破纪录地卖出了53.6万台,并成为母亲节重要礼物。6个月后,松下将产品外销到美国、联邦德国和香港等地。家用面包机远胜于原来的自动面包机,市场在新的竞争者加入后,逐渐扩大到100万台以上。在烹饪器材部门的产品开发成功后,接下去进行事业部层次的以及跨事业部层次的知识创造循环。

开发阶段的完成以做出具有商业化潜力的产品、技术或商业模式原型为标志,也许第一个原型之后还需要反复几次修改。若创业团队的产业特殊知识强,上游差异化的新要素或创新知识是发展完成的与可以立即使用的,在设计与开发过程中输入的目标细分市场顾客需要信息和生产运营的信息越多,则第一个原型会越接近商业化成功。第一个原型开发出来不一定达到了商业化成功,但是可以上市,通过测试或实验确定市场需求和商业化潜力。

**种子期的应用与评估阶段**

在新创企业中,创业团队既是开发团队又是应用团队。原型开发出来之后,团队开始对产品、技术或模式进行试产,使用效果的实验测试,试销测试市场需求,并进行项目阶段性评估。

在机会的有利程度很高的条件下,原型产品、技术、商业模式一上市就可以显示出商业化成功,在这种情况下,创业阶段可以经过短暂的建立期很快进入成长期,建立新企业和生产运营系统后,原型产品服务也可以直接进入大量生产的应用阶段。

如果产品、技术原型可以对一小部分目标细分市场顾客产生效益>成本,商业模式提供的服务原型被一小部分顾客认可和使用,原型有商业化潜力但是优势不是很高,则创业过程要进入到建立期和改善期,建立新企业和生产运营系统,创新项目过程要推进到后续应用阶段,以及继续做产品改良。

**种子期创新研发阶段产出目标**

种子期开发阶段的完成需要达到的阶段目标,包含:(1)开发耗用的时间周期短,保持了领先;(2)开发出了产品、技术、商业模式原型;(3)原型上市试销,有一定市场需求,至少具有商业化潜力,能验证创业项目的可行性;(4)能为建立期的融资提供有利条件。

在本章第一节已经讲述了种子期风险因素,它们会导致开发产品不成功。

# 第五节 种子期商业模式与运营管理

种子期通常还没有成立公司,在产品、商业模式原型研发完成前需要建立试运营系统,通常没有高产能的生产运营设备。有53%的创业项目种子期的场地是在家里,许多是利用了一些免费便宜的场地。(1)种子期产品原型研发完成后,创业团队可能建立低产能的试产的设备或者租赁设备,生产小批量产品上市试销,测试使用效果与顾客满意度。通常只要能研发出来就能生产出来,但是不一定有效率,因为还没有投资建立完善的生产运营系统。未来创业者可以投资设施设备,建立适当产能的生产运营系统。(2)种子期商业模式原型研发完成后,为了测试商业模式原型能否提供核心服务,能否为顾客创造价值与吸引顾客,可以投资设备建立一个试运营系统。但是这个阶段可能没有完整的可盈利的商业模式,可能运营产能有限。未来要按照业务需要投资设备建立适配阶段发展的运营系统。在种子期完成与进入建立期的阶段,从产品服务的性价比可以判断出产品服务的未来商业化潜力,则可以规划未来满足阶段产能需求的运营系统。

**案例**

阿里巴巴种子期完成设计和上线运营了 B2B(企业对企业)商业模式,可以为买卖双方提供免费商业信息服务,可以搜索到有可交易产品的对方。因为能为中小企业实现交易与创造价值,因此吸引了大量会员顾客。但是当时的商业模式还没有完善,还没有盈利模式。

**种子期运营管理阶段产出目标**:建立商业模式中提供核心服务的价值活动的试运营系统、建立低产能试产运营系统。

## 第六节　种子期市场营销管理:产品原型销售测试显示潜力

### 一、种子期营销的阶段投入条件与存在的问题

1.阶段投入

种子期销售前可能已有以下条件:(1)已经研发生产出产品和服务原型,可能对下游微型目标细分市场的小众消费者存在有价值的差异,因为他们有特殊的需求特征。但是需要经过市场销售和使用测试,证实具有商业化潜力。(2)可能有过去累积的与下游一般经销商的关系。(3)可能有过去的一些终端顾客。(4)产业中存在下游互补厂商。(5)可能过去对一般顾客的消费行为特征有一些了解。包含对目标顾客需求形态(价值曲线)的了解,购买渠道的了解。

2.存在的问题

种子期销售前可能存在以下问题:(1)可能缺少资金,只有少量自有资金。(2)没有营销组织,只有创业团队。(3)不清楚目标顾客在哪里,要找到目标顾客。可能目标顾客是市场中很小一部分顾客,100 个客户中可能只有 2 个是目标顾客,图 7-12 显示出不同时间创新产品的采用者比率,最早期的创新产品采用者只有 2% 的比例,新产品早期采用者占

14%的比例。(4)不清楚产品是否满足了目标顾客的需要。(5)没有营销渠道,要建立渠道。(6)不清楚如何对目标顾客促销。要了解促销组合,促销信息发布的媒体渠道、促销信息内容、促销对象。但是"如何找到目标客户"是需要解决的问题,因为新产品的早期采用者只占很小的比例。

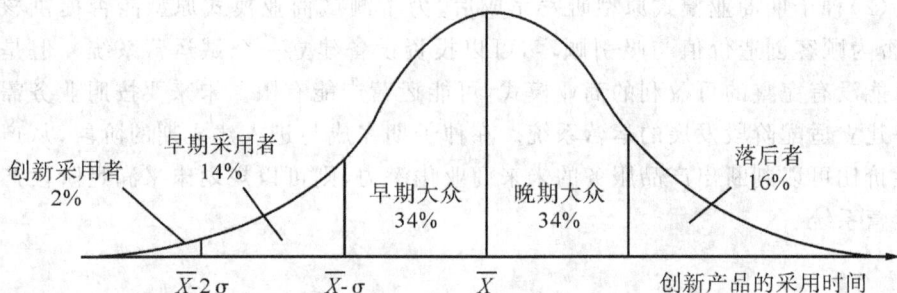

图 7-12 不同时间创新产品的采用者比率(Rogers,1962)

## 二、种子期营销管理:找到目标顾客、试销确认需求、试用收集信息

### 1.创业团队转变成为营销团队

在研发和生产出产品和商业模式原型后,创业团队要再转变为营销团队,需要将产品服务推上市场进行销售测试。这个阶段最重要的是找到目标顾客试销试用,了解市场需求和顾客反应。许多创业者会忽略与跳过种子期试销这个步骤,直接进入建立期与改善期,投资建立企业并上市销售。但是这会使市场需求的不确定性和风险被延后确认,大额投资后才确认没有需求的风险,将无法避免遭受损失。

### 2.找到少部分目标顾客(谁买)、试销测试需求,试用收集信息

种子期的营销需要找到目标细分市场消费者,初步收集目标消费者信息,选择渠道测试销售,需要做以下事情:(1)创业者可以根据原型产品的独特差异特征,进行人员接触,从市场中找出少数适合的顾客,提供产品服务原型试用,让顾客体验产品功能效用。(2)可以吸引过去原事业的一部分客户试用,并转变成为新事业的顾客。例如,阿里巴巴吸引了北京外经贸部中国电子商务中心网站的顾客;在阿里巴巴、瑞传等案例的创业种子期阶段,创业者都吸引了原事业的一部分客户成为新事业客户,其原因是创业者有一定顾客关系资本。(3)在相同或相关产业创业,创业者可以借用过去与渠道商、经销商、零售商的私人关系,利用他们的渠道试销。(4)创业者可以通过行业展会找到较多目标经销商。(5)可以提供少量产品通过经销商或零售店试销,测试销量和适当的价格水平,以及发现在较高价格水平下愿意购买的目标消费者。

### 3.提早确认存在市场需求与商业化潜力,可以降低不确定性与风险

种子期在原型产品销售测试前,创业者认为新产品应该可以满足他现在还说不太清楚的需要,但是是否有市场需求还是不确定的,创业者在容忍不确定性。许多案例的创业过程呈现为图 7-13 上方的图,忽略了种子期试销步骤,是在大额投资设备建立企业的生产系统后,再上市销售产品,才确认存在市场需求。但是这种过程会使顾客需求风险延后

被确认。在大额投资建立企业之后才确认没有市场需求为时已晚,此时大额投资已经遭受风险。因此在建立企业前上市试销,可以提早确定是否有市场需求,降低不确定性,就是将创业过程改为图 7-13 下方图的步骤。如果没有需求则可以不投资建立企业,认赔少量的损失不继续创业,避免大额投资风险;或者继续研发提升产品性价比。如果确认有需求则再投资建立企业,此时已经降低了不确定性。

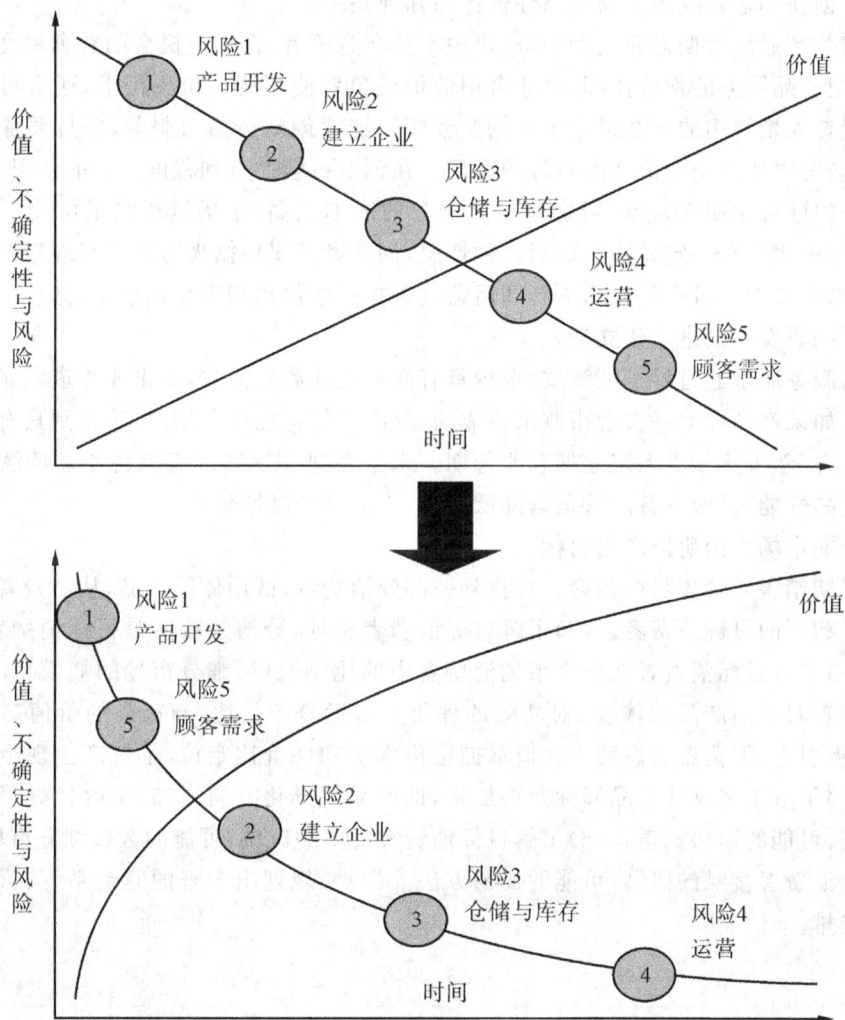

图 7-13 在种子期完成建立期开始之前试销可降低风险

试销可以了解市场中哪一部分消费者对产品有需求。创业者需要接触这些目标消费者,通过访谈了解他们的人口统计、消费行为、情景特征。创业者也可以对比一般不购买产品的消费者的特征和需要,了解目标顾客和非目标顾客之间的差异。

试用可以了解产品满足了目标消费者的哪些特殊需要,也可以了解未来的产品差异化方向。他们有哪些特殊需要,使得对原型产品的评价比竞争产品的更高;他们对原型产品的满意程度,愿意以多少价格购买。他们觉得产品在哪些属性方面做得更好会更有价值,以便确定未来产品服务的改善方向。

在相同产业成长期创业类型中,产业中存在竞争者,在创业机会的有利程度高的情况下,原型产品服务的性价比通常较高,市场测试可以明显看到好的结果。在创业机会的有利程度不高的情况下,原型产品服务的性价比通常较低,市场测试看到的结果可能不很令人满意,现实的产品与理想存在一定差距。面对这种情况,创业者需要判断未来能否通过产品技术创新和运营改善提高产品性价比以弥补差距。

在相关产业浮现期创业类型中,产业中不存在竞争者,在创业机会的有利程度高的情况下,原型产品服务的性价比高,创业者用低价或免费使用测试市场需求,通常可以明显看到消费者大量使用的好结果。未来创业者应该继续创新产品与服务,并且要探索市场定位,明确可以使新企业盈利的目标顾客群。在创业机会的有利程度不高的情况下,原型产品服务的性价比通常较低,可能是产品服务的成本太高,市场测试结果可能不令人满意,现实与理想存在一定差距。面对这种情况,创业者需要根据现有产品与理想产品的差距,判断未来能否通过产品技术创新和运营改善提高性价比到理想的水平,并且决定是继续在种子期研发还是进入建立期。

产品服务原型通过种子期测试,至少具有商业化获利的潜力,新事业将进入建立期和改善期。如果产品在第一次上市测试不成功,要继续保持在种子期改良,直到具有商业化成功的潜力,新事业才进入建立期和改善期。未来在建立期和改善期将通过持续开发新产品与提高性能,投资设备改善运营降低成本,来提高产品性价比。

### 种子期市场营销阶段产出目标

种子期销售的阶段目标包含:(1)找到一部分消费者,试用体验产品,从消费者中找出愿意付费购买的目标消费者。(2)了解目标消费者特征,分清楚哪些是目标消费者,哪些不是。(3)了解目标消费者在整个市场消费者中的比例,目标细分市场的规模。(4)了解目标消费者对目前产品的体验,对功效的评价。与竞争产品比,新产品的价值高出的程度,产品吸引力,消费者满意度。大概掌握定价水平和性价比定位,了解产生现金流的可能性。(4)了解未来哪些产品属性要再加强,即产品差异化方向。(5)了解目标消费者在哪里购买,可能的销售渠道。(6)了解目标消费者集中的区域,可能的区域细分市场。(7)了解目标消费者接触的媒体,可能的促销方法。(8)要规划出未来的营销系统、营销组织和人员安排。

----

### 本章要点

- 种子期要运用相同或相关产业知识,执行整合资源研发产品与商业模式原型的活动,要达到至少有商业化潜力的阶段目标,为建立期融资创造条件。
- 种子期要试产产品,上市销售测试,确认市场需求和了解产品功效。
- 整合资源研发产品可以采用创业的资源拼凑理论和正规的知识创造理论。
- 在有商业化潜力的阶段目标达到前,不应该提早进入建立期投资建立企业。

## 重要概念

整合资源、设计开发、产品与商业模式原型、资源拼凑、知识创造理论、试产、试销、需求确认、商业化潜力

## 思考问题

1. 哪些种类的创业没有种子期或者很短？

2. 种子期战略目标与决策期的条件以及建立期和改善期的目标有什么关系？

3. 哪些因素和做法可以保证种子期产品原型研发成功，具有高度商业化潜力？

4. 根据 Nonaka 的知识创造理论，企业应该如何管理知识与进行创新？

5. 对比资源拼凑理论与知识创造理论，请指出创业的创新与大企业内部的创新有哪些不同，哪些相同。

6. 请从研发组织、投资、时间期限、知识分类、资源与知识输入、资源与知识整合的角度论述，如何才能在种子期将产品原型研发到接近商业化成功。

7. 在种子期产品原型研发完后，请比较以下两种方式的优缺点和适用条件：(1)不先进行试产试销，而是直接投资建立企业，再上市销售；(2)先进行试产试销，确认能满足部分顾客需要和市场有需求后，再投资建立企业。

## 课外练习

1. 请收集一些新创企业的产品服务与商业模式研发案例，分析他们的研发过程与影响成功或失败的因素。

2. 请阅读书籍 Nonaka, I. & H. Takeuchi, The Knowledge—Creating Company, 1995, Oxford University Press, Inc. 扬子江、王美音译.创新求胜：智价企业论, 1997 年, 台北：远流出版社。

# 第八章　建立期投资建立企业

## ▶ 核心问题

● 建立期的投入条件是什么？要执行哪些活动？要达到什么阶段产出目标？
● 如何降低投资规模、盈亏平衡点、融资规模？
● 如何在建立期融资取得资金？
● 企业的法律形式有哪些种类？
● 如何建立运营系统？如何建立合作联盟与网络关系？

## ▶ 本章学习目的

● 了解建立期要融资、成立企业、投资建立商业模式的内部运营系统和外部合作关系。
● 了解采取聚焦加联盟战略可以减少价值活动范围，达到降低固定资产投资规模，降低盈亏平衡点，降低融资规模的目的。
● 了解可以利用种子期创造的商业化潜力进行建立期溢价融资。
● 了解成立新企业可以选择的法律形式。
● 了解运用模仿复制加创新可以建立运营体系。
● 了解根据对资源的依赖建立合作联盟关系，根据交易的性质选择关系形态。

## 第一节　建立期阶段战略：融资、投资设备、建立企业运营系统

### 一、建立期的时间早晚

建立期是成立实体企业与成立法律企业并投资建立运营系统的阶段。建立期也称为诞生期、启动期。种子期达到的目标就是建立期的投入，关键是至少要有商业化潜力明显的原型产品、技术、商业模式。建立期的战略执行活动重点是融资、投资、建立企业。图8-1 显示了建立期的战略与职能活动。

成立实体企业与成立法律企业的建立期时间早晚可能不同。（1）有些在种子期之后投资成立实体企业与法律企业，与本书划分的阶段一致。例如，阿里巴巴、酷讯都是在开发出商业模式并上线测试服务，显示出商业化潜力后，才成立企业，之后进入改善期。（2）有些在种子期开始就投资成立了实体与法律企业。例如，瑞传先成立贸易企业，再开始研

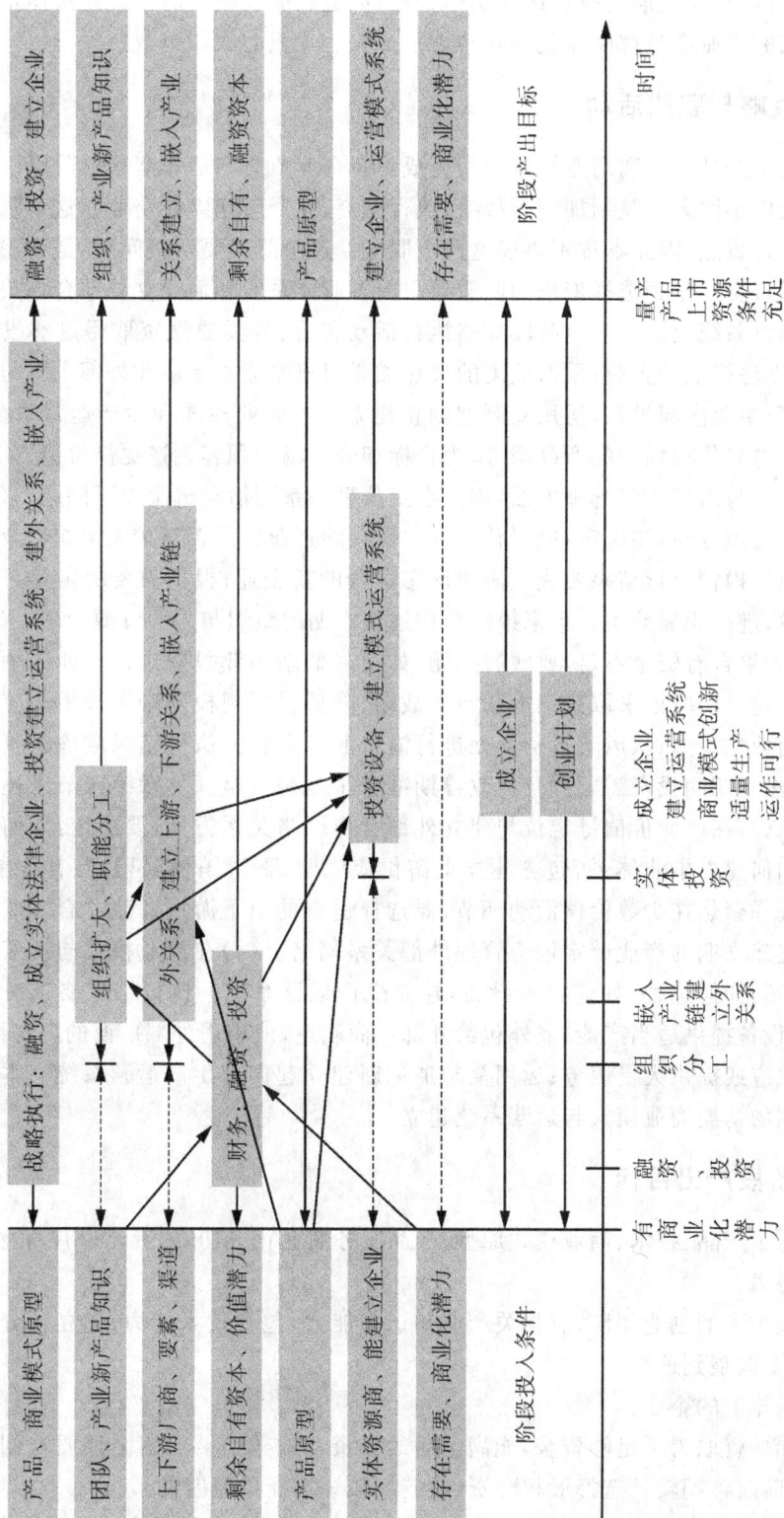

图8-1　建立期投入条件、战略与职能活动、阶段产出目标

发产品。（3）有些在建立期先投资成立实体企业，但是到成长期以后才成立法律企业。大量个体户与家庭事业都是在商业化成功与规模扩大后才成立法律企业。

## 二、建立期战略与职能活动

建立期是从产品原型和商业模式原型完成到新企业成立与运作起来的阶段。这个阶段重点是运用以小博大与复制加创新战略，执行融资、投资与建立新企业。这个阶段产品研发和营销不是重点，因此本章不讲述这两个职能。这个阶段要解决问题：是否需要以及如何融资取得资金？是否选择聚焦加联盟建立新事业体系？如何建立外部合作关系？如何进行内部运营系统投资？这个阶段战略执行活动包含：视需要融资取得足够投资与改善的资金；成立法律上的企业；采取适度的聚焦加联盟战略建立新事业外部上游与下游的合作关系；在新事业内部投资，运用复制加创新建立一个商业模式和生产运营系统，为大量产出并供应差异化与稀缺的产品服务，为目标细分市场的顾客创造更高价值。

在外部关系与内部职能管理方面，创业者要从事一系列活动解决以下问题。（1）在组织与人力资源管理方面，要决定：成立什么法律形式的企业？是否要扩大组织以及建立什么形态的组织结构？执行结果要成立法律形态适合的新企业；根据需要决定是否扩大组织与人员规模，进行职能分工。本章第二节讲述建立期的组织与人力资源管理。（2）在财务管理方面，如果自有资金不足，要解答问题：如何降低新事业投资规模？如何融资取得需要的资金？建立期应该采取聚焦加联盟的战略，降低投资规模与融资规模。应该以种子期创造的商业化潜力，从风险投资商处进行溢价股权融资。执行结果应该融资到足够资金，满足了建立期的投资需要并且为改善期准备了宽裕资金。本章第四节讲述建立期的财务管理。（3）在产业价值链定位与建立外部合作网络关系方面，要决定：如何在产业链中定位？如何建立事业体系，包含建立上游供应联盟、下游销售联盟、互补职能联盟？执行结果要选择聚焦在少数价值活动环节，要选择适合的上下游厂商建立合作联盟。本章第三节讲述建立期的产业链定位与管理外部关系网络。（4）在商业模式与运营系统方面，要解答问题：如何选址，如何投资设备，建立生产运营系统？执行结果要选对企业位置；投资厂房设备提供适当产能，或外包给外部厂商制造，或租用外部厂商的厂房设备，准备批量生产供应或提供大量服务；运用复制加创新建立起内部生产运营系统。本章第五节讲述建立期的初期商业模式与运营系统建立。

## 三、建立期阶段产出目标

- 已经有了产品、技术、商业模式原型，产品服务商业化成功，或者至少有商业化潜力与市场需求潜力。
- 不变或扩大的创业团队，有相关产业知识与能力，包含技术能力；建立了分工的组织，可能还需要调整到适配。
- 成立法律上的企业。
- 自筹加融资取得了足够资金，能满足后续投资与改善需要。资金性质与创业阶段特性匹配，判断改善期较长选择股权融资，改善期较短选择负债融资。
- 运用聚焦加联盟战略建立了企业，减少价值活动范围，降低投资额与融资额，降低了盈亏平衡点销售量,有利于改善期的商业化成功。

· 建立的初期商业模式,至少有商业化潜力,但是还需要完善商业模式。

· 投资建立了内部运营系统,运作有一定效率,但是效率还需要提升。

· 嵌入了产业链,建立了与外部上下游企业的合作关系,可能还需要建立与加强下游合作关系。

· 了解了早期采用的目标细分市场消费者特征,或者还需要探索目标细分市场的消费者特征。

· 够后面阶段所需的明显和潜在资源条件,包含宽裕的资金、人力资源、设施设备。

· 领先竞争者。

## 四、建立期的风险

建立期的风险来源包含投入因素的风险来源、过程因素的风险来源、阶段目标没达到就过早进入下一阶段产生的风险。(1)投入因素的风险来源包含:(A)阶段投入的产品原型还没有商业化潜力,不利于溢价融资与融资不足,产生投资不足,达不到进入产业的最低投资规模要求,进而影响后面的阶段执行,包含人员不足、资金不足、资源不足,无法支持创新与改善,无法进行市场开拓与营销。(2)过程因素的风险来源包含:(A)资金性质与创业项目的阶段特性不匹配。例如,应该要股权融资,但是进行了负债融资。(B)投资的规模与创业项目的阶段特性不匹配。例如,投资规模过大,设施设备太好产能太大产生资产闲置,没有采取聚焦加联盟战略,价值活动范围过大。投资过大使新企业难以跨过盈亏平衡点。相反地,投资过小与设备太差使新企业无法提供保证品质的产品服务,或无法达到最低规模要求,不能产生规模经济效果。(3)过早进入下一阶段产生的风险包含:(A)必要的设备条件还没有达到就进入改善期,影响改善提升的效果。以上产生风险的因素要加以避免。

# 第二节　建立期组织与人力资源管理

## 一、选择适合新企业的法律组织形式,成立新企业

### 1.选择新企业的法律组织形式

创业者成立新企业时,可以选择以下不同的企业法律组织形式:个体工商户;个人独资企业;合伙企业;有限公司和股份有限公司的法人公司制企业。各种法律组织形式没有绝对的好坏之分,对创业者来说各有利弊,表8-1列出各种企业组织形式的优点和缺点。创业者应该选择哪种组织形式,必须根据国家的《公司法》法规要求,按照新企业的实际情况,权衡利与弊做出决定。例如,俞敏洪以个体户形式成立新东方英语留学考试补习班。美特斯邦威创业开始是一个独资企业。温州永嘉农民习惯采用合伙企业形式开超市,因为不太有经验的股东,可以请有经验的亲戚参股帮助管理。阿里巴巴是创业半年后,以股份有限公司的形式成立。

表 8-1　各种企业组织形式的优点和缺点

| | 优　点 | 缺　点 |
|---|---|---|
| 个体工商户 | 雇工人数少的企业，交定额税 | 不是企业形式的经营实体 |
| 个人独资企业 | 企业设立手续非常简便，且费用低<br>所有者拥有企业控制权<br>可以迅速对市场变化做出反应<br>只需缴纳个人所得税，无须双重课税<br>在技术和经营方面易于保密 | 创业者承担无限责任<br>企业成功过多依赖创业者个人能力<br>筹资困难<br>企业随创业者退出而消亡，寿命有限<br>创业者投资的流动性低 |
| 合伙企业 | 创办比较简单、费用低<br>经营比较灵活<br>企业拥有更多人的技能和能力<br>资金来源较广，信用度较高 | 合伙创业人承担无限责任<br>企业绩效依赖合伙人的能力，企业规模受限<br>企业往往因关键合伙人死亡或退出而解散<br>合伙人的投资流动性低，产权转让困难 |
| 有限责任公司 | 创业股东只承担有限责任，风险小<br>公司具有独立寿命，易于存续<br>可以吸收多个投资人，促进资本集中<br>多元化产权结构有利于决策科学化 | 创立的程序比较复杂，创立费用较高<br>存在双重纳税问题，税收负担较重<br>不能公开发行股票，筹集资金的规模受限<br>产权不能充分流动，资产运作受限 |
| 股份有限公司 | 创业股东只承担有限责任，风险小<br>筹资能力强<br>公司具有独立寿命，易于存续<br>职业经理人进行管理，管理水平较高<br>产权可以股票形式充分流动 | 创立的程序复杂，创立费用高<br>存在双重纳税问题，税收负担较重<br>股份有限公司要定期报告公司的财务状况，公开自己的财务数据，不便严格保密<br>政府限制较多，法规的要求比较严格 |

**个体工商户**

个体工商户是在法律允许的范围之内，依法经核准登记，从事工商业经营的自然人。个体工商户必须依照民法通则、《城镇个体工商户管理暂行条例》及其实施细则的规定设立。个体工商户可以是一个自然人设立，也可以是家庭出资设立，没有注册资金的限制。根据民法通则第 29 条的规定，个体工商户的债务如属个人经营的，以个人财产承担，属家庭经营的，以家庭财产承担。个体工商户不采用企业形式，不是经营实体，不具有组织体的属性。一般而言，雇工不足 8 人者为个体工商户。个体户大多数财务不健全，所交税费都是定额的。交税的话是交个人所得税。

**个人独资企业**

简称独资企业，是指由一个自然人投资，全部资产为投资人所有的营利性经济组织。个人独资企业必须依照《中华人民共和国个人独资企业法》设立。只要满足以下五个条件，就可以申请个人独资企业：(1)投资人为一个自然人 。(2)有合法的名称。(3)有投资人申报的出资，国家对其注册资金实行申报制，没有最低限额。(4)有固定的生产经营场所和必要的生产经营条件。(5)有必要的从业人员。个人独资企业一般是开工厂，或者大点的超市之类才注册的。个人独资企业仅能以个人出资设立。投资人以其个人财产对企业债务承担无限责任。个人独资企业是经营实体，是一种企业组织形态，性质上属于非法人组织，具有团体人格的组织体属性。一般而言，雇工 8 人以上者为个人独资企业。个人独资只交个人所得税。个人独资企业成功与否依赖所有者的技能和能力。当然,所有者也可以雇用那些有其他技能和能力的员工。

**合伙企业**

如果两个或两个以上的人共同创业,那么可以选择合伙制作为新企业的法律组织形式。根据《中华人民共和国合伙企业法》,合伙企业是指由各合伙人订立合伙协议,共同出资,合伙经营,共享收益,共担风险,并对合伙企业债务承担无限连带责任的营利性组织。合伙企业包括普通合伙企业和有限合伙企业两种形式。两者最大的区别在于有限合伙企业有两种不同的所有者:普通合伙人和有限合伙人。普通合伙人对合伙企业的债务和义务负责,而有限合伙人仅以投资额为限承担有限责任,但后者一般不享有对组织的控制权。

除了要有合伙企业名称,经营场所和从事合伙经营的必要条件外,设立合伙企业还应具备以下条件:(1)合伙企业必须有两个或两个以上的合伙人,合伙人应当具备完全的民事能力且能依法承担无限责任。(2)合伙人应当遵循自愿、平等、公平、诚实信用原则订立合伙协议。合伙协议应载明合伙企业的名称、地点、经营范围、合伙人出资额和权责情况等基本事项。(3)合伙人应当按照合伙协议约定的出资方式、数额和缴付出资的期限,履行出资义务。合伙人出资可以用合伙人的合法财产,包含货币、实物、土地使用权、知识产权或者其他权利。合伙人也可以用劳务出资,其评估办法由全体合伙人协商确定。

**公司**

公司是现代社会中最主要的企业形式。它是以营利为目的,由股东出资形成,拥有独立的财产,享有法人财产权,独立从事生产经营活动,依法享有民事权利,承担民事责任,并以其全部财产对公司的债务承担责任的企业法人。所有权与经营权分离,是公司制的重要产权基础。

与独资、合伙制对债务负无限责任不同,公司制的一个最大特点就是仅以其所持股份或出资额为限对公司债务承担有限责任。另一个特点是存在双重纳税问题,即公司盈利要上缴公司所得税,创业者作为股东还要上缴企业投资所得税或个人所得税。

2014年3月1日实施新《公司法》。新法大幅降低了公司注册设立的门槛,更有利于设立创业公司。在公司注册新规中,放宽注册资本最低要求:除法律、法规另有规定外,取消旧法规中的有限责任公司最低注册资本3万元、一人有限责任公司最低注册资本10万元、股份有限公司最低注册资本500万元的限制。不再限制公司设立时股东(发起人)的首次出资比例。从旧法规的实行企业注册资本实缴制,改为认缴制。也就是说想注册多少资本,申报的时候写多少,在章程约定期限内缴足资金就行。作为股东只要以认缴的注册资本承担有限责任。公司实收资本不再作为工商登记事项,对公司的注册资本不再实行验资。

**有限责任公司**

有限责任公司的股东以其认缴的出资额为限对公司承担责任,公司以其全部资产对公司的债务承担责任。创业者设立有限责任公司,要符合新《公司法》规定的条件:①有限责任公司由五十个以下股东(甚至一人)的法定人数出资设立。②股东共同制定公司章程,载明下列事项:公司名称和住所;经营范围;注册资本;股东的姓名或者名称;股东的出资方式、出资额和出资时间;公司法定代表人;公司的机构及其产生办法、职权、议事规则等。③股东可以用货币出资,也可以用实物、知识产权、土地使用权等代替出资。其他规定请读者自己阅读新《公司法》。

**股份有限公司**

股份有限公司,其全部资本分为等额股份,股东以其认购的股份为限对公司承担责任,公司以其全部资产对公司的债务承担责任。设立股份有限公司要符合新《公司法》规定的条件:①发起人符合法定人数,应当有二人以上二百人以下为设立公司发起人,其中须有半数以上的发起人在中国境内有住所。②发起人制定公司章程,载明下列事项:公司名称和住所;经营范围;设立方式;股份总数、每股金额和注册资本;发起人的姓名或者名称、认购的股份数、出资方式和出资时间;公司法定代表人;董事会与监事会的组成、职权和议事规则;利润分配办法等。③股份有限公司的设立,可以采取发起设立或募集设立的方式。采取发起方式设立公司的,注册资本为在公司登记机关登记的全体发起人认购的股本总额。以募集方式设立公司的,发起人认购的股份不得少于公司股份总数的35%,注册资本为在公司登记机关登记的实收股本总额。其他规定请读者自己阅读新《公司法》。

2.使新企业符合社会法律要求

创业在不同阶段会遇到法律问题,企业应尽可能遵守法律,使企业设立获得政府法律许可,避免违法带来风险或无法设立。表8-2列出了创业和经营中的法律问题(张玉利,2008)。创业者不懂法律,可以向专业人士咨询,解决问题。创业者也可以在制度法规领域运用拼凑方法克服法律限制。请读者看第七章第二节的吉利汽车案例,以及第六章第四节的温州物流集团创业案例。

表 8-2　创业和经营中的法律问题

| 创建阶段的法律问题 | 经营中的法律问题 |
| --- | --- |
| 确定企业的法律形式 | 人力资源管理(劳动)法规 |
| 设立税收记录 | 安全法规 |
| 进行租聘和融资谈判 | 质量法规 |
| 起草合同 | 财务和会计法规 |
| 申请专利、商标和版权保护 | 市场竞争法规 |

## 二、创业团队规模不变,或者扩大规模并建立分工的职能型组织结构

建立期是一个不太长的阶段,建立期的组织改变可以视为为了执行建立期的工作,也是为了改善期进行人员储备和调整组织结构。(1)有些个人创业者或创业小团队在建立期和改善期仍然维持组织不变,到成长期有正现金流后才扩大组织。(2)有些个人创业者会在建立期扩大组织,招聘能够协助创业者的其他成员组成一个团队,另一种方式是找家族成员来工作。(3)有些创业团队在建立期会扩大组织,因为已经融资成功,在主要创业者与团队成员间可能原本就存在职能分工,这个阶段各个职能负责人下面可能要补充人

力。这是由于接下来的改善期或成长期,研发、生产、营销活动都要进行,工作量增多,新事业需要增加人力,因此需要在建立期扩大组织规模。下一章讲述改善期进行的组织的改变与调适。

# 第三节　建立期财务管理:利用事业潜力融资、聚焦投资

## 一、财务预测与规划

建立期创业者或新事业财务管理者可以进行未来数年的财务估计与预测,进行财务规划与决策,制作预估财务报表。财务预测与规划一方面可以了解创业项目的利润潜力,另一方面可用以撰写创业计划书的财务规划部分。好的创业计划书包含了合理的财务预估,可以在融资时让风险投资商了解此项投资的未来获利潜力,使他们信服并投资。预估财务报表的主要目的是回答四个问题:

①建立期投资与改善期运营新企业需要多少资金?

②在自有资金一定的条件下,建立期后需要多少融资金额?

③建立期以后各阶段如何管理现金流量?

④根据预估的业绩水平和营收与开支之间的关系,各阶段预期可以赚取多少利润?

1.评估未来获利能力,编制利润表和现金流量表

创业团队可以按照利润表和现金流量表的结构,根据预估未来的销售额、成本、利润和现金流编制预估利润表与现金流量表。图 8-2 显示的是一个新创企业的各年销售额与利润。图 8-3 显示的是新创企业各月的现金流量。该企业前 4 个月属于研发新产品的种子期。第 5 个月到第 8 个月进入建立期进行资金筹集,设备投资,建立事业系统。第 9 个月进入改善期,进行销售产品、改善效率、渗透市场。此阶段初期生产没有合理化和效率化,品质问题较多,产品成本较高,人员增加使费用增长较快,市场还没打开,销售收入很少,不能盈利。经过改善在第 18 个月达到盈亏平衡点。之后开始获利逐渐进入成长期。

预估利润表和现金流量表可以编写在为了达到融资目的的创业计划书中,可以向投资人展示出新企业未来的获利与成长潜力,达到溢价股权融资效果。

2.估计投资额与资金需求

建立期的投资包含购买厂房、设备等直接投资,以及运营企业要购买原料、存货以及人员费用的资金需求。新公司所需的投资额和支出金额按照行业别和机会特征各有不同,可能差异很大。高科技公司(特别是电脑制造商、半导体设计商以及生物科技相关的公司),往往需要上千万的资金。大多数服务企业的创业资金需求相对较小。创业者可以:(1)依靠相同或相关产业经验估计公司的资金需求量。(2)运用业界标准来估计资金的需求量。创业者可以应用销售额百分比技术预估资产需求,就是在了解销售金额和资产之间的比例关系后,根据预估销售业绩来预估资产需求。也可以用这种方法估计应收账款的多少。

销售额

10亿

0 1 2 3 4 5

利润

1亿

成立
公司
投资
3 000万

0 1 2 3 4 5 年度

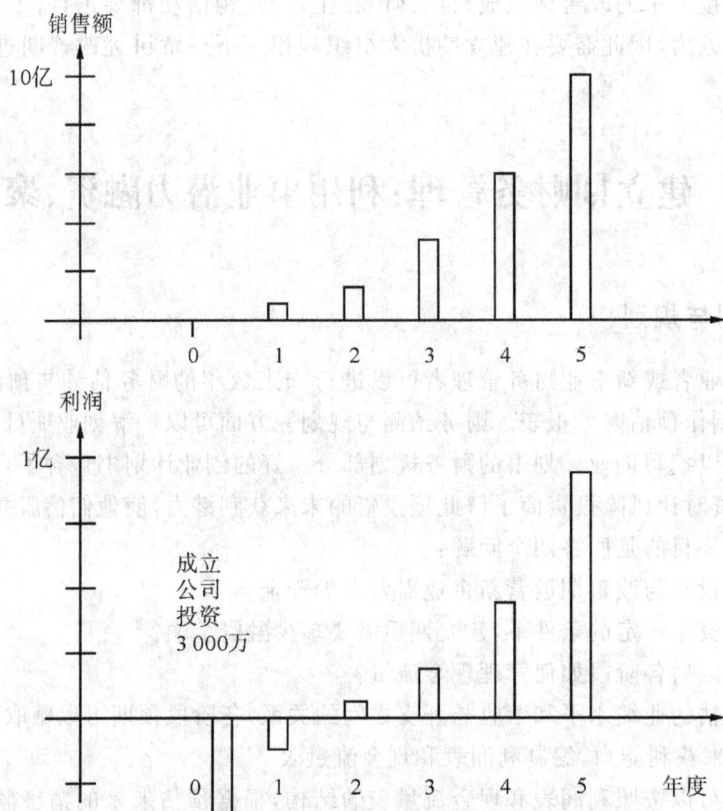

**图 8-2 某新创企业各年的销售额、投资额与利润**

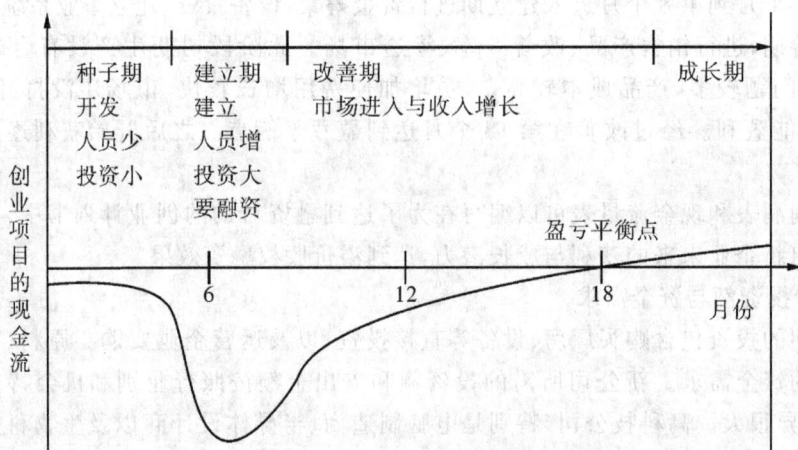

| 种子期 | 建立期 | 改善期 | 成长期 |
|---|---|---|---|
| 开发 | 建立 | 市场进入与收入增长 | |
| 人员少 | 人员增 | | |
| 投资小 | 投资大 | | |
| | 要融资 | | |

创业项目的现金流

盈亏平衡点

6 12 18 月份

**图 8-3 创业项目各月的现金流**

创业者可以根据建立期的自有资金、需要的投资额和运营资金、需要的融资资金,投资的资产,编制预估资产负债表。

## 二、建立期的财务特征

· **投资资金需求量大**。若进行大量的厂房设备投资,需要大量资金。组织与人员规模扩大,产生逐渐增加的人力费用。原料采购和产品存货需要大量现金。对于工程规模较大的创业机会,这一阶段的资金需求量可能大大超出创业团队的自有资金。

· **融资资金需求量大**。这是新事业非常需要资金的时期,为了满足大量资金需要,可能需要向外部融资。由于建立期和后面的改善期仍然有很大的不确定性,并且不能产生正的现金流,未来达到商业化成功的时间还不确定,因此建立期的融资应该以股权融资为主。如果产品有高性价比,在判断改善期很短的条件下,可以负债融资。融资金额应该保证满足建立期和改善期的资金需求,达到商业化成功的改善期阶段目标,因此需要融到足够宽裕的资金。

· **建立期不会产生正的现金流**。建立期和改善期的前期是做投资设备资产和试运营,是完全不会产生利润和现金流的。改善期的后段时期才可能逐渐产生利润和正现金流。

## 三、投资决策:在资金有限的条件下运用聚焦＋联盟、租赁降低投资量

1.若自有资金足够,可以不融资,甚至从事多个价值活动

第一种情况,对于利用图 6-7 中的第Ⅰ、Ⅱ、Ⅲ的三类机会的创业项目,由于创业者和团队的自有资本足够大,能满足建立期和成长期的投资资金需要,不需要向外部融资,则创业战略可以扩大价值活动范围,使起步阶段的新事业更有竞争力。

**案例**　　世洋在种子期运用较大自有资金(3 000 万台币,约 600 万人民币),建立了由 7 人核心团队担任骨干的职能型组织结构,结合上游安捷伦的光学鼠标模组与滚球鼠标的电子产品知识,开发了性价比高的光学鼠标,显示出了事业潜力。

2.若自有资金有限,需要降低固定资产投资,同时要避免投资不足

第二种情况,对于利用图 6-7 中的第Ⅴ、Ⅵ、Ⅸ三类创业机会项目,由于创业者和团队的自有资本有限,不能满足建立期和成长期的资金需要,则需要向外部融资或运用战略方法减少投资和融资需要。

从资产负债表可以看出,若大量投资,会在资产负债表中左边增加固定资产和流动资产。为了满足投资需要则需要向外部融资,会在资产负债表右边使股东权益提高或负债提高。若固定资产投资多,则在利润表中会增加折旧费用,降低利润和获利能力。若选择提高股东权益,即选择发行股份融资,引进外部投资人的资金,则会增加股东权益中"外部投资人的股份比例",降低"创业团队的股份比例",会稀释创业者和团队的股份和未来利益,减小所有权和控制权。若选择举债融资,则会提高负债比例(负债÷总资产)(这个阶段以股权融资比债务融资好,因为仍然有不确定性,资本利得率小于利息),从而提高企业经营风险。高负债也会在利润表中增加利息费用,降低利润和获利能力。

由于存在以上缺点,因此在创业团队自有资本少的条件下,最好运用战略方法降低资产投资规模,特别是厂房设备等固定资产投资。降低投资也就降低了融资规模,以便达到小资本高报酬,以及高度控制权的目的。

虽然要降低投资规模,但是仍然要保证核心价值活动需要的宽裕投资和营运资金,避免投资不足。

3.运用聚焦+合作联盟、租赁的策略,降低投资量

在自有资本少的条件下,创业者可以采用聚焦加合作联盟的策略,聚焦到最擅长的价值活动,发挥原有的核心优势,与强势的外部伙伴联盟,借助他们在其他价值活动上的优势,可以解决资源少产生的不利。聚焦加联盟战略的前提条件是产业的分工较细,有上游或下游的互补厂商。建立联盟最重要的是让合作联盟的伙伴分享利益。

这种策略可以使新事业减少价值活动,降低投资规模,减少融资需要量;可以减少固定资产折旧;可以减小股权融资金额,不提高外部投资人的股份比例,使创业者和团队保持较高股份比例、较高未来收益。或者可以不提高负债比例,降低企业风险,以及可以减少举债融资产生的利息费用,提高优势与获利能力。采取聚焦加联盟的方法可以最终达到投资小报酬高的目的。采取这种方法甚至可以完全避免融资,可以使看起来是 Ⅴ、Ⅵ 两类机会的创业项目,转变成 Ⅱ、Ⅲ 两类机会的创业项目。

**案例**　(1)瑞传创业时,在运营方面从事对国外经销商和系统整合商的销售贸易活动,内部有进货、存货、销货管理,在研发方面聚焦在做奔腾工业电脑主板新产品开发的产品规格规划活动。瑞传将工业电脑主板新产品开发的设计开发活动与生产新产品的活动外包给外部合作伙伴新汉公司执行,免去了厂房设备投资,使得瑞传在建立期不需要再融资了。(2)华硕创业时,只做电脑主板设计开发,外包生产和销售。(3)百度刚创业时,只做搜索引擎设计和搜索服务,与门户网合作。

创业者也可以采取租赁厂房设备,购买低价格设备,只投资便宜的低档小批量低产能设备,采用拼凑堪用设备的方法,减少建立期的投资和融资需求。使用这些设备到成长期获利阶段,再用利润购买新设备或者升级设备。对于资本密集的新事业需要的长期使用的大型设备,例如飞机等,创业者可以采取融资租赁的方式减少设备投资额。

融资租赁是介于承租人(创业者)、出租人(租赁公司)及贷款人(银行)间的三边协定,可以支持缺乏资金的创业者租赁设备。是由出租人拿出小部分资金,加上贷款人提供的大部分资金,购买承租人所欲使用的资产,并交由承租人使用;而承租人使用租赁资产后,定期支付租赁费用。通常出租人提供 20%～40% 的资金,贷款人提供 60%～80% 的资金,贷款人获得设备的所有权。

4.聚焦加联盟有利于改善期提早跨过盈亏平衡点

盈亏平衡点是企业达到不赚不亏的最低销售量。降低盈亏平衡点销量有利于新企业提早跨过盈亏平衡点与实现获利。

假设以下变量:$E$＝利润;$R$＝总收益;$P$＝产品价格＝100 元;$Q$＝销售量;$C$＝总成

本;$F$＝固定成本＝200万;$c$＝单位产品变动成本＝60元。计算盈亏平衡点(也称为损益两平点、收支平衡点)时的销售量如下:

$R＝P×Q;C＝F+c×Q$

盈亏平衡点时　$E(利润)＝0＝R-C＝P×Q-F-c×Q$

盈亏平衡点的销售量为　$Q＝F/(P-c)＝2\,000\,000/(100-60)＝50\,000$(件)产品

如果要提早跨过盈亏平衡点实现获利,就要降低盈亏平衡点的销售量$Q$,可以采取以下方式:(1)降低固定资产投资和固定费用产生的固定成本$F$,使盈亏平衡点销量下降($Q_0→Q_1$);(2)通过产品创新提高售价$P$,使$Q_0→Q_2$;(3)降低单位产品变动成本$c$,使$Q_0→Q_3$。图8-4显示出盈亏平衡点销售量。降低固定资产、提高售价、降低成本后改变的总成本线和总收益线用虚线显示。

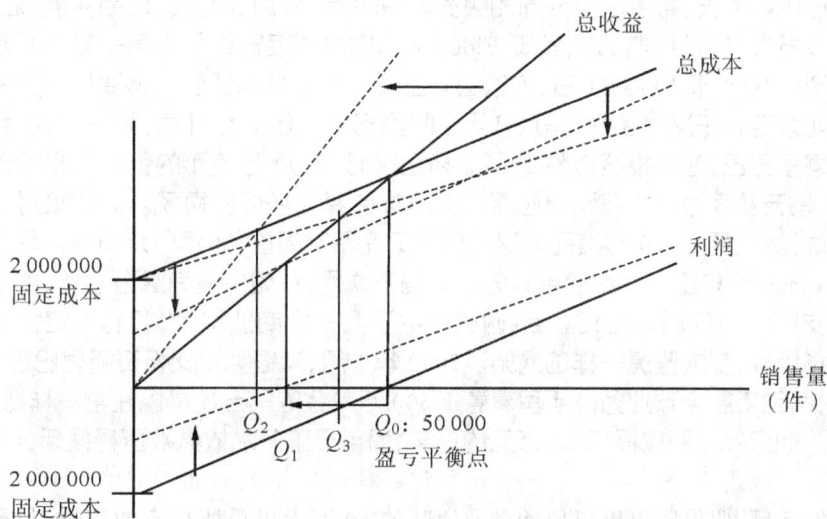

图 8-4　盈亏平衡点销售量与降低方向

聚焦加联盟的战略可以降低固定资产投资额$F$,实现了轻资产。价值活动交给外部伙伴事业执行,免去了固定资产投资,可以将固定成本转变为变动成本。这些都符合第五章第七节讲述的商业模式重构的方向:从重资产到轻资产,从固定成本到可变成本。采取拼凑资源、租赁和购买便宜设备的方式也可以降低固定资产投资额,从而降低盈亏平衡点。

## 四、融资决策:利用机会潜力进行融资,取得宽裕资金

如果能采用聚焦加联盟战略,则能降低建立期的融资规模,减少融资难度。如果无法采取上述战略,一定要在建立期融资的话,则可以利用种子期创造的商业化潜力与新事业获利潜力,获得对创业团队有利的融资。

建立期和改善早期是相对资金需求最大的阶段,因此在自有资本较少的情况下,需要大额融资。建立期融资是为了建立期和改善期资金需要做准备,要能取得足够的设备投资资金和改善期运营扩大需要的资金,最好取得足够宽裕的资金。建立期融资对象包含:

自有资本、亲戚朋友、天使投资者、战略伙伴、风险投资商、资产抵押贷款、设备租赁,最主要的大额资金融资对象是风险投资商。当种子期的阶段目标达到后,在建立期阶段进行大额融资是可行与有利的。因为种子期结束建立期开始新事业已经显示出获利潜力,则股份价格已经提高,可以向新投资者溢价融资。创业者可以通过撰写一份有说服力的创业计划书,提供有力的证据证明获利潜力,吸引投资者,进行溢价股权融资。成功地完成了股权溢价融资,实际上显示出创业团队在种子期的创业活动已经执行成功,创业团队的原始资本已经增值了很多倍,未来可以运用风险投资商的资金支持后续发展。

**案例**　1999 年 1 月阿里巴巴团队在种子期投资了 50 万人民币种子资金。6 月瑞典 AB 风险投资集团亚洲部总裁蔡崇信,被阿里巴巴的事业感召,毛遂自荐担任阿里巴巴财务长,着手成立公司和融资。1999 年 10 月,阿里巴巴与高盛、汇亚、新加坡科技发展基金、瑞典 AB、美国 Fidelity 风险投资商签约引入第一轮 500 万美元风险投资。1999 年 10 月 31 日,软银的孙正义从北京打电话到杭州要见马云一面。马云到北京与孙正义见了面,马云介绍了阿里巴巴网站 6 分钟后,孙正义说:我一定要投资阿里巴巴,他想投资持股 49%。孙正义把 3 000 万美元的钱打入阿里巴巴的账户后,马云却因为钱太多和担心原始股份被稀释太多而反悔了。他后来对孙正义的助手说:我只要 2 000 万美元。这位助手听完暴跳如雷,怀疑马云有病。马云当场发了个 email 给孙正义:"希望与孙先生共闯互联网,…如果没有缘分合作,那么还会是好朋友"。5 分钟后孙正义回复:谢谢你给了我一个商业机会,我们一定会让阿里巴巴名扬世界,变成雅虎一样的网站。2000 年 1 月,软银孙正义投资阿里巴巴 2 000 万美元,帮助拓展全球业务。手里拿着 2 500 万美金的马云还是像往常一样抠门,一样吝啬。他只做了两家报纸 20 万元的广告,而且员工薪水依然被压得很低。

**请回答问题**:假设阿里巴巴原始创业团队的 50 万人民币所持有的股份,与孙正义投资的 2 000 万美元所持有的股份比例一样,都占三分之一;假设当时 1 美元换 7 元人民币;请计算阿里巴巴创业一年后,原始创业团队的投资资本增值了多少倍。假设投资时阿里巴巴的股价没有改变,阿里巴巴的市值达到人民币多少?

**案例**　携程网由梁建章、季琦、沈南鹏、范敏四人投资 100 万人民币,于 1999 年 5 月创立。1999 年 10 月,风险投资商 IDG 投资 50 万美元,占携程 20% 的股份。2000 年 3 月,软银、上海实业、美国兰花基金、香港晨星集团、IDG 再投资 450 万美元,所占股权不超过 30%。

**请回答问题**:请按上述方式计算不同时点原始股份的增值。

## 五、融资过程

### 1.融资前准备

创业者在平时要注意建立个人信用,累积人脉资源。这些过去累积的社会资本在融资时经常会发挥作用。

**2.测算资金需求量**

创业者要估算启动资金,测算营业收入、成本和利润,编制预估财务报表,结合企业发展规划决定融资金额需求量。预估财务报表包含:预估利润表、预估资产负债表、预估现金流量表。

**3.编写创业计划书**

创业计划书可用于吸引借款人和投资者,使资金提供者全面了解创业机会的价值,创业团队的技术能力与合作能力,支持企业运行的资源状况,以便做出决策。创业计划书形式和内容都要做到尽善尽美,篇幅40页以内,基于详细调查的客观事实资料做出。创业计划书的内容已经在第四章讲述过。

**4.选择确定融资来源**

选择融资来源除了要考虑可以得到资金外,还要考虑能否得到管理方面的协助,以及资金提供者的声誉。

**5.融资谈判**

融资谈判前创业者要充分准备、具有信心,设想并针对资金提供者关心的问题:他们投资后能得到什么好处?谈判中的陈述要抓住重点,条理清楚。融资谈判是要与资金提供者沟通新事业需要多少资金,按照新事业获利潜力,与投资者协商交换多少股份。创业者要站在现有股东立场上与融资对象谈判,要能为原始股东的股份争取较多的价值。另外要让资金提供者未来赚到钱,满足他们对报酬率的要求。融资谈判的结果是要寻求共赢。

这一阶段要避免融资不足,导致投资不足,达不到进入产业的最低投资规模要求,进而影响后面的阶段执行,如人员不足、资金不足、资源不足,无法支持创新与改善,无法进行市场开拓与营销。

**现金管理:降低现金流出,有效利用现金**

建立期因为不能产生现金流入,因此现金管理类似种子期,仍然是要降低现金流出,有效利用现金。

**阶段产出**

建立期财务管理执行结果是融资到足够资金,满足了建立期的投资需要并且为改善期准备了宽裕资金。

# 第四节 建立期产业链定位与管理外部关系:建立外部合作关系与嵌入产业链

## 一、建立外部合作关系与嵌入产业链

在垂直的产业价值链中的定位与建立外部关系方面,建立期要决定:如何建立上游生产要素供应联盟、下游产品销售联盟、互补职能联盟?这个阶段要投资建立企业,形成事业内部体系与外部合作网络关系。要建立上游生产要素供货联盟,下游产品销售联盟。

如果自己执行研发价值活动,则还可以建立生产的互补职能联盟;如果自己执行生产价值活动,则可以建立与产品品牌商的联盟,作为对方的外包生产商。

1.创业者要决定新事业从事的价值活动,在产业价值链中聚焦定位

从产业链角度看,创业是进入产业,并在产业链中一组价值创造环节中执行活动。由于新事业资源有限,因此战略要在价值活动上聚焦定位,要决定在产业价值链中从事价值活动的位置与范围宽窄,就是选择要从事哪几个少数价值活动环节,让其他上游或下游厂商补充需要的价值活动。从产业链的角度看,创业机会就是在产业价值链体系中出现了一个没有填满的价值活动环节,存在一个产业结构洞,在这个价值活动环节创业容易成功。因此新事业应该选择聚焦定位在这个存在创业机会的价值活动环节。创业就是在这个环节建立一个提供产品服务的新事业,它与上下游厂商形成一个价值创造网络和产业链。在定位的价值活动环节还要决定从事哪些职能价值活动。如果外部有互补厂商能执行互补职能价值活动环节,新事业可以只选择一项职能活动,让外部伙伴厂商执行其他职能活动,实现聚焦加联盟战略。

**案例** 瑞传在研制奔腾工业电脑主板新产品时,执行主板规划和销售价值活动,主板规格开好后交给外包的设计公司执行设计活动,由设计公司外包生产。

2.利用合作联盟借用外部伙伴的制造、研发或营销资源执行上下游价值活动

新事业采取聚焦加联盟战略要依赖外部的资源,要通过杠杆借用外部伙伴厂商的产品制造或营销资源,补足新事业缺少的价值活动和克服资源弱势,使新事业聚焦到核心价值活动,在差异化方向上投资,创造竞争优势。为此,新事业除了要在内部投资建立运营体系,也要在外部建立与上下游相关厂商的合作联盟关系,包含与上游各种原材料、零部件、产品供应厂商间的合作关系,与下游渠道商、产品厂商、零售商的合作关系,与水平互补厂商的合作关系。

新企业为了获取外部资源需要建立外部关系,外部关系可以分为嵌入性关系和市场性关系。嵌入性关系主要是基于社会关系的在家族成员(有相关企业)、熟人、朋友之间建立的具有责任、人情、互惠、面子等特征的合作关系(Uzzi,1999)。市场性关系多数是一种与生人之间对经济利益算计性的相互交易的合作关系(Williamson,1993)。李新春、刘莉(2009)研究得出,在创业家与管理层的关系网络中,新创的小企业更多地使用嵌入性关系网络,并且嵌入性关系网络正向影响创业绩效。随着企业生存年限的增加,成熟企业更多地使用市场性关系网络,市场性关系网络对企业绩效起着越来越重要的作用。

3.将新事业嵌入产业体系中

当新事业建立了完整的与上下游伙伴厂商间的合作关系,形成一个新的事业体系和价值创造网络,就镶嵌进入了产业价值链体系中,成为产业价值链中的一个环节。图8-5显示出新企业建立与上下游厂商的合作关系。这个产业链对终端消费者在价值创造上能否产生优势,部分取决于新事业的优势,部分取决于伙伴厂商的优势,部分取决于合作的效果。

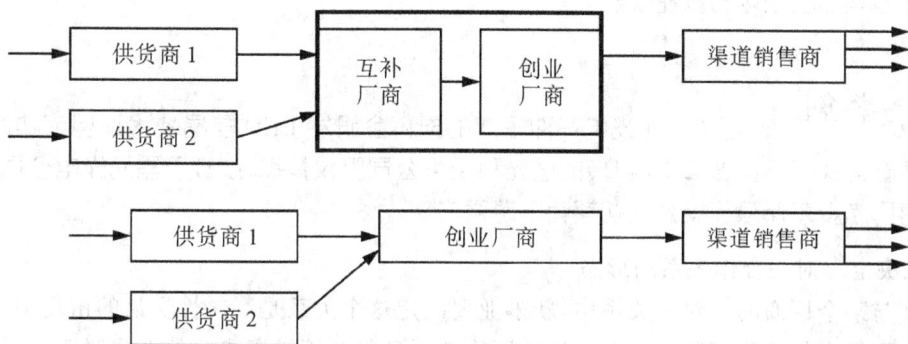

图 8-5 建立上下游关系示意图

## 二、外部关系网络的决策类型

创业者在合作关系方面要做以下决策:(1)新事业要选择与哪个厂商合作?(2)在与某个厂商的一对一关系中,新事业要决定合作关系的形态,是一次性交易的市场关系还是多次重复交易的稳定网络关系?(3)如何吸引伙伴企业建立合作关系?

1.伙伴企业选择

在创业初期阶段,面对提供同类价值活动的多个外部厂商,例如提供同类零部件、同类产品、同类互补职能、同类销售渠道,新事业选择合作厂商的原则如下:(1)选择的伙伴企业要与企业的战略定位以及差异化方向一致。创业者应该优先选择与那些能够支持新事业差异化的厂商建立合作关系,他们提供的价值活动与生产要素可以成为产品的差异来源。(2)伙伴企业与新企业匹配,最好具有优势的互补资源,以便新事业能借助它们的优势,提高自身的优势。在相同与相关产业创业类型中,创业者可以通过伙伴事业过去的记录与声誉,选择某些伙伴事业建立合作关系。(3)伙伴企业最好是市场份额处于上升成长趋势中的。(4)在下游方面,创业者可以选择与下游有助于营销的渠道商或制造商建立合作联盟。可以通过分享部分股份,或者提供优惠供货条件吸引对方。

**案例** 在瑞传案例中,瑞传选择与新汉建立合作研发与生产联盟。瑞传规划奔腾主板规格,新汉按照规格设计主板,并且外包生产,然后按照成本加三成独家供应给瑞传,由瑞传独家销售。

**案例** 蒙牛选择与业绩不好的国营奶制品厂建立产销合作联盟,蒙牛出技术、管理人才,国营奶制品厂出设备设施生产。

**案例** 苏宁创业初期选择与春兰空调厂建立产销供货联盟,春兰空调的性价比很高而且市场份额在成长。

**案例** 台湾的晶元光电在种子期的国科会研发 LED 磊晶技术项目成功后,在建立期找了下游做 LED 封装的亿光科技等公司股权投资,成立了晶元光电公司。下游厂商股东保障了新公司初期有下游客户。

2.决定一对一合作关系的形态

在与某个厂商的一对一关系中,新事业要决定这个关系是一次性交易的市场关系,还是多次重复交易的稳定网络关系。稳定网络关系还包含不投资参股的合作联盟关系和投资参股的联盟关系。Williamson(1991)以及后面的学者发展的交易成本理论,以交易的频率、资产专用性、需求稳定性解释了厂商间应该选择什么关系类型。资产专用性高是指该设备资产只能用在为此合作厂商生产产品,不能为很多其他厂商生产,该设备资产移到别处没用。当一次性交易并且资产专用性低时,应该选择较为疏远的市场关系。当重复性交易、资产专用性中高、需求不稳定性较高时,应该选择关系较为密切的合作网络关系(Jones et al.,1997)。当重复性交易、资产专用性很高、需求稳定性很高时,应该选择上下游垂直整合的组织内层级统治关系。

3.吸引伙伴企业建立合作联盟关系

可以采取分享机会未来利益的方式或直接让利的方式吸引重要伙伴企业,建立合作联盟。创业者过去与伙伴企业人员的合作经验与交情,有助于在创业初期求取一定的优惠与争取他们支持,在未来再返利给伙伴。在新企业能发展出竞争优势的前提条件下,与新伙伴建立合作关系时,可以通过给他们一定让利的优惠方式建立合作关系,争取他们的支持。

4.成功合作联盟的条件

企业间的合作涉及合作的双方,成功的合作联盟需满足以下条件,它们是关系中的一组相互要求。

(1)企业间的联盟,是企业强化共同竞争力的手段,为此需要选择强强联合。通过战略联盟与伙伴共创优势,做大蛋糕,达到互惠性成长。

(2)新事业必须明确自身的目标与战略,选择与其他企业建立彼此互利的联盟,即在利益分配方面,要与伙伴企业互惠互利。

(3)新事业必须找到彼此互补的合作对象,即在价值活动、技术、资源方面要互补。

(4)联盟者需要相互信赖,即在互动的心理方面要相互信任。

**建立期产业链定位与外部关系管理阶段产出目标**

新事业定位在从事少数价值活动,建立了与上游原料和零部件供应商,以及下游经销商的合作关系,选对了合作伙伴和关系形态,形成了合作网络,将新事业嵌入了产业链。

# 第五节 建立期商业模式与运营管理：选择地址、复制加创新建立运营系统

建立期运营管理的重点在正确地设计和建立初期商业模式的内部业务运营系统，外部要建立与上下游厂商的合作联盟关系。

## 一、阶段投入、活动

1. 阶段投入

建立期在内部运营系统建立方面的投入要素包含：(1)有资金可以购买需要的设施设备；(2)外部有设施设备的供应厂商或者租赁厂商，他们可以提供一定技术资源条件；(3)创业团队人员有相关产业运营经验。

2. 过程方法：选择地址、取得设施、投资建立运营系统

在建立期需要设计和建立运营系统，包含：(1)要为新企业的工厂或商店选择适合的地址；(2)规划适当的运营产能；(3)投资设施设备，设计好内部布置、建立运营流程和工作系统。

## 二、选择新企业的经营地址

本书重点放在战略，对于选择新企业经营地点的决策仅作简单描述，详细分析内容请参看其他创业教科书。建立期新企业选择经营地点也许是一项较为重要的决策，因为新企业是否有持续竞争力受到该地区产业上游下游的支援体系与配套服务，工商产业生态环境条件是否有利的影响。例如，科技制造企业选址要考虑附近工业生态环境是否有利，包含是否有高素质的员工，是否有配套产品企业，是否交通便利，是否有当地政府政策支持。零售服务企业的选址也很重要，要考虑当地商业生态环境是否有利。要决定店开在什么城市，是在商业区或者次商业区、购物中心、住宅社区、郊区、乡镇。在决定店址前应该进行调查研究，通过观察法和访问法调查，了解日、周、季的人潮，他们的性别年龄，从衣着种类判断他们的购买力等等。要分析得出在这个店址的服务范围中存在创业机会并且经营品质很好，包含：这个店的地理交易范围大，在这个范围中有大量的潜在顾客，有其他零售服务店吸引大量人潮，竞争者不多，交通方便，是大量潜在顾客容易接近的，店的租金较低，有配套支援服务。在确定了店址以及店里的水电等设施符合要求后，接着协商并租下店铺。

## 三、运营系统产能规划

Stevenson(2008)指出，产能从根本上限制了可能的产出率。产能决策通常意味着资源的长期性投入，也影响运营成本。产能和需求匹配是最理想的情况，可使运营成本达到最低。在需求有波动的情况下，需要做出决策以平衡过剩产能或产能不足所带来的成本。

运营产能规划需要回答问题：未来一阶段需要多大的运营产能？如何提供运营产能？

运营产能规划需要预测与分析运营产能需求,以及分析运营产能供给,保障下一阶段运营产能基本达到供需平衡,提高资产利用率。需要预估未来销售量确定企业未来产能需求,再根据未来产能需求在考虑外包比例后,规划内部运营产能供给,再决定投资的设施、设备、人员等资源。产能需求预测可以根据以下因素:(1)种子期市场测试的销售量与成长趋势;(2)未来改善期或成长早期产品性价比提升刺激的销售量增长率;(3)市场渗透速度;(4)市场竞争情况;(5)季节波动等。产能供给规划可以根据以下因素综合制定:(1)不同设施设备的产能规模与投资成本;(2)产能可以外包的比率;(3)可用资金水平;(4)产品合格率与返工率、人员训练、运行配合因素、供应链因素等。

创业者可以根据评估决定满足下个阶段产能需要的设施设备的投资额。在缺少资金的限制条件下,如果有外包生产商,可以利用外包商保证产能供给,运用聚焦加联盟战略降低投资额;或者运用拼凑资源的方法建立运营系统,保证阶段产能供给,避免投资正规资源消耗过多资金;或者可以利用租赁设施设备的方式,保证产能供给,避免大额投资;或者可以运用购买堪用的低端设施设备或二手旧设备先运营,到正常运营获利以后再渐进购买好的升级的设施设备。

## 四、价值活动聚焦、投资设备,复制加创新、拼凑、租赁建立运营系统

### 1.投资设施设备,建立内部业务运营系统

内部业务运营系统的建立需要进行有形的实体资源投资,以及组织人员按照流程进行生产运营。如果运用聚焦加联盟战略合作运营,则需要在新事业执行的价值活动上做必要的设备投资。建立期的运营系统建立仍然需要运用资源拼凑的方法,克服资源限制。另外需要管理合作伙伴和供应链。

### 2.采用聚焦加联盟战略建立较少价值活动的内部运营系统

采用聚焦加联盟战略的新企业,仅需要设计与建立内部价值活动的运营系统。(1)如果新企业专注于研发新产品,会将生产活动外包给代工厂,将销售外包给经销商。华硕创业时只设计电脑主板,将生产与销售外包。(2)如果专注于销售新产品,仅需要建立存货、销售交易的运营系统,从产品制造商进货。苏宁执行存货与销售运营,采购制造商研发制造的空调产品。(3)如果专注于研发和销售新产品,仅需要建立存货、销售交易的运营系统,从产品制造商进货。【案例】瑞传种子期与设计公司合作研发了新奔腾主板后,建立了存货和销售系统,从合作方买进制造的主板。

### 3.模仿复制内部业务运营系统

因为新事业在产业价值链中的位置与原事业差不多,价值活动与运作模式与原事业差不多。因此运营系统可以大量复制原事业的模式、流程、技术、模组,也可以部分模仿复制外部与上下游厂商的合作关系。(1)在相同产业成长期产品创新型创业中,生产价值活动流程基本相同,因此可以从原事业复制多数内容。例如瑞传、科林、鸿松、世洋、百度的创业都有复制。(2)相关产业浮现期创业可以利用复制的运营模组建立创新的商业模式和运营系统。例如阿里巴巴与中国电子商务中心都是运营电子商务网站。瑞传与神通都是规划产品,因此价值活动差不多。(3)低相关产业创业可以利用零组件供应商提供的信息复制类似竞争者的流程运营模式。

通常建立期建立的内部业务运营系统可能问题很多,有较严重的无效率和混乱,以及品质低,存在新的负债。较高比例的模仿复制,利用原事业取得的运营系统经验知识,可以降低混乱和无效率,减小新的负债。建立期的许多运营问题需要在改善期加以解决。例如建立一个准时和精益生产系统,通过改善提高效率与减少浪费,进行质量管理和供应链管理。

4.内部运营模式创新:利用复制的模组与新技术结合,目标细分市场顾客导向建立创新的运营系统

定位的特殊细分市场需要创新的运营模式。新技术出现可以改变传统商业模式,特别是能改变内部运营模式。

**案例**　　　在第五章的联邦快递案例中,商业模式定位在快递细分市场顾客,与传统包裹寄送公司不同。新的运营模式中,飞机与汽车运送的模组是与传统公司一样的,可以进行模仿复制,招聘有传统邮递公司经验的人。轴辐式系统是创新的,是根据目标细分市场顾客需要特征设计的。自动分拣是运用了新的自动输送设备技术和条码分拣技术,即新技术支持了这种商业模式的成功。

5.拼凑资源或租赁设备建立运营系统

可以运用第七章第四节讲述的拼凑资源的方法建立运营系统(Baker & Nelson,2005),也可以运用租赁设施设备或购买二手设备建立运营系统。这两种方法可以在财力不足及在无法取得正规资源的条件下运用,可以避免投资正规资源消耗太多资金。拼凑资源、租赁设备的方法都适合应用在能够快速达到商业化成功,快速进入成长期的创业类型中。

**建立期运营管理阶段产出目标**

建立期运营系统的产出目标包含:(1)建立符合商业模式的内部业务运营系统及与外部厂商的关系。(2)组织上建立有效的运营单位。(3)建立生产运营系统与流程,并且具有下阶段所需的足够产能,也要有一定效率。

**本章要点**

- 建立期要融资、成立企业、投资建立符合商业模式的内部运营系统和外部关系。
- 新企业的法律形式包含:个体户、独资、合伙、有限责任公司、股份有限公司等。
- 采取聚焦加联盟战略可以降低固定资产投资规模,达到降低盈亏平衡点,降低融资规模的目的。
- 可以利用种子期创造的商业化潜力进行建立期溢价融资。
- 要根据需要的外部资源建立合作关系,根据交易性质选择适合的关系形态。
- 运用模仿复制加创新可以建立事业运营体系。

· 要避免价值活动范围过大与投资规模过大,使新企业难以跨过盈亏平衡点。

## 重要概念

建立期、溢价融资、聚焦、联盟、个体户、独资、合伙、有限责任公司、股份有限公司、盈亏平衡点、合作关系形态、选址、模仿复制、创新、设备产能、外包、租赁

## 思考问题

1.建立期战略与种子期条件和改善期的目标有什么关系?

2.融资多好吗? 什么条件下融资多好? 什么条件下融资多不好?

3.不同法律组织形式的企业各自有哪些特点,分别适合什么类型的新创企业?

4.建立期的投资规模与产能是大好还是小好? 哪些因素影响这类决策?

5.如何以最少的投资运营起新企业? 在资金不多的条件下,应该选择多大的投资规模和什么样的设施设备?

## 课外练习

1.请收集一些创业成功或失败案例,分析它们在建立期决定的投资规模是大或小,哪些因素影响决策,价值活动范围与盈亏平衡点的关系,投资的产能规模与阶段需要适配程度。

2.请分组,分别选择1家当地银行的中小企业部门、风险投资商、政府中小企业管理部门、小微创业园,通过关系联系负责人或者工作人员,进行访谈。描述这些机构在中小企业融资方面的规划与具体做法,比较差异。

3.通过多个案例分析整理外部合作关系有哪些形态。

# 第九章　改善期通过改善渗透市场达到商业化成功

## ▶ 核心问题

●改善期要执行哪些活动,阶段战略为何? 在资源有限的条件下,如何让产品服务上市后尽快提高性价比,跨过盈亏平衡点,提早实现获利和正现金流? 要达到什么阶段战略目标?

●如何进行各种职能管理与达到阶段职能目标? 如何进行财务管理? 如何进行市场营销管理? 如何进行商业模式与运营管理? 如何管理外部关系? 如何进行创新研发管理? 如何管理组织与人力资源?

## ▶ 本章学习目的

●了解改善期战略要探索定位、导向到一个最可能获利的区域目标细分市场,完善商业模式,建立营销系统,进行全职能改善,特别加强运营改善,提高产品性价比与毛利率,渗透一个区域目标细分市场。阶段战略目标为跨过盈亏平衡点,具有局部竞争优势,实现获利与正现金流。

●了解改善期财务管理要通过定位到一个最可能获利的区域目标细分市场,提高产品性价比与毛利率,降低盈亏平衡点,提早达到盈利与产生正现金流的阶段财务目标。

●了解改善期营销管理要建立营销组织,探索市场定位,聚焦到一个区域目标细分市场,建立营销系统,实施营销导向,进行全职能改善;分析目标细分市场的消费者行为信息,发展精准的营销战术;建立营销渠道,促销渗透区域目标细分市场,创造销售额、利润和现金流。

●了解改善期改善运营的方法,使产能与运营系统和战略环境适配,接近一个精益生产系统,达到高效率、低成本、质量稳定,使产品性价比高于竞争产品,产生竞争优势。

●了解改善期外部关系管理要维持和管理与上游和下游厂商的稳定合作关系。

●了解改善期研发要保持产品组合宽度小,从产品研发扩大到运营系统和技术研发,按照目标细分市场顾客导向决定研发的优先顺序,持续进行商业模式和运营系统的流程创新和技术创新,研发出商业化成功的标准型产品服务。

●了解改善期组织规模要不变或扩大,要调整成为职能型结构,建立一个与达成各职能阶段目标适配的人力资源管理系统。要处理分歧与管控冲突性质。

**引导案例:《三星五金、台南营造、晋亿实业》,请阅读分析书后案例**

# 第一节　改善期阶段战略:全职能改善、渗透市场、达到商业化成功

## 一、改善期存在的条件与阶段投入

### 1.什么情况下存在改善期

改善期是从新事业运作起来,上市销售商品,到商业化成功的阶段。这个阶段也可以称为试验改善期、探索创新期、学步期、生存期,重点是执行系统性运营改善与营销渗透市场,持续探索创新与完善商业模式,建立组织管理系统。由于以跨过盈亏平衡点、商业化成功、获利和能独立生存作为改善期阶段目标实现的标志,因此这个阶段也是创业能否成功的最关键阶段。商业化目标包含商业模式已经创新出盈利模式,运营系统已经改善到有效率,营销系统和管理制度建立,产品和服务可以在有利润的价格水平下销售,可以吸引大量顾客,能为顾客创造更高价值。创业项目可能不会经过改善期直接进入成长期,也可能会经过改善期,图9-1是说明是否存在改善期的示意图。不能达到改善期阶段目标的创业项目会失败,新企业会死亡。

有些创业项目不会经历改善期,会直接进入成长早期。如果创业机会的有利程度很高,种子期研发的产品性价比很高,到建立期结束产品商业化已成功,则这类创业项目没有改善期或者改善期很短,很快会进入成长早期。例如,方太研发的抽油烟机性价比很高,就直接进入了成长早期。如果零售企业从上游的制造商批购了有优势的性价比更高的产品,则会没有改善期,直接进入成长早期。例如,苏宁创业时销售春兰的优势空调产品,就直接进入到成长早期。

有些创业项目会先经历改善期,然后进入成长早期。以下情况存在改善期:(1)当创业机会的有利程度较高但不是很高,使得企业做出的产品原型还不具有竞争优势,还需要靠运营效率改善才会产生竞争优势时,在建立期后新事业会经历一段改善期。(2)对于商业模式创新的服务企业,当种子期的商业模式只提供了核心服务,不完善而且没有盈利模式,需要进行探索创新与发展盈利模式时,在建立期后新事业会经历一段改善期。例如,阿里巴巴(1999/06—2002/01)、酷讯网(2006/05—2009/09)在种子期研发的商业模式不完善,没有盈利模式,因此经历了改善期,要探索定位与建立盈利模式,才达到商业化成功。

许多创业项目在改善期没有跨过盈亏平衡点,导致失败。例如,2010年在温州创立的窝窝商城网上超市,到2013年没有获利从而失败。2008年成立的买特网,2013年倒闭。2007年创立的凡客诚品,经过7轮4.2亿美元的融资,至今没赚钱,面临了失败的风险,最近卖掉如风达物流,聚焦求生。

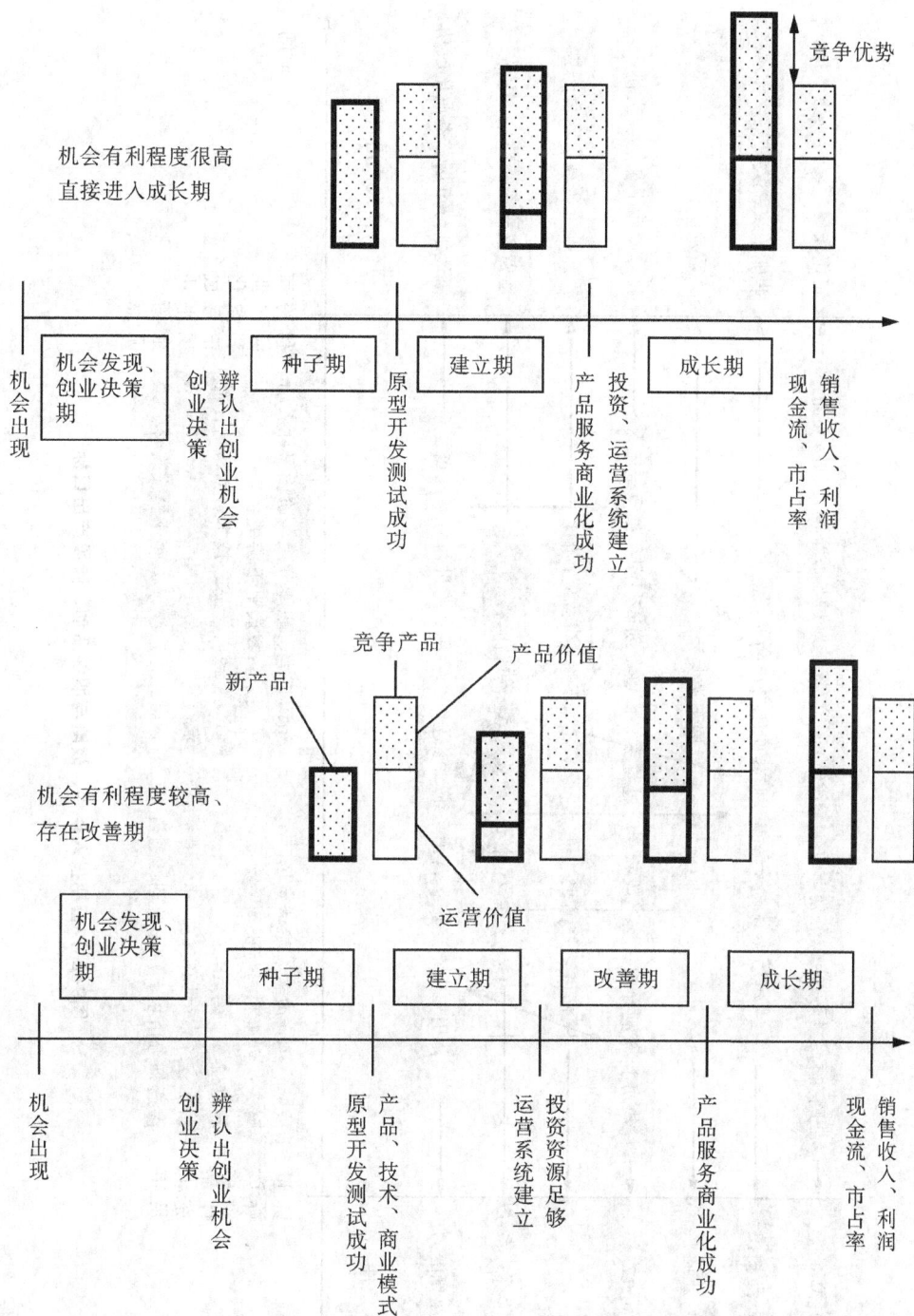

图 9-1　创业机会的有利程度影响产品性价比，影响改善期的长度

图 9-2 展示了改善期的投入、战略与职能的互动与阶段目标。

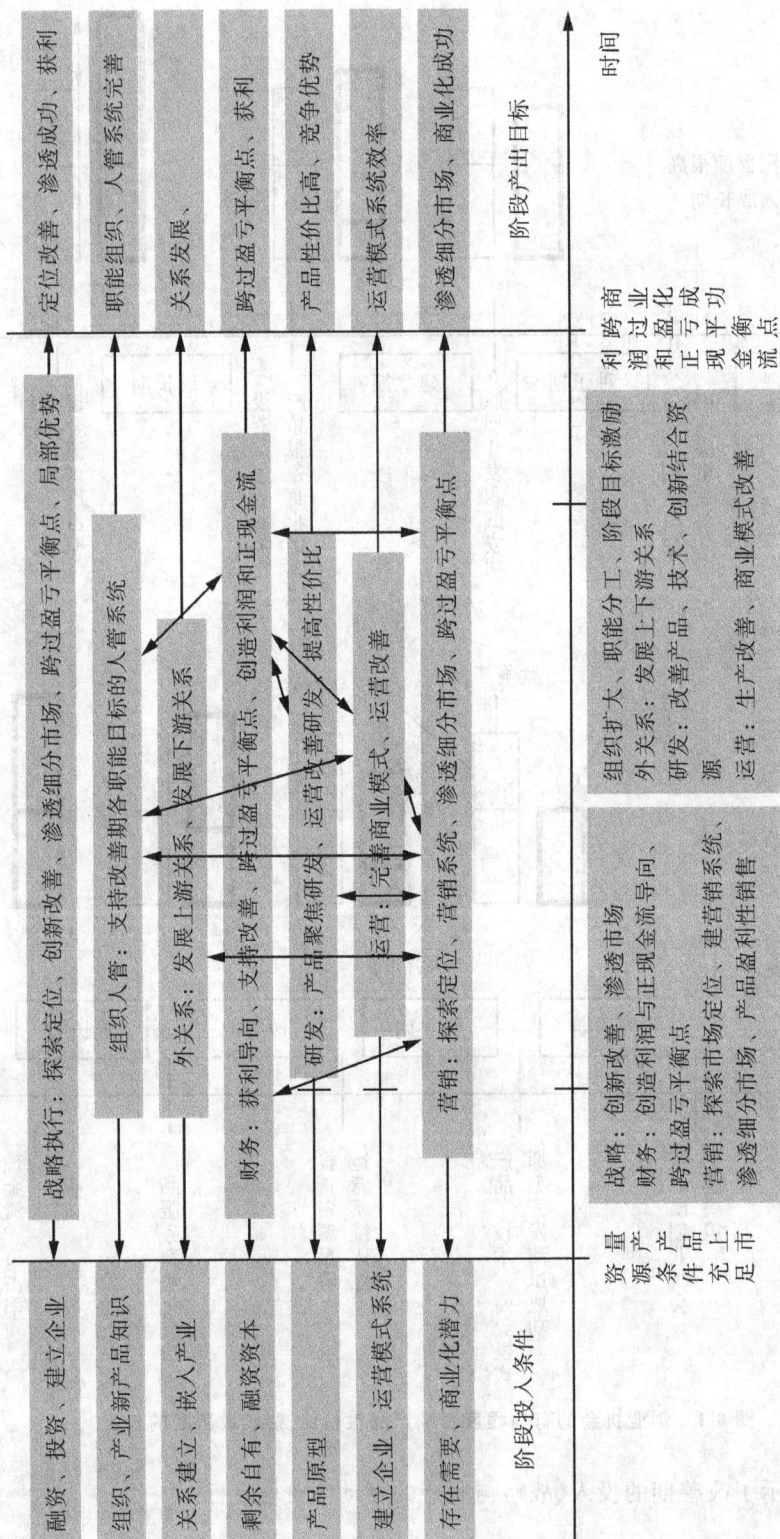

图9-2 改善期投入条件、战略与职能活动、阶段产出目标

2.阶段投入

对于存在改善期的创业项目,改善期的阶段投入包含以下条件:

· 有产品、技术、商业模式原型,事业系统与产品服务有商业化潜力与市场需求潜力,但是还没有达到商业化成功。

· 创业团队有相关产业知识与能力,包含技术能力;建立了分工的组织,但是还需要扩大规模与调适。

· 自筹或融资取得了足够的资金,能满足后续的投资与改善资金需要。

· 建立了商业模式,但是还需要再完善。投资建立了内部运营系统,但是效率还需要提升。

· 嵌入了产业链,建立了与外部伙伴企业的合作关系,但是还需要建立与加强下游合作关系。

· 已经初步了解了早期采用的目标细分市场消费者特征,或者还需要探索定位的目标细分市场,了解目标消费者特征。

· 够后面阶段所需的明显和潜在资源条件,包含宽裕的资金、人力资源、设施设备。

· 领先竞争者。

## 二、改善期战略与职能活动

改善期要解决的主要问题为:如何对营销、产品、技术、商业模式、运营效率进行系统性改善,达到阶段目标? 战略执行要:发挥强势的相关产业知识,领先竞争者,成功探索出在市场、产品组合、价值活动上的定位,进行新事业内部的全职能系统性持续改善,建立精干高效的组织和分工协作的新事业职能系统,达到产品服务商业化成功,产生竞争优势,实现对一个区域目标细分市场渗透,跨过盈亏平衡点,产生超额利润和正现金流的阶段目标。

在外部关系与内部职能管理方面,创业者要从事一系列活动,解决以下问题。

(1)在财务管理方面,要解决以下问题:如何快速跨过盈亏平衡点,产生获利与正现金流? 财务上要以取得利润和现金流为方向,引导营销聚焦到渗透一个区域目标细分市场。本章第二节讲述改善期的财务管理。

(2)在营销管理方面,要解答以下问题:要选择聚焦到哪个细分市场开拓与渗透? 目标顾客群是哪些人? 他们有什么特征? 如何针对他们的特征营销,发展出改善期的营销战术? 为了达成改善期阶段目标,事业内部系统的各个职能间应该有什么关系? 营销与其他职能应该建立什么关系,各个职能要如何导向? 营销战术包含哪些内容? 营销活动要分析和明确目标细分市场的顾客群,探索出新事业在市场中的定位。要在市场方面聚焦,要选择有潜力的竞争不激烈的一个区域目标细分市场开拓与渗透。针对目标顾客特征发展改良的系列产品服务和营销战术活动,使产品服务被目标细分市场的大众接受,提高细分市场渗透率。要以财务目标引导营销方向,使营销聚焦到创造性价比更高的产品服务,为一个区域目标细分市场顾客创造更高价值,实现开拓渗透市场,提早达到跨过盈亏平衡点以及创造利润和现金流的财务战略目标。营销要引导研发到为目标细分市场顾客创造更高性价比的改良产品与服务的方向。营销要引导商业模式的探索创新,发展出盈利模式。营销要引导运营改善实现降低成本、提高质量,产生性价比更高的产品服务。运营也要延伸到对上游组织间合作关系管理甚至供应链管理的方面。营销要引导组织人力资源管理到建立一个支持战略的组织结构和人力资源系统。本章第三节讲述改善期的市场营销管理。

(3)在商业模式的内部业务运营系统方面,要解答以下问题:如何改善运营效率和提升质量?以什么引导?发展一个什么样的运营系统?用什么方法改善?运营要在价值活动上聚焦,以营销引导运营改善的方向和优先性,通过改善发展一个精益生产系统,早期运用拼凑法和结合新技术的方法改善运营系统,晚期要逐渐正规化与完善商业模式,有效地管理合作伙伴和供应链。执行结果要达到提供充足产能,实现高效率、低成本、高品质的目标,提高产品服务性价比。本章第四节讲述改善期的商业模式与运营管理。

(4)在产业价值链中定位与外部关系管理方面,在改善期的早期要决定:要与哪些下游厂商建立合作关系?改善期的早期需要逐步建立与下游厂商的合作关系,以便渗透覆盖一个区域目标细分市场,之后要维护管理既有的合作关系,甚至供应链。改善期的晚期要使商业模式正规化,事业体系接近完善。本章第五节讲述改善期的产业链定位与外部关系管理。

(5)在创新研发方面,要解答以下问题:研发的范围应该多大?如何决定研发的导向、重点和优先性?职能部门间应该如何协作研发?用什么方法研发?研发要从产品研发延伸到运营系统改善。要保持聚焦在一个窄的产品组合宽度。要从产品导向过渡到目标细分市场顾客导向。要进行多职能参与的协作研发,包含营销部门反馈输入目标细分市场顾客需要信息,生产运营部门输入技术工艺的限制和降低成本的信息。产品服务研发方向要在原型基础上,通过探索定位,瞄准定位的目标细分市场顾客,朝向加强客制化的工业设计、降低成本、提升品质的方向改善。早期可以继续用拼凑方法结合资源,晚期要逐渐用正规方法创造新知识。执行结果要研发出能满足目标细分市场顾客需要的改良产品与服务,产生高性价比与竞争优势。本章第六节讲述改善期的创新研发。

(6)在组织与人力资源管理方面,要解答以下问题:阶段战略目标是什么?如何让每一个职能单位负责人明确自己的阶段战略目标,下层细分目标与上层总体目标的关系?如何管控分歧与冲突?为了实现阶段战略目标,要建立一个什么样的组织和人力资源管理系统?执行结果要明确战略目标,将战略目标按照细分的阶段与职能分解,落实到每个职能单位和负责人。建立一个精干高效分工协作的职能型组织。建立一个支持组织建立与战略目标达成的人力资源管理系统。晚期要使组织与商业模式适配良好,人员累积了产业特殊知识。要有效管控认知冲突,避免情感冲突。本章第七节讲述改善期的组织与人力资源管理。

### 三、改善期应该与不应该选择的战略类型

图 9-3 是按照现有产品、新产品,现有市场、新市场,现有价值活动与新价值活动分类的战略类型。(Ansoff,1984;希尔、琼斯、周长辉,2004)

请思考问题:在改善期的阶段,新事业应该采用哪种战略?为什么?为什么不能用其他种类的战略?用了其他种类战略会有何结果?

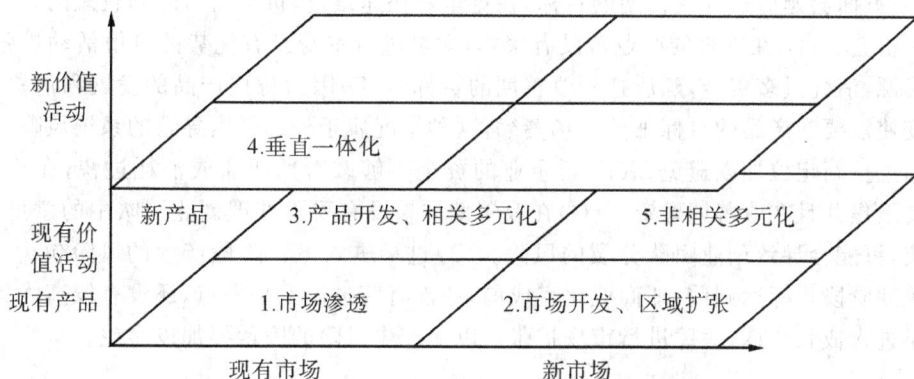

图 9-3 按照产品、市场、价值活动的变化划分的战略类型

## 四、改善期的阶段产出目标

· 战略方面在产业链与市场上探索定位成功,一个区域目标细分市场消费者特征明确,商业模式发展完善,营销系统有效。

· 达到了图Ⅱ-3 所示的商业化成功的目标,整体事业与产品服务达到商业化成功。产品有价值的差异明显,性价比高于竞争产品,对目标细分市场消费者有更高价值。产品稀缺程度高,需求强度大。这些产品竞争属性使产品有竞争优势,获利能力强。

· 在财务方面,跨过盈亏平衡点,实现获利与正现金流。

· 营销方面,已经开拓渗透一个有潜力的区域目标细分市场,建立了营销系统,事业有局部区域竞争优势。

· 商业模式与运营管理方面,商业模式完善,有盈利模式;运营系统有效率,达到较低成本与质量控制目标,技术开发成熟。

· 在外部关系方面,发展了与下游渠道商的合作关系。

· 在研发方面,研发了标准型产品,达到产品性价比与产品毛利率提升的目标。

· 在组织与人力资源管理方面,组织结构和管理制度建立,组织系统与商业模式适配,管理运作有效,人力资源管理系统支持了改善期目标达成。

· 时间周期短,产品服务在市场上领先。

## 五、改善期的风险因素

改善期的风险来源包含投入因素的风险来源、过程因素的风险来源、阶段目标没达到就过早进入下一阶段产生的风险。(1)投入因素的风险来源包含:(A)阶段开始投入资源不足,包含产品、技术、商业模式还没有商业化潜力,资金不足与设备投资不足,没有胜任的技术人员。(2)过程因素的风险来源包含:(A)没有探索清楚细分市场定位,无法通过营销导向执行产品研发与完善商业模式。(B)新技术开发不成功,导致潜在的、待开发的新产品市场打不开,新事业无法成长。(C)研发在水平的产品组合宽度上没有聚焦,太早进行无法盈利的相关产品开发,分散了资源,一方面会消耗过多资金,产生资金断链的风险,另一方面会延后达到改善期的目标,在竞争者快速跟进,机会窗口时间较短的条件下,会错失机会。(D)在垂直的产业链没有聚焦,太早进行本身没有优势的价值活动扩张,分散了资源,消耗过多资金,延后达到改善期的目标。(E)因为替代产品的发展和消费者需求改变使需要新产品的目标细分市场萎缩,这种情况属于外部因素导致的系统风险,新企业要通过重新定位加以避免。(F)新企业的资金不够改善期所需或消耗过快,在这种情况下要聚焦并且在改善期融资。(G)在改善期如果没有妥善处理创业团队中的意见分歧与冲突,可能会导致创业团队分裂的风险。(3)过早进入下一阶段产生的风险包含:(A)在改善期阶段目标达到前,即商业化完成前,还没有跨过盈亏平衡点,还没有较高优势前,就提早进入成长早期,大肆进行市场扩张。以上产生风险的因素要加以避免。

# 第二节 改善期财务管理:创造利润和正现金流、跨过盈亏平衡点

## 一、改善期的财务特征

· **财务目标**:跨过盈亏平衡点,产生利润和正现金流是这个阶段的目标,要设法以最短的时间达到目标,缩短改善期的时间长度,使新企业能存活下来。

· **投资资金需求量通常不大**。如果建立期进行了大额设施设备投资,则改善期的投资主要是针对新事业内部运营改善以及外部营销渗透市场,目的是提升竞争优势,而非大范围投资扩张市场,因此投资需求量不大。要掌握重点和优先性进行有效投资活动,快速将资金转化为利润和现金流。

· **融资资金需求量不大**。如果建立期进行了满足建立期和改善期资金需要的大额融资,则改善期不需要融资。除非建立期融资有限,以及改善期拖太久,耗光了资金,需要再融资。本节不讲述财务融资。

· **现金管理**:要节约使用现金。因为改善期早期运营系统效率不高与需要改善,人员费用增大,因此费用和成本较高;早期产品性价比不高,销售不多与市场没有渗透,因此只会使现金流出。因此要节约现金,减小现金流出,避免现金流断裂风险。改善期要有效使用现金重点投资,目的是提早达到产生利润和正现金流的效果。

## 二、投资决策:根据产生利润和现金流的目标决定各职能重点投资项目

假设这一阶段已经融资取得了宽裕的资金,则这个阶段的投资是以产生效果,即产生利润和现金流为目的的各方面职能投资,包含研发、运营的改善投资和渗透市场的营销投资。

1.根据事业战略重点找出关键职能,掌握投资重点

产品差异化和运营效率化(在成本面差异化)有时是冲突的。在改善期,创业者需要根据战略定位的目标细分市场特征,找出主要的差异化方向,然后找出关键职能,进行重点投资,提高创新改善的效果和效率。

2.避免过早同时进行多个区域细分市场扩张投资

改善期在优势不强,商业化还没有成功,还没有稳定跨过盈亏平衡点的条件下,要避免过早进行大范围市场扩张的营销推广投资。因为从第一个重点区域细分市场获取的利润很微小或还没获利,若大范围多个区域细分市场同时扩张,资金被分散以及有经验的人力资源被稀释,会使多个市场的执行效率下降,导致在多个区域细分市场同时亏损,可能导致现金流断裂甚至企业倒闭。

在产生盈利的早期,应该进行进一步提高盈利水平的设施设备升级投资,使产品性价比升级,商业模式升级,商业形态升级。

## 三、现金管理:以产生利润和现金流的财务目标引导其他职能改善

在建立期融资取得了宽裕资金的条件下,改善期的重点是创造利润和进行现金流管理。需要进行全职能协同改善,提高产品服务性价比与事业竞争优势,进行重点区域细分市场营销突破,渗透市场,提高销量,提高利润,创造现金流。

流动资产主要包含现金、应收账款、存货。存货增加会使现金减少或应付账款增加;产品售出使存货减少,变成现金增加或应收账款增加;经过1~2个月收账期收到账款后,应收账款减少变成现金增加。因此流动资产与营运资金管理部分,要:(1)降低存货量;(2)提高存货周转率;(3)缩短应收账款变现期。提高产品毛利率,可以加大单位产品售价与单位产品存货成本的差值,从而加大现金增量或应收账款增量与股东权益增量,达到高利润、高现金流、高报酬的目的。

**营销改善**。营销要从聚焦定位到一个重点区域细分市场开始。优先选择有潜力的与竞争不激烈的一个重点区域目标细分市场,集中资源进行营销投资和努力,瞄准目标顾客运用精准的营销战术,快速达到渗透市场、提高销量、利润、现金流的效果。改善期的早期新产品在重点区域目标细分市场的优势不强时,要将现金流优先投资回公司内部进行全部事业系统的改善,包含研发、商业模式、运营、技术、产品与服务的改善,以便在第一个重点市场创造出较强的优势。在第一个重点市场的优势较强,以及累积了资金和人力资源可以进行下一个市场扩张时,再抽调和集中资源,逐个往周围的区域细分市场开拓和渗透,创造一股股的销量、利润和现金流。

**研发改善,使产品差异化,提高产品毛利率、周转率,降低存货,降低应收账款收账期,进而提高利润和现金增量**。进行产品差异化,创造差异与稀缺的新产品,可以建立与规模无关的产品优势,使产品的性价比更高,可以提高产品毛利率,提高销量和在市场的渗透率,提高利润表的利润,提高比较资产负债表的速动资产增量,以及提高股东权益部分的保留盈余增量。优势与紧俏的产品可以使创业者掌握定价权和决定应收账款收账期的权力,因此可以缩短应收账款变现期,甚至于款到发货。优势与紧俏的产品也可以加快存货周转降低存货量。

**持续研发新产品,加快产品新陈代谢率,淘汰周转慢的产品**。为了使竞争优势持续,就要持续进行针对目标细分市场的创新研发,进行产品差异化,提高产品新陈代谢率。对于没有优势的周转慢与存货多的产品,要淘汰或出清存货。以上方法可以提高销售额、市场渗透率、利润与现金流。

商业模式与生产运营改善。商业模式创新与生产运营效率化创新也可以降低存货量与加快存货周转率,进而降低成本。生产的良品率改善可以提高质量,降低成本,提高产品性价比。低成本、高质量、高性价比的产品可以加强在目标细分市场的渗透能力,可以提高销售量、利润和现金流。

**改善期财务管理阶段产出目标**

· 跨过了盈亏平衡点。

· 财务上能产生超额利润与正现金流。

# 第三节　改善期市场营销管理:探索定位, 建立营销系统,渗透区域细分市场

## 一、改善期营销投入条件与缺乏的条件

改善期开始营销方面已有以下条件:(1)产品服务有商业化潜力。(2)可能有过去累积的与下游经销商顾客的关系。(3)产业中存在下游互补厂商。(4)对目标消费者行为特征有初步了解。包含了解目标顾客需求形态和价值曲线,了解购买渠道。(5)产品满足了目标顾客的特殊需要,比竞争产品的价值更高。

改善期开始营销方面缺乏以下条件:(1)没有建立完善营销组织。(2)概略了解目标顾客在哪里。可能 100 个客户中有几个是目标顾客,要找到目标顾客集中的细分市场。(3)没有营销渠道,要建立渠道。(4)不清楚如何对目标顾客促销。要了解促销组合,促销信息发布的媒体渠道、促销信息内容、促销对象。

## 二、改善期的营销活动

改善期是既生产产品服务,又开拓市场、销售产品服务给目标顾客,逐步实现产生销售额和渗透市场,达到商业化成功,产生利润和现金流目标的过程。改善期要:(1)建立营销组织,执行营销活动。(2)探索市场定位,选择聚焦到一个区域目标细分市场。(3)设定经营导向。以营销导向和市场顾客导向引导研发方向和运营改善方向。(4)建立营销系统。在营销引导下,建立跨职能的营销系统,引导和动员研发和运营改善的力量,加快产品商业化,提升竞争优势,提早跨过盈亏平衡点销量,创造规模经济效益。(5)收集与分析目标细分市场的消费者行为信息,运用精准的营销战术,反馈到研发部门开发适配的差异化的改良产品与服务,反馈到生产部门降低成本提高质量,反馈到销售服务部门改善对目标顾客的整体服务水平。(6)建立营销渠道覆盖区域目标细分市场,对区域目标顾客展开促销活动,渗透区域目标细分市场,创造销售额、利润和现金流。

## 三、决定营销策略:探索市场定位、建立营销组织与系统、实施营销导向

### 1.建立营销组织

改善期新企业的组织需要适度分化为职能型结构,指派专人负责营销管理,招聘新

人执行基层营销活动,建立一个营销团队或部门。营销部门要探索市场定位,建立和发展营销系统,设定营销目标,执行各项营销活动,渗透区域目标细分市场,累积产业营销经验知识。在人力资源管理方面,最好能建立激励阶段营销目标达成的绩效管理系统。

2.区域目标细分市场选择决策

当新事业的产品进入市场后,由于市场存在多个区域以及可以按多个维度细分,因此新事业可能会面对同时进入多个区域市场的情况。若同时进入多个区域的全部市场,会使有限资源被稀释,营销方面面对市场范围决策的问题:在市场方面要如何聚焦? 在资源有限的情况下,应该避免同时进入多个区域市场。要避免服务全部市场,不细分市场,没有聚焦到一个细分市场。接着要解答问题:应该优先选择哪个区域目标细分市场,以便以最短时间产生利润和现金流? 基于"营销的目的是通过为顾客创造更高价值达到为企业创造更高利润"的理念,在营销的区域目标细分市场选择方面,创业者应该:优先选择有潜力的、目标消费者集中的、竞争不激烈的、进入成本较低的一个区域目标细分市场,而不是选择规模最大的与竞争激烈的。有潜力的与竞争不激烈的区域目标细分市场是容易开拓和渗透的,容易创造出销售量、利润和现金流,容易在这个市场通过改善建立和提升竞争优势。

3.探索定位在一个目标细分市场

全部市场可以按照多个消费者特征变量分为不同的细分市场,它们是小型新企业不能全部服务的。在新兴产业创业等类型的改善期,过去没有的新产品服务上市后,资源有限的新企业需要探索最适合哪类细分市场的顾客,需要探索定位,选择服务哪一群顾客,做哪些价值活动。要选择定位在一个对自己有利的目标细分市场,完善商业模式,特别是盈利模式。要针对定位改善整个营销系统,延伸到运营系统、研发系统、人力资源管理系统,加快商业化成功。改善初期的商业模式可能只提供核心服务,没有盈利模式;新产品可能只对市场中很少一部分重视产品某些较高属性的消费者有更高价值。上市后可能发现原本想象的顾客不是真正目标顾客,他们不愿意付费,需要探索新的目标顾客。类似图 3-10 中主观知觉的机会与客观实际的机会不一致。这类创业的市场战略通常会经过一个先扩张再聚焦的过程,先扩张到多个目标细分市场,进行产品服务种类的扩大创新,探索不同的顾客群,探索盈利模式。因为资源有限以及资源被稀释,如果同时在多个市场服务会产生亏损和现金流出,因此要在产业链和市场中重新定位,要再收缩聚焦到能产生利润和现金流的一个最有潜力的区域目标细分市场,可能最终选择服务一个与早期顾客不同的新顾客群。这种先扩张探索再收缩聚焦的决策过程,虽然没有一次做对市场选择的决策好,但是在许多创业中仍然是一个会经历的过程,只是程度不同。由于扩张探索会耗损资源以及使改善期拖长,增加风险,因此创业者先少量尝试,然后提早做出市场选择的决策,是一种较好的方式。图 9-4 左边是目标顾客明确与不需要探索定位的创业类型,改善期的重点是建立营销系统。图 9-4 右边是目标顾客不明确与会改变的创业类型,改善期需要先探索定位,再建立营销系统。

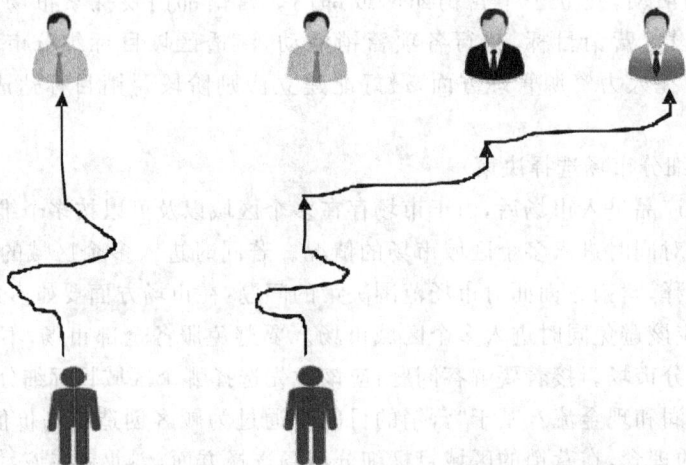

图 9-4　改善期顾客与目标可能发生改变

**案例**

阿里巴巴、酷讯网、携程网等案例属于相关新兴产业浮现期创业类型，经历了类似的扩张与再聚焦的过程，定位探索完成后，目标顾客发生了改变。第五章开始的阿里巴巴案例显示，在改善期新事业经历了一个扩张和再聚焦的过程，先扩大业务和服务范围，开发新服务与新价值活动，探索商业模式中的盈利模式。在这个阶段会加大现金流出，增加企业风险，需要大额融资做后盾。再聚焦到已经探索出盈利模式的已经产生利润和现金流的业务，结束掉没有盈利模式的不能产生利润和现金流的业务。采取收缩聚焦战略可以减少现金流出，增加现金流入，支持事业商业化成功，跨过盈亏平衡点，以及化解风险，渡过危机。酷讯网种子期服务二手火车票搜索顾客，在改善期扩大到租房搜索顾客与打折飞机票和酒店搜索的旅游顾客。最后定位在打折机票和酒店的旅游搜索服务，完善了商业模式的盈利模式，最终放弃了无法获利的二手火车票和租房搜索服务。

4.如何在黑暗中探索创新，化解不确定性和降低风险

在第一章中已经指出战略决策与行动方案选择基于一组假设。假设依据对未来一段期间的预测、洞察与判断。假设是在决策前想象的，经常是在行动中才得到事实验证。如果战略在正确的假设下，采取实施方案的行动，则能达到未来目标，获取报酬。如果以事实验证，发现假设是错误的，则要调整改变战略方案，包含改变目标与行动；不调整战略方案，则会遭受风险与损失。如果不能准确洞察与预测未来，假设没有被验证，则战略行动具有不确定性。如果假设没有被验证并且是错误的，行动的规模与投资越大，则风险与损失就越大。因此有效的战略依据对未来一段期间的预测、洞察与判断，形成正确的假设，假设能被事实验证，有目标与方案，有一定规模的投资，有有效的执行行动。

当未来可以预测与洞察，目标清楚，创业者了解产业环境，则适合采取理性决策与以目标控制行动的单循环学习模式。通常相同产业成长期创业情境接近这种类型，属于图9-4左边的类型和图9-5中上面的类型。

当未来难以预测与洞察,目标不清楚与可能改变,对陌生与复杂的环境存在很多不了解,则存在高度不确定性。在这种情境下如果假设错了,行动的规模与投资大,则风险与损失就大。新兴产业创业类型的改善期情境接近这种类型,属于图 9-4 右边的类型和图 9-5 中下面的类型,需要采取假设验证与调整目标行动的探索创新与双循环学习模式。由于过去没有这种新产品与服务,可能顾客会改变,目标不清楚,新产业不稳定与可预测性低,创业者不了解与复杂性高,此时存在高度不确定性与风险,犹如在黑暗中探索前行或者摸着石头过河。新企业面对问题:如何在黑暗中探索创新,化解不确定性与风险?在这类创业情境中因为目标不清楚,是没法用传统的方式做详细计划的,也不能大步往前走,因为如果行动不对会遭受损失和风险。此时需要采取探索行动,验证假设,然后调整未来目标与行动方案,要进行双循环学习和创新。为了降低不确定性与风险,很重要的是,要在既有事实基础上,快速采取小步骤的探索行动,快速得到顾客反馈,以事实验证假设,快速进行微创新与产品更新换代。

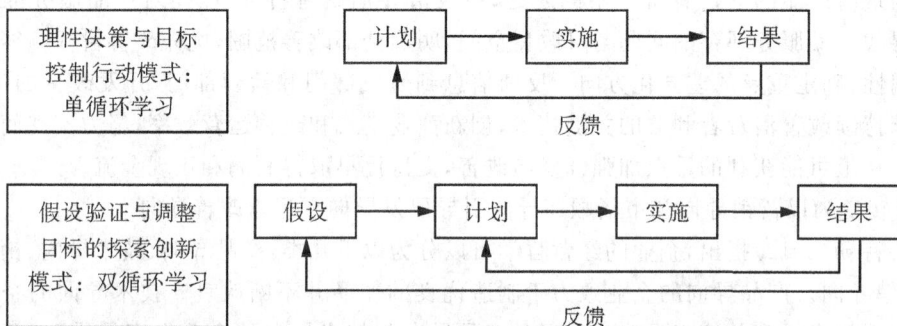

**图 9-5 传统单循环学习模式与不确定环境下探索创新的双循环学习模式**

这类情境的创业活动不是瞄准目标直接行动,而是要设计成"假设—行动—验证假设—再行动"的循环,或者设计成"开发—测量—认知"的循环(莱斯,2012)。即根据假设形成产品概念—采取开发产品的行动—通过顾客反馈的事实获得测量数据并验证假设,确定假设是否正确,然后再采取修改假设与修改产品概念的行动。在这类创业中,可能会在团队中产生分歧和认知冲突。创业者和团队成员要控制认知冲突,避免转变成情感冲突,后面第七节讲述这部分内容。

任何创业想法都可以变成三种假设。第一种用户假设。假设有些用户有这样的需要。第二种问题假设。假设用户在满足这样的需要的过程中遇到了问题。第三种方案假设。假设用户会使用创业者提供的方案解决这个问题。在这类创业中,行动前最好能设法验证第一个假设,确定有些顾客有需求,没有对整个方案摧毁性的风险,然后再进行下一小步创新行动,逐个验证后面的假设。

这种方式犹如在黑暗中行动,首先确定双脚踩在坚硬地面的事实,然后假设前面是地面,探出一小步,用事实验证假设是否正确,接着在新发现的事实基础上调整方向或者继续采取行动往前探索。如果前面确是地面则前进一小步,然后在新的立足点再往前探索。如果前面是深渊,则调整方向进行探索。用这种方式小步探索走出黑暗。

5.建立跨职能的营销系统

Kuriloff(1993)指出,营销是一个事业活动的系统,界定与分析目标细分市场消费者行为,设计一个计划,以便开发、生产、定价、促销、分销一个产品或服务给现有和潜在的目标顾客,使他们满意并使企业获取利润。由于新产品与竞争产品比有不同的属性水平和不同的价值曲线,可能对特定群体消费者价值更高,因此要将他们设定为目标细分市场消费者群体。这个阶段的战略是要对区域目标细分市场进行营销,进行市场开拓和渗透。营销系统要向下游和向内部上游两个方向发展。向下游要建立营销渠道与组织,连接到区域目标细分市场的消费者,能对客户沟通与递送产品服务,通过有效的营销扩大销售量。向内部上游营销要针对区域目标细分市场,建立跨职能的营销系统,以营销引导和动员研发和运营改善的力量,开发更适合目标顾客的特殊产品,改善运营、降低成本、提高品质,提升竞争优势,加强渗透力量。

营销部门要深入研究目标细分市场消费者行为,深入研究新产品的早期采用者特征,它们与现有产品的消费者特征不同之处,以及潜在消费者特征,以便对产品服务准确定位。寻找产品服务现存的问题与可改良空间,明确全部改善范围,优先改善目标顾客最重视的属性,确定重点的差异化方向。反馈信息到研发部门和运营部门,开发改良的产品,开发能持续改善消费者利益的关键技术,创新商业模式和改善运营效率,努力实现商业化成功。从最可能获利的重点加强开发与改善,支持提早取得利润和正现金流。

6.转变为以营销导向和市场顾客导向引导研发导向和运营改善导向

科特勒(2012)指出,企业的经营哲学可以分为以下几类:产品导向、技术导向、销售导向、营销导向。产品导向的企业致力于制造优良的产品并不断改良。技术导向的企业致力于追求技术提升并使产品改良。但是产品导向与技术导向的企业很容易导致"营销短视症",就是过于注重追求使产品与技术本身完美,忽略了市场顾客真正的需要。销售导向是指已经有了产品,然后努力促销给顾客的一种经营哲学。销售导向也有缺陷,忽略了顾客需要,没有针对顾客需要开发更好的产品。营销导向也称为目标市场导向、顾客导向,这是比较完整的营销哲学。营销导向是通过界定目标细分市场,研究了解目标顾客的特殊需要,开发与生产能更好满足他们需要的产品与服务,提高顾客价值和企业盈利的一种经营哲学。

种子期的原型创造通常是产品导向的或技术导向的,改善期最优先的是财务目标,要追求产品服务商业化成功、盈利和企业存活。财务目标引导营销方向。营销要探索与开发最有获利潜力的目标细分市场顾客,了解目标细分市场的现有规模、未来潜力与消费者行为特征,通过对目标细分市场顾客的营销取得利润和现金流。目标细分市场就是由那一群认为新产品的价值最高,最愿意掏钱消费新产品,最容易使新事业获利的消费者构成。要以营销导向引导创新研发方向以及运营改善方向。这个时期的研发导向和运营改善导向要进行转变,要从产品导向与技术导向转变为市场顾客导向与营销导向。营销要以为目标细分市场顾客创造价值为目的,引导产品研发和运营改善的活动,决定研发和改善的范围和项目优先性,进行多职能参与的协作研发与改善。如果技术处在生命周期的早期,技术创新发展对顾客利益有重大贡献,企业间的竞争主要是技术进步的竞争,则可以仍然维持技术导向,但是这是与营销导向一致的。营销也要引导组织设计与人力资源管理系统朝向支持达到营销目标的方向。

## 四、调查研究,分析目标细分市场的消费者行为,发展营销战术

1.进行调查研究,收集资料数据,进行整理与分析

用心的创业团队销售产品服务给目标顾客后,要对目标细分市场顾客深入研究,接触收集目标消费者信息,运用信息分析结果制订精准有效的营销战术计划,加快商业化的完成,缩短改善期的期间长度,提早让创业成功。以消费品的消费者行为分析为例,可以通过焦点访谈法、问卷调查法、观察法等,收集目标细分市场消费者行为信息。(1)运用访谈法可以收集目标消费者行为的深度信息数据,经过深入分析可以掌握目标顾客的识别特征(人口统计、生活形态、情境等),他们的需要,了解他们为何买或不买产品或服务,他们大量集中的场合、购买的渠道、接触的媒体,这些信息可用于改善现有产品、营销新产品。(2)运用问卷调查法可以收集大样本资料,了解目标消费者的比例,目标市场规模等资料。(3)运用观察法可以收集观察到的行为资料。本书不详细介绍这些调查研究方法,读者可以阅读消费者行为研究的书籍,来获取这些知识。

收集到的资料需要进行整理分析。要将目标细分市场消费者行为资料,按照消费行为的阶段和因素,进行分类、分解、展开,再进行目标细分市场消费者行为分析,就是分析目标消费者购买程序以及决定目标消费者行为的因素。分析得出的结果可用以发展营销战术(4P)计划,包含目标与方法。

2.目标细分市场消费者行为分析

目标细分市场消费者行为分析是运用方法找出目标细分市场消费者的特征,制定有效的营销战术,即营销组合。简单的目标细分市场消费者行为分析要回答六个基本问题(5W1H):(1)谁购买(Who)? 目标顾客的什么特征使他们购买? (2)为何消费者买(Why)? (3)他们买什么(What)? (4)他们如何买(How)? (5)他们在哪里买(Where)? (6)他们何时买(When)? 深入的目标细分市场消费者行为分析,要分析目标消费者购买程序,以及决定目标消费者行为的因素。消费者购买程序(CDP)包含以下几个阶段:(1)需要确认(谁买、为什么买);(2)信息搜索(接触的媒体、促销);(3)购前方案评估(与竞争产品比、性价比);(4)购买(在哪里买、渠道、何时买);(5)消费(使用情境);(6)购后评估(价值与满足、顾客关系);(7)弃除。通过消费者行为分析,了解目标顾客的样子、规模、更细分类型、需要形态、对产品的要求和期望,可以有针对性地开发多个更细分类型的改良产品;了解目标顾客的购物渠道、购物方式、购物时间、接触的媒体,可以建立市场营销系统和促销沟通计划。本书仅提供目标消费者行为的简单分析,详细分析内容读者可以阅读相关书籍。

**谁买?** 分析目的是了解目标细分市场消费者的特征、他们的特殊需要形态,分销与沟通渠道,并达到在此细分市场中能影响销售的所有人。(1)结合深度访谈法和问卷调查法收集资料,运用人口统计与行为特征变量描述典型目标消费者特征,目的是明确目标细分市场以及要吸引和服务的对象,瞄准目标顾客进行精准有效的营销。(2)通过大样本调查法可以了解目标细分市场规模和影响成长潜力的因素,包含富裕程度、区域经济成长、科技进步等。(3)产品销售交易包含卖者和买者,买方可能有多人,要将买方人员分解为不

同的角色。更细分,买方包含六种角色的人:发起者、影响者、决策者、买者、消费者(使用者)、评估者。目标消费者的购买行为也可能会受到家庭阶段、参考团体、社会阶级等因素影响。通过深度访谈调查法,明确了买方的角色组合和行为后,新企业可以发展有针对性的异质的销售团队,特定团队成员可以解决卖方特定角色的问题,实现交易成功。(4)结合深度访谈法和问卷调查法收集资料,分析了解目标消费者接触的信息媒体,对信息的反映方式,可以选出最适的促销沟通的媒体渠道,制订促销沟通计划,降低营销成本、提高效果。

**目标消费者买什么?**

目标消费者购买有形的实体产品和无形的服务,使用和消费这些产品服务可以满足需要。创业者通过将产品服务分类,明确产品与服务归属的特殊类型,便于找出最适的营销方式,包含特殊分销渠道和促销方式。产品可以分为消费产品、工业产品,它们的基本营销方式是不同的。消费产品是卖给最终消费者,不再出售,不用于制造其他产品。消费产品可以再分为四个子群:便利项目、购物项目、特殊项目、浮现项目,它们之间存在更细的营销方式差异。工业产品是用于生产其他产品,然后再销售的产品。供应商提供的工业品须满足买者的规格,这些规格是技术严谨定义的,所以营销须对准满足技术需要。工业产品的销售是销售工程师的工作,他们面对的买者是企业的专业知识丰富的采购专员。销售工程师须彻底地熟悉产品,要告知此产品能做什么,且提供准确的技术资料佐证。

**为何买?**

心理学的观点认为,人是欲望的动物,人类行为的目的是为满足各种心理和生理需要。Maslow 将人的需要由低到高划分了层级,包含:生理→安全→社会→自尊→自我实现→美的需要。Maslow 指出:(1)下层的需要满足后,上层的需要活化。(2)已被满足的需要不会激励行为,想要满足但尚未满足的需要使人行动。表 9-1 的产品特征与需要层级矩阵,可用于开发符合目标顾客需要的产品。

表 9-1 产品特征与需要层级矩阵

| 需要层级、种类 | 产品一特征 | 产品二特征 | 产品三特征 |
|---|---|---|---|
| 美学 | | | |
| 自我实现 | | | |
| 自尊 | | | |
| 社会的:爱与归属 | | | |
| 安全 | | | |
| 生理 | | | |

应用访谈法和问卷调查法收集资料,研究目标消费者的特殊需要形态,可用以设计特殊产品。将目标细分市场的顾客再进行分类,找出各类型的特殊需要特征,可以开发更细分类型的产品。研究目标细分市场的消费者需要特征,根据对产品各种属性的评价权重(偏好)、期望和要求,可以制定新产品服务与定价战术。了解在原型产品的属性基础上,需要再加强的属性,需要减少的属性,需要创造的属性,需要去除的属性,以一组属性形成

更高性价比的产品参数规格。反馈信息到研发小组，根据产品参数规格，确定做出产品属性需要的技术水平和资源投入。反馈目标消费者对成本、质量的要求信息到生产运营部，以便通过降低成本与提高质量，提高产品服务性价比。

预期结果的影响。任何一个购买决策都存在正、负面结果，消费者寻求以最低的支出（时间、金钱、精力）满足需要，消费者以净报酬（＝利益－机会成本）来决定买或不买产品。利益包含由美感、实体和身份满足产生的正面结果。成本包含价格、时间和运送不便带来的负面结果。创业者也要控制产品之外影响为什么买的因素，要努力保证顾客知觉到正面的结果，使他们成为重复顾客。

分析活动的目的是进一步发展对目标细分市场顾客量身定做的更高性价比的产品与服务，加强对目标细分市场的渗透。

**如何买？** 按照目标消费者对赊销、现销的偏好，决定采取预购、现购、赊购（信用销售）的适合的付款方式。

**在哪里买？** 通过研究目标消费者的购买场所（商店），找出潜在目标顾客高度集中的地区，建立与新渠道商的合作关系，建立适合的覆盖此地区的销售渠道。

**何时买？** 根据目标顾客的购买时点是工作日或周末周日，决定何时、备货多少、促销时间，让顾客在想买时方便买到，可以促进销量上升。

**案例**　本书中的瑞传案例显示出，改善期创业者主动出国找到工业电脑主板目标顾客，利用电脑展找到目标顾客。对许多目标顾客，销售少量的测试产品，产生少量的正现金流。从客户处收集市场反馈的信息，开发后续的新产品。包含，提供更高性能产品、更量身定做产品、更节省顾客成本的产品、更符合顾客规格要求的产品，进一步聚焦到应用在通信设备上的产品。对经销商进行分类整合，发展出各国的经销商渠道。持续对目标顾客进行降价和新产品促销。

## 五、制订营销计划

### 1.制定营销目标

制定营销目标时需要回答问题：通过营销努力，在目标细分市场中期望实现什么结果？营销目标包含：销售额、销售额增长率、市场渗透率、目标细分市场份额（市占率）、新产品数、利润。应规划出：营销目标、次目标和具体行动计划。营销目标设定应该符合SMART原则：现实的、可以衡量的、有挑战但是能达成的、攸关的、有时限的。

### 2.目标顾客分类和新产品销售优先性选择

新产品虽然对目标顾客的性价比较高，但是已经使用竞争产品的目标顾客有转换成本，不一定马上采用新产品。需要促使他试用，需要教育，解决他的转换成本，这些都需要新企业支出时间和成本。可以将顾客分类为已经使用竞争产品的竞争者的现有顾客，还没有使用竞争产品的非竞争者的顾客。可以将顾客再分类为，知觉到新产品性价比比竞争产品性价比更高或更低的顾客。市场顾客用上面两个维度分类为图9-6中的4类：Ⅰ.

浮现的目标顾客;Ⅱ.现有目标顾客;Ⅲ.潜在顾客;Ⅳ.现有非目标顾客。对于Ⅱ.现有目标顾客,即新事业可以争取的目标顾客,一方面在顾客从旧的竞争产品转换到新事业的新产品的过程中,有些类型的产品存在转换成本,因此争取到使用竞争产品的现有目标顾客可能需要投入较多资源与产生较多成本,以便解决转换成本形成的阻碍问题。另一方面,由于新产品会替代现有竞争者的产品以便争取到竞争者的顾客,因此新事业会受到现有竞争者的打击。因此销售要优先从Ⅰ.浮现的目标顾客处努力,因为没有转换成本。浮现的目标顾客是正在浮现的细分市场的顾客,他们显示出下游市场的改变。创业要顺应市场环境发展的趋势,因此需要找出在市场的哪些位置,潜在顾客正在浮现,营销要往未来浮现的细分市场投资努力。对于Ⅲ.潜在顾客,如果产品性价比在改善期的后期提升较多,则一部分潜在顾客仍然可以转变为浮现的目标顾客。最后开发Ⅳ.现有非目标顾客。

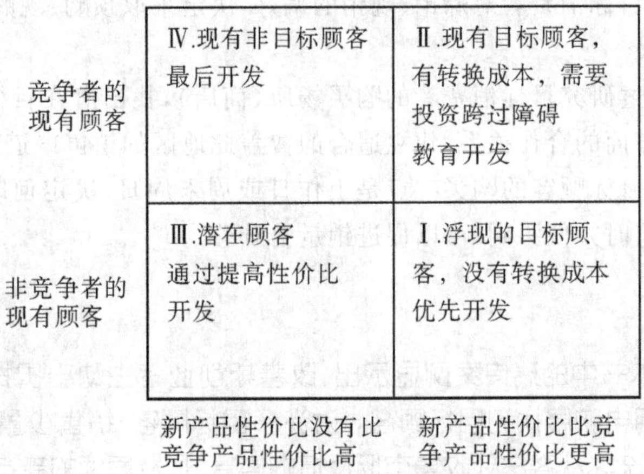

| | | |
|---|---|---|
| 竞争者的<br>现有顾客 | Ⅳ.现有非目标顾客<br>最后开发 | Ⅱ.现有目标顾客,<br>有转换成本,需要<br>投资跨过障碍<br>教育开发 |
| 非竞争者的<br>现有顾客 | Ⅲ.潜在顾客<br>通过提高性价比<br>开发 | Ⅰ.浮现的目标顾<br>客,没有转换成本<br>优先开发 |
| | 新产品性价比没有比<br>竞争产品性价比高 | 新产品性价比比竞<br>争产品性价比更高 |

图 9-6　对不同目标顾客的营销战术(朱沛思想)

改善期营销一定要分清楚哪些是目标细分市场顾客,哪些不是目标顾客。要避免对非目标细分市场的顾客销售,因为生产成本和营销成本本身就高,对非目标顾客推销很可能会产生高成本低效果,会浪费资源与产生亏损,会快速消耗掉有限的资金,增加失败的风险,延长建立期商业化的时间。

3.营销组合:达成对目标细分市场顾客的销售

当设定了营销目标及决定了策略后,需要再完成营销计划,它指引如何开发目标市场。开发目标市场的工具是营销组合计划,包含制定具体的产品服务、定价、促销、分销战术计划,它们决定了未来的销售额。

**产品服务战术:开发生产性价比更适配目标细分市场顾客的产品服务**

新事业定位在某个目标细分市场后,也许还要决定产品在市场的定位,甚至单一产品还要进行性价比定位。产品市场定位有很多维度。例如服装市场可以分为正装或休闲服装,休闲服可以分为户外运动休闲服与室内休闲服,在性能品质与价格二维度可以分为低端市场与高端市场。某品牌服装企业定位在户外运动休闲服的中高端市场。

改善期的新产品可能只对市场中很少一部分重视某些较高属性的目标细分市场消费者有更高价值,新企业需要瞄准目标消费者销售。在许多的创业项目中,因为上游新要素的性能不稳定,价格太高,使得整合出来的原型产品的性价比不高。刚开始生产运营的效率不高,良品率不高,质量不高,都会使产品或服务原型的有价值的差异不高。有些新产品整体的性价比较低或不高,但是在产品价值曲线中某些属性比较好,另一些属性不够好,对于重视那些较高属性的那一小部分消费者,这个产品仍然存在有价值的差异。新企业可以通过持续改善提高后续产品的性价比,性价比更高的产品可以提高营销力,可以拉动而非推动顾客购买,扩大渗透目标细分市场的规模。

了解了目标细分市场消费者的更细分类型和需求形态后,可以规划一系列的改良产品开发项目,可以建立一个产品开发的路径图。研发更细分类型的特殊改良产品可以提高性价比与顾客的价值。更细分的产品类增多,可以提高细分市场类型占有率。

**案例**　2000年1月创立的世洋公司,是世界上开发出光学鼠标的前6家公司之一。早期的光学鼠标价格是滚球鼠标价格的6到10倍,细分市场的顾客是欧美喜欢尝鲜的科技玩家。面对许多竞争者快速跟进光学鼠标细分产业,世洋决定定位在做店面销售的第二支鼠标的中高端细分市场,放弃做与品牌电脑配套的低端的装机鼠标细分市场,见图9-7。店面细分市场要求鼠标的造型有特色、色彩要炫,价格较高。创业后的几年中,世洋持续开发了几百款光学鼠标,2007年希望冲到世界鼠标厂商第5名的目标。

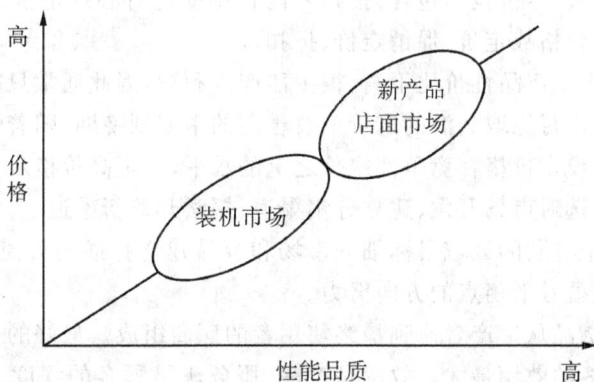

**图9-7　产品在市场定位:世洋的光学鼠标市场定位**

销售交易的要素除了产品外,还包含包装、服务、保证。包装要与产品特性一致,要传递信息,显示出特色。改善期也要根据目标顾客需要配套地提供服务与保证,以便加强营销力。

**定价战术**

价格是顾客要得到产品或服务须交换的东西。价格是价值的指标,定价应立基于顾客知觉到的产品价值,要反映潜在顾客相信的价值感。价格传递了事业形象,包含品质、身份、独特的理念给买者。因此对服务特殊目标顾客的特色产品,要准确地定适当高的价格,高于一般产品的价格。

小企业定价中会常犯两个导致风险的错误,要加以避免。第一个错误是认为"我可以把它做得更便宜",进行低定价。很少小企业可索取低于大企业的价格,因为产量小导致成本高,采购量小与无折扣,费用无法大量分摊。所以营运第一年单位产品销售的成本高。如果存在小企业可进入的产业以及产品卖得更便宜的机会,则其他人也做得到,就是进入障碍低。此意味着未来竞争将会剧烈,竞争的焦点在价格,产业会进入产品生命周期后期的饱和甚至衰退阶段。这种情况是没吸引力及难以成功的。第二个定价错误称为"害羞的低定价"。提供个性化服务的厂商相信在营运早期低价补偿了营销经验的缺乏,容易得到市场接受,容易吸引更多顾客。但是降价容易涨价难,因为形象没改变。在开创阶段,新企业首先依赖忠诚重复顾客的核心群体,他们被事业形象吸引,其次依赖周边顾客,他们被核心团体的口碑广告吸引。创业者提高价格将损失这两个群体,因为事业形象需跟着改变。避免害羞的低定价的方法:(1)可以定高价,但是在上市初期打折促销。(2)初期产品定低价,后期改良的增值产品要提高价格。

定价的类型可以分为:(1)高价策略。价格高于成本很多,目的是掠取利润。在新产品生命周期的导入阶段,高价针对高所得与价格敏感度低者,可以增强事业独特性、地位感。(2)低价策略。市场渗透定价,价格稍高于甚至低于生产成本,适用于有规模经济效应以及要快速占领市场者,这种策略通常需要有宽裕资金支持。(3)竞争定价策略。与竞争者定价相近,这种定价比较没有特色。不同类型的定价要与事业战略一致。如果战略目标优先放在渗透与占领市场,则应该采取低价策略;如果战略目标优先放在获取利润,则应该采取高价策略。定价技巧包含:按顾客内在感受进行心理定价、奇一偶数定价、弹性定价与差别定价、价格战定价、促销定价、折扣。

改善期的早期由于产品性价比不高,很少能产生利润,因此通常只能进行渗透定价或竞争定价,通常不能进行掠取利润的定价。改善期的中期到晚期,随着性价比更高的改良产品上市,应该逐渐设定价格在竞争性定价之上的水平,甚至高价格水平。

**渠道分销战术:选对市场开发、建立分销渠道、探索开辟新渠道**

集中资源到一个有利的区域目标细分市场和容易建立打通的渠道,打通渠道产生利润和现金流,朝跨过盈亏平衡点的方向努力。

分销渠道是由货品从生产者流到最终使用者的厂商组成。最好的分销战术设计是指提供给潜在目标顾客的效用最大。效用是产品、服务满足顾客的程度。分销渠道提供了两种效用:(1)时间效用:需要时可以及时取得。(2)地点效用:在顾客便利取得的地点提供。传统消费产品的分销渠道由短到长分三类:(1)制造商→顾客。(2)制造商→大盘商→零售商→顾客。(3)制造商→大盘商→中盘商→小盘商→零售商→顾客。一般而言,渠道越长,新事业对营销战术和销售额控制力越弱。选择分销渠道要根据事业的种类和顾客购物偏好的不同,在成本和控制间取舍。制造商可对相似产品用多个渠道分销。分销决策时须考虑几件事:(1)顾客:地理位置,潜在消费市场需求量。(2)产品:保鲜品、客制品的渠道要短,标准品的渠道要长。(3)竞争:要考虑选择与竞争者相似的渠道,或选择独特渠道。分销渠道的决策要与其他营销决策同时做出,如细分市场、产品、定价、促销。

改善期要谨慎节约地逐项进行营销投资,集中资源从事能快速产生现金回流的有效的营销活动。改善期在分销渠道建立方面,创业者要从连接新事业到区域目标细分市场的多个渠道中,选择一个能够以最少资源最短时间打通的渠道,选对分销渠道商,聚焦资源执行渠道建立与销售活动。将产品从新事业配送到区域目标细分市场的零售店,通过促销活动销售给目标消费者。打通这条渠道,销售给新产品的早期创新采用者(只占2％),产生销售额、利润和现金回流,使营销快速达到产生现金回报的效果。然后再通过研发改良产品,运营改善效率,提高性价比,开发出新产品的早期采用者(占14％),扩大现金流。然后再投资去打通第二个渠道、第三个渠道,进一步扩大现金流,以利润支持进一步的商业化和优势发展。

渠道建立方法:(1)相关产业创业者可以利用过去与下游渠道商的私人关系,建立初期的营销渠道,然后再扩张调整渠道。(2)渠道的决策和覆盖密度取决于时间效用和地点效用,也需要根据产品类型来考虑。创业者通过将产品服务分类,明确产品与服务归属的特殊类型,便于找出最适合的特殊分销渠道和促销方式。(3)在某些创业类型中,连接厂商与目标顾客的现有渠道被竞争者占据,渠道竞争激烈且很拥挤。但是由于目标细分市场非常特殊,存在新的渠道,因此新事业可以建立与新渠道商的关系,探索开辟新的渠道,避开与竞争者在现有拥挤的渠道上竞争。

改善期要避免同时进行多个区域细分市场分销和多渠道营销,因为分散人力、资金、设备等资源,可能会造成在多个区域细分市场还没开发成功就耗光了资金,而导致失败。

### 促销战术

在改善期的早期,由于产品没有竞争优势,因此应该较少投资促销,应该重点放在改善上。从改善期的中期、晚期一直延伸到成长早期,应该对区域目标细分市场的消费者进行精准有效的小众促销。改善期的促销要瞄准目标细分市场顾客进行促销沟通,同样可以运用拼凑与联盟的方法,克服资源限制。从改善期一直延伸到成长期都可以应用以下讲述的促销理论。

促销是一个企图影响目标顾客购买的特殊沟通方式。如果想得到比顾客自己上门更多的销售额,需要一个主动积极的促销计划。正确的促销应该是审慎地规划成一个持续的沟通计划,对想要进入的目标细分市场量身定做。有效的促销战术不断地与目标细分市场沟通,勾起消费者对产品和服务的知觉、兴趣和欲望。

小事业的促销活动中常出现两个严重的缺点:(1)创业者将钱浪费在不是潜在顾客的消费者身上;(2)促销常被视为一次性成交,是在事业不振期间增加短期销售的方式。

创业阶段的促销包含以下要点:(1)促销要找出与瞄准目标细分市场顾客。100个人里面可能只有几个是目标顾客,要选对广告媒体。(2)要设法克服资源有限的限制与劣势。(3)不断地与目标细分市场顾客沟通。(4)沟通内容适合目标细分市场,呈现产品特色。

### 促销组合

促销组合包含:广告、人员销售、公关、销售促进4种形式,是对目标细分市场消费者沟通。不同创业阶段的促销组合配置应该不同。在改善期的早期,因为产品性价比不高与没有优势,重点应该放在改善,因此不应该做太多促销活动。促销组合的重点应该放在人员销售,以便接触目标消费者与收集信息,不应该做大范围的大众媒体广告。改善期的中后期,在资源较少的条件下广告应该选对媒体渠道,做小范围的针对区域目标细分市场的小众精准促销广告,同时应该设法克服资源限制。

> **案例**　在瑞传案例中:1996 年中瑞传新产品已推出,开拓业绩是当时的重要工作,创业者利用世贸电脑展的机会,克服资源限制,找出大量目标顾客促销。因为瑞传当时缺钱,在台北世界贸易中心的展场内租摊位很贵,于是创业者在旁边的凯悦酒店租了一间客房,把里面布置成展示间。然后请了一些工读生在世贸展场内研华等工业电脑大厂的摊位外发产品型录。如果看到一位国外客人进去这些摊位看了约 20 分钟,就会送上一张产品型录。产品型录上印着瑞传最新的主板,并且标示着在旁边的凯悦酒店有展示间。有兴趣的客人就会走几分钟,到凯悦的展示间看看。在这里瑞传会请客人填一份问卷表,问他:曾使用过何种厂牌工业电脑,使用频率,做什么用等问题,并且请客人留下名片和联系方式。瑞传在此期间收到了数百份问卷。根据问卷内容,他们将客人分为 A、B、C 三级,从而找到各国主要的工业电脑客户。

> **案例**　唐雅君利用与仕女杂志的合作,克服广告费缺乏的资源弱势限制,瞄准目标客户促销。唐雅君是台湾亚历山大健身会所的创业者。唐雅君从佳姿舞蹈社离职,创立了雅姿舞蹈社后,为了招收新客户需要做广告。唐雅君知道,当时市场上有一个《仕女杂志》,它的读者与舞蹈班的消费者是同一群女性。她想在它上面做广告,但是又没有钱登广告。于是她从找出预算的思考方式改成承认没有预算,但是我要上《仕女杂志》的思考方式。她思考杂志需要什么。杂志卖的是内容,需要花钱请记者和编辑写文章的内容。跳舞也是女性关心的议题。唐雅君想,如果自己在仕女杂志上开一个整年的唐老师舞蹈专栏,就能为杂志提供免成本的内容,对杂志社有好处,自己则可在专栏中广告,提供优惠券让新学员免费上几节舞蹈课。然后她与舞蹈班上的一些社会知名女人商量,这些人需要在媒体上曝光。唐雅君请她们做舞蹈班的模特,拍下她们跳舞的照片放在专栏中,对她们则提供免费的舞蹈课程。通过这种方式,唐雅君创造了一个三赢的方案,三方最后都接受,唐雅君也达到了不花钱就登了广告的目的。

**广告**:可以让大量潜在目标消费者得到信息,目的是增加买产品的可能性。人员销售不能掌握全部的销售工作,大众广告可以做许多销售工作,它以非人的沟通形式支持人员销售,以便后续的销售员回答特殊的问题,完成销售交易。没有广告支持的销售员面对买家,买家想到:(1)我不了解你,(2)不了解你的公司,(3)不了解你的公司的产品,(4)不了解你的公司代表什么,(5)不了解你的顾客,(6)不了解你的声誉,(7)不了解你过去的记录,现在你要卖什么给我?

广告包含直接邮寄、商店招牌、电台、电视、互联网、杂志、报纸、微博、视频、户外广告等。改善期新企业特别要发挥口碑广告的传播效果。在互联网新媒体渠道上也可以运用网络病毒式营销、微博、微信营销。

**人员销售**：人员销售是仅有的双向沟通机会，可以学习、观察目标顾客的需要特征。现代的销售方式不是推销给你的顾客，而是"帮助他们买"，这要经由探询、倾听以了解顾客特殊的需要，站在顾客的立场运用自己的专业据以搭配出最适合的产品组合，陈述出此产品组合的优缺点，显示出它如何最好地满足他们的需要。其结果是赢得顾客满意和建立长期信赖的关系。

**公关**：是免费的广告。例如，报纸报道新事业的故事，报道新产品信息和独特服务。

**销售促进**：是运用一些方法促进短期销售的活动。销售促进工具包含：免费试用样品、优惠券、折扣、累计点数。通常在新店开张时会进行短期促销，另外淡季会促销。

**开始导入品牌管理**：改善期中后期明确了市场定位，跨过了盈亏平衡点后，产品有了竞争优势，配合市场渗透，要开始导入品牌管理，要在渗透的区域目标细分市场建立品牌。

**改善期营销管理阶段产出目标**

·探索出了在产业链和市场中的定位，聚焦到了一个区域目标细分市场，开拓渗透成功。

·建立了营销组织与营销系统，实施了营销导向。

·标准型新产品服务具有高性价比，产品服务商业化成功，更好地满足目标细分市场顾客的需要，价值更高。

·建立了有效的分销渠道，建立促销组合。

·提升了产品毛利率、销售业绩、市场渗透率。

·销售量跨过了盈亏平衡点，产生了利润和正现金流。

·在一个局部区域细分市场获得了领先和竞争优势。

**改善期要避免的错误营销做法**

改善期还没有实现产品服务商业化成功与可以进入成长期之前，要避免太早大规模投资进行营销扩张。如果在这个阶段进行大规模投资和扩张市场，则因为新的区域目标细分市场的特殊性会增加成本，有限数量的有经验的营销人员在多个细分市场中会被稀释，使得营销知识存量降低，可能会不慎扩张进入非目标细分市场增加费用，这些都可能会使微小的利润和正现金流转为亏损和负的现金流，最终可能导致企业失败。

# 第四节　改善期商业模式与运营管理：完善模式、改善运营、提高产品性价比

## 一、改善期运营管理活动

当选择的外部上游联盟伙伴已经获得竞争优势的时候，改善期的运营管理重点是聚焦在改善内部运营系统，包含运营系统的柔性调适与运营效率管理，提升效果与效率，降低成本，提高产品性价比。通过正确的导向达到效果，通过改善和系统精益化提升效率。在内部产生竞争优势，能为目标顾客创造更高价值后，新企业就可以开拓渗透目标细分市

场。这个阶段通常不会改善供应链。本书只简述战略性运营改善,至于详细的理论与方法,请读者阅读运营管理的书籍。

这个阶段的运营管理活动包含:(1)建立运营组织。(2)配合对市场定位的探索,柔性创新、调整与发展运营系统。(3)目标市场定位引导运营改善的方向。(4)阶段早期运用拼凑资源的方法建立与发展运营系统,阶段中期到后期进行利润转增资与渐进投资正规设施设备,升级运营系统并逐渐放弃拼凑。(5)实施运营系统改善,包含:在质量管理、综合计划、库存管理、物料需求计划方面改善,使运营系统达到内部与外部适配,接近一个精益生产系统。(6)进行流程改造和优化的生产方式创新。(7)进行技术和设备创新。

## 二、执行运营改善

1.运营组织建立。改善期业务量增大,可能运营的价值活动范围会扩大,在每个人生产力有限的条件下,需要扩大人员规模,并且按照运营流程的各种职能配置人员,分工协作。组织需要适度分化为职能型结构,指派专人负责运营管理,招聘新人执行基层作业活动,建立一个运营团队或部门。运营部门要建立和发展运营系统,设定阶段改善目标,执行各项运营活动,提高产量与提供服务。在人力资源管理方面,最好能建立激励阶段运营目标达成的绩效管理系统。

2.配合对市场定位的探索,发展商业模式与柔性调整运营系统,目标市场定位引导运营改善的方向。商业模式的业务系统创新要从提供核心服务的价值活动入手,延伸价值活动,并且发展出盈利模式,运营系统要启动和运营新价值活动。如果采取聚焦加联盟战略,商业模式在垂直的价值链方面,要聚焦在窄的特定价值活动环节上运营,并有效地管理合作伙伴;在水平的市场方面,要探索与定位到一个目标细分市场,然后柔性调适运营系统,达到内部运营系统与外部目标细分市场的适配。运营系统的创新可以运用新技术和新方法,整合到生产运营系统中,提高效率。要针对产品服务的独特部分,研发专用设备生产独特零部件,提高产品的独特性能。针对非独特部分,要多用通用的设备和零部件提高生产的便利性与降低成本。运营系统要目标导向,依据为区域目标细分市场消费者创造更高价值的营销目标,引导设定产品性能提高、生产成本降低、质量控制与良品率提高的目标,这些目标要支持提高产品的性价比。

3.在资源限制下运用拼凑资源的方法进行运营系统建设。在改善期的早期运用创造性拼凑资源的方法,克服资源限制,发展运营系统,获取利润。在改善期的晚期要逐渐放弃拼凑,善用利润滚动投资,购买优良的设施设备资源,以及用正规的方法建设运营系统。

4.进行内部运营系统改善,发展一个内部与外部适配的精益生产系统。

**提高运营系统的有效产出:**运营系统可以从构成、状态、产出视角描述。产出包含效率与生产力、成本、价格、性能、品质、可靠性、服务、弹性。运营系统的产出指标提升,可以提高产品服务的性价比,提供足够的产量,支持战略目标的实现,因此提高系统的产出指标水平是最重要的最终目标。

不同产业的运营管理方面不同,本节以下以制造企业为例讲述运营管理,讲述的一般观点同样适用于其他产业的企业。零售服务企业的运营系统可以分解为:产品采购、存货控制、存货过多和减价处理、店内布置、人员销售、顾客关系管理、广告促销、信息管理等方面。产品制造企业的运营系统构成可以分解为质量管理、综合计划、库存管理、物料需求计划等方面。

**决定改善项目的优先性**：实施运营系统改善可以将企业的各个方面分解，从某些方面分别改善。因为改善项目的贡献程度不同，因此在许多项目中，需要决定单独改善项目的优先性。目标细分市场导向可以决定优先性，应该根据目标顾客最重视与愿意付费的属性，从最可能获利的项目与重点方面优先改善，加快取得利润与正现金流，使企业能存活。

**使运营系统达到内部与外部适配**：运营系统的状态是指这个系统达到的内部与外部适配程度。高度适配的运营系统会成为准时和精益生产系统，提高效率、减少浪费、降低成本与节约现金。(1)运营系统的外部适配是指与产业市场环境以及战略适配。外部适配包含产能和产量与市场需求量和销售量适配，产品供应的时间与需求量的时间适配，产品质量与顾客期望的质量适配，产品成本与顾客愿意支付的价格适配。(2)运营系统的内部适配是指系统内部的构成要素之间相互适配，产生一加一大于二的综效。与某个构成方面单独的改善比，系统状态的整体适配程度改善可能对战略的贡献更大。

**采取聚焦加联盟或部分垂直整合战略保持产能柔性**：在运营系统的产能需求与开拓渗透市场战略的适配方面，采取聚焦加联盟或部分垂直整合战略，可以保持运营产能的柔性。要配合销售量增长趋势，充分利用内部产能，弹性利用外部产能外包一部分工作量，提供满足区域目标细分市场需要量的适当产能。要利用利润转增资，分阶段渐进增加投资与升级设施设备，扩大产能。

**预测需求波动以有限产能平衡产出达到供需适配和降低成本**：在运营系统与外部市场需求量和时间适配方面，新企业可以通过建立有效的中期综合生产计划，达到生产产量、市场需求量、销售的时间适配，进而达到以下目的：充分发挥有限产能满足未来一年市场需求量，充分利用设备资产平稳生产，减少资产过度投资与减少资产闲置浪费，降低成本，提高产品毛利率与性价比。在产品供应量与需求量的时间适配方面。市场的需求量可能是不平稳的，存在需求淡季和旺季或者其他波动循环。企业的运行经常需要稳定，包含员工人数和设施设备稳定。这是因为一方面经常解聘和聘人导致的成本较高，另一方面员工人数减少后，不容易在需要时及时补充较多有技能的人员。设备最好能在整年都充分利用，如果在淡季时设备闲置较多，会产生资产利用率低，以及折旧费用产生固定成本的问题。为了处理一年左右的需求量波动与需求稳定的员工与设备之间的不适配，创业者可以根据对未来一年需求量的预测，需要的平稳产能大小，建立一个综合生产计划，兼用"跟踪需求策略"和"平衡产出策略"，使未来一年企业的内部生产量与外部市场的需求量达到适配。跟踪需求策略要采取按需定产与接单生产，但会产生淡季时产能闲置与旺季时产能不足的问题。平衡产出策略要在淡季时正常平稳生产、累积持有存货，到旺季时消化存货。兼用两种策略的综合生产计划可以采取将一部分旺季的高峰需求移到淡季正常平稳生产、持有存货，旺季时一方面消化存货，另一方面通过加班生产、采取外包生产、补充临时人员等方法满足高峰需求。

**改善运营系统内部子功能构成成分，达到相互适配**：在运营系统改善与内部适配方面，需要做好质量管理、生产作业计划、物料需求规划和存货管理，以及相互间的配合

(Stevenson,2008)。(1)在质量管理方面,需要逐步建立一个质量管控系统,优先从重点开始进行质量管理,逐步扩展到全系统的全面质量管理。从服务目标顾客的角度设定产品质量标准,在生产流程中设定质量检测点,控制流程中的原料与零组件、半成品的质量,保障生产质量合格的产品。(2)库存管理是在保障供应与不断货的条件下,找出较适的订购量和订货时间,保持存货水平较低,周转速度较快,库存品损失少。需要对不同的零部件、材料与产品进行分析,找出重点存货类别重点管理。(3)物料需求计划(MRP)要解决以下问题:在生产过程中,需要什么物料、零件和部件? 何时需要? 需要多少? 物料需求计划要按照需求变动规划生产过程中的物料需求,其程序是按照订单在某个时点的需求量,运用物料清单,根据前置时间往前推算,将其分解成装配件、零件和原料在各阶段的需求。(4)生产作业计划的时间进度排程管理可以解决怎样才能最好地规划工作和资源,谁做哪一项工作等问题。运用这种方法可以达到以有限的资源、成本、时间完成生产目标的效果。进行有效的库存管理、物料需求规划,配合好生产排程,处理好这些要素间的相互适配,可以运用较少资源投入,降低生产流程的断货与停顿时间,提高生产流程的平稳流畅性,减少等候产生的浪费,降低成本。

**运用精益生产思想持续改善**:精益生产是一种强调持续改善的管理思想,它通过有意识地消除生产过程中的各种浪费,包含过量生产、等候时间、不必要的运输、加工不良、低效工作方法、产品缺陷、储存不当等等产生的浪费,持续追求以下目标:利用较少的资源,建立一个平稳、平衡的工作流,达到准时、低成本、有效生产。运用精益生产的思想,运用运营管理各方面的方法和理论,持续地改善,可以将新企业的运营系统发展成为一个内部与外部适配的精益生产系统,达到投入资源较少,没有浪费,高效、低成本、准时,保质保量地生产运营,可以提高产品性价比,满足市场需求量,更高度地与市场需求以及目标顾客需要适配。莱斯(2012)指出,精益创业的概念有助于创业成功。精益创业包含生产小批量产品,快速投入市场,进行实验获得顾客反馈。不断改善产品,获得顾客认同,验证市场需求。

经过改善期提高了运营系统的效率,降低了成本,保证了品质,配合上游要素的性价比持续提升,研发继续提高产品性能,则新企业可以适当定价,提高产品性价比,同时提高毛利率,支持营销在区域目标细分市场的渗透,尽快跨过盈亏平衡点,产生利润和现金流。

**改善期运营管理阶段产出目标**

改善期运营系统需要达到的阶段目标,包含:(1)建立了运营组织、组织系统及管理制度与商业模式适配,人员在运营流程中按照职能分工配置。(2)商业模式发展完善,包含建立了完善的内部业务系统、关键资源能力与盈利模式。(3)配备了能满足区域目标细分市场需求的足够产能。(4)运营系统经过创新与改善,逐渐完善与正规化,达到或超过行业平均水平的效率,达到较低成本目标,质量控制有效,使产品性价比高于竞争产品,产生了竞争优势。

# 第五节 改善期产业链定位与管理外部关系：
## 发展下游的外部新关系

## 一、改善期外部关系管理

### 1.发展下游的外部新关系

在产业链中定位与管理外部关系方面,在改善期的早期要决定:要与哪些下游厂商建立合作关系? 如何管理外部合作关系? 以产品制造新企业为例,改善期的早期需要逐步建立并发展与下游渠道商或零售商的合作关系,以便覆盖渗透一个区域目标细分市场。有效地建立和发展下游的合作关系需要新事业自身要有能贡献给合作联盟的资源、实力和产品优势,以便产生互惠合作。在建立期和改善期建立与下游厂商的关系需要依赖种子期创造的产品优势与商业化潜力,也依赖在决策期存在创业机会。如果新事业有强势资源和产品差异化优势的实力,则新事业有伙伴选择的自主权,拥有在联盟中的主导权力,可以决定新事业分配到的利益多少。有实力才不会被合作方要挟过多利益,即当伙伴事业损害新事业利益时,创业者有权力调整或重建合作关系。在一些失败案例中,新企业建立与下游渠道商或零售商的供销关系很困难,过快消耗资金;协商的交易条件对自己不利,例如赊销产品使回笼资金不易,最终因为资金消耗完使创业在改善期失败。但是深究其原因却是因为在决策期没有明显的创业机会,改善期上市的产品没有明显的差异与优势,使得建立关系困难,协商的交易条件对自己不利。图9-8显示改善期已经建立完成上下游合作关系与事业体系。

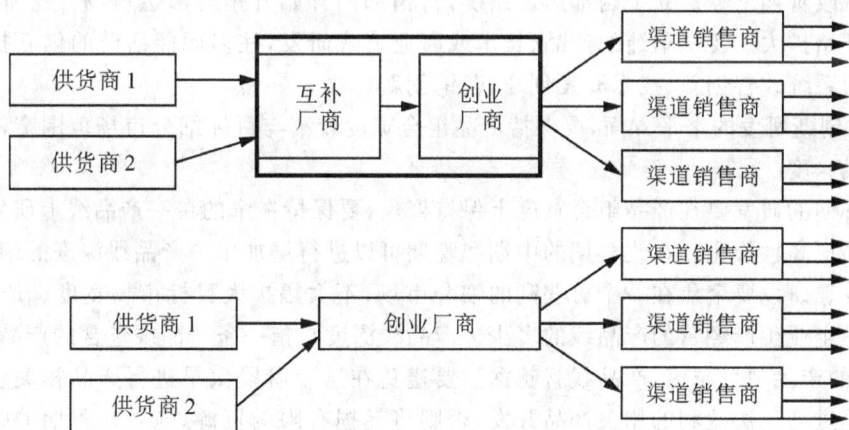

**图9-8 改善期完善事业体系**

### 2.管理与合作企业的关系

当事业运作起来后,通常关系改变不多,但是需要有效地维护与管理既有的合作关系。改善期因为产品服务的竞争优势不显著,因此新事业应该要求上游供应商或下游经销商配合,合作追求中长期的共同目标,以中长期的未来利益交换他们放弃短期利益。需要与合作伙伴频繁协商,提出稳定供货、保证质量、协同改善、合理定价等要求。

**改善期外部关系管理的阶段产出目标**

·有效地管理与上游和下游厂商的稳定合作关系。

# 第六节 改善期创新研发:提高产品性价比<br>支持财务和营销目标

## 一、改善期创新研发活动

改善期研发有以下特征:(1)由于生产运营系统的创新与改善也影响产品服务的性价比,因此创新研发的范围会扩大,从产品研发扩大到运营系统部分的创新。(2)由于产品已经进入市场,因此研发创新要目标顾客导向。(3)由于原型产品还没达到商业化成功,因此要对产品、技术与商业模式的内部业务运营系统进行第二轮或第三轮的改良开发与测试,将产品服务推进到商业化应用阶段。改善期研发活动包含以下方面:(1)控制研发的范围。(2)转变研发导向,决定优先顺序。(3)进行产品服务研发。(4)进行商业模式和运营系统的流程创新和技术创新。

## 二、改善期研发范围:扩大垂直范围,在产品组合宽度和市场水平范围聚焦

1.在创新研发的垂直价值活动范围方面:要适度扩大创新研发的垂直范围,从产品研发延伸到运营系统改善研发

由于改善期已经建立了内部运营系统,营销部门开始开拓与渗透市场。这阶段研发的范围开始扩大。要从单纯的产品、技术或商业模式研发,往多职能活动的创新扩大,扩大到运营系统改善创新、技术开发创新、营销创新。

2.在创新研发的水平方面,要保持产品组合宽度较窄与目标细分市场范围窄,逐渐增加产品线深度

改善期的研发要在产品组合宽度上保持聚焦,要保持在窄的单一产品线上研发,针对少数产品提高性价比。在改善期的中期和晚期可以进行增加单一产品线深度的细分类型产品研发。研发要聚焦在一个可获利的细分市场,不大幅扩大目标市场宽度。产品组合的宽度是企业生产经营的产品线的多少。产品线深度是指一条产品线包含的产品项目多少,包含的产品项目越多,产品线就越深。要避免在这个阶段太早进行产品相关多元化,避免太早进行无法盈利的相关产品开发,否则将耗损有限的资源,拖长改善期的时间,增加失败的风险。

3.扩大探索创新范围,然后聚焦到有效的创新

在新产业浮现期创业的改善期,新事业可能会经历一个扩张和再聚焦的过程。扩张开发新服务与新价值活动,扩大业务和服务范围,同时探索商业模式中的盈利模式。在业务范围扩大的阶段会加大现金流出,增加企业风险,需要大额融资做后盾。当新企业面对

未来的生存危机时,会选择再聚焦到已经探索出盈利模式且已经产生利润和现金流的业务,收缩与结束掉不能产生利润和现金流的且没有盈利模式的业务。采取再聚焦战略可以减少现金流出,增加现金流入,支持事业商业化成功,跨过盈亏平衡点,同时化解风险,渡过危机。

**案例**　　阿里巴巴和酷讯网都经历过这样的过程。请读者阅读第五章的阿里巴巴引导案例。

4.研发组织扩建

由于事业显示出了潜力,研发范围扩大,业务量增大,因此研发组织可能扩大。改善期的研发团队可以从一个人到多人,通常是由一个研发团队做的。

### 三、改善期创新研发的导向:产品导向转变为营销导向,跨职能协作研发

1.在创新研发的导向和重点方面:要从产品导向转变为以营销导向引导研发导向,掌握优先重点

范围扩大后,创业者面对一个问题:研发要如何聚焦,以便在最短时间产生最大效果?就是在存在许多研发细项和改善方向的情况下,创业者面对创新项目的优先性选择和导向性的问题。基于"创新的目的是通过为顾客创造更高价值达到为企业创造更高利润"的理念,创业者应该明确:研发要优先选择改善最愿意付钱的目标细分市场顾客最重视的属性,从最可能获利的重点加强开发,从而提早取得利润和正现金流。

为了决定正确的优先研发项目,必须决定企业职能的导向。(1)财务引导营销。要以财务上产生利润和现金流来引导营销方向。营销要探索与开发顾客,明确哪些是最有利的目标细分市场顾客,了解目标细分市场的现有规模、未来潜力与消费者行为特征,通过对目标细分市场顾客的营销取得利润和现金流。(2)营销导向与顾客导向引导创新研发方向。这个时期的研发导向要进行转变,要从产品导向与技术导向转变为市场顾客导向与营销导向,即经由营销活动满足目标细分市场顾客需要来引导研发活动,并进行多职能参与的协作研发。

2.在职能互动方面:要目标导向、协作创新

目标细分市场消费者是那些认为新产品的价值是最高的,最愿意掏钱消费新产品的,最容易使新事业获利的消费者。营销部门要深入研究目标细分市场消费者行为,深入研究早期采用者特征与潜在消费者特征,发现目标消费者与现有产品的消费者特征的不同之处,以便对产品服务准确定位,寻找产品服务现存的问题与可改良空间,确定重点的差异化方向,明确全部改善范围。营销单位要反馈信息到研发单位,开发改良的产品、技术、商业模式,努力实现商业化成功,另一方面开发能持续改善消费者利益的关键技术。

**案例**　　2000年前后家庭用底片相机拍摄的色彩锐利,上游出现了数码相机的CMOS半导体感光组件,但是只有30万像素,拍出的相片淡灰色且颗粒很重,根本

不能与底片相机比。在这个时期从鸿友扫描仪公司出来的创业者创立了天翰科技公司，从事数码相机的开发。天翰创业团队在研究清楚了当时数码相机的早期使用者主要是年青人，拍摄的低像素相片通过网络互传分享。后来天翰将萌芽期的数码相机定位成录音笔大小的圣诞节日礼品，价格定位在 99 美元（约 700 元人民币）。天翰的数码相机领先竞争者 1 年上市，由于定位准确与抓住了圣诞节促销，天翰在领先竞争者的 1 年多时间里销售了 160 万台笔形数码相机。

### 3.资源整合方法

在创新研发的资源整合方法方面，可以继续应用前面叙述过的拼凑和知识创造理论。在改善期的早期可以继续运用创造性拼凑资源的方法，克服资源限制和弱势。但是到了改善期的晚期，应该要逐渐放弃拼凑，改以购买优良的资源进行正规的资源整合。由于组织扩大，创业者需要创造有利的知识创造情境，进行资源整合和正规的知识转化与新知识创造。资源整合和内部创新可以建立资源基础、产业知识基础，持续创新可以发展核心能力。

## 四、研发项目

研发项目除了产品研发，还包含运营系统的创新与改善项目。

### 1.产品研发朝向商业化的方向

改善期的产品服务设计与开发，要在原型基础上，针对定位的目标细分市场顾客，逐渐朝向加强目标细分市场客制化的工业设计、降低成本、提升品质的方向进行，开发出商业化成功的标准型产品。在客制化方面，针对目标细分市场消费者重视的产品属性，研发少数种类的更特殊的改良产品。在降低成本方面，产品开发也要考虑生产的便利性，以便降低成本。通常自行生产关键零部件，对于一般零部件最好多用通用的零部件。

### 2.生产方式创新，进行流程改造和流程优化

运营改善也可以通过对流程进行小范围的流程改造和流程优化，实现生产方式创新。

**案例**　比亚迪将电池生产流程细分和标准化，应用了标准化大批量生产方式。

**案例**　本书后面的台南营造公司将传统一层楼浇灌一次水泥浆成型的生产方式，改为一层楼浇灌二次水泥浆成型的生产方式，先安装好柱墙钢模浇灌水泥一次，隔天拆掉柱墙钢模后，再安装梁板钢模第二次浇灌水泥。

**案例**　建筑业将一体浇灌水泥浆成型的生产方式，改为将一部分结构成分设计为预先浇铸件放在工厂浇铸，运输到施工现场先进行组装，再浇铸。

3.进行生产技术创新

在运营系统创新改善方面,可以针对产品生产过程,研发出新的技术与方法,新的专用设备,提高生产运营效率。

> **案例**
> 台南营造研发出一个柴油动力的遥控启动与控制的旋转吊具,安装在吊车的钩头上,可以加快吊装柱墙钢模的速度。

> **案例**
> 台南营造的创业者李渊河,在创立第一个生产螺丝的新事业三星五金公司时,研发出了当时世界上最快的生产螺丝机器。

4.改善期研发项目的应用与评估

改善期产品研发项目经过设计阶段到了应用阶段,要在批量生产技术、运营系统方面改善创新,支持成本降低,品质与合格率提升,批量供应,客制化弹性生产,提升最终产品服务的性价比。产品创新项目在这个阶段要能够逐步实现批量生产,达到低成本大量供应。工艺流程创新项目在这个阶段要使用优化过的新流程,实现高效率、高质量、高产能。商业模式创新项目在这个阶段要继续改良与完善模式,探索出了盈利模式。

除了内部创新改善外,新事业也通过借势加快商业化成功,包含借上游要素性价比提升之势,以及职能互补厂商的能力提升之势。上游新要素量产降低成本,加快降低产品成本,刺激需求增长,加快商业化成功。

**改善期创新研发阶段产出目标**

改善期开发活动需要达到的阶段目标包含:(1)保持在较窄的产品组合宽度范围。(2)研发出了一组对目标细分市场顾客商业化成功的标准型产品。产品有价值的差异明显,性价比更高与超越竞争产品,对目标细分市场消费者有更高价值。(3)商业模式初步完善,运营系统和流程的效率接近或超过行业的效率水平,有效提高了产品服务的性价比,产生竞争优势。(4)改善期的时间周期短,保持创新领先。

**改善期创新研发的问题或风险**

(1)没有研究与明确目标细分市场顾客需要特征,盲目开发,耗损资金。(2)狂热地不根据事实理性决策,在产品服务商业化条件不充分时,提早进入成长期,加大资源投入与进行扩张。(3)太早进行扩大产品组合宽度的相关多元化研发。

# 第七节　改善期组织与人力资源管理

## 一、改善期是否扩大组织规模与调整组织结构

改善期初期组织是一个小规模的组织,规模和结构从一个人、一个直线型的小团队到

一个分工的职能型组织都有,本书将它们分为两类讲述。

(1)第一类创业项目中,改善期的组织就是种子期的创业团队,不会增聘新人扩大人员规模,组织结构也不会调整。通常在这些创业类型中,利用创业机会的开发工程规模很小,能在较短时间达到商业化成功,可以到商业化成功以后的成长早期再增聘新人扩大组织规模。这类改善期组织是一个小规模的学步期组织,从一个人、两个合伙人到几个人的直线型小团队都有。

**案例**　温州精金电器的创业者在改善期一个人研发电表中支架制造工艺,成功以后到了成长期才招聘人员扩大规模。

(2)第二类创业项目中,改善期的组织是从种子期创业团队的基础上,增聘新人扩大起来的分工的职能型组织。通常在这种类型中,利用创业机会的开发工程规模较大,需要较长时间多人努力才能达到商业化成功,已经在建立期融资取得了宽裕资金。

**案例**　阿里巴巴、酷讯网在建立期融资后,都在改善期扩大了组织规模,成为分工的职能型组织。

## 二、改善期组织结构设计与调整:建立职能型组织

第一类创业项目通常要到成长早期以后,才扩大人员规模与建立适配的职能型组织结构与人力资源管理系统。以下讲述第二类创业项目的组织与人力资源管理,包含:(1)创业者的角色调整;(2)扩大人员规模后将组织调整设计成职能型结构;(3)使组织结构与人力资源管理系统达到内外部适配。

### 1.创业者角色调整

如果在种子期创业者是技术专家角色,进入建立期和改善期组织人员规模扩大以及组织结构往职能型调整后,创业者就不是只有研发和技术一项职能了,需要调整角色成为管理者(Greiner,1972),或者招聘有事业或职能管理经验的团队成员,与他们合作。

### 2.组织结构设计与调整

改善期由于环境不稳定需要弹性应对,因此改善期早期组织结构通常设计成一个层级少与弹性的直线型结构。随着业务量扩大要增聘新人,人员规模扩大与组织稳定性增加需要组织水平与垂直分化,可能创业者将指派不同的人负责执行不同的职能工作,或者兼任不同的职能。组织结构将从有机的简单直线型结构,逐渐往分工的职能型结构转变。近似职能型组织结构见图9-9。各职能负责人应该有相关产业职能的经验,能够带领部属执行职能活动并进行改善,或者能在创业者的教导与知识传授下学习相关职能经验知识,逐渐胜任职能管理工作。

创业者可以将特定职能设为关键职能。如果企业是以产品性能领先为战略,并且产品设计技术处于生命周期的早期阶段,则在设计组织结构时应该将研发职能作为关键职

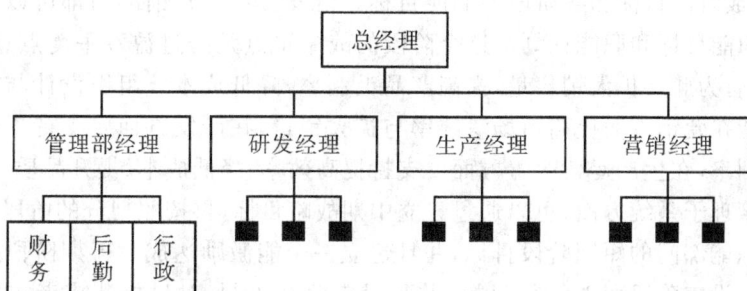

图 9-9　部门分化形成的近似职能性组织结构图

能,提高在组织中的层级地位,授予较大权力、配置较多人力和资源。如果营销、生产最重要,也可以将营销职能、生产职能设为关键职能。

在商业模式与组织结构关系方面,改善期的组织结构要与商业模式和运营流程适配。在技术与组织结构关系方面,对于技术创新型的创业,改善期组织结构设计很重要的一点是要分析技术特性,改善结构与技术的适配关系,提升运营效率。如果没有达到适配,则会降低事业的效率。

**案例**　台南营造公司在改善期,在运营组织结构上没有设计钢模施工质量检查部门,以及设计施工质量绩效奖惩制度。组织结构设计没有与创新的技术适配,阻碍了公司跨过盈亏平衡点,最终导致失败。

在财务方面,改善期因为还没有跨过盈亏平衡点,节约使用现金仍然是一项重点。因此改善期的组织人员规模虽然较种子期大,但是整体应该不很大,以便保持精干高效,节约人事费用。改善期的目标是通过改善提高竞争优势,创造利润和现金流,因此组织也要将重点聚焦到能创造利润与现金流的价值活动上。

在互联网产业浮现期创业的案例中,新事业在建立期融资取得了风投资金,在资金宽裕的条件下,改善期新事业可能会研发较多种类的产品服务,会扩大产品组合宽度,但是企业还没有摸索出盈利模式,各个产品线不赚钱。这类创业中改善期组织会经历一个扩张探索创新,面临危机后再收缩聚焦到能盈利业务的过程。组织结构会经历从职能型改变为产品事业部型,再收缩为职能型的过程。

**案例**　阿里巴巴和酷讯都经历过这样的过程,创业者没有很明确改善期的特征与重点,在取得资金后过度自信与过度扩张,导致危机后才进行聚焦。

### 三、建立支持阶段战略目标达成的人力资源管理系统

改善期要柔性建立与调整人力资源管理系统(Wright & Snell,1998)。人管系统要与战略适配,支持改善期战略目标的达成(Becker & Huselid,1998)。战略要设定总目

标,并且分解成阶段目标和各阶段各职能目标。研发、运营、营销部门都可以根据战略地图制定阶段职能目标和职能计划。这个阶段的战略重点是跨过盈亏平衡点、取得竞争优势与实现获利,为此要扩大销售量,提高产品毛利率,降低成本。组织设计与人力资源管理系统要支持在营销方面提高市场渗透率与扩大销量,在研发方面要支持提高产品性价比与提高毛利率,在生产运营改善方面要支持提高效率、降低成本、提升品质。

在绩效管理子系统方面,可以通过设立中期战略目标,再按照划分的阶段和组织层级分解成中层职能部门的短期阶段目标,并且建立一个能激励达成改善期阶段目标的绩效管理系统。要设定阶段职能绩效目标,并且设定奖励机制,对目标达成者与团队给予奖励。例如设定运营效率改善与成本降低阶段目标,设定营销的细分市场渗透与细分市占率目标,达到目标给予奖励,以此激励创业组织。

在招募甄选子系统方面,要指派或聘任有职能经验的人才,担任职能干部,带起一个职能团队,负责职能改善。阶段战略要求进行招聘,补充各职能单位的人员。稳健的步步为营的雇用是与现金流有关的。在改善期的早期,因为缺乏现金流,因此可以采取延迟雇用员工的方法,通过员工加班、用实习学生、临时员工、虚拟团队替代增补人员。雇用新员工的时机适合放在改善期的中晚期,那时已经有足够多的超额现金流可以支付员工的工资福利。

在培训子系统方面,要开始通过师徒制培养人才,要能使组织持续在解决问题中学习累积产业与事业知识,使各个职能部门逐渐转变成为有产业特殊经验知识的组织单位。从改善期到成长期需要逐步对人员进行培训。

在薪酬的奖酬子系统方面,要能配合绩效管理系统设计奖酬系统。要按照职能阶段目标设定奖励机制、奖金金额,对达成阶段目标的部门给予奖励。例如人资干部与运营干部协商设定成本降低的阶段目标,对达到阶段成本降低目标的给予奖金,激励员工为达成阶段改善目标努力。在改善期的早期,销售部门人员的薪酬结构还不能设计短期绩效奖金,因为销售开拓可能很困难,但是要设计销售目标提高的激励奖金。

在改善期的后期,人力资源管理系统应该尽量调整到内部与外部适配,支持未来的市场扩张成长。

## 四、改善期要有效处理团队分歧,管控冲突性质,避免团队分裂产生风险

改善期可能在经营不顺与成效不佳的情况下,针对改善的方向和方法,创业团队中可能会产生意见分歧与认知冲突。可能会由认知冲突发展为情感冲突,最终会导致创业团队分裂,导致人才流失产生风险,加剧新企业失败。认知冲突是对事情应该如何执行的问题存在意见分歧,是对事的。通常是由于个人的认知内容不同,产生个人对行动背后的假设不同。创业者如果能维持团队内部的坦率与开放式沟通讨论,对事不对人,探讨问题背后的假设,鼓励创造性思维来解决问题,则认知冲突可以是建设性和更有效的,并且可以避免情感冲突。情感冲突表现为某人对他人的不信任、不尊重、敌对、冷嘲热讽等伤害情感与团队和谐的行为。情感冲突会使创业者决策武断,团队成员回避,不愿探讨问题背后的假设,不能坦率开放讨论不同观点,会降低集体决策品质,损害团队有效性,甚至导致团队分裂。

**改善期组织与人力资源管理阶段目标**

· 创业者角色从专家调整为管理者。

· 人员规模增加,组织结构分化调整为职能型结构,建立管理制度。

· 使组织结构与战略、技术、商业模式、环境等情境因素变量适配,运作有效。

· 人力资源管理系统柔性调整到内部与外部适配,支持达成改善期目标。

## 本章要点

· 改善期战略要探索定位成功,聚焦定位在一个目标细分市场,建立营销系统,实施营销导向,进行全职能改善,提高产品服务性价比,渗透目标细分市场,跨过盈亏平衡点,产生利润和正现金流,有局部竞争优势。

· 在探索定位过程中,要适度扩大范围,按照盈利原则,灵活调整目标与顾客。

· 要采取降低风险的方法,在目标不明确条件下加快创新。

· 要以提早跨过盈亏平衡点,产生利润和正现金流为阶段财务目标。

· 营销要定位到有利的区域目标细分市场,建立营销系统,实施营销导向,引导全职能改善;要分析目标消费者行为,制定营销战术,渗透区域目标细分市场,提高销售额、区域细分市场占有率、利润和正现金流。

· 运营要聚焦在窄的价值活动,早期进行资源拼凑,后期用正规的方法整合资源改善运营,发展一个精益生产系统,实现产能充足、高效率、低成本、高品质的目标。

· 外部关系方面要建立与下游厂商的关系,打通渠道,覆盖区域目标细分市场。

· 研发要聚焦在窄的产品组合宽度上,扩大到运营系统创新,要目标细分市场顾客导向,为他们创造更高性价比的产品服务。

· 组织人管方面要建立职能型组织结构,建立一个支持各个职能改善期阶段目标达成的人力资源管理系统,特别是绩效管理系统。

· 不要在改善期阶段目标达到前,即商业化完成前,还没有跨过盈亏平衡点,还没有较大优势前,就提早进入成长早期,大肆进行市场扩张。

## 重要概念

改善期、探索、市场定位、区域目标细分市场、营销短视症、营销导向、营销系统、全职能改善、消费者行为分析、营销计划、营销目标、顾客分类、营销组合、产品、定价、渠道分销、促销、市场渗透、盈亏平衡点、商业化成功、利润、现金流、精益生产系统、部分垂直整合、效率、成本、品质、产品组合宽度、职能型组织结构、认知冲突、情感冲突。

## 思考问题

1.哪些创业项目没有改善期或者改善期较短?

2.改善期战略目标与种子期、建立期的条件有什么关系？

3.改善期时间长好还是短好？要考虑哪些因素？

4.改善期是创业过程中最关键的阶段，走不过就失败与死亡，走得过就成功与存活。请问改善期的哪些因素与做法影响失败与成功？

5.如何快速探索定位成功？

6.如何降低不确定性与风险，进行快速有效的渐进微创新与改善？

7.改善期是运营重要还是营销重要？在阶段的早期或晚期哪个职能优先？

8.选择一个产业，例如汽车或服装业，讨论可以分为哪些细分市场。

9.改善期扩大市场范围、产品组合宽度、价值活动范围好不好？为什么？

10.改善期营销活动包含哪些？与运营、研发、组织人管、财务职能有何关系？

11.改善期运营活动包含哪些？如何支持改善期阶段目标达成？

12.组织人力资源管理活动包含哪些？如何支持改善期阶段目标达成？

13.创业者要如何处理分歧与管控冲突？

## 课外练习

1.请收集一些创业成功案例，分析改善期长度，执行哪些活动，出现了哪些重大事件，遇到了哪些问题，如何解决，达到什么目标。

2.请收集一些创业失败案例，分析它们是否在改善期失败；如果是在改善期失败，分析出现了哪些重大事件；遇到了哪些问题；导致问题的原因有哪些；原因起源于哪个阶段；为什么解决不了问题。

# 第十章　成长早期运用财务杠杆,
稳健扩张市场

## ▶ 核心问题

● 成长期可以再划分出哪些更细分的阶段? 新企业如何达到稳健快速成长?

● 成长早期要采取哪种战略,要执行哪些活动? 要达到什么阶段战略目标?

● 组织生命周期可以划分为哪些阶段? 组织与人力资源管理方面要执行哪些活动?
外部关系管理要执行哪些活动? 财务管理方面要执行哪些活动? 创新研发管理要执行哪
些活动? 运营管理要执行哪些活动? 市场营销管理要执行哪些活动? 新企业成长限制因
素包含哪些?

## ▶ 本章学习目的

● 了解成长早期与成长中期的不同。了解稳定成长的原则。

● 了解成长早期要采取市场扩张战略,要建立稳定的组织结构与适配的人力资源管理
系统;有效管理外部关系与供应链;负债融资提供充裕成长资金;稳健扩张渗透新市场,建
立区域竞争优势,加强服务与顾客关系管理;研发更细分类型产品与服务;投资扩大产能
与升级厂房设备。

● 了解组织生命周期理论,成长早期要建立一个有效分工协作的职能型组织,建立一
个与区域复制扩张战略适配的人力资源管理系统。

● 了解要建立部分垂直整合的外部关系,管理供应链,提升网络中心性。

● 了解财务管理要运用利润滚动投资;要适度负债融资扩大财务杠杆,支持快速成长;
要进行现金预算,控制成长中的现金流断裂风险;要累积盈利资金。

● 了解要有效管理研发项目组合;要研发更细分的产品类型,提高产品新陈代谢率与
类型占有率,加强市场渗透与扩张;要将创新研发延伸到服务,支持顾客关系管理;要制定
技术开发和培养核心能力的长期发展战略。

● 了解运营要保持产能扩张投资与销售成长的配合,扩大升级厂房设备;要分工协作
进行精细化改善,提高生产运营效率,降低成本,提高品质。

● 了解营销扩张战略要在人力、财力和运营能力能承载的条件下,步步为营、集中资
源、稳健扩张,逐个往新的相邻区域目标细分市场扩张,稳步建立区域竞争优势;在已经渗
透的区域目标细分市场要加强服务与顾客关系管理。

● 了解超市新企业的成长限制因素。

# 第一节 成长期阶段划分与稳定成长原则

## 一、成长期(青年期)阶段划分

成长期可能是一个相当长的阶段,可以从几年到几十年。由于成长期很长,可以再细分为具有不同性质的阶段:成长早期、成长中期、成长晚期。

成长早期是创业后开始盈利的阶段,属于创业的最后一个获利阶段,盈利的基础来自创业决策期的创业机会结构与无形资源,见图 10-1。成长早期是从产品和商业模式商业化成功后,逐渐扩张市场,扩大细分市场份额,获取利润并加快成长的阶段。成长早期的结束以竞争者进入市场,创业机会结构消失,未来新事业要依靠新发展的知识、资源基础和能力在竞争中成长为标志。

成长中期是企业在竞争互动中成长,并且分化成长的阶段,在盈利与新企业的资源能力增强的基础上,存在不同的成长类型与方向。这个阶段要利用前期累积的无形资源和资金投资建立新的资源基础,发展新的知识、资源、能力与优势来源,支持在选择方向上的成长。成长期如果一直坚持本业经营,就要在竞争中进行全区域细分市场渗透扩张,目标是达到高市场份额,市场地位稳固。

成长晚期是企业保持在本业成长,经过了中期的产业内竞争淘汰,到晚期成长成为一个细分市场的冠军和一个细分行业的龙头。

以下说明成长早期、成长中期、成长晚期的策略。

## 二、新创中小企业稳定成长原则

新创中小企业要遵守三个重要的经营原则,以便获得稳定成长:

- 获利与体质优先
- 稳定成长
- 善用联盟

1.获利与体质优先

企业追求的目标包含:获利(里)与市场占有率(表)。市场占有率也称为市场份额。两个目标抉择时,发展健全体质产生获利应该置于市场占有率之上(方至民,2000)。企业发展中存在以下两种现象:(1)表里一致:企业的竞争优势推动了市场占有率的提升,呈现出高市占率、高获利的现象。本质的、内生的、真正的成长是企业具有独特竞争优势,提升市占率,产生了获利性成长。中小企业体质是综合的概念,包含了内部产生创新产品与服务的创新知识,运营系统管理的合理化和高效率,市场定位准确与营销系统完善,组织的稳定高效以及人管系统与战略适配,良好稳健的财务状况等等。这些体质因素共同产生持久竞争优势,支持为顾客创造更高价值,开拓渗透市场,产生高获利的目标。(2)表里冲突:企业追求市占率忽略了竞争优势的发展,呈现出高市占率、低获利的现象,甚至产生成长风险。中小企业成长之忌,是出现了表里冲突现象。如果中小企业过度追求市占率与

| 阶段投入条件 | | 战略与职能活动 | | 阶段产出目标 |
|---|---|---|---|---|

定位改善、渗透成功、获利　　　战略执行：财务杠杆、平衡稳健扩张市场、建立区域竞争优势　　　区域优势稳固

职能组织、人管系统完善　　　组织扩大、职能结构、支持复制扩张的人管系统　　　职能组织、人管系统完善

关系发展　　　外部关系：发展下游关系、增强和多元化上游关系　　　网络中心位置、有效外部关系

跨过盈亏平衡点、获利　　　财务：负债融资、滚动投资、现金流管理　　　负债成长、扩大获利

产品性价比高、竞争优势　　　研发：更细分类型产品、管理产品组合、研发服务　　　产品组合管理、竞争优势

运营模式系统效率　　　运营：渐进扩大产能、精益化改善　　　产能扩大

渗透细分市场、商业化成功　　　营销：步步为营、稳健扩张区域目标细分市场、加强服务、管理顾客关系　　　扩张市场

企业成长
渐进扩张区域细分市场
举债融资、支持扩张
持续研发创新
持续运营改善

时间

市占率、营收、利润、渗透率、现金

利润和现金流、跨过盈亏平衡点、商业化成功

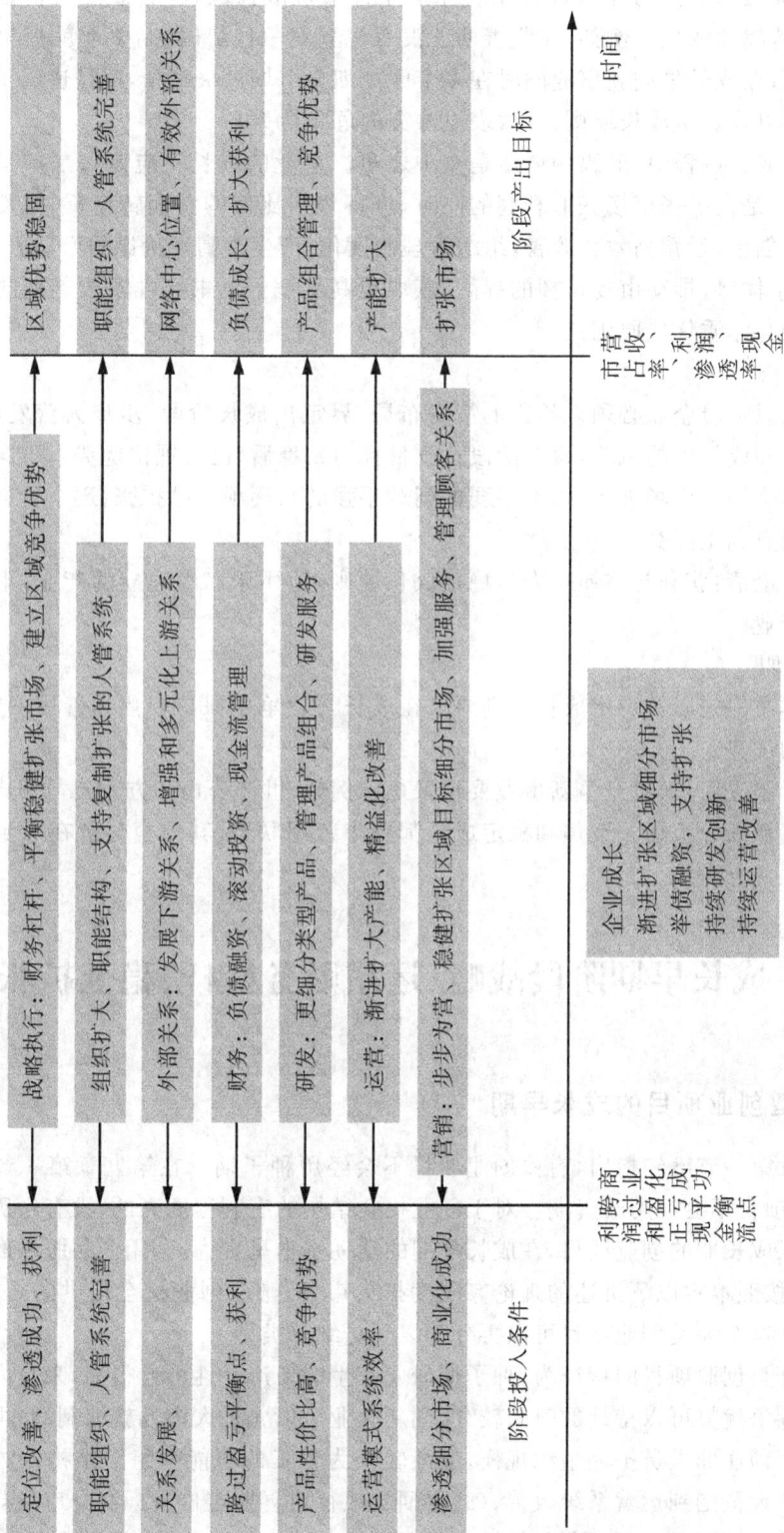

图10-1　成长早期投入条件、战略与职能活动、阶段产出目标

过快成长,在体质未健全与竞争优势未建立的条件下挑战强敌,就会遭受大企业迎头痛击,就会陷入苦战和败战。例如,在改善期还没有建立竞争优势时,新事业就提早扩张进入到成长早期;在成长早期新事业同时在多个区域细分市场过快扩张,都是违反了获利与体质优先原则以及稳定成长原则,导致表里冲突的危险行为。

中小企业成长过程中,健康的体质是重中之重。企业的成长不应该只是扩张市场获取利润,而应该是在扩张市场获取利润的同时,进行相当比例的利润转增资,投资到内部进行产品服务创新,运营高效化改善,组织管理制度化,产生更高性价比的产品服务,健全体质,提升竞争优势,推动市场份额的提高,获取更高利润。本书第九章改善期的理论内容是符合获利与体质优先原则的。

2.稳定成长

稳定成长意味着企业必须做长程的策略布局,界定出成长阶段,步步为营发展扩张,控制成长速度和成长中的风险,每个阶段达到目标与站稳后(已发展出优势),再向下一个阶段迈进。逐个细分市场进入(由对手弱的到对手强的)、逐项产品扩张、逐个价值活动进入。由攻其弱点到正面交锋。

前提条件澄清:获利与体质优先与稳定成长原则,适用于已经建立的产业;不适用于初生的新兴产业。

3.善用联盟

获利与体质优先以及稳定成长原则要求在成长与竞争中保持聚焦和善用联盟,发展企业范围内的优势。

在竞争者跟进后,面对竞争新事业要再聚焦。例如,世洋公司和方太公司在成长期都选择聚焦在高端细分市场。聚焦和稳定成长都要求善用联盟,其内容分散在六到十章的外部关系管理部分讲述。

# 第二节　成长早期阶段战略:运用财务杠杆、稳健扩张市场

## 一、不同类型创业项目的成长早期

在第七章第一节已经指出,有些创业项目不会经历种子期。在第九章第一节已经指出,有些创业项目不会经历改善期。对于创业机会结构的有利程度高的,没有经历过改善期就直接进入成长期的创业项目,在成长早期的活动基本呈现为,利用产品服务商业化成功的条件,先按照本章以下讲述的理论有限度扩大市场,赚取创业机会提供的早期利润,再创新改善。这个大类创业项目可以再分为以下更细分类型。

第一细分类创业项目的特征为,种子期研发产生的新产品性价比很高,来自内部产品创新产生的竞争优势可以持续的时间较久,则新企业可以先扩大市场获取利润,再开始执行以下活动:(1)雇佣人员扩大组织规模,逐渐转变为分工的职能型组织结构;(2)研发要从产品创新扩大范围到运营系统改善;(3)要回头执行改善期定位目标细分市场与建立营销系统的活动;(4)要在内部运营价值活动上通过改善建立竞争优势,并完善商业模式。

第二细分类创业项目的特征为,种子期是利用外部机会条件中上游差异很大的新要素生产出性价比很高的创新产品,因为外部要素产生的竞争优势通常是短暂与不稳固的,竞争者也利用新要素会使竞争优势消失。在竞争优势不稳固的条件下如果大幅投资扩张市场,可能会因为优势消失而招致风险和亏损。因此这类创业项目在有限度扩张市场与获利之后,除了要持续研发新产品外,还要执行前一章改善期的以下活动:进一步明确市场定位与建立营销系统;进行运营系统改善;在内部价值活动上研发创新,提升产品服务、技术、商业模式。

第三细分类创业项目的特征为,创业者靠复制的先前事业知识和利用外部因素形成的机会创业,没有经历过种子期,种子期是在前一家公司或者机构中完成的。这类创业在赚取利润后,要用利润再投资持续升级设施设备,完善商业模式和运营系统。如此才能支持下一阶段的持续成长。

对于个人创业者和小创业团队进入成长早期的创业项目,在成长早期获利后,要逐步执行以下种子期和改善期的活动,支持进一步的成长。(1)雇佣人员扩大组织规模,建立分工的职能型组织结构,支持创新改善和稳健扩张市场;(2)研发新产品,创新技术与运营系统;(3)要回头执行改善期定位目标细分市场与建立营销系统的活动;(4)要在内部运营价值活动上持续改善,用利润再投资持续升级设施设备,完善商业模式和运营系统。如果不能有效地雇人和扩大组织,不能持续创新改善,则这类微型企业将无法长大。

以下讲述经历过改善期的创业项目在成长早期的战略与职能活动。

## 二、经历过改善期的创业项目的成长早期阶段投入

新事业成长早期的投入特征包含:(1)企业组织结构建立,职能部门分工协作良好,人员稳定运作有效。(2)商业模式的外部组织间关系稳定,供应与协作有效。(3)已经研发的产品、技术或商业模式商业化成功,产品服务性价比更高,可以继续研发系列产品。(4)一个区域目标细分市场渗透成功,已建立服务目标细分市场顾客的整体营销系统。(5)内部运营系统达到一定效率,成本较低质量较高。(6)新事业跨过盈亏平衡点,已经获利与产生正现金流。

## 三、经历过改善期的创业项目的成长早期战略与职能活动

成长早期要解决的主要战略问题为:如何顺利扩张市场,扩大利润,扩大竞争优势?成长早期的战略要从核心区域往强势资源有效、符合相同价值创造逻辑、有潜力、竞争者不强的邻近市场扩张,在扩张中建立进入障碍,同时建立竞争优势。扩张要保持平衡,在人力资源、财务资源、运营能力等能承载的条件下扩张,并且通过持续创新与改善提高竞争优势。成长早期的结束以竞争者进入市场,创业机会结构消失,新事业依靠新建立的知识、资源基础和能力在竞争中成长为标志。成长早期扩张的结果使新企业已经在较大区域的细分市场取得高市占率,具有高市场地位。

在成长早期创业者要从事一系列活动,解决外部关系与内部职能管理方面的以下问题。

(1)在组织与人力资源管理方面,组织与人员规模继续扩大,会提高人力成本。要解答以下问题:在这个生命周期阶段组织有什么特征?创业者角色是否要调整?要设计什

么样的组织结构？如何建立一个支持复制扩张战略的有效人力资源管理系统？在这个阶段会出现领导危机,创业者要从创新的专家角色调整到管理者的角色,组织结构应该设计成为职能型结构,决定关键职能,营销职能部门下要改为地区部门型结构。要建立一个支持复制扩张战略的人力资源管理系统。本章第三节讲述成长早期的组织与人力资源管理。

(2)在营销管理方面,要解答以下问题:要选择往哪个细分市场扩张？要如何扩张？在已经渗透的区域目标细分市场要如何营销？营销扩张战略要步步为营、稳健扩张,集中资源,从早期的区域目标细分市场,逐个往新的相邻区域目标细分市场扩张。在一个新区域细分市场取得稳固的高市场份额与获利后,再扩张进入下一个区域细分市场。在人力、财力和运营能力能承载的平衡的条件下适度加快扩张的速度。扩张的同时通过渠道密集覆盖,稳步建立区域竞争优势和进入障碍。朝向全区域(全国)细分市场的高份额、龙头的市场地位迈进。在已经渗透的区域目标细分市场要加强服务与顾客关系管理。本章第四节讲述成长早期的市场营销管理。

(3)在财务管理方面,要解决以下问题:如何投资与稳健快速扩张？为了更快速扩张,要进行什么性质的融资？要将融资的负债比维持在什么水平？要如何控制成长过程中的现金流风险？这个阶段一方面财务上要运用利润转增资,渐进滚动投资。另一方面应该进行适度的负债融资,筹集加快成长需要的资金。负债融资的额度要运用负债比率控制在一个安全的水平。要进行现金预算控制成长过程中的现金流断裂风险。在这个阶段中后期要累积盈利资金。本章第五节讲述成长早期的财务管理。

(4)在创新研发方面,要解答以下问题:随着研发范围的扩大,研发项目要如何管理？如何通过研发加强渗透目标细分市场？是否需要建立一个长期的技术开发和核心能力发展战略,以便选择性地整合外部互补资源？在竞争者跟进后企业的战略与研发范围应该如何调整？企业要有效管理研发项目组合;要开发满足目标细分市场顾客的更多类型产品,提高目标细分市场的类型产品占有率,以及产品新陈代谢率,加强市场渗透。要将创新研发从产品扩大到服务;要制定技术开发和核心能力培养的长期发展战略;要在竞争中保持聚焦。本章第六节讲述成长早期的创新研发。

(5)在商业模式的内部业务运营系统方面,要解答以下问题:如何保证生产运营的产能能跟得上市场扩张与营业额成长的需要？如何改善运营效率,降低成本,提高品质,获得更大竞争优势,提高获利？成长期运营要保持产能扩张投资与销售成长的配合,要渐进扩大厂房设备投资。为了保证产品生产与供应,也要有效地管理合作伙伴和供应链。要运用精益生产方法,分工协作进行精细化改善,提高生产运营效率,降低成本,提高品质,提升规模经济效果。本章第七节讲述成长早期的商业模式与运营管理。

(6)在产业价值链中定位与建立外部合作网络关系方面,要决定:如何有效建立和加强下游产销合作联盟,支持市场扩张与企业成长？如何管理上游供应联盟,保证供货成长与不断货？如何控制或逐步降低对主要产品线合作厂商高度依赖潜藏的风险？这个阶段要降低对单一上下游合作厂商的依赖,建立部分垂直整合的多元合作关系,同时提升在网络中的中心性程度。本章第八节讲述成长早期的产业链定位与管理外部关系网络。在本章第九节讲述超市企业战略、组织和人管方面的限制成长因素。

请思考问题:在图 9-3 的战略类型中,在成长早期新企业应该采取什么战略？为什么？不该采取什么战略？用了其他种类战略会有什么结果？

### 四、经历过改善期的创业项目的成长早期阶段产出目标

- 组织系统完善与成熟,企业体质良好,人力资源系统内外部适配,具有成功组织的特征。
- 外部合作关系稳定有效,有部分垂直整合关系,网络中心性提升。
- 财务状况良好,利润增大,有稳定正现金流、累积了宽裕的现金,可以再投资。
- 企业内部有创新异质的知识,多种细分类型产品形成的产品组合深度较大,制订了产品服务的整体解决方案,产品服务的性价比高。
- 商业模式完善,运营系统有效率。
- 营销系统有效,在更大区域细分市场具有高份额、高市占率,建立了竞争优势,顾客关系良好。朝向全区域目标细分市场的龙头市场地位迈进。

### 五、经历过改善期的创业项目的成长早期风险因素

(1)成长早期的投入因素的风险来源包含:阶段开始投入的产品、技术、商业模式还没有商业化成功。(2)过程因素的风险来源包含:(A)在财力资源、人力资源无法承载,商业模式未完善,运营系统跟不上的情况下过快扩张区域市场,导致内部混乱与资金链风险。(B)同时进行多个区域细分市场大范围扩张,没有聚焦资源稳步扩张,使进入的多个区域细分市场中市场地位不能稳固,同时需要在多个区域市场投资发展,稀释资源,导致亏损。(C)没有建立支持扩张战略的组织与人力资源管理系统。(D)往强势资源无效、不同价值创造逻辑的市场扩张。(3)过早进入下一阶段产生的风险包含:在成长早期阶段目标达到前,资金不宽裕,区域竞争优势不强与不稳固时,太早扩张水平与垂直范围,进行相关多元化与垂直一体化。以上产生风险的因素要加以避免。

## 第三节  成长早期组织与人力资源管理

以下先讲述组织生命周期理论,该理论中的创业阶段和集合阶段与本书划分的成长早期阶段重叠。然后讲述不同类型创业项目在成长早期的组织与人力资源管理活动。

### 一、组织生命周期理论

Greiner(1972)研究了组织的生命周期,提出了如图 10-2 所示的组织生命周期阶段。由于本书注重讲述创业阶段的理论,因此不叙述组织生命周期后期的精细阶段的内容。如果读者需要了解,可以阅读刘松博的《组织理论与设计》。

1.创业阶段:企业创业初期的主要任务是创造出一种合适的产品,从而在市场竞争中生存下来,企业家全部的精力都投入到生产和营销的技术性活动中。管理是粗放式的,分工并不精细,职工的工作时间较长,企业家个人的权威至高无上,往往依靠亲自的监督来实现控制,职工间的交流极为频繁且多为非正式的方式。企业的规模小且组织结构也并不正规,不具有行政式机构的特征。

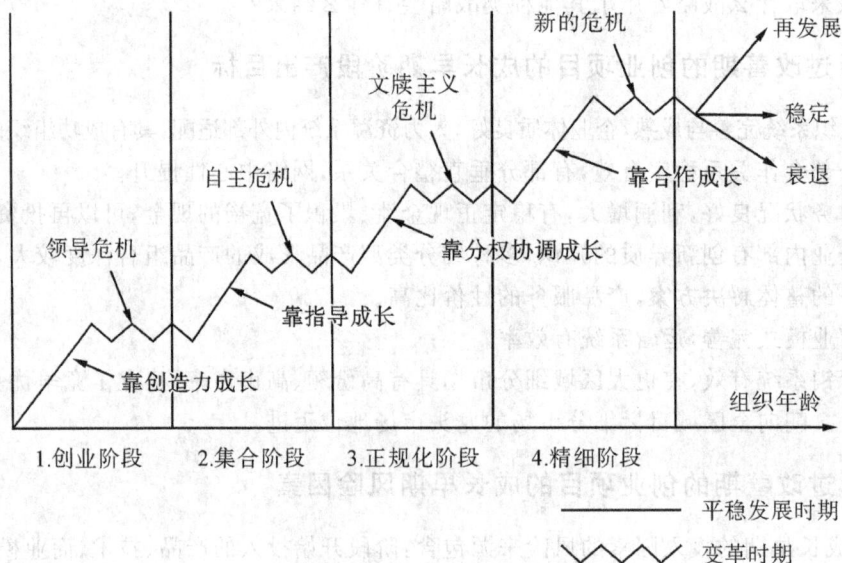

**图 10-2　企业组织生命周期模型**（Greiner，1972）

　　创业阶段的危机主要是领导危机。新企业进入成长期后，日益增多的员工和逐渐扩大的市场会带来很多问题，比如沟通机制、财务系统等管理体制要建立起来。而创业者可能是一个专家，往往更关心技术和销售问题，对于管理可能不感兴趣或缺乏技能，这就会出现领导危机。企业需要有能力的领导人引进管理方法和工具，调整组织结构，以适应组织成长的需要。当领导人觉得有必要时，可以吸纳胜任管理工作的职业经理人进入企业。创业者也可以培养人员胜任下层的职能工作，授权赋责给他们，自己调整角色从专家转变成为管理者。

　　2.集合阶段：领导危机解决后，企业就进入了青年期——集合阶段，此时的企业追求持续成长，组织会提出明确的经营目的和方向，员工认同企业的目标和使命，并尽力帮助企业取得成功，因而他们能够感受到自己是组织的一部分。企业建立起各类职能部门和职权层级链，部门和员工都有清楚的任务和分工，激励制度和工作标准也比较清晰，从而可以部分取代企业家个人的直接监督，虽然沟通和控制的机制大多仍然是非正式的，但是一些正式的管理机制和沟通渠道已经初步建立起来，帮助企业迅速的成长。

　　集合阶段的危机主要是自主危机，随着企业规模的扩大和领导权力的日益稳固，低层级的管理人员和员工会出现缺乏自主权的危机，他们受制于自上而下的强有力控制。在产品逐渐增多，市场日益复杂，内部管理问题也日益增多时，低层经理和员工会要求获得更多的权力，他们比上层领导更了解有关产品、市场和内部管理的实际情形，但是上级领导却由于已经习惯集权，或认为下级不具备自主能力而不愿放权。这时企业需要实行向下授权与分权管理，让高层领导尽量避免直接监督，并找到办法来协调和控制各部门的活动，例如对下级分权部门建立绩效管理系统，包含绩效考核和奖励体系。

　　3.正规化阶段：如果自主危机得到解决，企业就会进入下一个阶段，也就是正规化阶段，主要目的是保持内部的稳定和实现市场的扩张。所谓正规化指的是组织通过规则、程序、制度和书面文件等来规定员工的职权和职责的过程。此时的企业已经是一个分权化的组织，日常经营权下放到低层级管理者身上，高层管理者转而从事战略和重大财务与人事决策等事务。企业的规则、程序、制度和各种控制系统进一步健全，企业可能会设立专门的协调部门，组织内的沟通更加正规。以利润为基础的考核和激励机制得到应用，不再凭领导者的个人好恶。组织的行政式机构特征开始明显，具有高度的劳动分工和明确的层级制。创新多是通过专门的研发部门取得，从而人力资源等参谋辅助机构也确立了在企业中的地位。

这一阶段的危机主要是文牍主义危机。发展到正规化阶段的后半段，组织会显得似乎过于行政化了，制度和规范的广泛使用困扰着中层管理者和员工，报表和条例越来越多，副作用日益明显。中层管理者对于参谋辅助人员充满抱怨，也对上级不了解情况却发号施令有所不满。组织结构僵化，过于复杂，横纵向沟通都比较困难，管理效率低下，创新可能受到束缚。如果要度过这一危机，组织需要推行团队和相互协作的观念，实行更加柔性和灵活的管理措施。

## 二、过去人员规模没有扩大的创业项目在成长早期的组织扩大与调整

在第九章第七节本书将创业组织在改善期是否扩大分两类，重点讲述了第二类创业项目在改善期扩增人员、调整组织与人力资源管理系统。在成长早期两类不同创业项目要处理的问题不同。

对于第一类创业项目，就是由个人创业者、小创业团队、家族创立的新企业，并且在建立期、改善期没有扩大组织人员规模。这些新企业在成长早期已经商业化成功与获利，有充裕的现金流可以雇用员工，使组织人员规模扩大。但是能否成长还必须做到以下几点：(1)能有效地雇用与留住员工，扩大组织规模。(2)创业者能从专家角色转变为管理者角色，能进行管理工作。(3)在核心技术知识能保护或通过创新保持领先的条件下，至少要传授一部分知识给下层员工，使新企业能培养与复制人力资源，使未来能靠组织力量持续创新发展知识。(4)能建立一个分工协作的稳定组织结构，实施向下授权与分权管理，能进行复制性扩张。(5)组织结构与战略、商业模式、技术、环境等情景因素达到适配。(6)能建立一个内外部适配的人力资源管理系统，支持复制性成长。

以下情况可能导致个人创业者、小创业团队、家族创立的新企业无法有效成长，会产生成长停滞，始终只能是维持个体户、家庭事业或合伙企业的形态。如果(1)个人或团队创业者不能有效地雇用、留住员工。培养复制了人才然后又流失了，使内部蓄积的人力资源素质差。(2)创业者不能从专家角色转变为管理者角色，不会从事管理工作，也没有聘任管理者帮助企业发展。(3)创业者个人的技能内隐知识无法有效传授，无法复制人力资源，不能靠组织力量持续创新发展产业知识。(4)不能建立一个分工协作的稳定职能组织结构，没有实施向下授权与分权管理，不能复制性扩张。(5)不能建立一个内外部适配的人力资源管理系统。(6)营业额成长有限，竞争优势不强，获利不高，现金流不充裕。本章第九节将讲述农民创业家创立的超市零售企业的成长限制因素。

为了做到组织与人力资源管理方面满足可以成长的条件，个人创业者必须经过一个比较长的组织建立与发展过程，同时企业也许会经历一个市场与价值活动的探索定位，建立营销系统与商业模式的过程。创业者多少会经历前面第六章讲述的创业团队建立过

程,不同的是在这类企业中创业者和原始团队的持股比例很高。新企业也会经历第八章建立期、第九章改善期讲述的组织人力资源扩大发展过程。成长早期因为新企业已经有了竞争优势、正现金流与成长空间,因此有条件扩大人员规模与建立组织。创业者必须利用新事业平台,跨出雇用外部员工的第一步,吸引人才强化价值活动或增加新价值活动,稳健地建立与发展组织。人员增补与组织发展的顺序可以先雇用低阶的营销和生产人员,逐步扩展到雇用研发人员与管理者。因为已经获利,因此可以提供有吸引力的薪酬雇用员工,对于重要人才也可以考虑分享股份,或者按照假设的股份提供盈利分红但是不给股份(身股制)。当个人创业者创立的新企业发展到满足前述成长前的条件时,新企业就能开始成长。

## 三、人员规模已经扩大的创业项目在成长早期调整为职能型组织结构

### 1.建立稳定的职能型组织结构

本段讲述在改善期已经扩大了组织人员规模的第二类创业项目的新企业,在成长早期的组织与人力资源管理。进入成长早期,因为存在市场扩张空间,营业规模持续扩大,会使企业组织人员规模扩大,创业团队会面对以下问题:如何扩大人员规模?如何建立、领导与管理组织?如何建立人力资源管理系统与制度,支持复制扩张战略?成长早期到成长中期开始,新企业应该保持在单一事业经营,组织结构将采用按职能部门化的结构,或者采用混合职能部门和流程部门的结构(刘松博,2009)。职能型结构适用于单一事业经营的中小企业组织。表10-1列出了职能型结构的特征和优缺点。随着进入的区域市场增加,组织的销售部门需要改变为地区部门结构。

### 2.设立关键职能

虽然组织中有不同部门,但是这些部门的重要性会有所不同。不同组织竞争的战略重点不同,关键绩效指标不同,关键职能也不同。因此在成长期创业者要根据战略决定关键职能。为了保证关键职能分析的正确性,企业应该思考以下问题。(1)为了达到企业目标,什么职能必须出色地履行,才能达到优异的成绩?(2)什么职能要是履行不佳,会导致企业严重受损,甚至危及生存?(3)可以体现企业宗旨且具有重要价值的企业活动是什么?

表 10-1　直线职能制的特征和优缺点

| 相关背景 | 内部系统 |
|---|---|
| 结构:直线职能式<br>外部环境:稳定,较低的不确定性<br>技术:成熟,稳定,相互依存少<br>战略目标:内部效率,技术质量 | 经营目标:强调职能目标<br>计划:按职能拟定,基于成本预算<br>正式权力:职能部门经理 |
| 优　点 | 缺　点 |
| 鼓励职能部门内规模经济<br>促进业务水平、操作技术水平提高<br>权责分明,任务明确<br>促进部门实现职能目标<br>适合单一经营,少品种生产<br>中小型企业最优 | 对外界环境变化反应慢<br>可能引起高层决策堆积,导致决策迟缓<br>各部门之间交流、协调少<br>重视部门目标,忽视组织整体目标<br>对企业系统认识不足<br>管理人员缺乏创新 |

3.改变组织法律形式

成长早期随着企业进入复制扩张战略阶段要改变企业组织法律形式。以连锁零售服务企业的开店成长为例,要从个体户,不同股东和股份结构的合伙企业,改变为股份制连锁企业组织结构,要在店的事业单位层级之上设立连锁总部层级,通过连锁总部对下层进行标准化管理,支持复制扩张战略。下面的多美丽案例是一个正面的成功案例;本章第八节的朱阿云等人的超市创业案例,是反面案例。

## 四、人力资源管理:建立支持复制扩张战略的人力资源管理系统

成长早期的组织与人力资源管理重点是建立有效的人力资源管理系统,支持稳健扩张成长。稳健成长要逐个开拓渗透区域细分市场,人力资源管理的目的是复制出有产业特殊经验知识的人才,支持复制扩张策略。在人力资源管理系统中,(1)培训子系统配合这种成长模式,组织应该在逐个开拓渗透细分市场的过程中,同时培养人才,使新人具有产业和事业特殊经验知识。培养的人才能够抽调一部分投入到开拓下一个区域细分市场。(2)在薪酬子系统方面,成长早期的销售部门的薪酬结构除了设计正常的底薪,另外可以设计短期绩效奖金,激励销售人员达到短期与阶段销售目标。(3)在招聘方面,要持续招聘补充合格的人力,配合业务成长的需要。(4)在绩效管理子系统方面,营销部门要设定逐个区域细分市场开拓渗透的阶段目标。生产运营部门要设定提高效率、降低成本、提高质量的目标。研发部门要设定新产品数与产品性价比提升的目标。人管次职能要相互适配,人管系统也要与战略及情境适配。

以下举浙江多美丽公司为例,说明在成长期复制扩张阶段建立的人管系统特征,内部与外部的适配,以及他如何支持多美丽的复制扩张战略。

### 案例

**多美丽复制扩张阶段人力资源管理系统与战略描述**

(1)复制扩张战略(开新店)与人才需要

多美丽是一个起源于新加坡的提供炸鸡汉堡的类似肯德基的快餐店品牌。一位温州创业家取得了浙江省代理权,从温州开始开店。浙江多美丽公司在温州人民路开的第一家店取得成功以后,公司成立了管理部门,在1999年下半年的时候开出了第二家店,随后就进入了持续开新店的复制扩张阶段。

经过复制扩张战略,到2009年公司的直营和加盟店的比例是一比三,多美丽事业有70家店。企业在复制扩张中也进行了多元化,全部餐饮集团有100多家店。

公司建立的人管系统配合复制扩张战略是相当成功的。在复制扩张阶段,开新店需要有经验的管理者,因此要持续地培养和复制管理人才,使这些人才具有产业和事业特殊知识。另外要招聘新的人才,补充成长所需要的人力,也需要持续地培训。

(2)多美丽复制扩张阶段组织与战略的适配

在复制扩张战略的早期,完善商业模式与组织结构,建立连锁总部与培训的关键职能部门,则能够稳健快速地执行复制扩张战略。

复制的早期,完善组织管理和商业模式。公司通过学习麦当劳的人管,结合自身实际,完善商业模式系统。公司将组织层级设计为经验传授的系统,例如有代训员职位,显示公司特别重视与强调培训,这是组织人力资源管理上的创新。在开第二个店后,公司增设了一个上层连锁管理总部层级。组织结构为:总经理;连锁总部层的营运部门、财务部门、人事部门、培训部门。营运部门下设第一店、第二店。公司重视培训,特别将培训从人事管理部门独立出来,提升到与人事部门平行的层级,赋予它更大的权力和资源,成为组织结构上的培训关键职能部门,因为它能为复制扩张提供充足的人员,可以支持复制扩张战略。

（3）人管系统与复制扩张期的战略适配

a.培训体系与知识管理有效地结合,能复制出合格的人才,则能更好地支持复制扩张战略。

培训一直是公司的重点,设立独立的培训部门,配合复制型战略。多美丽在复制扩张阶段重视培训,所以符合 Pfeffer(1998)指出的成功的企业中都有培训。培训部门先将资深人员头脑中的操作流程和标准写下来,做成培训手册和教材,成为组织知识,便于培训传授。这个过程是将个人内隐的产业知识外显化,成为外显的产业知识(Nonaka,1996)。通过正式的培训制度,可以把这些知识传授到别人身上去,便于复制有产业与事业知识的合格人员。这个过程是将产业知识在组织中扩散。以企业碰到的问题和解决方法作为培训案例,发展新知识,不断完善培训制度,提升人管水平。这个过程是在解决问题过程中发展本土化的新知识,并修正原有的培训体系和内容,使体系与战略情境更适配。

b.绩效考核与培训晋升结合,控制了复制的人才质量,则能更好地支持复制扩张战略。

公司一开始就有绩效考核制度。公司的考核主要有三方面指标:神秘顾客打分、单店营业额、利润。绩效考核制度与奖励和晋升、培训都是相互适配的,支持着复制扩张型战略。第一,公司的绩效考核制度和奖励相联系,可产生激励效果。第二,考核与培训也是结合的,考核要求越高,则对培训要求必然也越高。第三,考核制度跟晋升也相关。考核与培训、晋升流程结合,控制了培训晋升所复制出的人才质量,因此能支持复制扩张型战略。上面分析显示,多美丽人管系统具有外部或垂直的适配,以及内部或水平的适配,它们分别指人力资源管理系统产生的行为与策略执行相适配,人力资源管理要素(实务)间的适配(Becker & Huselid,1998)。

c.晋升与考核结合,培训促进了晋升,复制出了中高层管理人才,则能更好地支持复制扩张战略。

晋升也是人员复制中的一环,公司建立了一个培训流程加晋升模式。晋升的考核要求高,员工必须要通过考核才能成为一个合格的人员,才能晋升上去。公司既重视晋升人员的理论知识,也重视实际操作能力。晋升使公司能复制出合格的中高级管理人员,支持复制扩张战略。(Pfeffer,1998)

d.招聘认可公司企业文化的,喜欢公司行业的人,则能更好地支持复制扩张战略。

公司只招聘那些与公司文化配合,喜欢餐饮行业的人,这些人在公司工作较稳定,因此可以长期培养,靠内部培训与晋升复制成为公司的人才。公司不要那些已经从事过这个行业但与公司文化不配合的人。所以符合 Pfeffer(1998)提出的必须筛选出无法经由训练改变的属性(态度、价值观、文化),避免雇用与公司的属性不合的人。文化及价值观一致的应征者的流动率低和绩效高。

e.总体薪酬高于市场平均,激励奖金比率大,福利好,则能更好地支持复制扩张战略。

公司总体薪资比产业平均高,可招聘或培养有经验的人才,提高顾客服务水平(Pfeffer,1998)。绩效奖金的比率高,使激励程度很高。福利处于中上水平,福利中还有很多合作性、趣味性,精神上的福利,不单单是物质上。总体薪资比产业平均高,有激励和好的福利,可产生留住人才的效果,使员工稳定,利于培养复制人才,支持复制扩张战略(Pfeffer,1998)。

f.建立家的企业文化留才,对忠诚的人进行培训,则能更好地支持复制扩张战略。

组织维系的基础包含:爱、家庭般气氛,情感绑缚、鼓舞努力,个人归属与认同公司(Baron 和 Kreps,1999)。多美丽建立一个家的企业文化,让员工有家的感觉和安全感,从而很好地控制人员的流动率。员工愿意留下来,公司才愿意给其培训,成为复制型的人才。

(4)人力资源管理系统内部要素相互适配,成为一个人才复制的系统,则能更好地支持复制扩张战略。

战略人力资源管理理论指出,企业的人管系统要使内部次职能相互适配,并且支持战略,则能产生竞争优势,支持企业的发展扩张(Delery,2003 )。公司招聘与公司文化配合的人员,提供较市场平均高的总体薪酬,建立一个家的企业文化,让员工稳定与安心工作,愿意留在公司,则企业适合对这些员工进行培训。公司提升培训部门成为关键职能部门,并且培训与考核、晋升结合成为一个人才复制的系统。培训强化员工的产业和事业知识;考核控制了晋升人员的品质,使这些人有很好的产业和事业特殊知识;晋升将高品质与有多方面才能的人提到管理岗位,使公司储备了人才。这种复制人才的机制支持了复制扩张型战略,使多美丽能够持续地在新地区开新店。

# 第四节　成长早期市场营销管理:聚焦资源 稳健扩张市场、管理顾客关系

在没有改善期与直接进入成长期的创业类型中,通常原型产品服务有价值的差异很大以及稀缺性很大,即新产品性价比比竞争产品性价比高很多,且目标顾客数量在顾客总量中的比例也不低。在经过改善期才进入成长期的创业类型中,通常产品服务是渐进研发出来的,原型产品的性价比不很高。

## 一、市场扩张：步步为营、聚焦资源，稳健扩张相邻区域细分市场

在成长早期新事业可以通过逐个区域目标细分市场扩张获得成长。营销应该集中资源，从早期的区域目标细分市场向有潜力的新区域目标细分市场扩张，步步为营建立区域竞争优势。在新进入的区域目标细分市场，可以复制在改善期第一个进入的区域目标细分市场的营销做法。

在营销管理方面面对以下问题：是否要同时扩张？要选择往哪个细分市场扩张？要如何扩张？在已经渗透的区域目标细分市场要如何营销？

市场扩张战略要以早期的区域目标细分市场为核心，逐个往新的相邻区域目标细分市场扩张。要集中资源、步步为营、稳健扩张，在一个新区域细分市场取得稳固的高市场份额与获利后，再扩张进入下一个区域细分市场。向全区域（全国）细分市场的高份额与龙头市场地位迈进。图 10-3 是市场扩张示意图。

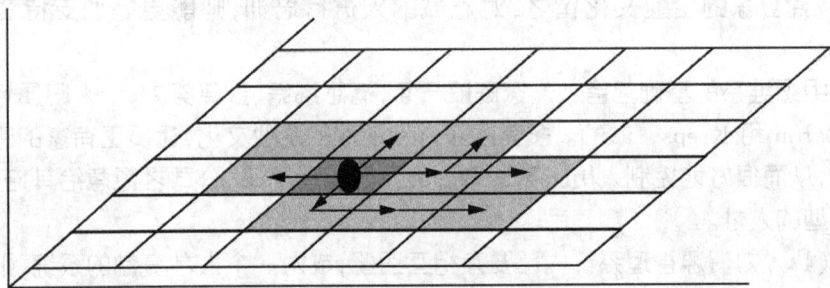

图 10-3  逐个区域细分市场进入

除非许多市场都没有竞争者，否则不应该同时往多个区域细分市场扩张，避免资源被稀释，产生竞争劣势。

稳健的市场扩张速度是在人力资源、财务资源、实体运营资源限制条件下的扩张速度。在人力资源方面，组织复制出有强势产业知识的合格人才的速度，是市场扩张速度的一项限制因素。稳健市场扩张必须做到市场扩张的速度不能超过组织复制合格人力资源的速度，因为过快扩张可能会导致合格人才缺乏与产业经验知识被稀释。当组织没有复制出有产业经验知识的合格人才时就快速扩张，会产生新业务单位的人员不合格与不能胜任，会导致销售下降成本上升，会使新业务单位产生亏损，影响企业成长，增加企业风险。财务资源是一项限制因素，稳健的市场扩张必须是资金上可以承受的，市场扩张速度不能超过新事业累积资金的速度。实体运营资源是一项限制因素，稳健的市场扩张必须是运营产能可以承受的，并且不会因为过快扩张成长导致运营混乱、无效率、成本上升、品质下降。

## 二、营销组织与人力资源管理

随着市场范围扩大，营销组织规模也应该逐渐扩大，营销部门结构要在适当时机改为地区部门结构。人力资源管理要设计成一个系统，使内部要素相互适配外部支持区域复

制扩张战略,请读者参见本章第二节在多美丽案例中描述的成长期的人力资源管理系统。在薪酬子系统方面,因为短期销售业绩可以产生利润,因此销售部门的薪酬结构除了设计正常的底薪,特别应该设计短期绩效奖金,激励销售人员达到短期与阶段销售目标。

### 三、营销组合

**1.产品与定价**

科特勒(1993:473)指出,是否选择定高价要根据这个阶段的战略,是强调扩张渗透市场,还是掠取利润。图10-4按照促销力度的高低和价格高低将新产品导入市场时的战略分为4类,创业者应该根据市场扩张情况进行策略选择。成长早期阶段要研发出更多细分类型的改良产品,产品的性价比更高,因此可以定价较高掠取利润。

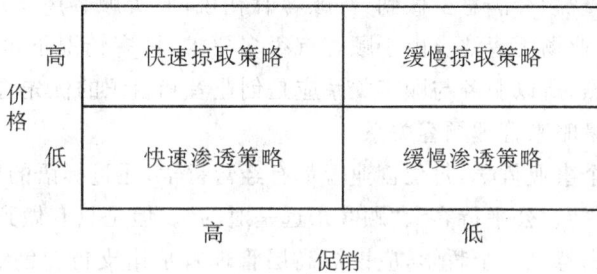

| 高 价 格 低 | 快速掠取策略 | 缓慢掠取策略 |
|---|---|---|
| | 快速渗透策略 | 缓慢渗透策略 |
| | 高 | 低 |
| | 促销 | |

**图 10-4　以价格和促销分类导入阶段的四种营销策略**

**2.渠道**

要随着区域细分市场的扩张逐个建立渠道。扩张的同时通过渠道密集覆盖,稳步建立区域竞争优势和防御的进入障碍。

**3.促销**

成长早期整合的促销沟通策略才是最为重要的。促销组合要类似于陆海空三军联合作战,产品进入渠道时,就要开始广告,人员销售和促销策略要配合上。要瞄准目标细分市场发展量身定做的促销方案,连续做大众媒体的广告、公关、人员销售。新事业也可以探索利用新的低成本大众广告媒体,例如近十年的新创企业利用新兴的互联网广告媒体、微信广告媒体。

### 四、服务与顾客关系管理

在过去早期已经渗透的区域目标细分市场中,除了销售产品外,可以研发产品＋服务的整体解决方案,发展服务管理与顾客关系管理计划,积极加强顾客关系,建立顾客忠诚,巩固市场地位。以下重点讲述加强服务与顾客关系管理的内容。

顾客驱动的市场:在做出产品与服务的选择时顾客需要价值和方便性。小企业可以利用这一点,以高品质的产品和专业亲切的服务获得顾客接受与让顾客满意。新创事业特别需要通过卓越的服务管理顾客关系,创造顾客满意,因为:(1)现今的市场顾客驱动特征更明显,顾客在采购中变得更聪明和有鉴别力。(2)保留顾客是基本的要求,因取得一个新顾客的成本,比维持一个现有顾客的成本高5倍。(3)管理好顾客关系和提高顾客满意度,将获得顾客推荐和便宜的口碑广告,可以少支付媒体广告的高涨成本。(4)忠诚顾客为企业提供了顾客终生价值。[1]

**顾客满意不只是常识**:许多创业者认为如果事业管理好,每个人做他该做的事,就不特别需要实现高度的顾客满意。但事实上,客户的许多错觉发生在日常营运中,而创业者无法每个人都监督。零售服务事业产生大量的顾客接触,因此在销售和服务方面的互动会影响顾客满意。例如汽车销售商过去认为是销售有形产品;现在认为是销售许多的无形产品。顾客满意是顾客知觉的东西,当事业产生大量的顾客接触和销售高价产品时,情况就更复杂了。例如对于汽车经销商而言,如果顾客未被好好对待,则会产生重大的直接、间接的成本。如果销售时对顾客粗鲁和不专业,则会失掉一个顾客,失去 7 000 元人民币的利润,会浪费广告成本 2 000 元人民币,此顾客会传播负面信息产生更多成本。对于汽车销售商,为实现顾客满意要做到:对顾客有礼貌;倾听顾客声音;公平待客;第一时间解决故障;保持作业场所清洁。由于顾客有很多要求,许多情况下可能无法得到满足,市场竞争可能很激烈,所以服务与顾客关系应是创业者和组织的优先管理活动,创业者必须有特殊和持续的策略来管理顾客关系。

**顾客满意是一个事业哲学**:每位创业者都有经营哲学,通过标语的形式显示出来。例如:"顾客服务摆第一"、"公平待客"、"顾客永远是对的"。但是只有做到以下几点,顾客关系才有效:(1)顾客满意是一个哲学,应该被高层管理者承诺支持。创业者必须认识到其关键性,优先注意它,设计特定的政策与目标,实现目标顾客满意度高。(2)顾客满意是一个态度,应该普及在事业营运的所有方面。管理者和员工需要认识到这是一个持续的活动,行动与决策要考虑到对目标顾客的效果,要意识到自己的责任。(3)顾客满意应该成为一个事业中的行动计划。

**建立提高顾客满意度的服务管理系统**:每个小事业都有它自己的特征,它们形成一个对目标细分市场量身定做的提高顾客满意度的特殊服务系统。此系统的成分由顾客满意的哲学、特别的政策、实务组件组合成。例如汽车销售商的顾客满意管理服务系统包含:(1)需要强调顾客满意,以政策和实务,建立事业声誉和被顾客重复推荐。(2)在员工间要强调合作、沟通,解决冲突和问题。(3)管理者和员工间要信任、尊重,只有当员工关系与事业形象一致,并且投射到外部,顾客关系才有效。(4)实体设施和外观投射出想要塑造的外部形象。(5)服务和销售部门需给予设备、信息、材料。(6)销售交易要诚实,让顾客无压力。(7)公平待客。(8)销售员需要彻底了解自己和竞争者的产品。(9)销售部门要认同产品递送给顾客是重要的事。(10)服务者须清楚时间安排、问题回答、处理维修单。(11)服务产能和技术能力应该足够,以避免延迟和能够应付紧急状况。(12)服务期间送客回府,暂借备用车。(13)正式的品质控制系统。(14)顾客追踪关怀计划。以上可以被视为是一个顾客关系管理的绩效准则集合,目的是实现高顾客满意度。

**人力资源管理需要正式的客服训练与政策沟通**:基本管理原则包含:(1)顾客满意度

---

① $V = \sum_1^n [P_i / (1+r)^{i-1}]$ 其中 $V$:顾客终生价值;$P_i$:第 $i$ 年企业从该顾客得到的利润;$r$:利率;$n$:顾客年数。

是关键绩效标准。(2)顾客满意是每个员工的责任。(3)与客服有关的人际能力及价值观是雇用准则之一。(4)培养顾客导向和服务的文化。(5)要有正式的客服技能、客服态度和客服政策沟通的训练。

**顾客售后追踪**:过去的研究指出,有坏的体验的客户会告诉约 11 个人,而好的体验者会告诉 6 个人。对一个小事业而言,最好的广告是满意的顾客。为了掌握顾客使用产品的体验和产品的问题,消除顾客不满意,保证顾客满意,需要做顾客售后追踪。售后接触目标顾客的理由包含:(1)回答与解答他们关于产品的问题。(2)告诉他们你欣赏他们做了正确的选择。(3)评估他们在商店中的体验。(4)获得他们介绍的生意。

**重新接触顾客**:顾客追踪的其他理由包含:(1)如果顾客的购前期望大于购后实际体验,会使他们产生认知失调和不满。经由重新接触顾客可以降低过高的期望和消除认知失调。(2)顾客很少会给创业者建设性的反馈,所以要用购后接触了解顾客反馈。可以用电话调查或访问调查。顾客反馈可以指导新事业努力的方向。(3)顾客追踪是提升顾客满意度和顾客忠诚度的经济的方式。小事业的成功经常立基于不断建立的关系,因此新事业哲学和销售方式应该是"关系导向的",而非"交易导向的"。不要将顾客视为"销售交易对象",而应该将他作为服务的对象,"可以满足他的需要,可以帮他解决问题"。所以要问、要听,对顾客想要的东西以新事业的产品满足之。顾客追踪可以持续地巩固顾客关系。

**需要顾客关系经理吗?** 新事业需要有管理顾客关系的政策和程序,且要有一个人对此负责。在一个每天有 20 到 30 次顾客接触,有 10 到 15 名员工的小事业,通常由老板负责顾客关系。但是较大一点的公司应该有顾客关系经理。顾客关系经理的职位提供了"组织的胶",优先做好顾客服务。大事业应有全时的专门职位,小事业应该有部分工时的兼任职位,要指明一位员工负责,给予薪酬补偿,实现顾客关系经理的角色。顾客关系经理要做售后接触,快速解决顾客问题。为了保证顾客关系经理的工作有效,需要满足两个重要要求:(1)保证在店中顾客被公平、礼貌的对待。(2)顾客关系经理独立向总经理报告,整合所有事业活动,参与所有管理会议。

**成长早期营销管理阶段产出目标**

- 渗透到更大范围的多个区域细分市场,在区域内取得领先优势。
- 发展了顾客关系管理和服务管理系统

# 第五节　成长早期财务管理:利用财务杠杆支持成长、管理现金流风险

## 一、成长早期的财务特征

- 扩张投资和营运资金需求量很大。为了扩张市场和扩大产能需要进一步投资,需要大量资金。组织与人员规模扩大,产生逐渐增加的人力费用。原料采购和产品存货需要大量现金。在投资方面要决定:如何投资与稳健快速扩张?这个阶段可以采取盈余转增资的方式,逐个渐进稳健扩张细分市场。

• 融资资金需求量很大。由于单靠利润不能支持快速成长扩张,为了更快速成长,需要向外部融资。由于成长期已经商业化成功,不确定性较低,能产生正的现金流,因此融资应该以债权融资为主,并且要考虑资本结构的合理性和经营风险。可以采取适度的负债融资,支持更为积极的渐进投资扩张策略。但是融资会使资本结构中的资产负债比提高,增加企业的风险,因此创业者面对负债融资的额度要如何控制在一个安全的水平的问题。

• 成长早期可以产生正的现金流,但不够支持大范围快速扩张所需。由于在早期的几个区域细分市场渗透使销量增加,在生产运营上产生了规模经济效率使成本逐渐下降,产品商业化成功使产品性价比更高,毛利率更高,已经跨过盈亏平衡点,因此此段时期能产生超额利润和正的现金流。但是可能正的现金流还不足以支持大范围的快速扩张所需。过度快速扩张可能导致现金流危机,因此创业者面对如何进行营运资金管理与现金流管理的问题。

## 二、投资决策:渐进投资与步步为营扩张,避免负债比率过大和现金流风险

下面会讲述过度快速扩张会产生现金流风险。为了避免快速成长带来的风险,应该采取渐进投资扩张与步步为营的战略。亦即选择一个靠近核心区域的邻近区域细分市场进入,集中资源投资,快速渗透这个市场,取得优势并获取利润。再将这个市场的利润和培养的人力资源,集中投入到下一个区域细分市场扩张。这种渐进扩张的方式可以避免同时在多个区域市场扩张,产生现金枯竭与现金流断裂的风险,也可以避免债务融资过大,使负债比例过大,提高整体企业风险。

## 三、融资决策:举债融资,适度扩大财务杠杆

1.举债融资,适度扩大财务杠杆,但是要控制资本结构与企业风险

成长期开始,因为产品商业化成功,事业跨过了盈亏平衡点,新事业有竞争优势,竞争者还没有跟进,竞争威胁和风险较小,此阶段已经到了新事业最好的快速成长时期。此阶段资本利得率大于借款利率,并且有良好的经营记录,因此应该而且能够进行举债融资,向银行借款,以便发挥财务杠杆作用,最大化利润和股东价值。应该对长期投资项目进行长期负债融资,对于短期投资项目进行短期负债融资。融资的额度必须考虑到资本结构中负债比率必须维持在合理水平,不能太高,以便避免财务杠杆比率太高产生过大的企业风险。

2.某些条件下可以高溢价股权融资

如果竞争者的行动快,产业竞争会趋于激烈;产业的未来成长性很高,但是还需要大额投资以便加快市场渗透和提高竞争优势;在这种情况下,如果能够协商出以较少股份换取较多资金的高溢价融资条件,仍然可以向风险投资商进行股权融资。高溢价股权融资实际是让原来的股份实现价值,但是又融资取得了更多成长所需的资金,它与在证券资本市场溢价发行股票筹资的性质类似。

## 四、现金流管理:稳健管理营运资金和现金流

快速成长隐藏现金流断裂风险。由于现金流不能满足大范围扩张需求,因此风险可

能会来自快速成长带来的营运资金管理和现金流断裂的问题。

1.营运资金管理

**营运资金循环**:营运资金管理的最主要议题是避免用光所有的现金,而要了解如何有效管理现金,需要对营运资金循环有一定的了解。净营运资金(net working capital)主要包括三项资产(现金、应收账款、存货)减去两项短期负债(应付账款与应计费用)。

**营运资金投资的时机与规模**:小型企业的业主有必要了解营运资金循环。包括了解投资的时机与投资所需的规模(例如,需要多大规模的存货与应收账款)。无法了解其间深层的关系,将导致小型企业出现严重的财务问题。

图 10-5 展示一个模拟的营运资金循环的次序。时间轴反映事件发生的时间,从投资于存货开始,到应收账款收齐结束。其中重要的日子为:

a 日　依据未来的销售额下存货订单

b 日　收到存货

c 日　存货赊销

d 日　应付账款到期并支付

e 日　应收账款收齐

· 从 b 日到 c 日投资于存货

· 供应商提供存货的融资,从 c 日到 d 日

· c 日到 e 日钱投资于应收账款

· 从 d 日到 e 日公司投资于应收账款的金额必须由融资提供,这段期间称为现金转换期(cash conversion period),代表完成营运资金循环所需的天数,在结束时将应收账款转换成现金。在这段期间,公司不再享有供应商的融资(应付账款);此段时间越长,潜在的现金流量问题就越大。

在图 10-5 中显示营运资金循环的财务意义如下:首先,公司的经理人必须找到融资方法,为存货投资与应收账款冻结的资金融资,否则现金流量将产生问题。其次,虽然销售增加将带来更高的报酬,但也会让现金流量的问题更严重。解决办法包含:(1)不赊销或收紧赊销政策,(2)备足现金。

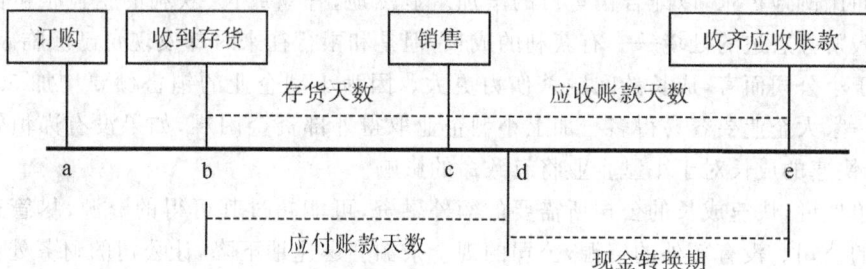

**图 10-5　营运资金时间线**

2.现金流量管理

营运资金管理的核心是监督现金流量。现金在一个企业中流动,当客户付货款或服务费用时,现金流入;当支付供应商货款时,现金流出。现金流入与流出经常是不均等的,

因此有必要深入了解与管理现金流量。

**现金流量的本质**：每月的现金存款，减去同段时间内签出的支票，就等于公司的净现金流量，如果每月存款加总达 10 万美元，期间开出支票达 8 万美元，公司会有正的净现金流量 2 万美元。图 10-6 表示企业中的现金流动，不仅包括公司营运资金循环产生的现金流，也包括其他如购买固定资产、发行股票等产生的现金流量。更进一步地，包括现金销售、应收账款的收齐、费用的支付与货款的支付，皆反映了与营运资金循环相关的现金流入与流出。

**净现金流量与净利**：净现金流量与净利不尽相同。净现金流量是现金流入与流出的差额；相反地，净利则是收益与费用的差别。小型企业往往因为不了解此间的差异性，而影响到财务的健全。

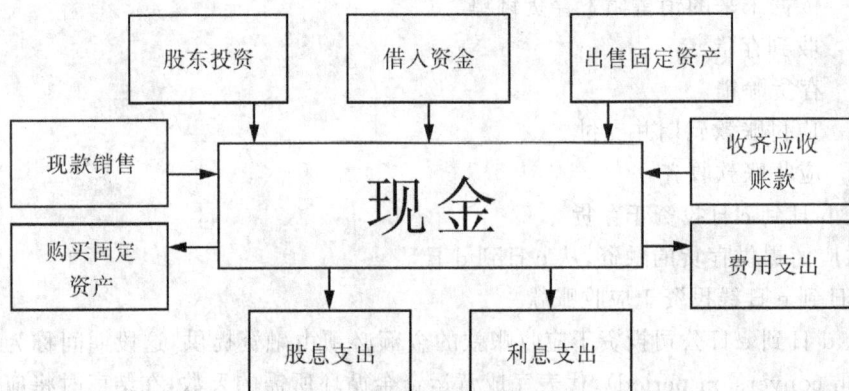

图 10-6　企业的现金流动

**成长的陷阱**：当公司面临销售量的急速成长，公司的利润可能快速增长。然而，销售与利润的快速增长可能对公司的现金是不利的，有可能出现成长陷阱（growth trap）；成长迅速地消耗掉更多额外的现金，比额外利润所能产生的现金来得大。例如，当销售量增加时，存货必然扩张，伴随着销售量的增加必须更多地购买货品或原料。同样地，应收账款必须同比例地扩张，以配合销售量的增加。显然地，一家成长、获利的企业很可能很快地就陷入财务窘迫的处境——有获利的成长，但是和银行往来时却发现自己濒临破产。

对于小公司而言，成长的问题杀伤力更大。因为小型企业的销售额要增加 50%，会比任何一家大企业要容易得多。加上小型企业取得外部资金困难，如果没有谨慎管理现金，过于快速的成长对于小型企业将有致命的影响。

简单地说，快速成长的公司所需要的额外融资，可能超过其可得的资源，尽管这是一家赚钱的公司。没有额外的资源，公司的现金余额会迅速地下降，让公司的财务处于极不安定的状况。

**现金预算**（cash budget）：是管理现金流量的工具，关注的焦点是现金的收入与支出，与利润表是不同的。利润表在一个产品实现交易但是还没有产生现金支付时就要计入。例如，已产生但还未支付的费用，已赚得但未收到的所得。

运用现金预算，创业家可以预算且规划企业的现金流量。不论是在现金短缺时避免现金流量的问题，或是在预期有额外的现金收入时计划短期的投资；对于小型公司的生存而言，没有比现金预算更重要的了。

**成长早期财务管理阶段产出目标**

如果新企业有效地管理了成长早期，新事业逐渐累积了现金，在接近成长中期开始的时期，若没有多元化投资，则企业财务状况将非常好。

# 第六节　成长早期整合资源研发创新：管理研发项目组合、创新服务

对于没有经历种子期的新企业，以及利用复制创业机会从制造环节进入产业的新企业，在成长早期赚取利润后，要开始自主技术创新研发，使企业从图5-6微笑曲线的制造，逐渐往两端的研发和营销移动，如此才可能保持企业的持续成长。如果这类新企业不进行创新研发，则将因为获利低而导致成长停滞。

在利用上游新要素差异化的创业类型中，因为跟进的竞争者也会利用上游的新要素，新要素差异产生的暂时优势会消失，因此在这个阶段特别要在内部价值活动上建立新的竞争优势来源，要发展内部价值活动的技术创新异质知识。

在成长早期阶段研发组织规模将继续扩大，研发的目标是提高产品服务的性价比与增加产品种类，加强市场扩张与渗透。研发的范围将从产品扩大到技术、运营系统、商业模式、服务。在这个阶段研发面对以下问题：随着研发范围的扩大，研发项目要如何管理？如何通过研发加强渗透目标细分市场？是否需要建立一个长期的技术开发和核心能力发展战略，以便选择性地整合外部互补资源？在竞争者跟进后战略与研发范围应该如何调整？

## 一、研发项目组合管理

随着研发范围继续扩大，需要进行研发创新的项目组合管理。成长早期仍然要以营销导向和目标细分市场顾客导向引导产品、技术、运营系统、商业模式、服务的研发创新。要按照为目标细分市场顾客创造更高价值并增加获利的原则，决定项目的优先顺序。不应该同时进行很多项目研发。

## 二、产品研发：开发细分类型产品，规划产品推移图，有效管理研发组合

1.改良的方向类型

产品研发要支持市场渗透和市场开发。图10-7显示了产品改良的方向。

要将目标细分市场消费者分出更细分的类型，在技术参数可改变的范围，按照更细分类型的消费者需要特征，开发目标细分市场中更多种细分类型的改良产品，提高类型占有率和产品新陈代谢率，加强市场渗透，最终提升细分市场占有率。也可以开发增强型与成本经济型的产品。但是改良型产品不能与在市场的高端或低端定位冲突。

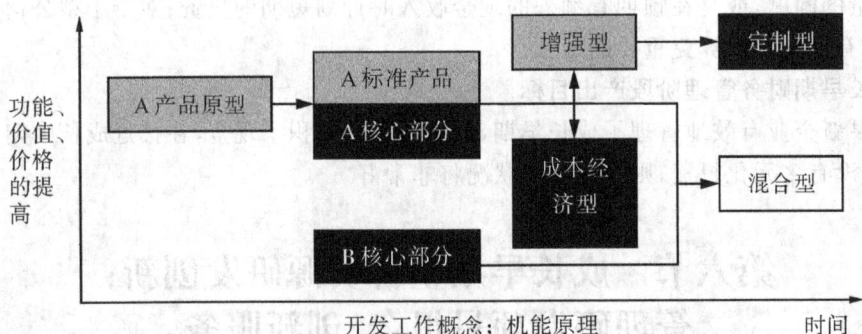

图 10-7 成长期的产品改良方向(Burgelman et al.,2004)

**案例** 方太在成长期对上海小家庭研发了改良的亚深型抽油烟机,煤气自动报警型抽油烟机等。

2.产品项目组合管理

在产品研发项目管理方面,营销和研发部门可以规划研发系列产品的路径图(产品推移图,roadmap),图 10-8 展示出 IBM 公司的 Lutos 产品研发路径图。需要平衡新引入项目和正在实施中的项目。各项目间相互协同得越好,企业就越可能获得高于竞争者的收益与效率。

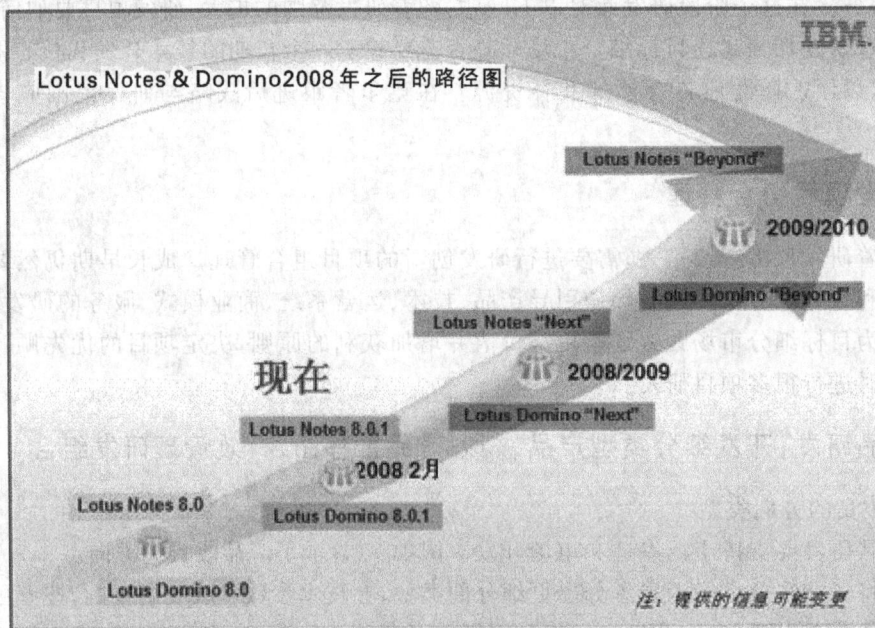

图 10-8 产品研发路径图(推移图)

3.产品(服务)的属性层次

营销学者 Levvit(1980)按照产品(服务)属性属于核心或周边的层次将其分为:(1)核心产品层次:即产品为顾客提供的核心利益。例如旅馆服务为顾客提供的核心利益是休息睡觉。(2)有形产品层次:即满足顾客最低期望的属性。例如旅馆服务为顾客提供卫浴、家具,满足顾客最低期望。(3)附加产品层次:指满足顾客的额外服务与利益。例如旅馆服务为顾客提供用餐、花、电视。(4)期望产品层次:指所有对消费者有利的未加入的属性,但是顾客期望有的。产品的属性层次见图 10-9。产品(服务)的属性层次为创新提供了一个思考的维度。创业者要思考现有的属性水平,针对目标细分市场的特殊类型消费者,未来要在哪个层次增加或减少哪些属性水平,以便形成产品服务的差异。

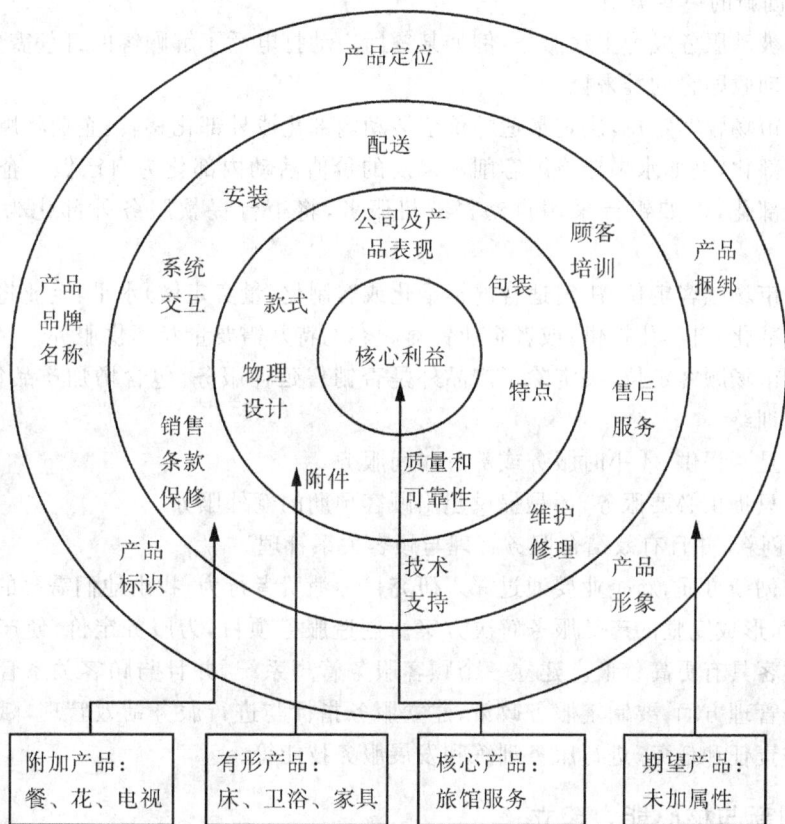

图 10-9　产品的层次

## 三、服务创新:通过卓越的服务建立竞争优势

在成长早期已经渗透的区域目标细分市场中,新企业可以进行服务创新,对既有顾客提供更好的服务,创造出更高顾客价值和企业的竞争优势。对定位的目标细分市场顾客量身定做的服务,与目标顾客需要高度适配,可以产生高度的差异性,使企业获得竞争优势。服务是使一个小企业与顾客高度适配与深度镶嵌的重要成分,使企业牢固地粘住顾客,可以获得稳定的独占利润。

1.服务与产品服务组合

企业的广义产品是产品与服务组合。产品附带的服务包含及时供货、安装、保修、保养、故障问题解决、培训等。纯服务销售例如:看病、美容、咨询、观赏等。

2.服务的特性

服务有以下特性:(1)服务的产出是无形的、不可储存的、易逝的、可变的(Lovelock,2004),服务过程就是产品;(2)有顾客参与,顾客作为服务系统的输入,服务人员与顾客直接接触;(3)生产率难以确定;(4)质量标准难以建立;(5)服务管理具有服务运作和服务营销双重职能;(6)有形的产品和无形的服务很难区分,产品往往伴随有服务,服务的同时有物品的提供。

3.服务创新的一些类型

• 转变被动服务成为主动服务:例如某餐厅主动打电话了解顾客的订餐需要;阿瘦皮鞋创业者主动收顾客的鞋来擦。

• 根据市场顾客定位,决定最适的价值活动内部化或外部化移转:企业将顾客执行的价值活动内部化,例如水果摊将顾客削水果皮的价值活动内部化为自己做。企业执行的价值活动外部化,例如银行采用自动提款机服务,将柜台提款服务外部化为顾客自助服务。

• 根据市场顾客定位,决定适合的标准化或客制化(量身定做)水平:企业将顾客都需要的服务标准化、自动化提供;或者企业针对顾客的特殊需要量身提供服务。

• 根据市场顾客定位,决定除了产品外是否销售延伸服务:包含增加产品售后安装、维修、保固、训练。

• 考虑是否提供 24 小时服务或部分时间服务。

• 决定只提供必要服务,还是提供超出顾客预期的额外服务。

4.服务创新,并且有效结合服务管理与顾客关系管理

在服务创新方面,新企业要通过深入研究目标消费者行为,找出他们需要的服务种类和重视程度,形成完整的产品服务解决方案。创造服务项目,为服务定价,使产品服务组合对目标顾客具有更高价值。建立一个顾客服务管理系统,并且与顾客关系管理系统结合。在服务管理方面,要制定服务政策,建立服务指标与进行服务绩效管理,赋予组织各个单位服务责任和任务,进行服务训练和发展服务技能等。

## 四、技术创新与核心能力建立

在成长早期需要考虑建立长期技术开发战略与建立核心能力发展战略。通过实施这些战略,发展长期的技术领先优势,为未来发展相关新事业建立基础。在此类战略引导下,要选择性地取得外部技术资源,集成开发。在本书第十一章第三节将讲述核心能力建立战略以及立基于核心扩张的方向。

## 第七节　成长早期商业模式与运营管理: 产能提升、精益生产、内部优化

　　成长早期在商业模式与运营管理方面,除了继续应用第九章第六节讲述的运营改善方法外,特别要解决以下问题:如何保证生产运营的产能跟得上市场扩张与营业额成长的需要？如何改善运营效率,降低成本,提高品质,产生更大竞争优势,提高获利？成长早期的运营包含以下方法:

　　**保持生产运营顺畅,产能跟上市场扩张与销售量扩大的步伐;在运营产能不能承载,运营系统混乱的情况下降低扩张速度。** 市场扩张与销售量快速扩大会加大生产运营的压力,可能造成现有产能不足,或者在赶工下可能会牺牲质量。新企业要提早预测到未来的产能需要,发现现有产能与未来需要产能中间的缺口有多大。保持产能跟上销量扩张的方法包含:(1)利用外包伙伴,外包一部分生产。(2)在产能不足与无法外包的条件下,短期可以采取以价制量方法,提高价格,减少需求量,提高利润。(3)中长期可以渐进投资增加或升级生产设备。

　　成长期必须在运营能够保证产能、质量、成本可控的条件下进行市场扩张,扩张的速度必须是运营能力能承载和跟得上的。超出运营能力的过快扩张成长会使内部产生混乱,使企业遭遇风险。

　　**进行精细化分工协作,运用精益生产方法,改善生产运营的效率,降低成本,提高品质,提升规模经济效果。** 随着销量稳定扩大,在存在规模经济的价值活动范围,可以通过精细化分割生产运营流程,进行专业分工与精细化改善,提高效率、降低成本并产生规模经济效果。可以部分复制与应用改善期的方法,聘任专业的运营管理人员进行正规化的改善。这一阶段也需要加强质量管理,通过提升品质降低成本。

　　**成长早期运营管理阶段产出目标**
　　· 运营系统扩大升级,运营产能满足阶段需要
　　· 运营系统有效率,产生规模经济效果

## 第八节　成长早期外部关系管理:增加下游关系、准备垂直一体化

### 一、成长早期外部关系管理的问题

　　成长早期随着区域市场扩张渗透以及业务量增加,在建立外部合作网络关系方面面对以下问题:是维持与下游渠道商的单一合作关系,由渠道商开拓新市场,还是建立与新的下游渠道商的合作关系,使渠道多元化？如何有效建立和加强下游产销合作联盟,支持市场扩张与企业成长？如何管理上游供货联盟,保证供货成长与不断货？如何控制或逐

步降低对主要产品线联盟厂商高度依赖潜藏的风险?

**需要参与到供应链管理。** 如果在改善期采取聚焦加联盟战略,则在成长早期必须管理外部合作伙伴和供应链,包含管理上游联盟企业,保证零部件或原料供应能满足产量扩大的需要。供应链管理要对整个供应链系统的货物流、信息流和资金流进行计划、协调、控制和优化。新企业要发挥自身的角色功能,不论是主导角色还是配合角色,目的是把物流与库存成本降到最低,为顾客创造更高价值。参与到供应链管理中,可以使新企业更好地发挥自己的功能,深度镶嵌进供应链,同时谋取未来在供应链网络中的地位和影响力,利于自己的发展。

## 二、外部关系管理方法:增加外部关系、预应调整合作关系网络

### 1.合作关系的网络类型

企业与上下游合作厂商间的网络关系,存在类似完全垂直整合的单一合作关系,或者部分垂直整合的多元合作关系。网络理论指出,(1)在上下游合作关系网络中,通常部分垂直整合关系比类似完全垂直整合关系好,可以降低对单一联盟厂商的依赖,使企业保持弹性。(2)在上下游的网络中,创业厂商处在中心性的位置比较有利。在成长早期,新企业需要考虑在未来调整垂直一体化(垂直整合)程度、在关系网络中的位置、结构与关系强度,追求在网络中的中心性,建立部分垂直整合的与上游或下游的多元合作关系,降低对单一合作方高度依赖存在的风险。图 10-10 显示出创业厂商与上下游以及职能互补厂商间的 4 类关系形态,以下分析利弊。

在第①类中,创业厂商与联盟厂商是上下游一对一的关系时,是双边独占关系,此时创业厂商对联盟厂商的依赖较大,联盟厂商的谈判力较大,可以争取分享较多利益。在协商无法达成合作协议时,可能会导致联盟破裂,使创业厂商遭受风险。第②类中,创业厂商对上游供应商有依赖。第③类中,创业厂商对下游渠道商有依赖。在第④类网络关系中,创业厂商有竞争优势,在网络中处于中心性位置,与上游以及下游是类似部分垂直整合形态,此种情况对创业厂商最有利。在第⑤类网络关系中,由于创业厂商中心性低,对上游依赖,竞争优势程度低,因此对创业厂商较不利。

### 2.发展上下游关系

随着扩张到新的区域目标细分市场,新企业建立的与下游合作厂商的关系数量会增加,业务量的增加会使关系强度增加,这些会增加新企业的下游顾客关系资本。与下游的关系数量、强度与业务量增加,需要加强对上游货源供应商的控制,或降低对单一货源供应商的依赖。

对上游外部关系管理要保证上游的供应商不会缺货中断。为了避免断货的可能性,同时降低未来对单一供应商货源依赖的风险,使供货来源多元化,可以与新的供应商建立新供货关系。

**案例** 苏宁在空调销售旺季,除了从春兰公司进货空调之外,又增加其他品牌的空调进货。

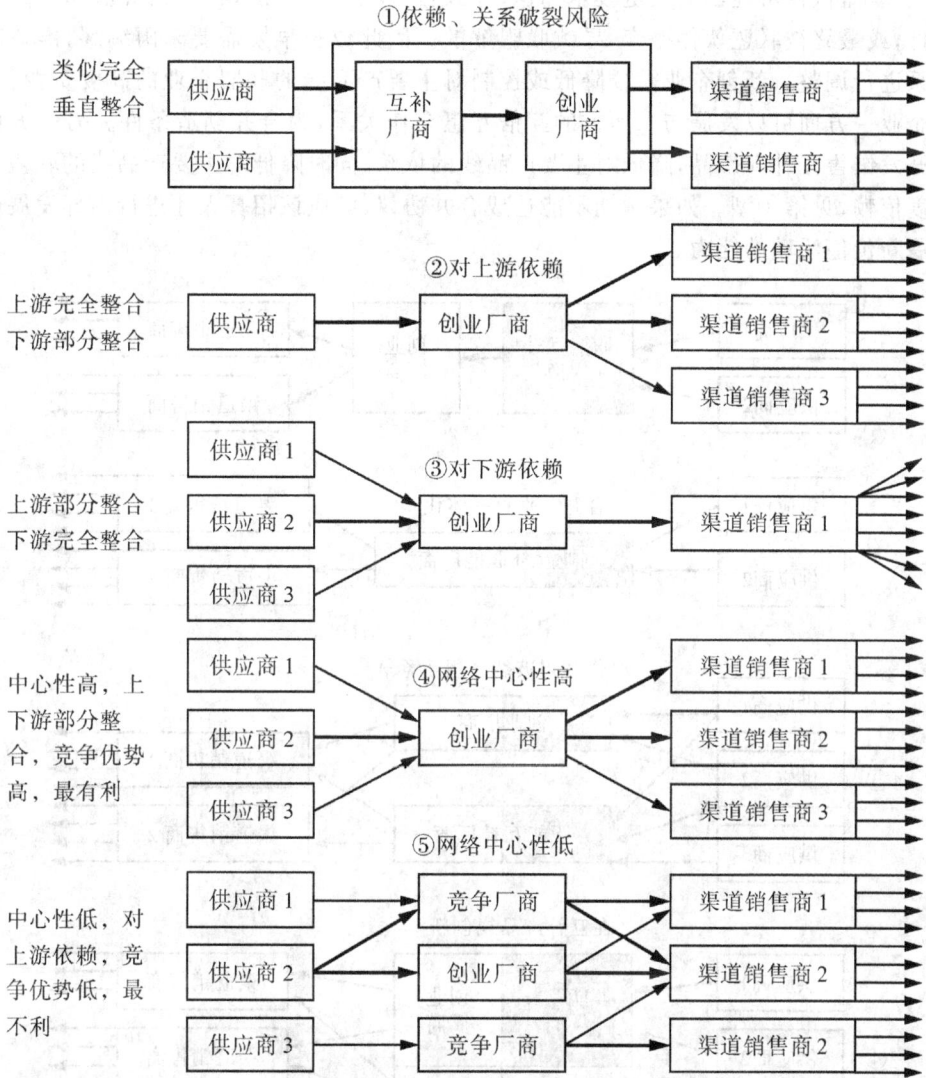

图 10-10　不同厂商间的网络关系形态(线的粗细表示关系强度)

3.预见联盟改变、建立部分垂直整合关系、提高网络中心性

图 10-11 显示了联盟关系的可能演化。联盟建立的方法最重要的是让合作联盟的伙伴分享利益(适度让利)。成长早期阶段,对于在职能价值活动上采取聚焦加联盟战略的合作厂商两方,由于业务量增加与整体获利增加,每一方都能分配到利益,因此合作关系会持续,见图 10-11 中的第①型。但是联盟未来潜藏着两种可能发展,(1)上下游合并成一家公司,降低交易成本,见第②型;(2)合作破裂,见第③型。如果未来许多竞争者也推出了新产品,竞争趋于激烈,毛利率逐渐下降后,联盟产品的整体利益将下降。如果创业厂商对单一联盟方的依赖过大,联盟中的利益分配不公平,一方要求分配更多利益,过度谋取私利与损害另一方,则潜藏着联盟破裂风险。还有联盟可能产生关键技术知识外溢

的风险,联盟伙伴可能学会关键技术知识,导致自己在联盟中的谈判力、价值和分配的利益降低,或最终被联盟伙伴抛弃,导致联盟解散。因此成长早期需要未雨绸缪,准备对合作关系进行调整。新创企业需要降低或控制对主要产品线的联盟企业的高度资源依赖。新创企业一方面可以发展与联盟方的互信互惠合作关系,为合并创造条件。另一方面也可以开发销售互补新产品,降低对主要产品线的依赖,同时降低对主要产品线的联盟企业的高度依赖,见第④型。如果预期不能达成合并协议,则应该招募人才进行内部发展或购并开展新价值活动的能力。

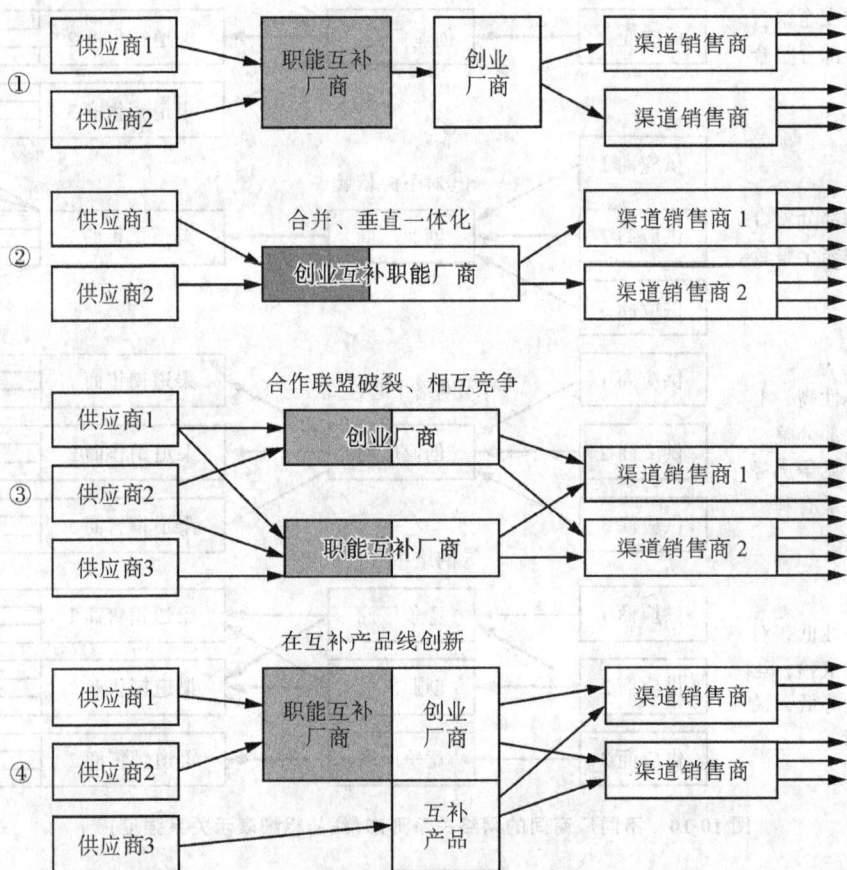

图 10-11　厂商间联盟关系的演变

**案例**　瑞传与新汉联盟时,订出了设计、生产和独家经销协议。瑞传规划奔腾工业电脑主板的规格,交由新汉设计并且外包生产。新汉以成本加 3 成的价格卖给瑞传,瑞传再加 3 到 4 成卖给国外客户。因为这个协议对瑞传与新汉都有利,因此联盟可以建立。这个联盟一直维持到成长早期,因为产品优势较高,双方都有较高利益分享。

瑞传在与新汉合作创业到了成长早期阶段,先在主板产品线开发了创新的奔腾主板,后来瑞传又在电源供应器次要互补产品线开发了创新的热插拔双电源供应器。因为双电源供应器不会同时故障,当一个电源显示出故障后,可以拔出故障的一个电源供应器,再插上一个好的电源供应器,更换过程不会断掉电源,可以保证全年运行的工业电脑不会停机。次要产品线的创新使瑞传降低了对主板主要产品线独家联盟企业的依赖,使瑞传在后来与新汉联盟破裂时,能靠次要产品线的销售渡过危机和化解风险。

在瑞传与新汉联盟2年后,竞争使瑞传有些产品的市场价格降低,而且独家联盟使瑞传与新汉在利益分配上不平衡。上游独家设计与制造的新汉以各种理由对产品保持高定价高毛利,导致下游独家销售的瑞传毛利偏低与缺乏价格优势。瑞传不能与新汉协商出一个均分利润的进货价,因此瑞传面临是与新汉合并成一家厂商还是自建设计与制造部门的决策。合并协商中,双方都要求占新公司一半以上的股份。瑞传创业者认为自己的销售额和利润比新汉更大,理应占有新公司较高股份,不愿接受对方要求。在与新汉的合并协商无法达成双方接受的协议情况下,瑞传内部决定聘任设计人才自建工业电脑主板设计部门。这个信息传到新汉管理者后,导致了两家公司的合作联盟破裂。新汉决定与瑞传终止联盟并断货。过去瑞传为了取得生产工厂的资格认证,让客户接触过新汉与参观过新汉的外包厂。破裂之后,由于过去设计和外包生产都是新汉做的,新汉也了解瑞传的客户,因此新汉跳过瑞传直接销货给瑞传的下游客户,拉走了一大部分客户。因为下游系统整合商和经销商客户觉得,工业电脑主板的技术含量和质量是新汉好。联盟破裂使瑞传遭受了工业电脑主板销售业绩的大幅下降。还好瑞传过去在工业电脑电源供应器的次要产品线上也有创新,可以依靠差异的电源供应器维持住整体的销售业绩,使公司化解了联盟破裂的风险,顺利渡过了联盟破裂和自建设计部门与生产工厂的一体化(垂直整合)转型期。

**成长早期外部关系管理阶段产出目标**
· 累积了顾客关系资本。
· 判断与单一联盟厂商未来会合并还是分裂? 在可能分裂的情况下,设法降低对单一合作厂商的依赖,提高网络中心性,建立部分垂直整合关系。

# 第九节 新企业的成长限制因素

一般而言,新创的小企业是不能改变环境因素与趋势的,只能通过改变自身顺应和适应环境,因此小企业战略也要符合顺势而为的原则。新企业成长过程中存在很多限制成长的因素,包含内部因素和外部因素。虽然市场容量有限,竞争太激烈等等外部因素会限制小企业成长,但是如果小企业发挥自主、弹性、灵活的优势,通过改变自身,包含策略性地选择、移动、聚焦,内部技术发展与组织管理制度完善,仍然能适应改变的环境,获得持续的成长。因此许多小企业成长不起来也可以视为是内部原因,往往是因为内部的战略、组织、人力资源管理、营销、研发、运营方面存在不足,产生战略定位不清,组织不合理以及职能管理不完善,最终导致了适应不良、成长受限,甚至于失败。

企业成长限制的因素众多,下面描述朱沛(Zhu,2010)研究三位温州永嘉农民超市创业家所揭露出来的限制超市企业成长的因素。朱沛研究得出了图 10-12 的因果关系架构,后面对图中因果关系加以说明。

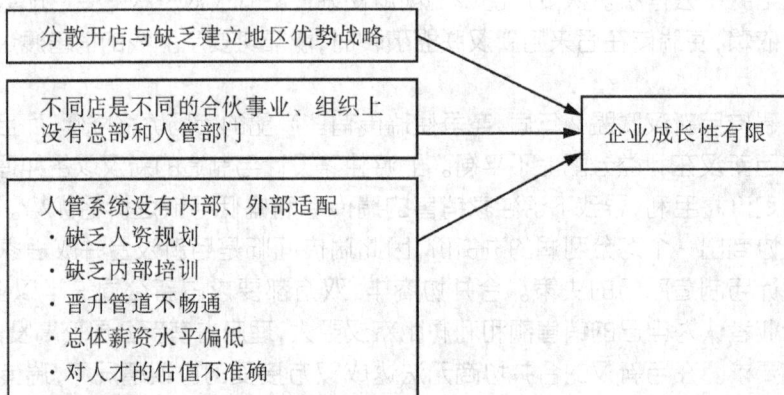

```
┌───────────────────────────────┐
│ 分散开店与缺乏建立地区优势战略      │────┐
└───────────────────────────────┘    │
┌───────────────────────────────┐    │   ┌──────────────┐
│ 不同店是不同的合伙事业、组织上       │────┼──▶│ 企业成长性有限  │
│ 没有总部和人管部门                │    │   └──────────────┘
└───────────────────────────────┘    │
┌───────────────────────────────┐    │
│ 人管系统没有内部、外部适配          │────┘
│ ·缺乏人资规划                    │
│ ·缺乏内部培训                    │
│ ·晋升管道不畅通                  │
│ ·总体薪资水平偏低                │
│ ·对人才的估值不准确               │
└───────────────────────────────┘
```

图 10-12　农民创业家的超市企业的成长限制因素(Zhu,2010)

**分散开店与缺乏建立地区优势战略,使企业成长受限。**三位创业家的超市是分散在各地的,没有在一个地区密集开店。例如 B 创业家 1999 年后共开了 8 家直营超市店,先后开在上海、芜湖、温州瓯北、温州平阳、山东清河、温州乐清、杭州下沙、温州鳌江各 2 家。到 2009 年底收掉了 5 家,只剩 3 家店。例如 C 创业家从 1998 年后共开了 12 家直营超市,目前有 11 家在经营。先后开在温州瓯北 2 家、温州虹桥 2 家、温州金乡 2 家、江苏 3 家、温州柳市 1 家、丽水缙云 1 家、杭州富阳 1 家。分散开店的现象显示出一个问题:农民创业家缺乏建立地区优势的地区占领战略。张亚月(2003)、赵越(2009)和夏春玉、张闯、钟春仿(2006)都指出,超市竞争应采取地理位置先得、区域市场占领和垄断、超市店铺集中布局与店铺数领先、逐步推进的战略。分散开店虽然可以掌握各地的创业机会,赚取了机会财;但在竞争者也进入的地区,单店容易遭受围攻而致失败。由于没有在一个地区密集占领,不易形成长期竞争优势,会限制企业成长。零售企业若采取在某个地区密集占领战略,以多店形成一个相互支持的超市系统,使竞争者插不进来,可以形成局部地区长期垄断优势,并作为往周边扩张的核心,使企业能长期成长,赚取发展财。

**不同店是不同的合伙事业,没有连锁总部和人管部门,使企业成长受限。**随着企业规模的扩大,企业的法律形式和组织结构若没有配合改变,则将会影响企业的成长。三位创业家开的超市店都是不同的合伙事业。同一位创业家的不同地区的超市商店,是创业家与不同的股东按不同股份比例设立的合伙事业。由于创业家的这些店不是同一家公司下的连锁事业,因此产生出一个问题:组织结构上无法设立一个上层的连锁总部和人力资源管理部门。如此使各地的超市不能形成规范管理,不能支持复制扩张和业态升级战略,因此会限制企业的成长。若创业家将不同的超市改造成股份公司后,可以开始多家超市连锁经营,可以在各分店之上建立一个连锁超市管理总部,可以更规范、一致、有效地协助各超市分店的管理与发展(聂聆,1999)。

**在人管系统内部的次职能不良,包含缺乏人资规划,缺乏内部培训,晋升管道不畅通,**

**总体薪资水平不高,对人才的估值不准确,使企业成长受限。**

三个创业家的超市企业都存在共同的问题。第一,没有人资规划,可能导致人才短缺,这也与没有专职人管部门有关。第二,虽然有新人岗前训练,但是三个超市企业都没有持续的培训,企业内部不能培养出适任的店长,只能靠外聘店长。一位创业家指出曾经培训过,但是因为内部薪资低与外部挖角,留不住员工,使得后来没有培训。没有培训和晋升制度使人力资源复制的速度慢,不能支持复制型扩张战略。第三,内部晋升管道不畅通。教育程度低和外聘店长使内部晋升管道不畅通。第四,总体薪酬较低,使招聘的人才学历程度不高,多数只有初中学历,无法内部培养成为店长人才。因为留不住有经验的员工,使企业内部蓄积的人力素质差,使长期竞争优势不易发展。第五,两位创业家虽然也在工作中提拔和培养了少数店长人才,但是对店长人才估值过低与薪资偏低,使外部的超市有挖角的机会。例如,一位创业者从下面组里培养起来一个做了五年的挺好的店长,工资提到了 6 000 元/月。后来有个店里的股东天天和他作对,店长被吵跑了。后来这个店长去了松阳的超市,8 000 元/月,第二年 11 000 元/月,现在 16 000 元/月。那个老板看他这么好,给他股份了。没有广泛的训练,总体薪资水平较低,没有内部晋升等人管问题不符合成功组织的最佳实务特征(Delery & Doty,1996;Pfeffer,1998)。

**人管系统没有内部适配和外部支持战略,使企业成长受限。**创业家的企业工资偏低,培训后人才流失导致投资损失,显示培训时没有考虑到留才。没有人资规划,没有内部培养店长,因此只能依靠外聘店长,但是人力资源的招聘不够专业有效,致使招聘的人不适合,影响超市的经营绩效。这显示规划、培训与招聘没有适配。创业家对内部培养的人才估值偏低,致使有价值的人才工资偏低,不利于留才,这也显示培训没有与薪酬和留才结合。以上显示人管次职能没有形成一个相互适配的系统,不能支持复制成长战略,使企业成长受限(Becker and Huselid,1998)。

上述战略、组织、人管方面的不良可能是因为这些超市创业家学历不高,只有初中或小学学历,缺乏管理知识,没有任用较高学历的管理专业人员,没有向管理学界的专家请教,阻碍了企业建立正确战略,适时将企业法律形式转变为公司组织形式,成立人管部门与任用专业人员,与完善制度的因素。即根本原因是创业家自己不懂管理,也不会用人弥补自己的不足,从而导致了企业不能持续成长。创业者可以通过用人和学习管理弥补自己能力不足,克服成长限制因素。

---

### 📖 本章要点

- 要遵循稳定成长三原则:获利与体质优先、稳定成长、善用联盟。
- 成长早期是从商业化成功后,逐渐扩张市场,获取利润并加快成长的阶段。
- 战略要从核心区域往强势资源有效、符合相同价值创造逻辑、有潜力、竞争者不强的邻近市场扩张。
- 要保持平衡,在人力资源、财务资源、运营能力等能承载的条件下扩张。
- 要负债融资,运用财务杠杆,稳健扩张成长,控制现金流风险。

- 要有效管理研发项目组合,开发更多类型产品,提高目标细分市场的类型产品占有率,以及产品新陈代谢率。要研发新服务。
- 要保持产能扩张投资与销售成长的配合,要渐进扩大厂房设备投资。
- 要降低对单一厂商的依赖,建立部分垂直整合的多元关系,提升网络中心性。
- 创业者要从专家角色调整到管理者的角色,建立职能型组织结构,建立一个支持复制扩张战略的人力资源管理系统。
- 要步步为营、稳健扩张,集中资源,逐个往新的相邻区域目标细分市场扩张。

## 重要概念

获利与体质优先、稳定成长、善用联盟、组织生命周期、网络关系形态、部分垂直整合、网络中心性、负债融资、现金流风险、产品服务组合、扩张市场、平衡、复制扩张战略、顾客关系管理、成长限制因素

## 思考问题

1. 新创的中小企业发展是否一定要遵循稳定成长的三个原则? 请说出理由。

2. 成长早期阶段可以在什么方向扩张,不可以在什么方向扩张?

3. 成长早期阶段市场扩张中存在哪些风险? 哪些因素导致?

4. 如何稳健扩张,包含决定扩张方向、控制扩张速度、保持平衡、强化体质、控制风险?

5. 在保持稳健的要求下,如何加快扩张? 请从人管、财务、研发、运营、营销职能角度论述。

6. 为什么这个阶段要扩大财务杠杆,负债融资? 什么条件下应该用别的融资方式?

## 课外练习

1. 请收集一些在成长期失败的创业案例,分析哪些因素导致失败,这些因素起源于哪个阶段,与成长期管理有什么关系。

2. 请收集一些成长受限或失败的新创小企业案例,分析这些企业的成长限制因素,以及导致失败的原因。

# 第十一章　成长中期战略

## ▶核心问题

●成长中期新企业应该采取什么战略？应该选择什么方向发展成长？通常不该采取什么战略？

●新企业如何在竞争中成长？

●新企业稳定成长要依靠什么基础和能力？

## ▶本章学习目的

●了解新企业相关性成长的方向与类型，审慎选择或避免非相关多元化成长。

●了解竞争动力学理论，企业在竞争中成长的方法。

●了解核心能力，识别和建立核心能力，立足于核心成长的可能方向。

## 第一节　成长中期阶段战略

成长中期战略包含：在价值链、产品线、地区市场选择性扩张，立基核心能力相关多元化，掌握核心价值活动控制全产业链，竞争互动建立区域优势。

请思考问题：在图 9-3 的战略类型中，在成长中期新企业应该采取什么策略？为什么？不该采取什么策略？用了其他种类战略会有何结果？为什么？

### 一、新企业相关性扩张成长的方向和类型

1.范围的维度与相关性扩张成长的方向和类型

成长中期是在一定范围的多个区域目标细分市场已经扩张，新企业盈利与资源能力增强的基础上，企业分化成长的阶段。在此阶段存在不同扩张成长的方向与类型。在第三章第二节已经指出，企业的范围可以用垂直的价值活动多少、水平的细分市场数量与产品组合宽度，水平的事业数量、地区大小等几个维度衡量，新企业可以在这几个维度上进行相关性扩张。

**垂直一体化(垂直整合)：**产业有价值活动链，在其上有价值创造活动，在不同价值活动上创造价值获得的利润不同，每种价值活动的市场上可赚得的利润多少称为利润池大小。新企业可以选择在产业链中扩大或缩小价值活动的范围，可以选择在价值链上扩张、移动、聚焦。扩张价值活动战略称为垂直一体化战略或垂直整合战略(希尔、琼斯、周长辉，2004)。

    **分别差异化:** 产业有市场,整体市场可以用一些维度分为不同的细分市场,不同市场的获利水平不同。新企业可以选择扩大或缩小产品市场的范围,在不同的细分市场间扩张、移动、聚焦。扩张细分市场数量战略称为分别差异化战略(Porter,1985)。

    **相关多元化:** 一个产业有相邻的相关产业,有些是技术相关,有些是顾客需求相关。技术相关产业例如,家用轿车产业与轻型商用卡车产业都用到引擎技术和机械技术,可以应用前面事业的技术基础,修改创新出相关产业的新技术和新产品。新企业可以选择立足于核心技术能力进入技术相关产业。顾客相关产业例如,运动鞋新企业的有些顾客也需要运动服,因此新企业可以选择进入运动服产业,为顾客提供运动鞋和运动服配套产品。新企业从创业的产业进入相关产业的战略称之为相关多元化战略(希尔、琼斯、周长辉,2004)。是否采取相关多元化要慎重考虑:(1)如果创业产业的竞争激烈,则新进入产业的企业必须聚焦,发展在小范围内的竞争优势,然后扩张市场范围、提升市占率和市场地位。(2)如果创业产业的竞争不激烈,则新进入产业的企业可以适度相关多元化,发展相互支持的事业群与整体的竞争优势,然后扩张市场范围、提升市占率和市场地位。

    **地区扩张:** 产业的整体市场可以用地区维度分为不同的区域细分市场,不同区域细分市场的竞争程度和获利水平不同。新企业可以选择扩大或缩小市场的地区范围,在不同的地区细分市场间扩张、移动、聚焦。扩大地区范围的战略称之为地区扩张战略。新企业在成长早期首先采取的就是地区扩张战略。在成长中期,竞争者已经进入市场,因此这个阶段的地区扩张战略融合了与竞争者竞争互动的竞争战略。有效的竞争战略可以扩大我方的市场区域与市占率,减小竞争对手的市场区域与市占率。

    根据企业的范围维度,可以区分出新企业的成长方向与类型:(1)本业经营的产品服务升级或事业形态升级战略;(2)相关多元化战略;(3)垂直一体化(垂直整合)战略。(4)在有竞争者的成长过程中,需要建立竞争互动战略与发展区域竞争优势;(5)本业成长以及相关多元化需要建立技术发展与核心能力建立战略。(6)另外新企业可以审慎选择非相关多元化战略。

## 二、相关性扩张成长的类型简述

    1.本业发展的产品服务升级与区域扩张战略。有些中游制造企业成长中期仍然保持在原有本业经营成长,价值活动没有改变,产品种类不变,产品性能和档次升级,以及产品性价比升级,渗透多细分市场,扩张区域市场,甚至扩张国际市场。在市场范围方面,本业经营成长策略会从原有的细分市场往相邻高端或低端或其他特殊细分市场扩张,逐渐从单一细分市场的聚焦战略发展到对多种细分市场提供更好产品的分别差异化战略(Porter,1985),见图11-1。从图9-7的产品品质性能与价格比图上看,新企业持续研制新产品,往图中的右下方移动,使产品品质性能更高与价格更低(D'Aveni,1998)。通过更高价值产品与事业竞争优势淘汰多数竞争者,提高在市场中的自然垄断力,获取超额利润。在价值活动方面,这种战略会伴随着采取部分垂直一体化战略,以便掌握上游关键零部件资源与价值活动,或掌握下游渠道的零售终端资源与价值活动。因为在市场方面没有聚焦,已经扩大产品线全面覆盖各类细分市场,因此战略上是聚焦在发展基础的核心能力与保持技术领先,使多类产品的性价比更高,并且追求制造价值活动的规模经济效果。

本业经营的新事业需要制定发展技术与培养核心能力的战略。以内部发展战略支持竞争,扩大细分市场份额,进入新细分市场,提高竞争优势和强化市场地位,并且通过发展核心能力控制未来进行相关多元化的能力。本章第三节讲述核心能力理论。在图 9-3 的分类图上,这种成长仍然属于"1.市场渗透"与"2.市场扩张"以及"5.垂直一体化"策略,不采取"3.相关多元化"与"4.非相关多元化"策略。在财务方面,保持在本业可以稳定平衡成长,资金宽裕,降低环境冲击。但是发展战略还要适应经济周期波动,在萧条时投资,在繁荣时变现。在区域市场竞争与扩张方面,由于直接竞争者也已经进入市场,因此新企业在采取区域市场扩张成长战略的过程中,要采取有效的竞争战略与战术行动,在与竞争者的竞争互动中成长。由于新事业已经具有本业的区域竞争优势,了解本业的价值创造逻辑,因此可以通过发挥优势积极应对竞争,强化自己并获得持续成长,持续扩张区域市场,甚至扩张到国际市场。本章第二节讲述竞争动力理论。成长晚期的最终目标是成为一个国家、大洲地区甚至全球的市场龙头,具有很高的市场份额和市场地位,成为一个伟大的企业。

**案例**　百度创业后始终做中文搜索价值活动与服务,终于成为龙头。

**案例**　格力创业做空调,成长期保持在做空调产品和制造价值活动,成为中国以及世界的龙头。

图 11-1 是 Porter 的事业竞争策略分类图。请思考问题:进入成长中期后,新事业将从哪一种策略往哪一种策略移动?

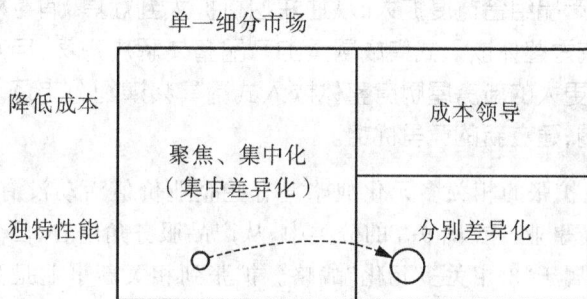

**图 11-1　事业竞争策略分类图**(Porter,1985)

2.本业的事业形态升级、产品线相关多元化扩张与区域扩张的战略。有些下游零售企业仍然保持在原有本业成长,价值活动没有改变,产品组合宽度扩大,往互补产品线扩张,事业形态升级,渗透多个区域市场。在图 9-3 的分类中,从产业价值链看,这类企业仍然在垂直的零售价值活动上聚焦。从产品角度看,水平的产品组合宽度增加,属于"3.相关多元化"战略,以便获取范围经济效果。范围经济是指产品线范围越宽则成本越低。从事业形态看,属于本业规模和事业形态升级。从细分市场看,属于"1.市场渗透"战略。从区域市场看,属于"2.市场扩张"战略,过程中会采取战略性或战术性行动与竞争者互动,在竞争中成长。

> **案例** 苏宁创业时销售春兰空调。苏宁的成长聚焦在销售价值活动上,产品类从春兰空调扩大到其他品牌空调,再从空调扩大到 3C,即家用电器、电脑、通讯。零售事业形态从小店升级到大店,在中国 3C 零售市场渗透扩张,成长为中国 3C 零售业的冠军。近年又从线下连锁店扩张到电子商务。

3.往互补产品线扩张与形成整体解决方案的相关多元化战略。有些中游制造企业仍然保持在原有本业成长,价值活动没有改变,产品组合宽度扩大,往互补产品线扩张。从产品组合整体看,高度相关的互补产品线组成一个更大的产品组合解决方案,成为一种整体产品,进入一种整体产品市场。在图 9-3 的分类中,从产业价值链看,这类企业仍然在垂直的价值活动上聚焦。从产品角度看,属于"3.相关多元化"战略。这类企业在整套产品组合解决方案上聚焦,追求范围经济效果(指增加产品线使水平范围越大则成本越低)和综效(指产生 1+1>2 的效果)。从细分市场看,从单一产品市场扩张到需要整体解决方案的细分市场,属于"2.市场扩张"战略。

> **案例** 1996 年方太创业时,从抽油烟机研发与制造价值活动进入,产品定位在高端细分市场,与竞争者服务中低端市场不同,利用高端目标细分市场的机会,避开竞争威胁。方太的第一阶段成长保持在制造价值活动不变,维持高端细分市场定位,通过研发持续创新产品,并创造抽油烟机高端细分市场竞争优势。2001 年后进行相关多元化,产品组合宽度扩大,从抽油烟机扩大到灶具、消毒柜、热水器等,这些互补产品组合成为整体嵌入式集成厨具的产品整体解决方案,与万科等房地产开发公司合作,进入更大的新房屋厨房整体嵌入式厨具装潢细分市场。之后保持聚焦在集成厨房的范围,建立新的竞争优势。

4.往相关新事业扩张的相关多元化战略。有些企业价值活动没有改变,在原有本业基础上发展出相关新事业。在图 9-3 的分类中,从产品服务角度看,因为进入的新事业提供了新产品与服务,属于"3.相关多元化"战略。扩张到相关新事业是为了形成对核心事业的防卫与缓冲。因为第二个新事业是立基于第一个新事业发展出来的能力,因此属于立基于核心能力发展出来的新事业。

> **案例** 阿里巴巴在 B2B 事业成功盈利后,扩张到 C2C 相关新事业淘宝网,目的是采取对 eBay 的竞争攻击,缓冲对手进入 B2B 事业,对阿里巴巴形成竞争冲击。淘宝网在软银的资金支持下,采取免费渗透市场与攻击对手,最终致使 eBay 在中国 C2C 市场失败。

　　相关多元化之后,组织结构将转变为产品事业部结构(刘松博,2009)。图 11-2 显示出产品事业部组织结构图。表 11-1 列出了产品事业部制组织结构的特点和优缺点。

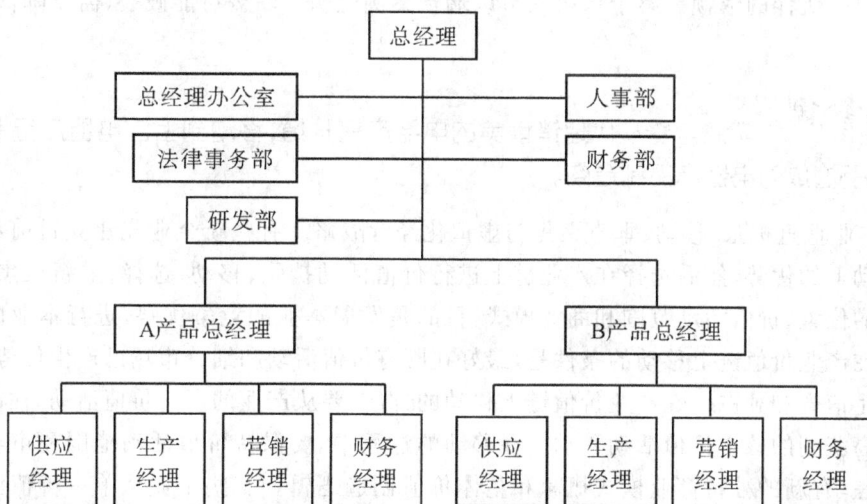

**图 11-2　产品事业部型组织结构**

**表 11-1　产品事业部制组织结构的特点和优缺点**

| 相关背景 | 内部系统 |
| --- | --- |
| 结构:事业部制<br>外部环境:中高度的不确定性<br>技术:不稳定,部门间相互依存<br>战略目标:外部效益,适应性,顾客满意 | 经营目标:强调产品经营业绩<br>计划:基于成本、收益的利润中心<br>正式权力:事业部经理 |
| 优　点 | 缺　点 |
| 1.能适应不确定环境下的高度变化,以较好的产品、服务让顾客满意<br>2.跨职能的角度协调<br>3.使各事业部适应不同的产品、地区和顾客<br>4.适于多元化经营的大企业<br>5.决策分权对组织高层管理与事业部经营都有利<br>6.有利于培养综合性管理人才 | 1.失去了职能部门内部的规模经济<br>2.各产品、各事业部之间缺乏协调<br>3.不利于专业技术人员的培养<br>4.对事业部经理要求高<br>5.需要较多的职能管理人员<br>6.各事业部之间技术整合、资源共享难 |

　　5.本业垂直一体化(垂直整合)战略。有些企业在成长中期之后,产品种类不变,选择在产业链上进行价值活动扩张。在图 9-3 中,从价值活动看,这类成长属于“5.垂直一体化”战略。

　　对于在职能活动采取聚焦加联盟战略的新创企业,到了成长中期已经累积了资金、技术、人才、顾客等资源,可以而且也需要在适当时机采取垂直一体化战略,以便掌控其他职能价值活动,降低对上下游的依赖。从联盟往一体化转变过程中,存在不同方案也存在一定风险。方案包含新创企业采取与联盟企业合并的策略;或者联盟破裂,新创企业与联盟企业解除联盟关系,成为竞争者,双方各自执行向上游垂直一体化或向下游垂直一体化战略。如果合并谈判无法达成双方都接受的股份分配协议,则联盟将破裂,这种结果对任何一方都有风险。解决方法是新事业提早预期到潜藏的风险,采取措施建立新的合作关系,降低对单一伙伴的依赖。第十章第三节以瑞传案例说明了联盟可能破裂,需要降低依赖。

**案例** 奔腾电器从代理销售美的电器产品开始,移动到上游电器产品制造价值活动,成为电器产品制造商。

6.本业垂直扩张、移动、垂直聚焦与虚拟化经营战略。有些新企业先建立目前从事的价值活动上的优势,然后选择在产业链上进行价值活动扩张、移动、选择、重新聚焦,改变了企业的位置、价值活动范围和商业模式,目的是发展本业的竞争优势,进行本业内成长扩张。在产业价值链上移动的条件是,最好在既有价值活动和细分市场已产生优势,在市场上产生信誉和独占。在产业价值链上移动的方向,要从产业的周边价值活动,往高附加价值与高获利的核心价值活动移动。在移动的过程中,要保持价值活动范围和市场范围适度聚焦,有新的独特商业模式概念和整体价值创造逻辑。有些企业从单一价值活动逐步过渡到使企业进入执行研发和品牌营销核心价值活动,同时外包生产和管理加盟品牌连锁专卖店的虚拟经营商业模式,其目的是掌握最能产生利润的核心价值活动,并形成对全产业供应链的控制。在图9-3中,从价值活动看,这类成长属于的"5.垂直一体化"战略与"垂直聚焦"战略。许多这类成长也伴随着在市场方面选择聚焦定位在一个细分市场。

**案例** 天宇朗通从代理经销芬兰的百利丰手机开始,之后进入手机研发价值活动,以及建立和管理一个虚拟手机供应链,成为一个本土手机品牌运营商。

**案例** 美邦的创业发展扩张路径与稳定成长策略:(1)创业前做裁缝制衣价值活动。(2)进入产业时的价值活动:进入产业创业后从事裁缝制衣价值活动。进入温州西服市场进行生产制造。(3)水平产品移动与聚焦:美邦创业时从事西服裁缝和代工制衣价值活动,后来意外进入竞争不激烈的休闲服市场,从事休闲服制造价值活动,不再从事西服代工生产。(4)垂直价值活动扩大移动:后来进入到开店批发零售的价值活动,成为前店后厂,也开始设计休闲服。(5)水平产品市场聚焦:后来美邦缩小产品线和市场范围,只做年青人休闲服。定位美邦为18~25岁年青人休闲服。这群消费者追求年青时尚,改变快需求大。(6)垂直价值活动扩大:1993年创立美特斯邦威公司,开始品牌化经营。(7)垂直价值活动扩大:1994年开设第一家美邦品牌服装专卖零售店,进入零售价值活动。1995年4月22日,在温州五马街开设美邦品牌专卖店,实行品牌连锁专卖经营。(8)垂直价值活动缩小:开店一年后,结束批发业务。由于零售的利润比批发高,因此放弃批发,专做零售。(9)垂直价值活动缩小:卖掉工厂,全部外包制造。1995年,很多服装企业还在比设备先进性和厂房大小时,美特斯邦威把原有的工厂卖掉,将产品生产外包。产品销售交给加盟商。(10)虚拟经营模式和聚焦重要价值活动:采取了"哑铃式结构"的虚拟经营模式运作,集中有限的财力专注于强化产品设计、品牌经营和开拓市场。美特斯邦威把自己定位于服装品牌运营商,而非制造、经销商或者零售商。美特斯邦威拿在自己手里的有五个部分价值活动:品牌推广、产品设计、部分原料采购、少量直营店、全供应链管理。成立产品设计中心,加强产品推出。建立信息系统,进行全供应链管理。找名人代言产品进行品牌经营。(11)美邦实施滚动式营销,持续进行地理市场扩张,加盟招商开店。

**结论**:创业时从相同价值活动进入;接着从西服转变到休闲服,使目标细分市场顾客与多数竞争者不同,避开竞争;接着垂直一体化,扩张到零售专卖;再聚焦到年轻人休闲服细分市场,聚焦到设计、营销、品牌经营价值活动,实施生产外包,销售活动外包给品牌专卖加盟商,成为虚拟经营企业,获得竞争优势。

## 三、相关性扩张的逻辑

1.立基强势资源,进行强化优势和市场地位的高度相关产业多元化投资与垂直一体化投资。

是否进行垂直一体化和相关多元化必须慎重决策。通常应该在优势较高,资金与人才宽裕,具有核心能力,扩张机会有利的条件下,进行以下类型的相关性扩张。(1)立基于基础的核心能力进行相关产业多元化投资。(2)扩大产品线范围,取得范围经济效果。(3)扩大互补产品线范围,形成产品组合的整体解决方案,取得综效,并进入整体解决方案细分市场。(4)进行垂直一体化投资,在产业价值链上扩张、移动、聚焦到最大利润的价值活动,扩大在产业链中的控制力。在财务方面,为了成功地执行相关多元化与垂直一体化,重点是衡量自身财力做对投资决策,融资到的金额足够,以及管好现金流量。在研发创新方面,如果要进行相关多元化,可以进行强化优势和市场地位的高度相关产品投资开发,扩大产品组合宽度,进入相关产业。在运营管理方面,相关多元化要进行相关产品线之间的运营综效改善;垂直一体化,要进行多价值活动的配套运营改善。

2.在扩张中要保持聚焦,有企业整体的价值创造逻辑

相关性扩张必须是立基在原有价值活动的竞争优势,特别要立基于强势无形资源,适度扩大事业范围,并且尽快发展在新价值活动的竞争优势。在成长的过程中必须仍然保持在较大范围的聚焦,发展一种核心的统领多个事业的整体价值创造逻辑,使产品线之间与事业之间有综效和范围经济效果,或者可以发展跨事业的核心能力,可以聚焦在更大范围创造竞争优势。相关多元化可以通过网罗人才内部发展相关产品,也可以通过先建立互补产品线的合作联盟,再进行多元化投资实现。

3.持续不断地相关多元化会使企业经营失焦

企业进行盲目的垂直一体化和相关多元化,扩大经营范围,失去了统领整体的价值创造逻辑,则企业将会面对多个事业的经营与竞争,面对多种不同的价值创造逻辑,资源与精力分散,企业将会在经营上失焦,逐渐丧失竞争优势。

连续多次进行相关多元化可能导致新的产品类与最早的产品类不再有相关性,使企业经营战略不能聚焦,将资源分散在大范围的多类产品市场竞争,将逐渐失去竞争优势,

最终走向败亡之路。

### 四、避免或审慎进行非相关多元化

1.审慎选择有利程度非常高的机会进行非相关多元化

有些企业在成长中期之后,利用一次创业累积的宽裕资金,采取图 9-3 中的"5.非相关多元化"战略,包含投资购并企业进入非相关新产业,或者进入非相关新产业取得人才与投资进行二次创业,这是一种非相关产业转型升级发展的路径突破战略,与上面相关性成长类型的路径依赖战略不同。通常应该在机会条件非常好的情况下进行非相关多元化。

**案例** 吉利汽车创业者李书福是从做冰箱配件,到做美铝曲板,到做摩托车,再到做汽车,一步步进行非相关产业转型升级。

2.要避免太早进行非相关多元化投资,除非机会非常好

成长中期,一定有竞争者会跟随进入高获利的目标细分市场,竞争程度会趋于激烈。如果新事业在成长期还没有在全区域细分市场取得高市场份额,市场地位还没有很稳固时,就太早进行非相关或低相关多元化投资,则新企业要同时经营两个以上事业,本业的资金被抽走,本业滚动的投资发展就会停止,被后面跟进的竞争者追上,失去竞争优势和有利的市场地位,严重的甚至会失败。

**案例** 台湾螺丝大厂三星五金发展到成长中期后,已经成为世界最大的螺丝厂商,年销售额 30 多亿台币。后来三星五金进行低相关多元化,投资创立了台南营造公司。由于多元化投资很大,使螺丝本业没有投资。这期间螺丝业的竞争者晋禾实业到中国大陆大规模投资扩张,成立了晋亿实业,持续高杠杆借款投资使它的规模超越了三星五金。原本晋亿实业用台湾中国钢铁公司的机械性能好但较贵的钢材原料,在成功研发出了新的热处理技术后,晋亿实业可以利用大陆、巴西、俄罗斯的低价钢材原料生产螺丝,再利用热处理技术提升机械性能,从而达到降低成本的目的。取得成本优势后,晋亿实业在螺丝业发动了价格攻击,降价到三星五金的成本以下,迫使三星五金退出了螺丝业最大的标准螺丝细分市场。之后晋亿成长为世界最大的螺丝企业,三星五金萎缩成为一个小型螺丝企业。三星五金创办人在螺丝本业受到攻击以及新的建筑事业亏损的情况下,出售了所有股份仍然不能偿还债务。

**案例** 江苏春兰空调公司,在成长中期成为中国最大的空调生产厂商,市场地位还没有稳固时,就进行许多相关与非相关多元化的事业投资,后来被格力空调和美的空调超越,最终导致春兰衰败。

### 五、公司总体战略

新企业在成长中期进行了相关多元化或非相关多元化后,成为一个多事业单位的公司,在事业层级之上出现了公司总部层级,见图1-1。进入这个阶段后,企业需要制定公司整体战略,有效管理公司的事业组合。公司层次总体战略的制定要解决以下问题:我们应当拥有什么样的事业组合?未来我们应投资发展哪些事业?应撤出哪些事业?每种事业组合在企业中的地位是什么?波士顿咨询集团矩阵(BCG矩阵)是一个公司总体层次战略制定的简单理论(Heldey,1977),可用以决定企业的事业组合投资战略,见图11-3。决策的简单原则为:从金牛拿钱出来,投资到明星;卖掉贱狗;深入研究问题事业,若它能成为明星则投资,若它将成为贱狗则卖掉。

这个分类理论图的缺点是没有显示出不同事业之间的相关性和支持它们发展的共同技术基础和核心能力。创业者可以结合这张图以及本章第三节讲述的核心能力,发展未来的公司总体战略。

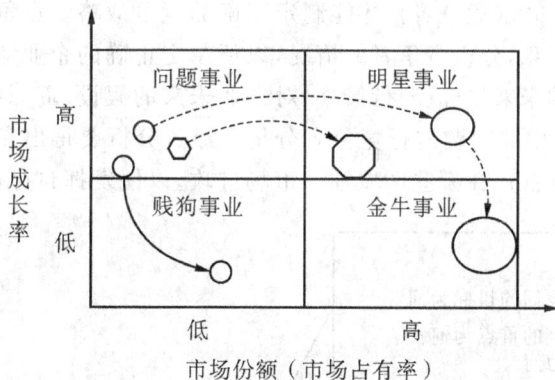

图 11-3　企业的事业组合投资战略

# 第二节　如何在竞争中成长

## 一、竞争动力理论

### 1.竞争互动

竞争者是指在同一个市场中提供类似产品,并以相似群体为目标客户的企业。竞争敌对是指为了争取优势的市场地位,发生于竞争者之间不间断的竞争行动与竞争反应。竞争行为是指企业为了改善自己的市场地位,所采取的一系列的竞争行动与竞争反应。竞争动态是指所有的竞争行为,也就是指一个特定市场中,彼此相互竞争的所有竞争者所采取的竞争行动与竞争反应的总和。竞争者与竞争敌对关系见图11-4。多重市场竞争表示企业在多种产品或多个地理市场中相互竞争的现象。

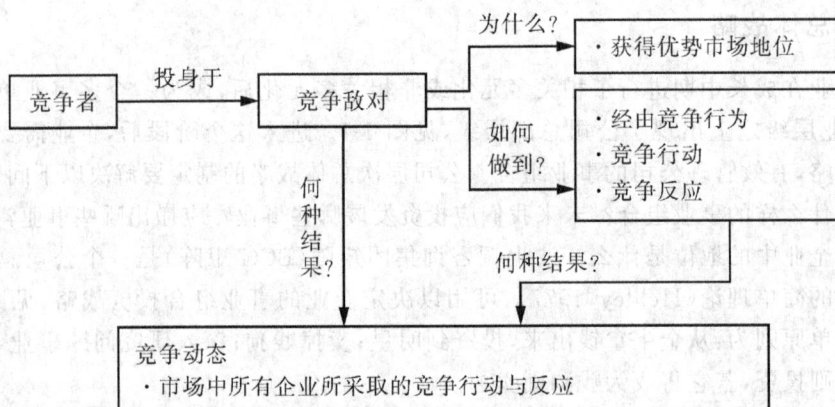

**图 11-4　竞争者与竞争敌对**(Chen,1990)

2.竞争者分析

新企业需要知己知彼(竞争者),才能制定正确的竞争战略。竞争者分析是相对于自己企业,收集竞争者信息,分析竞争者的情况,以便制定正确的企业竞争战略。竞争者分析需要分析:竞争者的未来目标、现行策略、对产业未来的假设、资源能力的强势与弱势。可以通过回答图 11-5 中的问题进行竞争者分析。经过分析要得出在哪些区域细分市场以什么策略竞争,包含:(1)在哪些区域细分市场进攻,以便发挥自己的强势,进攻竞争者

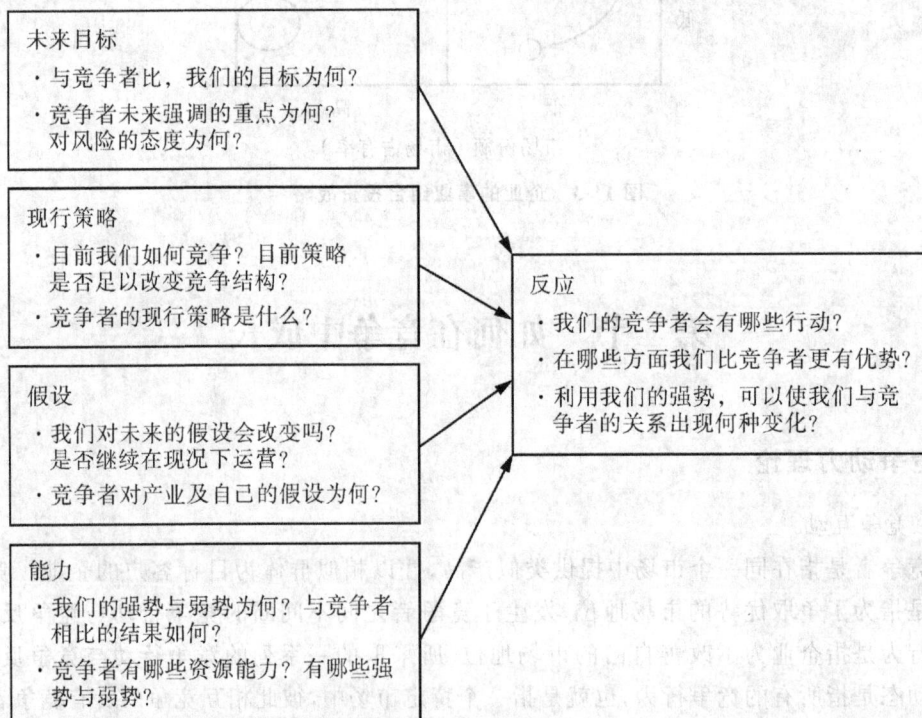

**图 11-5　竞争者分析要回答的问题**

弱势的市场,掌握该市场的机会。(2)在哪些区域细分市场防御,以便发挥自己的强势,防卫和抵抗竞争者的进攻,化解威胁。

3.竞争敌对模式

如果一个产业有激烈的竞争敌对,会使产业平均获利水平下降。市场中竞争者的数目、市场特性、个别企业策略的品质影响竞争敌对的状态。

竞争敌对模式见图 11-6 所示,市场重叠性与资源相似性是影响竞争行为的驱动因素,即影响觉察、动机、能力。这些驱动因素会影响竞争性行为,亦即在竞争敌对过程中的竞争行动与反应。经过竞争互动,最终产生结果,包含市场份额与市场地位的改变,市场集中度的改变,企业财务绩效的改变,即销售的增长或衰退,利润增长或衰退。

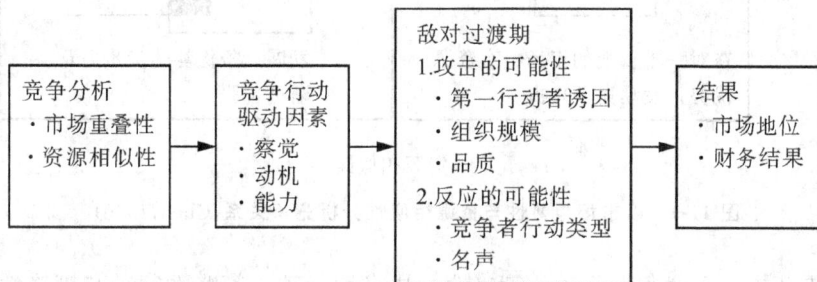

图 11-6　竞争敌对模型(Chen,1990)

4.市场重叠性与资源相似性

每一个产业都包括数个不同的市场,企业可以根据自己的兴趣和企业特点专注于某个更小的细分市场,针对不同地区不同需求的客户群制定相应的市场策略。市场重叠性是指企业与某一特定竞争者可能会在多个市场中相互竞争,以及个别市场对每一家企业的重要程度。资源相似性是指企业所拥有的有形资源与无形资源的程度与数量类似于竞争者的现象。

市场重叠性与资源相似性决定企业与竞争者之间的竞争状态,也可以用于预测竞争者的行动与反应。如果两个企业之间市场重叠性与资源相似性高,则会相互认定为直接竞争者。虽然是直接竞争者,并不一定表示他们之间的竞争敌对关系十分恶劣。驱动竞争行为的因素,或是影响竞争者可能采取竞争行动或竞争反应的因素,才是决定竞争敌对程度的关键。

发起竞争行动的企业首先要察觉到它与要进攻市场的主要竞争者的市场重叠性与资源相似性,了解优劣势差距;能够判断出竞争行动能否攻占这个市场,以及可以产生的报酬;能够判断竞争者的反应,与对自己的威胁;能够评估自己是否有资源和能力发起这个竞争行动和维持竞争反应。图 11-7 是以市场重叠性与资源相似性分析竞争关系与决定战略的分类决策图。

5.竞争行动的分类

按照竞争行动的策略性或战术性以及主动发起或被动反应分类。竞争性行动:是被企业用来建立与防御竞争优势,或改善市场地位的策略性或战术性行动。竞争性反应:是

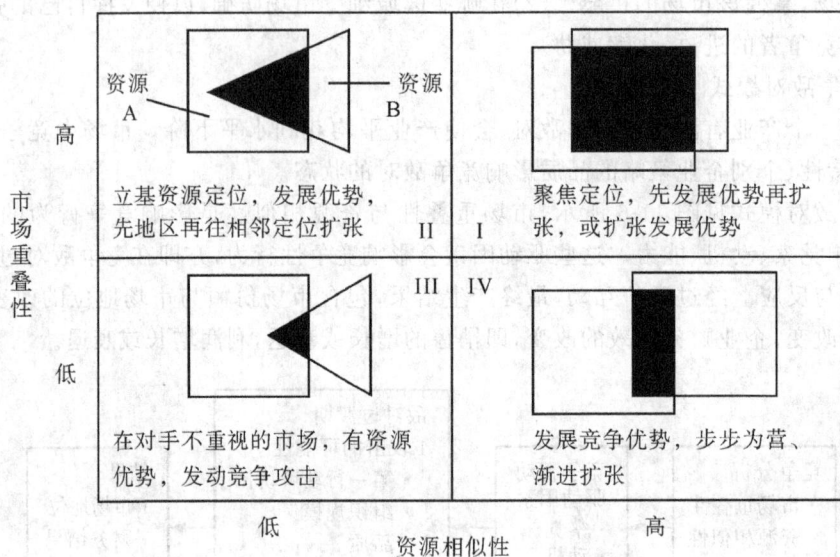

图 11-7　以市场重叠性与资源相似性分析竞争关系(Chen,1990)

被企业用来还击对手竞争性行动的策略性或战术性行动。策略性行动与策略性反应：是不但涉及投入组织资源的承诺(重大投资)，同时也不容易执行与修改的市场化行动。战术性行动与战术性反应：是用来调节策略的市场化行动，涉及较少资源的利用，同时也较容易执行与修正。

　　按照竞争行动的先后分类：第一行动者：是指为了建立或防御自己的竞争优势，或为了改善市场地位，最先采取竞争行动的企业。第二行动者：是指跟随第一行动者的行动而行动的企业，通常是经由模仿。较晚行动者：是指在第一行动者与第二行动者采取行动之后，很长一段时间之后才有竞争性反应的企业。

　　市场重叠性决定哪些是企业现在的直接或间接竞争者，决定了企业在市场方面攻守的方向。如果新企业与竞争者的市场重叠性较低，则新企业更可能会攻击竞争者。特别是聚焦的小企业往多元化的大型竞争者不重视的小市场进攻，比较不会遭受报复性的竞争反应。

　　动机起源于行动产生的利益，对输赢和报酬的认知产生企业发起竞争行动的动机。通常第一行动者较可能得到：(1)高报酬，它的获利与收入可能是第二行动者的 5 到 10 倍；(2)顾客忠诚；(3)高市场占有率。但是第一行动者的不确定性与风险很高，要成为第一行动者必须愿意创新，愿意承担风险，要有宽裕资源。第二行动者会先研究顾客对创新产品的反应，找出第一行动者的缺陷，加以改善；可以节省第一行动者的庞大拓荒成本。较晚行动者的报酬水平比第一第二行动者低很多，但是比完全没有行动的竞争者好。

　　能力与企业拥有的资源与弹性有关。缺乏可用的资源，例如资金与人力，就没有攻击与反击的能力。资源相似性会影响企业间的竞争行动与反应。当企业与竞争者或潜在反应者所拥有的资源越不相似，越可能延后对手的反应(因为资源劣势)。

　　6.组织规模与竞争行动

组织规模会影响企业采取竞争性行动的可能性,也会影响竞争行动的类型与时机。(1)与大企业比,小企业的弹性和灵活性使其能发起多样化的竞争行动。小企业由于更为快速与有弹性,更可能会采取竞争行动,维护原有的竞争优势,发展新优势,提升市场地位。如果企业始终依赖少数几类竞争行动,会逐渐成效递减,长期将会降低竞争的成功性,因为竞争者容易学会如何有效地反应(招式用老就不灵了)。小企业应该发挥弹性与灵活优势,与运用多样化的竞争行动,达到比竞争对手更成功。(2)与小企业比,大企业可能会发起更多的策略性竞争行动,因为大企业有宽裕资源和能力。

### 7.品质

企业间的竞争是靠对目标细分市场顾客产品服务有更高性价比。若将性能视为一种品质,则产品品质维度包含:(1)性能绩效:操作的特性。(2)特征:重要的独特性质。(3)弹性:特定期间内符合操作规范要求。(4)耐久性:绩效退化前的可使用年限。(5)一致性:符合预设标准。(6)服务性:维修速度与便利性。(7)美感:产品的外观与触感。(8)品质认知:产品形象的主观评价。服务品质维度包含:(1)适时性:在预定时间内完成。(2)礼貌性:愉悦地完成。(3)一致性:所有顾客每次都获得相似的经验。(4)便利性:顾客容易取得。(5)完整性:要求提供全套服务。(6)精准性:每次都正确地完成。

如果竞争者有品质问题,正受到高成本之苦,将无力发动进攻。品质问题改善后才可能发动进攻。

### 8.反应可能性

在以下情况企业会反应竞争者的竞争性行动:(1)竞争性反应的结果对企业有利,可以获取竞争优势与改善市场地位;(2)对手的行动将伤害企业运用原有优势的能力,或者使市场地位更不容易防御。

### 9.竞争行动与反应的类型

如果对手采取策略性行动,则企业应该以策略性反应来回应。如果对手采取战术性行动,企业应该以战术性行动来回应。策略性行动较不会导致对手采取立即的竞争性反应,通常会延迟反应,因为需要的资源投入较大,时间较长,不易执行和修正。竞争者通常会快速反应对手的战术性行动。

**行动者的名声**:指企业根据竞争者过去在遭受攻击时的反应行为,作为它未来行为的预测因子。由市场领袖发动的不论是策略性或战术性行动,都较有可能招致竞争对手的反应。只要是成功的行动,尤其是策略性行动,通常会迅速被模仿。

**市场的依赖度**:如果某竞争者依赖某市场程度高,在遭受威胁它的市场地位的攻击时,会采取回应行动,但是不会迅速回应,而是谨慎研拟有效的反击对策,再回应。

**竞争动力理论对小企业的启示**:当新的小企业察觉到它与竞争者的市场重叠性低,小企业重视的区域目标细分市场,不是竞争的大企业重视的,大企业对它的依赖度不高,则大企业采取报复反应的可能性不高。资源相似性低,小企业存在资源产生的优势。做第一行动者采取进攻策略的报酬很高,使小企业产生动机。资源优势和弹性使小企业有能力进攻。在上述条件下,小企业应该采取进攻策略,攻占这个区域目标细分市场。攻占的方法可以选择聚焦在局部区域市场,集中优势资源,包围进攻。

## 二、市场上的进攻与防守

市场竞争时不要忘记顾客,要进行为顾客创造更高价值的良性竞争,而非一味攻击竞争对手的价格竞争。因此要通过整个事业系统先发展竞争优势,在每一个价值活动上寻求差异化,创造高性价比的产品服务,再进行扩张性进攻。进攻要以差异化策略出奇制胜。

因为新企业选择的是一个浮现的或边缘的或竞争者忽略的利基市场,创业机会结构中竞争情势有利,竞争者不积极与行动延迟,使新创企业在成长早期时,存在市场扩张的空间。在这个阶段要从一个核心区,往周围稳健快速扩张市场。目的是在竞争者进入前,在一个较大范围的区域市场中建立竞争优势,在进入与渗透的区域细分市场要快速建立进入障碍,阻挡竞争者进入。

随着竞争者跟随进入市场,竞争会趋于激烈。在竞争互动的早期,市场还存在成长空间,应该优先往已经占领的细分市场附近的空白细分市场处扩张。在市场选择决策中应该优先往竞争者不强的,竞争不激烈的,区域细分市场在成长与有机会的,与占领区相邻的,资源能力能达到与支持的区域细分市场扩张、渗透、占领。市场扩张的同时要通过密集渠道建设,建立区域竞争优势。在占领的区域市场要建立进入障碍,防卫现有市场。进入障碍包含:规模经济、产品差异化、最低投资要求、转换成本、配销渠道的取得、与规模无关的成本优势、政府政策。以这些市场获得的利润进行再投资,升级产品、技术、商业模式、业态,发展新的竞争武器与优势新来源,提高优势,获取进一步的内生性成长。

在竞争中期,空白的市场被填满后,新企业需要防卫已有的市场,以及攻占新的市场。在攻占新市场方面,首先要选对要攻占的区域目标细分市场。先布局形成一个围攻态势,然后选择竞争者薄弱的点,集中资源形成重兵攻击,发展局部高度的竞争优势,单点突破防线,然后渗透市场扩大战果。

进攻的同时进行防卫,在占领区通过密集的渠道布点,形成一个相互支持的系统,让竞争者插不进来。发展优质的产品服务,运用顾客关系管理提高顾客忠诚度,形成差异化障碍。

### 竞争结果

图 11-8 描绘一个快速周期产业中的竞争、反击与竞争优势的持续。企业要通过持续创造短暂竞争优势,维持与扩大长期竞争优势,同时使市场份额提升。

# 第三节  核心能力建立与立基于核心进行
# 相关产业多元化扩张

以下叙述普哈拉和哈默尔(Prahalad & Hamel,1990)的核心能力论文,这是《哈佛商业评论》的最佳论文。

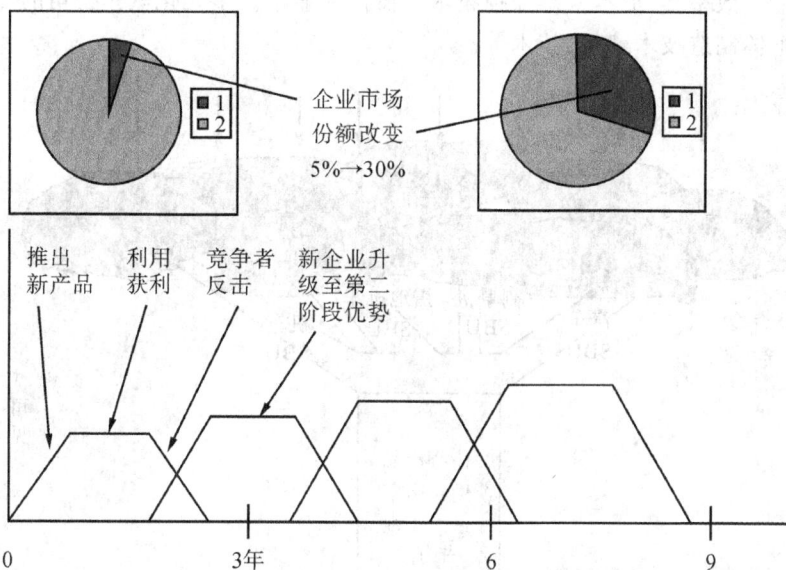

图 11-8　通过不断创造短暂竞争优势获取持久竞争优势（Macmillan，1988）

## 一、核心能力

同产业企业盛衰的现象：普哈拉和哈默尔研究了日本和美国的相同产业公司，发现存在表 11-2 中的现象。

表 11-2　美国与日本的两家公司成长性对比

|  | 1980 年营收 | 1980 年净现金流 | 1988 年营收 |  |
|---|---|---|---|---|
| GTE（美国） | 99.8 亿美元 | 17.3 | 164.6 亿美元 |  |
| NEC（日本） | 38 亿美元 |  | 218 亿美元 |  |

**他们提出问题：为何会有如此大的不同？** 他们进一步研究后发现日本公司与美国公司看企业的观点不同。NEC 将企业视为：能力组合（competence portfolio）。多个事业单位合作发展核心能力。GTE 将企业视为：事业组合（BCG portfolio）。各个事业单位独立发展。

**多元化企业可以被视为一棵大树，** 见图 11-9。他们发现企业与树的各个部分存在以下对应关系，以本田公司为例。（1）企业的最终产品相当于树叶、花、果。例如：思域汽车、雅阁汽车。（2）事业单位相当于枝干。例如：汽车事业部、摩托车事业部、割草机事业部。（3）核心产品相当于树的主干。例如：引擎（本田一年做 1 000 多万台引擎）。（4）企业产生竞争优势的核心能力相当于树根。例如：引擎技术。但是它隐藏在泥土下面难以观察了解。

**多元化汽车公司的核心技术能力包含：** 引擎技术、操控性能、整车设计。引擎技术好则引擎动力↑、效率↑、成本↓。操控技术→操控性能↑。多元化汽车公司的非核心技术能力包含:车体制造技术、喷漆技术等。

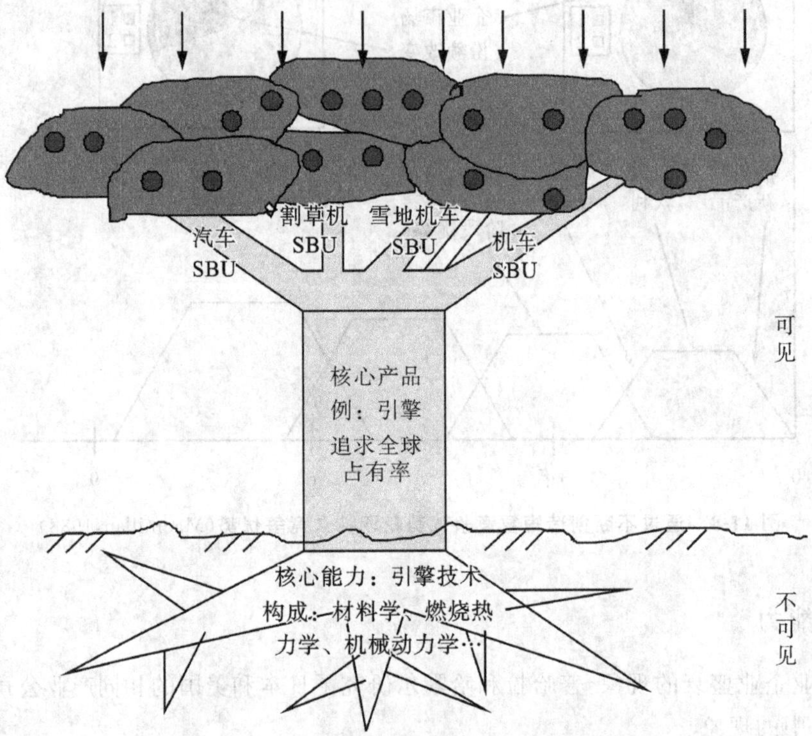

图 11-9    多元化的公司可以比喻为一棵大树

**核心技术能力是如何形成的?** 是整合多学科知识才能形成核心技术能力。例如:引擎技术的核心能力整合了材料学、燃烧热力学、电子喷射控制、机械动力学、机械润滑学等。

**核心能力的来源、特性、功能(后果)包含:**(1)核心能力来源于组织中的集体学习和创新活动。(2)核心能力越使用越增强,不用则衰退;不因使用而减少,反而会增加。(3)核心能力跨越组织界限。(4)核心能力是粘住现有事业顾客的胶。(5)核心能力指导多元化应该进入的新市场,而非由市场吸引力引导进入新市场。(6)核心能力不可外包,因为如此会放弃核心能力的建立。(7)建立核心能力的战役是不可见的,默默进行从不间断的。(8)建立核心能力不一定要在研发支出上胜过对手,不意味要共享成本,与垂直整合不同。

**核心能力要符合三准则:**(1)可以提升现有产品的性价比,对终端产品顾客知觉的利益有重大贡献。(2)可以创造新产品,开发新市场,可以接近多个新事业、新市场。(3)难以被竞争者模仿。

**长期与短期竞争力来源:**(1)企业的短期竞争力来源于产品的属性/价格比(相对高于竞争者的部分即为有价值的差异性)。(2)企业的长期竞争力来源于成本低、速度快地建立核心能力。真正的长期优势来源于企业有管理能力,在公司范围整合技术成为核心能力。

企业不能建立核心能力的原因包含:(1)事业单位的自主性神圣不可侵犯。(2)短期导向的每期预算。(3)没有核心能力发展的策略架构。

控制核心产品制造价值活动,追求核心产品的世界制造占有率之理由:(1)因为可形塑最终产品市场的演化。(2)实现规模经济和范围经济效果。

企业有三个战役平面:(1)核心能力上胜对手,则在发展新事业上胜过对手。(2)核心产品上胜对手,则在改进产品特征和性价比上胜过对手。(3)终端产品上胜对手,不必然反映隐含的竞争力,重视此点犹如走没有基础的流沙地。

采用策略事业单位思考之恶果:(1)会低度投资于核心能力和核心产品发展。(2)会禁锢资源,即禁锢有核心能力的人才。能力周转率反映能力循环的速度,是一个重要指标。低核心能力存量,高能力周转率,可以使小公司博产业巨人。(3)创新受限,只能进行事业单位内的创新,而非跨事业单位的创新。(4)当信息系统、沟通、生涯途径、酬偿、策略发展没有超越策略事业单位的界限,则能力是支离破碎的。

高阶管理的中心任务:(1)要进行核心能力的辨识、界定和建立。(2)要发展公司范围能力建立的策略架构与目标。架构是未来的路径图,可找出核心能力的组成技术。通过内部发展、联盟学习、购并培养能力。策略扎根的问题:(1)控制此核心能力,则事业竞争力可维持多久?(2)此核心能力对顾客知觉的利益贡献多少?(3)失去此核心能力会失去未来的什么机会?架构提供了多元化市场进入的逻辑;架构使资源分配优先性清楚。行政管理基本结构要与架构一致:包含文化、团队、变革能力、共享资源、长期思考。架构也是与顾客、外部股民(利益相关者)沟通的工具,提供方向。

策略人力资源管理要重新部署人才以发展和利用核心能力:(1)保证能力的载具(人才)不属特定事业,高层应派员稽核与建构构成核心能力的人员的位置、数量、品质。(2)短期的不平衡由长期来平衡。(3)为建立核心能力进行轮调,而非政治性的。不责难调出具有核心能力人员的单位。(4)建立核心能力人员对核心能力的专业忠诚,而非对事业的忠诚。人力资源专员追踪指导这些核心能力人员的生涯。(5)让核心能力人员规律地参加核心能力社群的交流、旅行、与客户对话,经由同侪会议刺激他们发现新市场机会。

## 二、辨认核心能力、开始发展核心能力

进入产业的新企业需要从众多的技术发展方向中,辨认出未来要发展的核心技术方向,并在企业成长期开始组织和投资进行技术研发创新,以便发展核心技术能力。在核心能力建立上领先和超越竞争者,将发展出持续竞争优势,支持本业扩张成长和相关产业多元化的新事业发展。Hamel 和 Prahalad(1994)提出了一个分类决策的架构,见图 11-10。创业者可以根据这个分类面向未来规划要发展的核心能力,并建立一个核心能力建立的战略路径图。

## 三、相关多元化战略:从核心扩张

企业发展了核心能力,并取得了核心产品的竞争优势和市场地位后,可立基于核心进行相关性扩张,包含相关产业扩张、相关产品扩张、相关价值活动扩张、相关地区扩张,扩

| | 十年后第一<br>为保卫及扩大现有市场地<br>位,我们需要哪些新核心<br>能力? | 机不可失<br>为参与未来最令人振奋的<br>市场,我们应培养哪些新<br>核心能力? |
|---|---|---|
| | 填空<br>若改进对现有能力的利<br>用,有哪些可以提高我们<br>市场地位的机会? | 空白地带<br>把现有核心能力创意重新<br>组合,可以创造哪些新产<br>品服务?进入哪些市场? |

新能力 核心能力 现有能力

现有市场　　　　　　　新市场
市场

**图 11-10　建立核心能力的主要课题**(Hamel 和 Prahalad,1994)

张移动有很多方向,要选择哪一个方向扩张是一个重要的问题。扩张范围后企业容易失焦,为避免失焦要重新进行聚焦和定位。祖克(2004)为我们指出了策略扩张创新的可能方向,见图 11-11。他同时建议扩张不能离开核心三步,扩张的相关新事业最好有相同价值创造逻辑。

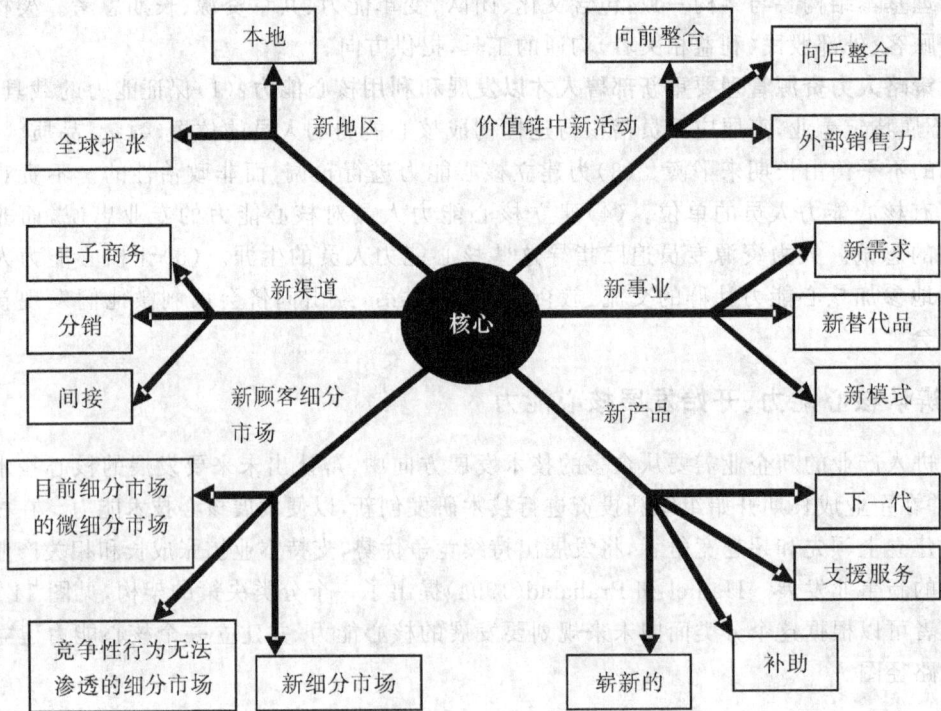

**图 11-11　从核心扩张与移动的方向**(祖克,2004)

**扩张周边事业常见的陷阱**：(1)介入已有重兵防卫的领域；(2)高估利润池；(3)错误的搭售；(4)意外的侵略者；(5)未能考虑所有的周边事业；(6)错失新细分市场；(7)一味追求高档周边事业。

以下问题可以**诊断扩张的周边事业是否为危险的周边事业**：(1)能否加强或巩固核心？(2)对核心顾客有附加价值吗？(3)能隔绝意图攻击核心事业的潜在对手吗？(4)是否在产业利润池(与核心)改变趋势的方向上？(5)可以利用与核心事业的范围经济效果从这个周边事业获得领先吗？(6)能否激发一连串的行动，以建立或保护核心？(7)是否侵入了新对手的地盘，对手有何可能反应？如何收场？(8)若未能发展这个周边事业，是否会危及核心未来的发展？(9)是否完全列出了一切周边事业，并评估选择？

**立基于技术核心相关多元化进入新事业**：

(1)比亚迪创业后做电池，之后多元化到汽车产业，立基于核心电池技术进行电动汽车的创新。此案例中电池技术部分是一样的，但汽车部分是不同的。

(2)阿里巴巴从B2B事业扩张到淘宝网的C2C事业，两者技术平台是差不多的。

(3)全友扫描仪的技术长带着一个团队，创立了华晶科技做数码相机之后扩张到做手机相机模组，因为技术是相关的。

(4)本田立基于引擎技术，从摩托车相关多元化到汽车、雪地摩托车、割草机等。

**立基于技术核心开发相关的新产品**：

(1)新普做笔记本电脑电池模组技术，之后做手持电动工具(电钻、电动扳手)的电池模组，电池模组技术是一样的。

(2)Google从网页搜索，进入到学术搜索、地图搜索、新闻搜索等等，搜索技术是一样的。

------------------------------------------------------------

### 本章要点

· 成长中期战略有多种可选方向，包含进行垂直一体化在价值链上扩张；在产业链上聚焦，掌握核心价值活动控制全产业链；进行分别差异化，扩大产品组合宽度与在细分市场方面扩张；地区市场选择性扩张；立基核心能力进行不同产品的相关多元化；相关多元化，往互补产品线扩张形成产品组合的整体解决方案。

· 波特将事业竞争战略分为聚焦、分别差异化、成本领导三类。

· BCG矩阵是公司层次的事业组合投资战略。

· 建立核心能力可以增强竞争优势与进行相关多元化。

· 要立基强势进行扩张，在扩张中要保持聚焦，有企业整体的价值创造逻辑。

· 持续进行相关多元化会使企业经营失焦，要避免或审慎进行非相关多元化。

### 重要概念

垂直一体化、垂直聚焦与虚拟经营、分别差异化、相关多元化、非相关多元化、产品组合整体解决方案、转型升级、事业竞争战略、公司总体战略、BCG 矩阵、竞争动态、资源相似性、市场重叠性、核心能力、路径依赖、路径突破、事业部组织结构、范围经济、综效

## 思考问题

1.请说明新企业如何做才能快速有效地建立与发展核心能力？哪些做法不能建立核心能力？

2.请收集一个产业的几个主要竞争企业的竞争互动案例资料，分析这些企业竞争互动的过程是否符合竞争动力理论的观点。对于不符合的现象，请根据案例证据给出解释的理由。

3.请讨论新企业是否有一种最快的成长方式？在本业范围内成长是否是最快的？发展核心能力并进行相关多元化是否是最快的？路径依赖的战略是否是发展最快的？

创业战略管理　　创业案例

# 创新创业战略案例

低相关产业成长期二次创业案例

· 方太

相同产业成长期创业案例

· 瑞传工业电脑

· 瑞传 Modem

· 科林公司个案

· 鸿松公司个案

创业与发展——改善期失败案例、成长中期失败案例

· 三星五金、台南营造、晋亿实业

商业模式重构案例

· 世洋科技

# 方太个案的问题
# (低相关产业成长期创业)

1.方太创业的类型为何？进入的产业处于什么阶段？相关程度为何？

2.进入的产业门槛高吗？

3.方太的高绩效产生前，它推出了什么产品？这个产品优劣势程度为何？这个产品具有什么特征与属性？（它适用什么理论？）

4.方太差异化当时，存在或潜在哪些细分市场？哪个市场是有竞争威胁的，哪个市场还没有竞争威胁？（它适用什么理论？）

5.方太的差异化策略是立基在什么强势资源上？要克服什么资源的弱势？（它适用什么理论？）

6.方太差异化当初，产业已发生了什么改变，产生出什么机会？（机会起源的前因）（它适用什么理论？）

7.创业机会该如何定义？

8.创业机会是什么样子？即"创业机会结构"包含什么项目？产生差异化的产业环境因素包含哪些？

9.竞争厂商为什么不积极利用这个机会？机会对新事业存在的前因。（它适用什么理论？）

10.创业机会结构包含的项目未来的发展趋势为何？对创业者会更有利还是更不利？

11.创业机会结构项目对产品属性和产品竞争优势（或相对获利力）有何影响？

12.在差异化决策当时，新抽油烟机的市场需求是否明确？创业者基于什么决定进入？

13.方太差异化过程中用到了哪些知识？这些知识的强度与稀缺程度如何？

14.产业特殊知识是什么？包含什么知识成分？

15.方太创业者的知识是经由什么累积出来的？即知识（存量或强度）的前因是什么？这个前因用什么维度描述较为完整？（它适用什么理论？）

16.第一个差异性产品推出后，方太的事业竞争优势是如何保持的？（它适用什么理论？）

# 宁波方太厨具有限公司案例故事

　　茅理翔先生是宁波飞翔集团公司和宁波方太厨具有限公司董事长。20世纪60年代以来,茅先生陆续做过中学教师、企业主办会计、供销科长和厂长。1985年为了改变家乡的贫困落后面貌,振兴乡镇企业事业,他创办了慈溪无线电九厂,给电视机厂加工零配件。1986年遇到国家宏观调控,黑白电视机卖不出去,使得该厂六个月停工,八个月工资发不出。面对第一次危机他毅然决定寻找新产品进行开发。他找到了曾经在火车上碰到过的北京技术研究所的一名工程师,发现他正好刚从日本带回了一只煤气灶的脉冲点火器。他就如获至宝,带回来立即研究开发,把它解剖了搞清楚原理,研制出中国第一只煤气灶自动打火的点火器。然后将这个产品推销给天津、上海的煤气公司,最终当年投产,当年获利。之后他又改良了点火器作出了中国第一支电子点火枪。1989年他在广交会上靠摆地摊,从马来西亚的华人外商那里赢得了第一张8万美元的订单,从此打开外销局面。多年来,茅理翔的艰苦不懈努力和执着精神最终获得了市场的承认。他使一个濒临倒闭的乡办小厂,发展成为世界点火枪基地,产品远销国外,1995年产值达1.5亿,销售额达5 000万元左右。茅理翔被外商誉为“世界点火枪大王”,当初的乡办小厂也发展成为名噪一方的飞翔集团。

　　就在点火枪生意逐渐在全世界铺开,企业也步入正轨之时,市场竞争引发的价格大战却似一只魔爪扼住了飞翔集团的咽喉。由于点火枪产品热销,加上技术含量低,劳动密集程度高,浙江慈溪、余姚一带30多家小厂一哄而上,纷纷投产并模仿飞翔的电子点火枪。在1994年秋季广交会上,由原来飞翔独家垄断发展到几百个点火枪摊位,各个厂家竞相压价,有的甚至以次充好,每只点火枪由原来的1.2美元降到0.3美元,企业面临巨大的亏损压力。面对这种形势,茅理翔意识到要想让飞翔集团继续生存发展下去,只有依靠开发新产品进行二次创业。

　　这之前茅先生开发过很多小产品,以及高科技产品如声像学习机和变频器。这其中许多产品由于未作详细深入的市场调研,采用拿来主义的方针,从项目决策、产品开发到市场销售,均先从产品做起,而忽略了市场,这些尝试先后都失败了。而声像学习机这项产品太高科技了,即使由茅理翔1993年从甘肃省国防科工委下面的一个厂找的十几位工程师研发,仍然不成功又没有市场,最后也失败了。这批工程师多数都离开了,少数留在了飞翔。

　　1995年时,面对二次创业的紧迫性,茅理翔将刚从上海交大电子电力专业研究生毕业,原计划赴美攻读博士学位的儿子茅忠群召回来一起进行二次创业。茅忠群也认为飞翔集团如果不进行产业结构的调整可能很快就要走到穷途末路,于是毅然放弃了出国留学的机会,回到家乡协助父亲进行二次创业。

　　新的发展空间到底在哪里呢?当时公司上下普遍看好厨房设备,尤其是抽油烟机和微波炉。吸取了二次创业初期只重产品、不重市场而失败的经验教训,1995 年 4、5 月茅氏父子先组织人员分头到广东、上海等地进行市场考察,对国内的厨房设备生产厂家以及国内用户的购买能力等情况作了详细调查。调查结果表明抽油烟机市场需求潜力巨大,随着生活水平的提高,尤其是中国住房改革的热潮,抽油烟机正大步进入现代家庭。中国年产抽油烟机当时仅为 300 万台,而需求量却达到 600 万台,由此可以推断,抽油烟机市场正处于成长期。但是由于过去抽油烟机行业需求旺盛,进入行业的技术门槛较低,生产成本不高,行业平均利润较大的特点,吸引了众多的企业进入该行业。在 1995 年时市场上已有 200 多家抽油烟机厂互相竞争,仅以慈溪为例,方圆几百里内,同类产品已是强手林立。帅康、老板、玉立等几个全国知名品牌占据了大部分国内市场。这些厂商在 20 世纪 80 年代或 90 年代早期就开始生产抽油烟机,并已经形成了一定的知名度。此时跻身其中无异于虎口夺食,似乎成功的胜算不大。

另外,在进一步的用户家庭走访中了解到,市面上流行的抽油烟机存在吸烟不充分、漏油、拆洗难、噪音大、耗电、不够美观的六大缺点。这是由于当时抽油烟机大部分是模仿国外的产品,风量和吸力达不到理想水准,不适合中国老百姓做菜油烟大的特点。而且由于设计结构不合理,普遍存在滴油、漏油的弊病。另外抽油烟机拆洗不易。这些缺点使老百姓们对抽油烟机怨声载道,很多人认为还不如用一个换气扇好。因此,抽油烟机市场增长已经开始呈现回落趋势,一些小厂纷纷关闭,玉立、老板等知名品牌的销售也开始严重下滑。看来,投资抽油烟机的市场风险非常大。相比之下微波炉市场则是刚刚起步,技术提升的潜在空间会更高。

由于抽油烟机行业存在较大竞争风险,以及在市场中拾遗补阙是很多民营制造企业在选择初始产品时的基本思路。所以当时,无论是当地政府还是方太董事长茅理翔都倾向于选择从做微波炉开始起步,因为这将填补宁波当地的产业空白,当地政府还愿意提供一些政策倾斜。

但是,茅忠群却主张选择做抽油烟机。茅忠群认为,对于中国的家庭消费者而言,由于传统的明火烹调习惯根深蒂固,抽油烟机是一种生活必备品,而微波炉却是可有可无的产品。对于中国人烹调环境的改善来说,一款好的抽油烟机比微波炉更为关键。更重要的是,在抽油烟机这个产品领域里,消费者还没有得到过一个好的选择。茅忠群经过审慎分析后认为,市场已现的颓势并不是因为中国不存在抽油烟机的市场,而是因为没有真正适合中国老百姓的好产品。而市场上现有的抽油烟机在式样、油路、拆洗、风量、噪音、耗电量等方面大有改进的潜力。若将市场上现有抽油烟机的六大弱点改为六大优点可以成为飞翔进入抽油烟机市场的切入点,可以做出更好的产品与同行竞争。相比之下,微波炉在当时则尚属可有可无的先驱设备,且价格不菲,还不是老百姓的首选消费目标。

基于深入的分析,茅忠群成功地说服了董事会成员,也就是他的父母,将公司进行了一次大的战略转型,上马抽油烟机项目。于是在 1995 年 8 月左右,在一片反对声中和没有人愿意冒风险共同投资的情况下,茅先生毅然决定投资 1 000 多万进入抽油烟机行业。

1995 年茅忠群是研发抽油烟机的核心人士,他带飞翔的三四个工程师一起研发抽油烟机。将现有抽油烟机的六大缺点改为六大优点是研发思路,在此思路下茅忠群和工程师进行抽油烟机研发,特别是在国内第一个将工业设计理念引入到产品设计中来。为了将抽油烟机风机做到吸力强劲而噪音小,他们对风机的结构和叶片都做了重设计,修改了风机的叶片数,叶片的长度、宽度、厚度等参数。就油烟机制造工艺来说,从研发到生产阶段进行了几十道程序的试验。经过 3 个月多的时间,飞翔研发出了第一台抽油烟机。1996 年 1 月,新的抽油烟机已进入试产阶段时,二次创业的公司正式成立。

起初,茅理翔先生将厨具公司命名为宁波飞翔厨具有限公司,抽油烟机的品牌也命名为飞翔。但是茅忠群先生认为飞翔不太适合做厨具的品牌,他提议取名方太,因为当时在全国正在热播"方太美食"节目,节目主持人、香港的方任丽莎是港澳台以及东南亚地区家庭主妇的偶像。从美食想到烹调,从烹调想到厨具和抽油烟机,多么顺理成章呀。于是1996 年宁波飞翔厨具有限公司更名为方太厨具有限公司,生产方太牌抽油烟机。

1996 年 3 月方太领先推出了自主研发的第一款"罩电分离拆洗更易"的深罩型大圆弧流线性抽油烟机。它采用了封闭式油槽,从结构上杜绝了漏油;罩电分离技术使拆洗更安全方便;在降低噪音、增加吸排能力等方面,方太的产品也都有了很大的改进。这款抽油烟机改进了原有抽油烟机的六大缺陷,在式样、油路、拆洗、风量、噪音、耗电量方面都有改善。方太这款专门针对中国厨房特点的抽油烟机,尽管售价比市场同类产品价格更高,但刚刚投产 500 台便被抢购一空。接着方太进行抽油烟机的批量生产,1996 年 6 月起方太批量生产的产品上市销售,产品定价在 1 200 元左右,毛利率超过三成。方太的第一款产品一炮打响、供不应求,当年销售 3 万台,第二年销售量则达到 15 万台。

产品上市后方太开始从事销售体系的建设。初期方太向全国派出了第一批销售队伍,在全国各大城市设立了 46 个办事处。与销售员的关系采取代销制的方式,逐渐将销售员培养成代销商。办事处后来逐渐发展成销售分公司,支持附近的销售网点。在渠道选择方面,将产品铺送到家电产品传统的主渠道,即大型百货商场。

在销售实践过程中公司意识到,除了加强制度化建设销售体系外,品牌在销售中起到了越来越显著的作用。品牌的知名度越高,商场的欠款会越低,有时甚至可以要求商场现款提货;同时,也加强了销售人员对企业的向心力。于是,公司加强力度全方位塑造品牌。请香港亚视著名烹饪节目主持人方太女士做广告代言人,在央视以及省电视台投放广告。在方女士的"炒菜有方太,除油烟更要有方太"广告片播出之后,方太品牌迅速被消费者认知,之后数年方太抽油烟机很快地被消费者认定为第一理想品牌。

产品上市后,由于产品性能质量好价格高,属于中高端市场。茅理翔认为,市场上的产品质量档次很多,既然我们的用户对象是中高档的,我们必须搞成精品,不能粗制滥造。之后方太逐渐确立了专业化、中高档、精品化的三大战略定位。这三大定位中,厨具专业化是行业定位,瞄准中高档是市场定位,产品质量定位是精品定位。方太以此三大定位来建立方太的品牌。茅先生希望这三大定位能够成为方太未来发展坚持的战略方针,他为方太提出的口号是:做专、做精、做强,然后再做大,方太品牌要成为厨房专家的品牌。

方太选择中高档市场作为自己的目标市场,中高档客户作为自己的目标客户,使自己的服务方向明确,精力集中,有利于新品开发。客户群明确后,也使人们很明确,要购中高档厨具就选方太,当然价格偏高一点,人们的心理承受能力也很适应。

为了支持这三大定位,茅氏父子认为,必须使企业具有核心竞争力,同时产品技术和产品创新必须一直处于领头羊的地位。因此自成立以来,方太就坚持每年将不少于收入的5%投入研发,逐步扩大研发部门规模,并将研发成果申请专利。

除了建立强大的研发能力,方太也重视产品品质和服务,后来在这两方面都堪称行业楷模。方太除了对自己企业进行质量管理,还延伸到对整个供应链体系进行质量管理。方太管理者认为,没有高质量的零配件供应商,方太一家要做到"独善其身"是不可能的。因此他们将整个供应链纳入到方太的全面质量控制体系(TQM)中来,特别对体系中的零配件供应商进行质量管理。方太对质量的重视也得到了市场的认可,方太抽油烟机曾经在全国抽油烟机质量评比中,7项指标名列第一。

方太在服务方面借鉴海尔的经验,逐渐加强了售后服务工作,建立了客户服务中心和呼叫中心,开通了行业第一个24小时值班800免费电话,在专业厨具生产企业中率先推出"三年保修,终身维修",在全国范围内实施免费清洗服务举措。

消费者对第一款产品的热烈反应证实了茅先生最初的设想,他们不买抽油烟机的真正原因不是因为不需要,而是因为没有适合自己的产品。初步的成功给了茅氏父子极大的鼓舞和更加坚定的信心。看来,即使作为抽油烟机行业的市场后入者,方太只要准确把握住消费者需求这根脉搏,仍然可以大有作为。父子俩乘胜追击,进行更加深入的市场调研,将开发出更贴近目标市场需求的产品作为企业的奋斗目标,之后又推出了电脑控制型、人工智能型、智能调速式、VFD显示型、煤气自动报警型等高科技含量的产品,以及适合上海等地小厨房的特点,具有一定的功率和吸力的介于深型与薄型之间的"亚深型"等型号的抽油烟机。对不同细分市场需求深入研究后推出的性能创新和精品质量的产品支持着方太的市场定位,并且强化了方太品牌。

方太第三年销售量30万台。用一路飓风、扶摇直上来形容二次创业初期的方太是再合适不过了,它在短短两年半的时间内跃居为抽油烟机行业市场占有率第二名。从第一代产品出来,方太抽油烟机就成了市场上的搅局者。一开始,方太是厨具市场里的跟随者,到了第二代、第三代产品推出来的时候,方太已成为被模仿者。方太品牌成功的背后,实际是以不折不扣的产品设计工艺作为保证的。产品保住了方太的口碑,提升了方太的品牌形象。

1999年的时候,方太的"后发制人"引起了同行的恐慌,全国30多家抽油烟机企业联合降价,市场平均降幅近50%。一直坚持不降价的方太,连续5个月销量没有增长,各地的经销商和销售经理坐不住了,纷纷给总部打电话说"再不降价一台都卖不出去了"。行业内很多厂家都实行降价促销的策略,对很多本不愿意使用这种两败俱伤手段的企业施加压力,造成了一股家电的恶性价格竞争的潮流。面对来自各方的压力,方太却一直坚持不降价。在茅氏父子看来,同行间竞相降价将是一条不归路,逼着行业中越来越多的企业走上偷工减料、以次充好的歧途,最终的后果必然是导致产品品质与服务水平的下降,降低企业开发创新的能力,最终会损害企业、消费者以及行业等所有的相关利益方。不打价格战,方太又该如何应对来自同行的压力?方太的思路是:产品本身就是最有力的反击工具,企业竞争的本质是跟自己的竞争,也就是提升产品品质的比赛。当时方太的创始人茅理翔给销售员写了一封信,声明方太只打价值战,不打价格战。茅理翔是理性的,他曾经在电子点火枪上实施过价格竞争,但是后来并没有获得什么彩头,于是再也不肯在同一个地方跌倒。所以坚决不打价格战,转而打价值战。去研究顾客的需求,创造一种新的价值,附加值高一点。于是,在一片降价声中,方太却闷着头在新品开发与质量改进上下功夫,在 2000 年推出了吸力更强、噪音更低、外观更时尚的 T 型机,价格比 1999 年高出了 10%,而市场反响却十分热烈,价格战不战而胜。另外,有报纸上经常出现居民煤气中毒死亡的新闻。方太把高科技电子模糊控制技术,运用到抽油烟机当中去,万一煤气泄漏,它会自动报警,自动开关开启,自动把有害气体排到室外。所以这个产品的价格在行业当中是最高的,当时都出现贷款提货的现象。方太通过不打价格战,打价值战,保持了产品的市场定位,也保护了方太的品牌。

继抽油烟机大获成功后,方太开始投入力量开发饮水机。尽管方太牌饮水机在市场上也获得了一席之地,但 1998 年方太主动放弃了这个项目。除了考虑到没有自己的核心技术之外,一个更主要的原因是,饮水机更多的是在客厅或者办公室间使用,因此消费者的购买时机以及购买方式就与抽油烟机区别开来。如果不能在渠道上与抽油烟机形成借势,这对于资源有限的方太无疑得不偿失。

砍掉饮水机项目后,方太下一步发展新项目时有了很明确的思路:从消费者购买渠道的同一性出发考虑,集中于厨房电器。于是方太又迈开了在其他厨具行业发展的步伐,2001 年方太投资 2 980 万元建设年产 30 万台中高档嵌入式灶具生产基地,后又推出海贝家用消毒碗柜等产品。这些产品开始在消费者心中建立起"方太=厨房专家"这样一个形象定位。2003 年 4 月,方太明确提出了"厨房专家"的品牌战略,并在之后形成了集成厨房的整套产品线。

但是,厨房电器仍然还是一个相对宽泛的概念,厨房小家电如电磁炉、电饭锅等也是厨房电器的一种。2005 年方太就曾生产过一款电磁炉,而且当时市场上尚没有一家足够强势的品牌出现,应该说方太有胜出的机会。但在 2005 年上半年,方太主动停下了电磁炉项目,这是方太在专业化发展思路上砍下的第二板斧。这个决策还是从消费者购买便利性角度来考虑:电磁炉、电饭锅等生活小家电产品和抽油烟机、灶具等不属于同一类别,二者的销售途径差异很大。

2006 年方太再一次调整品牌战略,将方太定位为"嵌入式厨房电器"专家——所有外置式的厨房电器,方太将不再涉足。之所以定位于"嵌入式厨房电器",一方面是从未来厨房的发展趋势来考虑;另一方面,几乎所有非嵌入式的厨房电器,如微波炉、烤箱,市场上都已经有了很成熟的产品和品牌,而几乎所有嵌入式的厨房电器则还没有。在嵌入式电器方面,方太已经具备一定的技术积累,从最早的嵌入式燃气灶开始,方太一直在嵌入式电器的散热性处理,电器与水路、电路的关系处理等技术领域进行重点攻关。

推出集成厨房后,方太进入了一个更大的新市场,与房地产商合作的新房屋集成厨房装潢市场。近年方太的品牌广告语"好房子要配好厨电"也获得了市场的认同,国内四大房产巨头万科、金地、合生创展、珠江投资先后同方太达成了战略合作伙伴关系。跟很多产品线不断扩张的企业成长路径相反的是,从家用电器到厨房电器,再到嵌入式厨房电器,方太在成长中却不断"缩小"自己的领地。一个"沉溺"于产品的企业才会做出这样"反成长"的选择,而市场则对方太的产品"痴迷"回报以节节升高的占有率。

目前,公司具有年产抽油烟机 100 万台、燃气灶 30 万台、消毒碗柜 10 万台、整体橱柜 1 万套的生产能力。方太创业后由于定位明确、品牌为旗、创新为本,使得方太有多年的高速发展。目前方太在高端厨具市场的市占率排名第一。根据 2008 年 7 月，第五届《中国 500 最具价值品牌》揭晓的结果，浙江厨电三巨头帅康、方太、老板，在本次品牌价值评估中分别获得 43.65 亿元、42.91 亿元和 23.38 亿元的品牌价值，位居厨电行业品牌排名前三甲。

# 瑞传工业电脑个案的问题
# (原产业成长期创业)

1.瑞传的高绩效产生前,它推出了什么产品? 这个产品优劣势程度为何? 这个产品具有什么特征与属性?(它适用什么理论?)

2.瑞传差异化当时,存在或潜在哪些细分市场? 哪个市场是有竞争威胁的,哪个市场还没有竞争威胁?(它适用什么理论?)

3.瑞传的差异化策略是立基在什么强势资源上? 要克服什么资源的弱势?(它适用什么理论?)

4.瑞传差异化当初,产业已发生了什么改变,产生什么机会?(机会起源的前因)(它适用什么理论?)

5.创业机会该如何定义?

6.创业机会是什么样子? 即"创业机会结构"包含什么项目? 产生差异化的产业环境因素包含哪些?

7.竞争厂商为什么不积极利用这个机会? 机会对新事业存在的前因。(它适用什么理论?)

8.创业机会结构包含的项目未来的发展趋势为何? 对创业者会更有利还是更不利?

9.创业机会结构项目对产品属性和产品竞争优势(或相对获利力)有何影响?

10.在差异化当时,奔腾主板的市场是否明确? 创业者基于什么决定进入?

11.瑞传差异化过程中用到了哪些知识? 这些知识的强度与稀缺程度如何?

12.产业特殊知识是什么? 包含什么知识成分?

13.瑞传创业者的知识是经由什么累积出来的? 即知识(存量或强度)的前因是什么? 这个前因用什么维度描述较为完整?(它适用什么理论?)

14.第一个差异性产品推出后,瑞传的事业竞争优势是如何保持的?(它适用什么理论?)

**用这个个案理解策略**

1.差异化决策当时新事业的价值活动、产品、市场地位、规模、地理范围是怎样的?

2.环境前提:差异化当初产业已发生了什么改变? 趋势为何?

3.条件前提:差异化当初新事业已拥有什么条件,使新事业可以利用机会?

4.你现在可以用这个个案将满足SWOT的决策原则说出来了吗? 立基在什么强势资源,克服什么资源弱势,掌握什么机会,避开什么威胁,然后创造什么竞争优势?

5.差异化后新事业的价值活动、产品、市场地位、规模、地理范围是怎样的?

6.策略方案是随时都能产生的吗? 什么情况下不能产生?

7.你知道操纵强势(既有优势)建立新优势是什么意思了吗?

8.你知道为什么制定好的策略有时被放弃,而采取一个突现的策略了吗?

9.资源限制了可行策略的范围,请指出相关创业或非相关创业成功的可能性为何?

10.策略有没有包含创新? 创新与策略的关系为何?

11.为形成和落实执行策略,团队的组成要满足什么条件?

**类推到其他个案**

1.瑞传 Modem、科林、鸿松创业时的知识和创业机会结构。

2.花木兰所在的军队是如何打败单于的军队的? 请指出机会结构和机会属性。

# 瑞传公司成功的工业电脑事业个案

## 一、瑞传公司简介与创业历程

（一）瑞传公司简介

瑞传公司创立于 1993 年 1 月，由创业者张棱衡、张瑞强等人创立。现任的董事长陈志中于 1995 年加入。瑞传创业初期从事 Modem 的开发和销售，由于经营失败，逐渐转变为从事工业电脑硬件的贸易和开发。工业电脑硬件产品线包含工业电脑用主板、机箱、电源供应器三条产品线。由于工业电脑事业经营成功，之后一直维持在工业电脑产业。目前瑞传公司已上市，2003 年营业额达到 11 亿新台币，公司自有资产达到 10 亿新台币。瑞传是一家在工业电脑产业创业成功的公司。

（二）瑞传公司创业历程概述

瑞传公司的创业者，包含初期的创业者张棱衡、张瑞强，及后期进入工业电脑事业时加入的陈志中，过去都服务于神通电脑公司。张棱衡在个人电脑（PC）及工业电脑（IPC）事业部服务过；陈志中在个人电脑、Modem 与工业电脑事业部服务过；张瑞强在自动控制部门服务过。张棱衡、陈志中担任过产品经理及业务经理的管理职位，有 5 年合作共事的经验。张棱衡与张瑞强有 4 年的合作经验。

瑞传公司创立于 1993 年 1 月，由神通电脑的张棱衡、张瑞强、二位 Modem 设计工程师和一位 Modem 业务出资创立，由离开神通电脑的 Modem 业务人员担任全职员工，创业资本 500 万元新台币。创业过程可分为以下 4 个阶段。

第一阶段是从事 Modem 事业。自行开发 Modem 产品，外包制造，并从事自有产品的销售。由于新产品开发不能保持领先与面对大厂的直接竞争，因此招致了亏损。

第二个阶段是纯粹从事 Modem 产品的贸易。为求存活与减轻财务风险，于 1994 年中，公司放弃自行开发与制造，转型为 Modem 贸易公司。从台湾市场的 Modem 制造商买进货品，再转卖给国外经销商。

第三个阶段除了 Modem 产品的贸易外，再加入工业电脑硬件产品的贸易。因从事贸易使公司的财务风险小，及过去在神通从事过工业电脑（IPC）事业，因此瑞传公司于 1994 年第三季度，进入 IPC 事业，从事纯粹 486 IPC 产品的贸易。1995 年初，过去在神通时期曾是张棱衡部属的陈志中，基于友情加入瑞传创业团队，张棱衡等人免费向他赠送 6％的股份（当时的 20 万台币，10 多年后可以增值到 1 亿以上）。

第四个阶段除了销售 486 工业电脑到国外的贸易活动外，1995 年 6 月公司决定与合作的主板设计厂商共同研发和制造自有奔腾工业电脑主板。瑞传于 1995 年 10 月，领先了竞争者三个月以上时间在市场推出差异性的奔腾工业电脑主板新产品。奔腾工业电脑主板开发成功后，瑞传重心移往工业电脑，逐渐退出 Modem 贸易。1995 年度工业电脑事业尚未获利。但在1996年,瑞传依赖领先产品的优势使业绩与利润大幅成长。1996年度业绩达到1.7亿,利润超过3 000万,使创业获得成功。

瑞传公司的创业历程中,实际上包含两个个案,一个为失败的Modem事业,另一个为成功的工业电脑事业。瑞传工业电脑事业有工业电脑主板、机箱、电源供应器三条产品线,工业电脑主板为主要产品线,占营收的6成以上。以下故事将描述在主要产品线的创新。以下先描述工业电脑主板事业的成功个案,再描述Modem事业的失败个案。

# 瑞传公司工业电脑硬件事业的
# 成功案例故事

(一)工业电脑事业的整体历程

瑞传公司真正在工业电脑事业上获得成功,是在与合作厂商共同开发出了差异性新产品,并由瑞传独家销售新产品的阶段。在销售差异性产品阶段的 1996、1997 两年,公司的绩效都大幅成长,此显示差异性产品对绩效的影响。瑞传的工业电脑事业的历程可分如下阶段:第一是在原事业工业电脑部门经历的阶段。创业前三位创业者在神通电脑公司有工业电脑事业部的经历和使用工业电脑的经历,累积了产业内通用知识。第二是进入工业电脑贸易的阶段。创业后在事业已转型为 Modem 贸易后,过去的工业电脑知识,使瑞传能顺利于 1994 年第三季进入工业电脑贸易。第三是工业电脑产品差异化的阶段。于 1995 年 6 月,瑞传进入自行开发产品的差异化阶段。自 1995 年 10 月开始每隔两个月,瑞传陆续推出一个领先的差异性新产品。差异化阶段又可区分为三个小阶段,分别为:进入下一代奔腾主板的决策;与上游设计公司建立合作关系、产品规格发展、合作开发产品;差异性产品上市后,拓展业务并创造利润的阶段。本研究目的为探讨什么因素使差异化能成功,聚焦在差异化的阶段。因此以下以差异化过程为主体,并延伸到先前在原事业的经历部分,描述瑞传的故事。

(二)创业前

1.工业电脑产业概述

工业电脑产品要比商用的可靠性更高,要耐振动、高温,它的工作环境可能很脏,灰尘多,也可能是在户外。工业电脑产品几乎是 24 小时在运作的,要求稳定和耐用。工业电脑的应用很广泛,它可能是包在一个机器里面,例如 ATM、POS、X 光机、电脑断层扫描机、电厂的电力控制。从外表可能只能看到一些面板和键盘,看不到电脑,电脑都藏在机器里面。

工业电脑也需要主板连接 CPU 和各种输入/输出装置。PC 产业是较为同质的,大批量的。相对于 PC 的市场,工业电脑的市场可以说是一个利基市场,非常创新,是少量多样的市场。CPU 和芯片组同一个等级的工业电脑主板就有不同的尺寸大小,包含长卡、短卡、嵌入式的(embeded)。1 个长卡也有不同的规格,可能就有 2 块、3 块板子。嵌入式又有 5.25 或 3.5 英寸大小的板子。因为产品形态很多样,使得每种形态的销售量都不大。不像商用的 5 个机种,可以卖到上百万片,同样 CPU 的工业电脑机种卖个 3 万~5 万片就差不多了。

有些个人电脑公司也进入了工业电脑产业。在这种多元化的公司例如神通中,工业电脑的商业模式与个人电脑的商业模式是非常冲突的。PC 是大量标准化的,做一次都是几十万片的量。而工业电脑的单子都很小、很多,一个单子可能只有几千,搞不好半年或 3 个月才能卖完。这样一个事业在神通的企业里,虽然它有赚钱,但是在它的利润里面是占的很小的,所以工业电脑部门在神通中是非常边缘的。但这个产业是小企业很好的一个生存空间,因为虽然单量小且多样,但这个产业的产品单价高、毛利高、也比较有利润。

台湾工业电脑产业在 1995 年那个时候,已经过了浮现期,是成长期刚刚要开始。

**2.创业者的原事业经历**

瑞传公司创业团队的成员,包含初期的创业者张棱衡、张瑞强,及后来加入的陈志中,创业前在神通工作并共事过 5 年或 4 年。张棱衡大学就读淡江大学电算系,创业前在神通电脑公司工作了 5 年。先在 PC 部门担任产品经理(PM)负责人,从事产品规划、营销及对公司内部其他单位的协调工作,并且是陈志中的主管。后 2 年转到 IPC 部门,担任业务经理,从事对国外客户的业务。陈志中大学就读台北工专电子系,创业前在神通电脑公司工作了 5 年。在 PC 部门担任产品经理,是张棱衡的部属,从事产品规划与营销,及对公司内部其他单位的协调工作。后 2 年先转到 Modem 部门,之后又转到 IPC 部门,担任产品经理。张瑞强大学就读大同工学院工业设计系(B1),创业前在神通公司工作了 4 年,在 CAD/CAM 部门做主任,销售 HP9000 系列的工作站。

**(三)创业后**

**1.创业后转型做工业电脑贸易**

因为过去在神通从事过 IPC 事业,很了解业界,有知识和技术,因此瑞传创业者于 1994 年第三季进入 IPC 事业,从事纯粹 IPC 产品的贸易。瑞传从台湾市场的 IPC 制造商买进 386、486 的 IPC 主板、机箱、电源供应器的货品,再转卖给国外经销商。客人会要主板、机箱、电源供应器各几片,就是这样送的。主板占营收的 6 成以上。

**2.差异化过程**

**(1)策略决策**

瑞传于 1995 年 6 月决定重心移到 IPC 事业,并决定直接切到下一代奔腾主板进行产品开发。做出此决定后,由于瑞传创业者没有主板设计技术,因此创业者主动与一家主板设计公司接触,建立了合作关系,共同开发奔腾主板。

在当时 IPC 主板市场还是在 486 的阶段,但是上游厂商 Intel 已经从 1993 年推出了奔腾 CPU,上游矽统的奔腾芯片组也已出来了。在商用 PC 的市场已经到了奔腾的阶段,但 IPC 产业还没有到奔腾的阶段。一般商用的至少会快个半年。CPU 从 486 跨到奔腾是一个很大的升级。486 CPU 的运算速度最快只到 66 MHz(1 秒运算 66 000 000 次),主板对外的界面用 ISA。而 1995 年 5 月奔腾 CPU 的运算速度已到了 133 MHz,主板对外的界面则改用 PCI。

在当时虽然下一代产品有没有市场还不确定,创业者判断再去做 486,一点机会都没有,因为市场上同类产品已经一堆了,新公司要赌就一定要赌下一代的产品,因为那时候其他竞争厂商的产品还没出来。虽然奔腾的主板市场当时创业者还看不见,但是过去的经验告诉创业者,这个路才是对的,这个产业要看 Intel 怎么走,要跟着潮流走,遵循 Intel 的路径图。所以创业者就把资源放在奔腾上,直接找设计公司谈这些合作。

**(2)竞争厂商行为及原因**

1995 年 6 月当时台湾工业电脑厂商大约有十几家,包含研华、研阳、神通、艾讯、威达、宝晟、立端、盘宜、南京资讯等公司。研华是最大的垂直整合工业电脑厂商,1994 年营业额已达 3 亿多,1995 年 4 亿多。研华当时已经成立 15 年了,它早期就是做工业控制这一块,它的事业单位很多,在 IPC 这块里面它什么都做,产品线比较广,所以它的事业范围(scope)及公司规模都比瑞传大。

研华 1995 年当时有工业自动化、工业机箱、工业电脑主板三个事业群。工业自动化控制事业群占研华营收的 6 成,是研华核心本业,机箱和主板占营收的 3～4 成,是相对小的事业部门。工业自动化事业群做工业控制卡片,包含控制卡、控制开关、监控的卡片。对工业控制事业而言,主板速度并不是最重要的。研华管理者认为营销和服务的附加价值,比设计、制造的附加价值更高,因此研华重心放在营销和市场端,研发和制造只是维持而已。研华 1995 年当时聚焦在琢磨大众化的产品,认为顶端的高阶市场产品用的人不多,他们判断初期没有奔腾主板的市场需求,他们曾对自动化杂志媒体说,做奔腾市场机会不大,这个是错误的方向。那时候的厂商主要都是聚焦在自动化的市场,这个市场规模不是那么大。另外那时候是卖方市场,所以大家利润也很好,可以慢慢做。这个产业的惯性本来就是现在不用推得那么快,慢慢把一个东西做得很稳定,然后卖出去。

神通是一个非常制度化的大公司。主要的业绩和利润都是 PC 事业上产生出来的,IPC 在神通中只是一个营业额不高的小部门,有相对小的利润。因此 IPC 事业不被老板看在眼里,使得很多的决策没有人敢做。在业务部门看到市场机会,认为要开发某产品,但是研发部门认为可能还不需要做的情况下,新事业部协理不敢快速做出决策,使得产品开发决策比较慢。另外大公司的制度化,使神通内部流程非常冗长,使产品设计制造速度更慢,跟不上 IPC 的产业的现况。神通当时也有一些 486 的产品,因为那时候是卖方市场,所以它也不急着把奔腾推出来。

(3)建立合作关系

瑞传于 1995 年 6 月与上游的一家主板设计公司新汉公司建立了合作关系,瑞传就外包给它设计和生产。上游的新汉以成本加 3 成供应给瑞传,由瑞传独家销售。

合作厂商的两位主要人员过去是神通公司中 PC 设计部门的研发人员,他们设计过服务器和 PC 的主板,在离开神通之前有十年经验。创业者在神通时就认识他们,知道对方的能力不错。他们于 1993 年初离开神通去创业,创业后因为方向不对,所以做的不成功,在亏钱。

创业者与设计公司人员碰面以后对彼此有了了解。他们有 PC 设计技术,他们的技术不难移转到 IPC 主板的设计上;他们在 PC 上失败,需要一个能获利的产品;创业者有这个需求,知道客户要什么规格;如果能够自己发展产品,瑞传的利润率一定会比较好,一定卖得掉。创业者与他们谈一谈觉得可行,一拍即合,就一起来合作了。

合作谈判包含了设计公司除了为瑞传设计主板产品外,并负责产品外包制造及品质测试检查。另外产品须由瑞传独家销售。

(4)产品决策

初期瑞传规划了两个产品,分别为含矽统(SIS 公司)芯片组的基本规格的奔腾主板,以及含矽统芯片组并内建 SCSI 和 VGA 卡的奔腾主板。之后再推出含 Intel 芯片组的基本规格的奔腾主板。更后面,开发出使用双奔腾 Pro CPU 的具有更多附加卡的主板。

第一个是含矽统芯片组的基本型的奔腾主板,用简单功能、价格便宜来当作策略的基调。策略很单纯,要做到单、基、价、稳。单就是单面板。基就是只有最基本的功能,VGA、RAM 都没有,客人要什么东西就自己去加。价就是价格便宜,另外要求这个产品要稳。竞争厂商在较晚也推出类似的基本功能产品。

第二个是含矽统芯片组并内建 SCSI 和 VGA 卡的奔腾主板。这个产品虽然因为内建了两种卡使价格更高,但是当客户有用到这两种卡时,就可以因为免去买两片附加卡而省掉一些成本。竞争厂商在较晚也推出类似的基本功能产品。

第三个是含 Intel 芯片组的基本规格的奔腾主板。这项产品效能与使用矽统芯片的基本型主板效能差不多,主要是为了要反映市场反馈,因为国外客人说:"虽然 SIS 的较便宜,我就是要 Intel 的"。即市场中使用产品的许多客户迷信大厂。这片板子虽然价格较高,但它是三块板子中卖得最好的一块。竞争厂商如研华,在较晚也推出类似的产品。

第四个是更下一代的含双奔腾 Pro CPU 的主板。这块最新一代的主板推出时在世界领先,使瑞传在 1996 年 6 月的电脑展展示出了公司的技术实力。

由于瑞传早一步发现了浮现出的新细分市场,即电脑与电话语音整合的市场,对高效能产品有特殊需求,需要主板能更快与推动更多的类比输出/输入卡,瑞传后来特别去设计这方面的线路,以便满足这种特殊需求。

(5)产品由理念发展为规格

当时公司是以张棱衡为核心,他先规划产品规格,然后与陈志中、张瑞强两位创业者讨论一下,看有什么要修改的。发展规格是决定关键零组件,就是芯片组要选哪一个,以及决定主板的输出入功能,即推动什么种类的、多少 IO 卡。

产品经理(PM)将理念发展成规格就要了解整个产业的情况,会用到经验知识,包含所发展的主板的功能是跟客户端应用有关系的,要了解不同的芯片能支持的功能,要处理兼容性的议题,及在限制条件下决定取舍。发展产品规格是在某种限制条件下进行的,需要在主板的空间、功能的多样与低成本之间取舍。规格中越多的功能,要占的空间就越大,成本就越高。所以要根据当时的市场经验法则,考虑规格中哪一些功能可以满足绝大部分客户的要求,且可以在有限的空间中放得下,使主板既是很理想的,又是成本很低的。

由于开出规格会用到许多经验知识,所以 PM 都要一段时间的训练,才能够真正地把规格给开好、开对。真正好的 PM 至少要三年以上的经验,才能够独立作业。也许要五年以上的经验,才真正地有一些想法。

(6)合作开发产品

与设计公司合作开发产品过程中,包含提供产品的规格,及沟通产品为何如此设计,怎样解决会碰到的问题。沟通的流程和常规和神通当时 PM 与设计部门的沟通流程和常规是一样的。沟通内容包含要提供简单规格图,主要组件要怎么配放,以及移转一些 IPC 主板设计方面的知识,接着就由设计人员自己去布局和设计线路,决定其他的用料。

3.领先推出差异性产品

瑞传与设计公司合作,领先于 1995 年 10 月推出含矽统(公司)芯片组的基本型的奔腾主板产品。之后每隔两个月持续推出一项新产品,并在市场持续保持领先。后续新产品分别为:含矽统芯片组并内建 SCSI 和 VGA 卡的奔腾主板、含 Intel 芯片组的基本规格的奔腾主板,及更下一代的双奔腾 Pro CPU 的主板。新产品上市后,品质方面没有发生什么问题。

相对于有规模的竞争厂商如研华、艾迅,瑞传陆续推出的新产品在市场上大概领先了半年时间。相对于规模较小的厂商,如威达电,这个新产品在市场上大概领先了三四个月时间。

与 486 主板相比,领先推出的新奔腾主板产品的效能,主要就是取决于与它搭配的 CPU 的效能,就是 CPU 升级了这个板子就升级了。由于奔腾 CPU 的速度比 486 CPU 的运算速度快一倍,所以奔腾主板比 486 主板的效能高是一定的。奔腾的主板价钱跟 486 价钱大概差 50%,毛利率是价格的三四成。

在产品陆续推出后,创业者 1996 年初就开始去拓展业务,初期经由 3 人分别出差去各自负责的国家寻找和开发客户。之后于 1996 年 6 月利用台北市的电脑展,发掘出了未来应积极开拓的主要客户。因为瑞传当时缺钱,在台北世界贸易中心的展场内租摊位很贵,于是创业者在旁边的凯悦酒店租了一间客房,把里面布置成展示间。然后请了一些工读学生在研华等工业电脑大厂的摊位外发产品目录。如果看到一位国外客人进去这些摊位看了约 20 分钟,就会送上一张产品目录。产品目录上印着瑞传最新的奔腾工业电脑主板,并且标示着在旁边的凯悦酒店有展示间。有兴趣的客人就会离开展场走几分钟,到凯悦酒店的展示间看看。在这里瑞传会请客人留一张名片和联系方式并且填一份问卷表,上面有曾使用过何种厂牌工业电脑,使用频率,做什么用等问题。瑞传在此期间收到了数百份问卷。根据问卷内容,他们将客人分为 A、B、C 三级,从而找到各国主要的工业电脑客户。

在领先对手的三个月到半年期间,产品本身的高效能就已经有营销能力了,影响了客户的决策。产品在营销上占比较大的比重,新客户开发中销售技巧没有那么重要,业务只是要找对人并盯得紧。

瑞传开发出的新客户,有一些也是竞争厂商的客户,另有一些新开发的客户。国外经销商若是竞争厂商研华的客户,因为他们对研华依赖比较深,让他们用瑞传的产品是很难的,不易开拓出来。其他厂商例如像爱讯、威达电的客户,创业者还是比较有机会。因为有些经销商会找第二渠道,不见得只向一家进货。另外就是国外经销商选择国内 IPC 厂商是根据规格,忠诚度没那么高。他需要这样的规格就会找你,他需要那样的规格就找另外一家。再来有些客户除了产品也看服务,服务好也会吸引他们。所以能否开发成功要看客户,不见得每个客户的门都容易被敲开。

奔腾主板市场接受度很高,其实是市场一直对更高速工业电脑有需求。创业者原来并没有意识到在工业控制细分市场之外浮现出新细分市场。创业者后来发觉,从经销商买的奔腾的板子,很多都是应用在跟电话、电讯有关的通讯用的设备上。譬如在电脑电话整合这块市场,它的效能要求比较高,要用到瑞传的产品。瑞传正好切入这一块浮现的细分市场,因此运气很好。

另外瑞传的产品也用在电脑跟交换机配合的设备上。传统电话交换机是很昂贵的,例如 Nortel、西门子的,它要增加一些功能很麻烦。后来到 1996 年业者就推出来跟电脑结合的交换机,升阳(Sun Micro)和 Microsoft 都开发了电话交换系统的软件,使得交换机的功能提升,成本下降。Sun Micro 原本开发了电话交换系统,它在专属作业系统 Solaris 和专属硬件上运作。因为专属系统的量少,所以硬件很贵,一片主板可能是一般 PC 主板价格的 5 倍多。后来 Sun Micro 推出了与 Intel 的 X86 版的硬件兼容的作业系统 Solaris,使得很多人发现,若将 Solaris 的作业系统架在 Intel 架构的硬件上,成本上就很有竞争优势。

创业者原来还以为客人只是要 486 的产品,但直接切进奔腾主板市场后,结果发现这个市场的需求还蛮强的。在瑞传领先竞争对手推出新产品的前 3 个月到半年时间,瑞传的东西可以先试用。如果客户采用瑞传的,后续就不再用研华的了,除非瑞传的产品出问题。

领先期还不是业绩成长最快的阶段,最快应该是半年以后,订单和订量就陆续出来了。从 1996 年初到年尾,奔腾产品的订单数持续增加。客户初期的订量很小,主要是测试用。1996 年 6 月资讯展以后,因瑞传接触了各国的许多客户,使得这段期间小单量的测试订单特别多,到下半年接近年底才渐有较大的单量。

1996 年初期奔腾主板上市后,瑞传的定价大概在 280 到 300 美元间,毛利率大概在三成到五成。同期间 486 主板的定价在 180 美元左右,毛利率约三成。1996 年下半年时,奔腾主板定价在 250 美元,毛利率大概在三成。同期间 486 主板定价在 150 美元左右,毛利率也约三成。上游的新汉以成本加三成卖给瑞传。

4.绩效

瑞传 1995 年的时候 IPC 营业额还不高,还没有赚到钱。奔腾出来后业绩才慢慢起来,所以到 1996 年业绩慢慢就上来了。1996 年度奔腾业绩尚未超越 486,1997 年度奔腾的业绩比重就大幅超越 486 了。瑞传 1995 年的营业额 6 400 万,获利 14 万。瑞传 1996 年营业额达到 1.7 亿,利润在 3 000 万以上,超过营业额的二成,并达到当时增资过的 1 000 万资本额(因为 Modem 亏损,转型做工业电脑时实际资本只有 600 多万)的三倍。1997 年营业额达到 4.9 亿,利润超过 1 亿。

# 瑞传 Modem 事业个案的问题
# (原产业创业的)

1.瑞传 Modem 事业有没有成功?

2.瑞传 Modem 事业的低绩效产生前,它推出了什么产品? 这个产品优劣势为何? 这个产品具有什么属性?(它适用什么理论?)

3.瑞传 Modem 事业差异化当时,存在或潜在哪些细分市场? 哪个市场是有竞争威胁的,哪个市场还没有竞争威胁?(它适用什么理论?)

4.瑞传 Modem 事业的差异化策略是立基在什么强势资源上? 要克服什么资源的弱势?(它适用什么理论?)

5.瑞传 Modem 事业差异化当初,产业已发生了什么改变,产生什么机会?(机会起源的前因)(它适用什么理论?)

6.这个机会是不是创业机会? 它是否已被竞争厂商利用而消失了?

7.机会该如何定义?

8.机会是什么样子,即"机会结构"包含什么项目? 产生差异化的产业环境因素包含哪些?

9.竞争厂商为什么积极利用这个机会? 机会对新事业存在的前因。(它适用什么理论?)

10.机会项目对产品的竞争优势(或相对获利力)有何影响?

11.瑞传 Modem 事业在差异化当开始时,新细分市场的需求是否明确? 竞争者对这种市场信号的回应如何? 创业者基于什么决定进入? 创业者决定进入适不适当?

12.瑞传 Modem 事业差异化过程中用到了哪些知识? 这些知识的强度与稀缺程度为何?

13.瑞传 Modem 事业创业者的知识是经由什么累积出来的? 即知识(存量或强度)的前因是什么? 这个前因用什么维度描述较为完整?(它适用什么理论?)

14.瑞传 Modem 事业有没有推出差异性产品,产品的竞争优势程度为何?(它适用什么理论?)

**用这个个案理解策略**

1.差异化决策当时新事业的价值活动、产品、市场地位、规模、地理范围如何?

2.环境前提:差异化当初产业已发生了什么改变? 趋势为何?

3.条件前提:差异化当初新事业已拥有什么条件? 新事业是否利用了机会?

4.它的策略违背了哪一项 SWOT 原则? 是否立基在强势资源,是否克服资源弱势,是否利用了机会,是否避开了威胁,是否创造出了竞争优势?

5.差异化后新事业的价值活动、产品、市场地位、规模、地理范围如何?

6.策略方案是随时都能产生的吗？什么情况下不能产生？

7.你知道操纵强势（即有优势）建立新优势是什么意思吗？

8.你知道为什么意图的策略有时被放弃，而采取一个突现的策略吗？

9.资源限制了可行策略的范围，请指出相关创业或非相关创业成功的可能性为何？

10.策略有没有包含创新？创新与策略的关系为何？

11.为形成和落实执行策略，团队的组成要为何？

# 瑞传公司失败的 Modem 事业个案

## 一、Modem 事业的个案故事

瑞传公司创业初期,直接就跨进 Modem 的差异化过程,从事 Modem 产品的开发与销售。

### 1.创业与创业者的经历

瑞传公司创立于 1993 年 1 月,创业资本 500 万元。瑞传公司 1993 年创立初期包含一位全职的 Modem PM 兼业务人员,张棱衡、张瑞强和另外二位 Modem 设计工程师是投资者,但这几位不是全职的员工。这位全职的 Modem PM 兼业务人员处理瑞传内部事务,负责产品规划、外包制造及国外业务。二位身为瑞传股东的 Modem 设计工程师仍在别家公司上班,利用业余时间兼职帮瑞传设计 Modem 产品。张棱衡和张瑞强当时仍在神通,在下班后到瑞传公司帮忙处理业务,张棱衡在一年后(1994 年春节后)瑞传经营不善时离开神通加入瑞传,帮助瑞传转型。

瑞传创业者张棱衡在神通时,在 PC 部门担任产品经理 3 年,有 PC 主板规划的经验,以及在 IPC 部门担任业务经理 2 年,有 IPC 产品销售的经验。虽然没有 Modem 事业的经验,但因张棱衡是 PM 负责人,负责 Modem 规划的陈志中也会向张棱衡报告,因此对 Modem 业务有所了解。Modem 的设计工程师在神通工作了两三年,他在设计方面的经验知识应该不会太差,因为 Modem 的技术没那么高深。

### 2.产业特性

那时候已经存在的 Modem 厂商包含致福、亚瑟、亚旭、国电、合勤、宏传、前程、三捷、世锋、雅企等。致福、亚瑟、亚旭是较大型的公司,比瑞传都大很多。亚旭、致福等当时是专业 Modem 厂商,生产量很大。当时没有独立的 Modem 设计公司,Modem 设计通常是制造厂商中的一项职能。

Modem 是数据传输的机器,Modem 产业的重点是在上游的芯片,芯片厂商会提供线路给下游 Modem 制造商。Modem 制造商的设计只是将芯片拿来重新去布置线路,然后设计 Modem 的外观。Modem 销售到国外有一个门槛,就是这些 Modem 要到每一个国家去申请电信的认证,还要当地电信局认证。瑞传那个时候也没有办法到很多国家认证,就是统一的先以美国市场为主。

下游市场对更高传输速率的 Modem 的需求是很明显的,市场的能见度是很高的。因为那个时候刚好 Internet 和 BBS 开始兴起,资料传输都是靠 Modem,Modem 速率从 2 400 到 9 600 再到 14 400,效率提高很多,就形成一股热潮。

Modem 是几乎标准化的求量的产品,所以厂商假如没有量,成本就降不下来。创业者进入市场时,Modem 已经在爆发,所以量很大。那时候市场已经变成玩资本的时代了,因为其他竞争厂商做的生意都是大 OEM,一次就是 100 万台的订单,利润多少、加工费多少,商业模式已经玩成这样,小公司比较没有机会。

3.创业与差异化过程

创业当时上游 Modem 芯片组的传输速率已从 2 400 跳到 9 600,之后再跳到 14 400。那时候 Modem 的芯片组供应商主要有两家,是 Rockwell、AT&T,但是开始都没有语音传真功能。当时上游有一家 Modem 芯片组厂商在 9 600 的 Modem 芯片中加入了语音传真功能,使 9 600 传输速率的传真 Modem 芯片出现,之后传输速率再跳到 14 400。

创业者找到这个新兴的公司,传输速率在 9 600,并可以做语音传真。把传真加进 Modem 的好处是 PC 平常在家里可以当传真机收发,或是你可以一次发很多的传真,自动发。所以创业者开始是找一个有利基的芯片组来做 Modem,它有一些价值。瑞传这个传真 Modem 产品是台湾第一个,这个产品有赚一点点钱。

但是一两个月这个产品就被其他 Modem 竞争厂商赶上了。因为 Modem 接下来就跳到 14 400,并且 Rockwell 把语音传真的功能并进去了。因为对 IC 来讲语音传真的功能只是一个 IP 而已,Rockwell 把它包进芯片里面就有了。事实上 Rockwell 很快就在 14 400 的芯片组中并进去了。所以瑞传后续要推出的后面的机种就比人家慢了,后面竞争力就没有做出来。与大厂的产品比,瑞传的产品上市时落后,而且没有差异。

后面的产品落后别人,一方面是因为大厂一定先支持大厂。Rockwell 一定是支持比较大的。因为优先支持,所以当时的 Modem 大厂资源、资讯的取得都会比较快。另一方面是因为虽然作为股东的 Modem 设计人员设计能力没有问题,但公司没办法付得起他的薪水,那时候他在另外公司做 Modem 设计。就是因为他是兼职没有全心投入,所以 RD 没有赶上进度。研发的产品一直没有出来,本来 6 月要参展出不来,一直到 9 月还出不来,11 月才能量产。

4.产品

瑞传推出 14 400 Modem 的时候,已经有十几家竞争厂商的产品上市了。因为后来就是太慢,使得实际上产品是没有差异性的。产品量产出来后,市场价格一直跌。因为量的差别,瑞传在零件的价格上就竞争不过大厂。瑞传生产一批可能是 1 000 台,人家生产一批是 10 万台,采购的零组件价格就会差异很大。因为没有量、没有规模经济而使瑞传的成本太高。那时候像亚旭和致福等 Modem 大厂的 FOB 卖价低于瑞传的成本,所以产品没有竞争力。落后的产品造成一大堆旧库存卖不掉,最后只有赔钱卖掉。其实瑞传一开始就不应该做 Modem。

5.绩效

Modem 产品一直亏钱,使得瑞传的 500 万资本额 3 个月就亏损了 300 多万。接下来瑞传转做传讯威龙,做一做就改做贸易,买人家的 Modem 来销售。

# 科林个案的问题(原产业创业的)

1.科林的高绩效产生前,它推出了什么产品？这个产品优劣势为何？这个产品具有什么特征与属性？(它适用什么理论?)

2.科林差异化开始时,存在或潜在哪些细分市场？哪个市场是有竞争威胁的,哪个市场还没有竞争威胁？(它适用什么理论?)

3.科林的差异化策略是立基在什么强势资源上？要克服什么资源的弱势？

4.科林差异化当初,产业已发生了什么改变,产生什么机会？(机会起源的前因)(它适用什么理论?)这个机会是否被竞争者利用了？被竞争者利用程度为何？

5.机会该如何定义？

6.机会是什么样子,即"机会结构"包含什么项目？产生差异化的产业环境因素包含哪些？

7.竞争厂商为什么不积极利用这个机会？机会对新事业存在的前因。

8.机会项目对产品的竞争优势(或相对获利力)有何影响？

9.在差异化当时,目标市场是否明确？创业者基于什么决定进入？

10.科林差异化过程中用到了哪些知识？这些知识的强度与稀缺程度为何？

11.科林创业者的知识是经由什么累积出来的？即知识(存量或强度)的前因是什么？这个前因用什么描述较为完整？(它适用什么理论?)

12.第一个差异性产品推出后,科林的事业竞争优势是如何保持的？(它适用什么理论?)

**用这个个案理解策略**

1.差异化决策当时新事业的价值活动、产品、市场地位、规模、地理范围如何？

2.环境前提:差异化当初产业已发生了什么改变？趋势为何？

3.条件前提:差异化当初新事业已拥有什么条件,使新事业可以利用机会？

4.这个个案立基在什么强势资源,克服什么资源弱势,掌握什么机会,避开什么威胁,然后创造什么竞争优势？

5.差异化后新事业的价值活动、产品、市场地位、规模、地理范围如何？

6.策略方案是随时都能产生的吗？什么情况下不能产生？

7.你知道操纵强势建立新优势是什么意思吗？

8.你知道为什么制定的策略有时被放弃,而采取一个突现的策略吗？

9.资源限制了可行策略的范围,请指出相关创业或非相关创业成功的可能性为何？

10.策略有没有包含创新？创新与策略的关系为何？

11.为形成和落实执行策略,团队的组成要为何？

# 科林公司个案

## 一、科林公司个案故事：成功的眼科医疗设备代理事业

### （一）科林公司简介

科林公司于 1986 年 5 月 1 日，由创办人林文正，及萧明中、伍祚庆两位部属创立，创业资本 200 万。林文正、萧明中、伍祚庆分别为科林公司现任董事长、总经理与副总经理。目前科林公司是台湾眼科和耳科医疗设备最大的代理商，事业横跨台湾和大陆，员工人数超过 200 人。

### （二）创业前

1.创业者的原事业经历

林文正毕业于中原大学医学工程系，所学的专业与之后从事的医疗设备代理业是很接近的。创业前林文正先生在医疗仪器代理商——雄恒公司已工作了约 8 年。在雄恒公司中林先生是从基层做上来的，从维修工程师做到维修部主任，然后到业务经理。在雄恒的前 3 年从事医疗设备的维修，后 5 年从事业务。创业前林先生担任眼科部门的经理。

在雄恒公司中，因从事过业务工作，使林先生锻炼出业务的能力。他认为业务能力就是谈判能力，其实也不难。谈判就是要充分掌握你拥有的知识或是原来的商誉。人家要是相信你，谈判过程就很短。东西很好，谈判长度更短。有口碑就更短，这都是一环扣一环的。林先生从维修转到业务工作的特殊经历，也给林先生独特的从事销售业务工作的理念。传统医疗仪器代理业的业务人员的销售方式是，反正我就是卖进去，完全没有一种服务的想法，使得医生买了设备后有很多维修问题。因为林先生有由维修工程师转到业务的背景，并且当时是维修、业务一起做，所以林先生把服务做得很好。林先生强调医生买我们的设备就是要让他没有牵挂，林先生认为医生们买我们的机器，是买我们的售后维修服务。所以我们的产品是服务，而不是产品是产品。秉持这个理念使林先生业务做得很好，顾客对他非常赞赏，并且他与顾客之间建立了很紧密的关系。

雄恒公司因为是代理国外制造商产品在台湾经销的公司，使林先生也做过产品代理权取得的谈判与协商工作。过去林先生帮雄恒公司开发出很多代理的产品。

萧明中、伍祚庆也毕业于中原大学医学工程系。创业前萧先生在雄恒公司工作了两年时间，从事业务兼维修。创业前伍先生在雄恒公司工作了两年时间，担任业务代表，也从事业务兼维修。二人都是林先生负责部门的成员。

对创业者比较有利的是，当时医疗仪器代理产业医学工程背景毕业的不多，三位创业者都是全台湾唯一的中原医工系毕业的。这使得创业者了解解剖生理知识，会跟客户对谈得比较深一点，比较容易掌握应用设备进行医疗手术的知识。一般代理公司的人员都是从不相关背景跨到这个领域，坦白说蛮吃力的，所以只好靠舌灿莲花。

### 2.创业的起因

雄恒公司是一个家族企业,原事业主年纪已过 60 多岁,他将公司传给了儿子,总经理的职位交给了儿子担任,可是儿子又不很投入。林先生与萧先生、伍先生都认为对客户的承诺一定要兑现,可是那时候雄恒的老板因为年纪已大,有时候没有履行对客户的承诺。一再出现的话,损伤公司业务人员的信用。林先生觉得在大公司中,有很多事情不需要都由一个老板说了算。林先生认为自己做应该可以更弹性,服务的方式和做法可以做得更好。所以林先生觉得必须离开这个公司,做一个更快更好的组织。事实上促使他决定创业,是因为公司的制度限制了他,薪水不是主要的问题。

### 3.机会认知

林先生在采取创业行动前,已意识到了创业后应该要争取到重要的产品的代理权。通过杂志、和医生对谈,参加一些国外的商展,都可以了解到这个产品很好。在业界大家都知道这家厂商,并不是什么秘密。

新产品是制造商 Cooper Vision 公司的白内障眼科手术设备和玻璃体手术设备。林先生是从公司原有产品线去研究周边的设备,发现这个产品很好。公司原本代理制造商 Cilco 公司的 IOL(人工水晶体)产品。

这个 Cooper Vision 大厂的产品在台湾已有一家代理商,叫普大公司,已代理了几年。该公司经营上有瑕疵,它对几个已有关系的医院卖完后,就没有办法持续了。它是坐着等生意掉下来,因为这个产品当时是独一无二的,它不必去接触客户,客户自然会想要这个。普大当时只是从已卖出去的客户身上赚取耗材利润。另外普大没有售后服务,没有这种专业人才,它只能做到,你要就卖你,谈价钱,其他你自己想办法。

因为普大很弱,有这些问题,所以这才给创业者机会。创业者当时非常有信心取得这个代理权,因为创业者的做法与众不同。创业者后来谈成了代理权时,普大还有一堆存货没有卖出去。

### 4.原厂商与其他竞争厂商

代理业的产品种类有千百种,常常就会有新产品与新公司出现。当时台湾的医疗仪器代理公司大小加起来也许有上百家,比较早成立及规模大的包含雄恒行,代理日本耗材的西和公司,代理西门子公司产品的友信行。

雄恒公司当时是台湾数一数二的医疗设备和药品代理经销商,已经成立超过 15 年了。它有四个事业部,分别是骨科、胃药、眼科、肾科设备部门。眼科是公司中很小的一个部门。由于有更好赚的骨科和洗肾的设备和药品等产品,且没有人专责去取得 Cooper 这项眼科产品的代理,因此当时公司并没有代理到此项产品。

眼科是当时市场的一个新细分市场,眼科代理业当时是适逢机会,刚好是一个直线上升的起点,是爆发性的成长。虽然代理的产品不同,但眼科代理产业所需要的知识是比较稳定的。

当时代理眼科产品的公司大概有七八家。也有另外一家代理人工水晶体,科林在人工水晶体这个寡占的市场仍处于劣势。眼科代理商有裕达公司、桦莹公司、保达公司。眼科手术设备有显微镜、晶体乳化仪、辅助器械等。科林后来卖的白内障手术设备是有技术诀窍的,不是摆在那里就可以卖的。裕达公司的售后服务也不错,它比较偏向两块领域,第一个是眼科门诊,如视力检查仪、裂隙灯;另外一个是眼镜。由于这些仪器是眼科医生每天用的,因此卖它们不需要很多诀窍,对卖手术设备有一些进入难度。桦莹和保达卖的是耗材,对设备的涉猎不深。

(三)创业与差异化过程

**1.创业过程**

林先生个人决定创业后,询问了萧明中、伍祚庆,他们认同林先生的理念,于是决定跟林先生一起创业。

林先生向老板提出辞呈时,向老板表示公司现有的产品一个都不碰,不跟老板竞争。老板觉得:"你既然有这个善意,大家就都好谈了,为什么不一起合作呢?这些产品的代理只有雄恒在做,完全没有其他人在做,这些东西你都很熟,要不然这些东西你来做,我就用这些原来的代理,作为一个投资,我们干脆就来组一家公司,大家一起来合作。"

谈判后的方案是,雄恒移转4个产品给科林公司代理,代替以金钱投资到新公司中,并取得50%的股份。移转的4个产品是眼科的人工水晶体、超音波,及检验科的血液气体分析和电解质分析。林先生觉得,虽然这些产品在雄恒行的业务比重很小,最好最有利润的东西老板不会移转,但有了这些产品总是有一点生意可以做,因此接受了这个条件。伍先生认为林先生接受这个条件,其中有着对老板感恩图报的成分。林先生和老板都觉得这是一个双赢的方案,所以谈成了合作。新事业与原事业代理的产品不同,因此没有了竞争关系。

科林公司于1986年5月1日创办,除了三位从雄恒出来的创业者外,那天找了个工读生当秘书小姐接电话。三位创业者投入了200万元创业资本,这笔资本只能帮公司撑半年时间,但林先生相信能在这期间做出生意。林先生之所以很有信心是基于坚持在熟悉的那一块做生意,以及自己的背景不错。因为当时医疗代理商缺乏医学工程的专业知识。

**2.差异化过程**

创业后林先生马上与国外制造商谈代理权。科林于三个月后谈下了这项Cooper Vision公司的白内障手术设备的独家代理权,三个月里面大概谈了八次到十次。

在代理权谈判的阶段,在上游的制造商方面发生了一些背景关系的改变。在创业期间,刚好原本是雄恒所代理的人工水晶体产品的制造商Cilco公司,被白内障和玻璃体手术设备产品的制造商Cooper Vision公司购并,使得原本白内障和玻璃体手术设备的台湾代理商普大公司和科林公司都成为Cooper Vision公司在台湾的代理商。Cooper Vision公司因此可以比较两个代理商的好坏。但科林之所以能取得代理权,关键还在于创业者努力开发,和科林做法上与众不同。

在代理权谈判的阶段,林先生通常在充分准备了功课之后,自己去跟美国制造商的台湾区负责人谈。林先生认为,要跟制造商谈一定要让对方知道我们打算怎么做,包含对市场规模的看法,客户关系要如何做,这是一整套的说明,要能给国外代理商传递一个感觉:"你给我做,我可以做得更好。"

在谈的过程中林先生觉得,过去的医学工程和眼科的知识对谈判有一些帮助。因为有医学工程的本科背景,林先生相对于其他人更显得比较有专业知识,比较容易接受他们的东西。林先生也将以前代理的产品和绩效纪录的资料呈献给对方看。另外科林在售后服务、维修保证这方面知识对谈判也有帮助。

林先生认为其实谈判不需要太多的技巧。林先生认为,对方当然希望有一家好的公司把产品卖掉,任何一个人都会这样做决定。所以林先生做事情掌握很简单的观念,就是"利他"。

科林团队不管外语能力、专业知识、服务、态度,与原来的代理商比起来强很多。之前的代理商管理上有瑕疵,所以那时候刚好是很好的机会点,才能得到这个代理。

3.差异性新产品

Cooper Vision 公司开发出新的白内障眼科手术设备,同时也是对白内障手术技术的一项重大创新。

与传统的手术方法比,运用新设备的新手术方法的手术效率和治疗效果都好很多。以前因为是手动的在开刀,所以开刀的数量有限,没办法开太多。现在是由机器来辅助,所以手术的数量越来越多。以前的手术方法,因为它的切口大,导致的并发症会比较多,恢复的时间长,尤其他对角膜内皮细胞组织的伤害是很大的。运用新的手术设备和方法没有并发症,恢复的时间短,而且对角膜内皮细胞组织的伤害是最小的。白内障开了以后,病人是马上可以看得到的,然后隔了1天病人马上可以谢谢医生的,所以病人的满意度越来越高。

由于旧的设备就是手术刀那些东西,与旧的设备比,Cooper 设备的价格简直是差天差地。当时在业界 Cooper 这个白内障手术设备的效能是最好的,对客户的附加价值很高,有专利的保护,所以价格很高。一台手术设备包括一些耗材价格约两三百万,毛利约四到五成。那段时间市场上也有竞争的产品,但是效能比它差,价格也不好。

科林取得新的眼科设备代理权后,割舍了检验科产品的销售,专心在眼科手术设备上。

4.科林的业务拓展和服务

那时候医生对这项白内障手术设备的接受度还不很高。一方面的原因是,当时它是一个很新的技术,医生还有些怕有些陌生。另一方面原因是,顾客不一定有这样的预算,因为当时并不是私人开业医生能购买与使用的,所以那个时候都是从公家医院开始。

林先生从创业一开始就强调服务,在销售中也强调服务。在对医院的销售过程中,林先生完全配合医院行政人员有些过分的对设备资料的要求,将英文设备手册翻译成中文,并保证售后教育训练和维修服务。

林先生有一个理念,就是小公司就一定要有某种差异,才能够异军突起。所以那时候林先生就已经要求科林人要形成专业与服务上的差异。当时其实根本没有太多人想到顾客很重要,很多人认为业务就是交际、应酬,业务人员间比较盛行这些东西。如果要比交际应酬,当初科林比不上,那时候科林年轻人社会经验不够、业务经验不够,绝对没办法在交际手腕上赢过别人。科林不交际、不应酬,针对这个产品,关心关键的顾客,让他们觉得这个是他们想要的、能帮助他们成功。这是科林相对别的公司的差异化,使科林经营成功。

选对顾客也是科林差异化的一部分。创业者并不认为每个顾客都需要这样做,创业者把顾客给差异化。因为开销不大,所以当初科林不需要全方位去拓展每个市场,只要有一个利基市场就可以存活。所以那时候创业者选的是一块强调专业的细分市场,比较需要知识。这一块是传统生意人很难做到的,因为他花太多时间去餐厅、去应酬,不一定有时间去读书、去了解这个东西。科林刚好符合这一块对专业的要求,当初有一些医生不希望交际应酬,创业者会跟这群人建立比较好的顾客关系。

差异化也是服务化,林先生将科林定位为医疗仪器的知识提供者,为医生提供服务及最新的医疗设备使用和医疗技术的知识,这些知识是医生从医学院所得不到的。创业者从顾客方向着想,从真正了解到底顾客需要什么开始。创业者发现有些机器买进去都闲置,为此创业者采取措施,让每一台机器都能真正使用。创业者从教育训练方面着手,提供医生机器使用和治疗方面的知识,这些技巧都不是在当初医学院可以学到的。当时正在发生医学仪器的工业革命,在工业革命时期会懂得用新设备的人就赢。当时很多医疗仪器被发明出来,治疗的仪器、方法、技巧都在转变,对重视专业的医生而言,他们需要的是:谁才能帮助我学会这个、学得很快。因为医生要面对病人,病人的赞美是对他们专业成就的最大肯定。

科林的文件资料逐渐累积为一个内部知识库。林先生以此作为内部教育训练资料,并建立了每周例行的内部教育训练制度,一直持续至今。

（四）绩效

科林在取得代理权后,进入业务拓展期。两个月后卖出了第一台白内障手术设备。公司的财务也因有了销售业绩得到改善。这项产品第一年大约卖掉五六台。

科林到年底就获利,之后每年都获利。公司 1987 的 5 月 1 日成立,到 1988 年的 6 月 30 日,第一年度营业额达到 1 800 万左右,赚到 200 万资本额的两倍多的利润。新代理产生的营业额,占全部产品营业额的七八成,所以原来的代理反而就不怎么重要了。

（五）优势保持

这项产品的好光景持续了三年,直到三年后竞争性新产品在台湾出现,这项产品的优势才消失,后来创业者就不代理这项产品了。

这项 Cooper 产品代理权的取得,为科林带来的利益不只有产品产生的利润,还有它产生的一个声誉和指标效果。伍先生说:"我看到这项白内障手术设备代理权的取得,带来的附加价值其实比单纯这项产品创造的利润更大。这项代理权的取得成为公司的滥觞,使科林在眼科业界逐步慢慢地扩大。对科林来讲,这是一串粽子的头。因为 Cooper Vision 是一个大厂,之后其他的一些厂看到我们公司代理这个大厂,他们就来找我们,变成我们在做筛选。"之后连续三年里面林先生就拿到非常多代理,超过十几家。科林创业者的一个策略是科林只卖最好最棒的,不是业界领导的不做。科林取得代理的许多产品都是第一名的,至少要到前三名。

# 鸿松个案的问题(原产业创业的)

1.鸿松的高绩效产生前,它推出了什么产品? 这个产品优劣势程度为何? 这个产品具有什么特征与属性?(它适用什么理论?)

2.鸿松差异化当时,存在或潜在哪些细分市场? 哪个市场是有竞争威胁的,哪个市场还没有竞争威胁?(它适用什么理论?)

3.鸿松的差异化策略是立基在什么强势资源上? 要克服什么资源的弱势?(它适用什么理论?)

4.鸿松差异化当初,产业已发生了什么改变,产生出什么机会?(机会起源的前因)(它适用什么理论?)

5.机会该如何定义?

6.机会是什么样子,机会结构包含什么项目? 产生差异化的产业环境因素包含哪些?

7.竞争厂商为什么不积极利用这个机会? 机会对新事业存在的前因。

8.机会项目对产品的竞争优势(或相对获利力)有何影响?

9.在差异化当时,市场是否明确? 创业者基于什么决定进入?

10.鸿松差异化过程中用到了哪些知识? 这些知识的强度与稀缺程度为何?

11.鸿松创业者的知识是经由什么累积出来的? 即知识(存量或强度)的前因是什么?这个前因用什么构面描述较为完整?(它适用什么理论?)

12.第一个差异性产品推出后,鸿松的事业竞争优势是如何保持的?(它适用什么理论?)

**用这个个案理解策略**

1.差异化决策当时新事业的价值活动、产品、市场地位、规模、地理范围如何?

2.环境前提:差异化当初产业已发生了什么改变? 趋势为何?

3.条件前提:差异化当初新事业已拥有什么条件,使新事业可以利用机会?

4.你现在可以用这个个案将满足的SWOT的决策原则说出来了吗? 立基在什么强势资源,克服什么资源弱势,掌握什么机会,避开什么威胁,然后创造什么竞争优势?

5.差异化后新事业的价值活动、产品、市场地位、规模、地理范围如何?

6.策略方案是随时都能产生的吗? 什么情况下不能产生?

7.你知道操纵强势建立新优势是什么意思了吗?

8.你知道为什么制定的策略有时被放弃,而采取一个突现的策略了吗?

9.资源限制了可行策略的范围,请指出相关创业或非相关创业成功的可能性为何?

10.策略有没有包含创新? 创新与策略的关系为何?

11.为形成和落实执行策略,团队的组成要注意什么?

# 鸿松公司个案

## 一、鸿松公司个案故事

### (一)鸿松公司简介

鸿松精密科技股份有限公司于 1985 年 5 月成立,由现任公司董事长林郭田先生和现任公司总经理郭琳义先生创办,创业资本为 90 万元。鸿松公司创业早期从事电脑连接器的金属端子冲压事业,之后延伸到连接器的设计与制造。目前公司已是台湾的上市公司,生产活动分布于台湾和大陆,1992 年营业收入 6 亿元,净利 4 200 万,自有资本总额 3.9 亿。

### (二)当时冲压产业的特性和连接器的金属端子冲压事业

鸿松公司创业期从事金属端子冲压工作,属于金属冲压产业。创业当时金属冲压产业已存在超过 10 年以上时间了。

早期台湾的模具业一般都是单工程在做的。两位创业者创业前学的都是连续冲模技术,在当时它是先进的技术,出现才 3 年多时间,当时有连续冲模技术的人是稀缺的。冲压产品种类也很多,有端子类、铁壳类等。新事业做的是端子类。

这些金属零件冲压的公司有一类都是小小的,人数不多,只做几种产品。另一类则是大公司如旭丽、同协等。冲压厂的数量虽说很多,但台湾有这种连续模技术的厂商还不是很多。

旭丽是金属冲压公司,它生产冲压零件供光宝集团自己用,没有对外。它的产品种类很多,集团自用都做不完,不用到外面找业务。旭丽的产品还有更好赚的支架等零件,它不会对四方 pin 这个小东西特别注意,它不看重这一小块的利润。另外旭丽找不到好的模具师傅也限制它的产能扩张。

鸿松公司创立的 1985 年,刚好是台湾 PC 产业开始起飞的时候,所以很多做模具的会转向做 PC 产品。产业的进入是很容易的。那时候需求很强,都是客户来拜托创业者的,不是说只有鸿松,客户的很多东西都要拜托这些协作厂,那时候单子大家都接不完。

鸿松公司创业期生产连接器上的金属端子,交货给下游连接器厂商组装在连接器的塑胶件上。金属端子的生产是经由连续冲床对铜线或铜板材料冲制而成,因此新事业首先须开发模具,然后再用冲床投入产品的大量生产,新事业的内部流程为这两项。

因为能否开发出模具,决定能否生产产品,以及模具开发得好,将使产品品质好,生产中的问题会少。因此金属冲压公司能否存活关键在能否自己设计与开模。模具的好坏百分之七十在设计的好坏,如果构想的不好,后续生产的部分就不稳定。模具制作的过程包含:依据要生产的产品的形状设计模具的零件、找外包厂加工部分模具零件及自己加工部分模具零件、组立测试模具、修改模具、通过测试,开发完成后投入生产。

模具的设计与开发中需要很多产业特殊的经验性知识,例如:铜板的材料与厚度不同,折弯后有回弹值,使得模具的折弯角度要超出零件的标准折弯角度,使折弯回弹后角度正好。铜板的材料与厚度不同,使上下模具的最适间隙不同,间隙过大可能造成超出公差与产生毛边,间隙过小可能造成冲头吸起废料(跳屑)或损坏模具,这种情况要改刀口。一个端子零件若用 5 个工站冲出的品质不佳,也许要改变成形方式,增加工站到 7 个。

由于模具开发中有许多经验性的知识,因此学习开模技术达到熟练程度,需要大约 3 到 4 年的时间。在金属冲压产业中模具技术的学习过程是由下往上的,从现场的加工、组立、试模的部分开始,有了这些现场工作经验以后,才会提升到去设计模具。

(三)创业前

1.创业者的经历

现任总经理郭琳义先生,在罗东高工的高职教育时期就读机工科,曾到姐夫开的金属冲压工厂实习,对连续冲模机械产生了兴趣。高职毕业后郭先生就到姐夫开的工厂工作了一年多,此期间郭先生跟随姐夫,二人下南投设立一间冲压厂,直到郭先生去当兵。

去南投是郭先生人生很好的历练,因为全公司里面只有两个人懂模具,工厂是郭先生和姐夫做起来的。那时候姐夫画图,郭先生做模具。从图面出来,备料以后,到热处理,到研磨,到加工,到模具组好后试模,这整个冲压过程姐夫都有教郭先生。失败了再来,一直做到成功。经过南投的历练,使得在当兵之前郭先生独立开出了一组模具,就已经有办法开模具了。

服役期间放假的时候,郭先生会到姐夫那里收集一些资料,带到军中去研究那些模具的设计。自己去揣摩,模具要怎么设计,不懂就打电话问姐夫。当完兵后进入一家金属冲压的小公司,老板给了一个产品设计图,郭先生就设计了模具出来。在这家公司工作了一年多,老板把全部的内部事情都交给郭先生处理。

现任董事长林郭田先生,在宜兰高工的高职教育时期就读机工科,创业前在冲压产业经历了四年半的工作时间。林先生退伍后先到姐夫的冲压公司工作了一年半,向姐夫学了很好的连续冲模的模具技术。林先生学的连续冲模的模具技术在当时是稀缺的。

离开姐夫公司后,林先生再到另一家冲压公司工作了一年半,之后进入旭丽公司工作了一年半,一直工作到离开旭丽自己创业。旭丽需要一个模具师傅而聘雇了林先生。林先生经历姐夫的工厂以及后面的旭丽公司,达到模具师傅的水准,自己设计过模具。

林先生和郭先生在创业前分别有 3 年及 4 年半金属冲压产业的经历。

2.产品与四方 pin 模具技术

林先生进入旭丽当时,旭丽刚好成立冲压的部门。这个部门有做四方 pin 零件的冲压。部门总共有 3 个人,一个是经理,一个是自动化产品工程师,另外一个模具师傅就是林先生担任。完全是林先生在主导模具冲压,所以林先生就了解这套四方 pin 模具了。

旭丽做的四方 pin 就是 1 个 0.64mm × 0.64mm 的正方形的,长度约 8 mm 的 pin,它是连接器插头上的插针。以四方 pin 做成连接器后,可以连接两条电线。

以前台湾做四方 pin 是用专用机打,很慢而且品质不好。专用机一分钟可以打 150 下。那时候旭丽很投入,到日本去买模具,那套模具 90 万,然后再买工作母机,就是冲压床也要 90 万,整套设备弄起来将近要 200 万,是两栋房子的金额。当时台湾开发不出来这套模具,因为有难度,所以旭丽是从日本买的。旭丽不是做四方 pin 的第一家公司,但旭丽是第一家用冲压技术做四方 pin 的。旭丽的连续冲模一分钟打 250 下。旭丽冲的四方 pin 是给光宝集团自己用,没有卖到市场。

四方 pin 的应用范围很广,在主板上也有用到。因为四方 pin 是标准规格品,所以它到处都可以卖。因为台湾 PC 产业在当时起飞,使四方 pin 的需求大增。当时四方 pin 产业供不应求,做多少要多少。以专用机打四方 pin 的专业厂商当时获利很高。另外当时四方 pin 都是大量地从日本进口,价格很高。日本制造的四方 pin 品质好,因为日本加工机具及技术先进,用连续冲模技术加工。

在旭丽的一年半时间,林先生了解了这套日本设计的四方 pin 模具,也了解到四方 pin 的需求量非常大,在旭丽里面每天冲都冲不完,也了解到市场上需要四方 pin 的一两家客户。另外他的父亲经常传授一个观念:要有一技之长,要有自己的事业。这些因素促使他产生了创业的念头。

（四）创业与差异化的过程

1. 模具仿制与产品的生产

由于在旭丽了解日本设计的四方 pin 模具,使创业者能仿制这套模具。四方 pin 做出来后,由于知道一两家客户,因此创业者接触这些客户取得了订单。

创业的时候,郭先生和林先生一个人拿 10 万出来,后来爸爸借了 70 万,总共是 90 万的资金。买了两台冲床、一台磨床(磨模具),当时冲床一台只要几万元。

新公司的流程技术与之前的公司都是一样的,创业者只有接单生产,没有销售。因为四方 pin 的需求量非常大,两台冲床都生产不完。两个创业者要 24 小时轮流生产,一个是白天,一个是晚上。创业者生产多少,客户就要多少。创业前三年都在日夜赶工,整年休假日不超过 7 天。

创业后一二个月,其中一个跟旭丽买过四方 pin 的客户后来也需要 IC 插座,他问创业者能不能开发这个零件的模具,创业者回答能开发,因此接下来就开发了 IC 插座的模具。

2. 差异性产品的竞争优势

创业者仿制日本的模具,虽然在精密度上只达到日本的 70%～80%,但台湾客户能接受。因为第一,与从日本进口的四方 pin 比,台湾产的价钱只有一半或三分之一。第二,从日本订货交期拖很久,要半个月到一个月。而创业者 3 天就可交货。第三,这些用在 PC 产业的四方 pin 可能插上去以后就不动了,一辈子都不拔起来,因此对品质要求不高。

当时除了旭丽公司,只有鸿松创业者用连续冲模生产四方 pin,两家公司寡占连续冲模生产四方 pin 的技术,其他台湾厂商是用专用机生产的。后来创业者改良了连续冲模,能够一次打两条,相当于一分钟打 500 下。由于专用机一分钟打 150 下,连续冲模一分钟打 250 下,创业者一分钟打 500 下,因此创业者的生产效率很高。创业者卖给客户的价格比专用机厂商的价格还低,所以创业者做多少客户要多少。

当时四方 pin 零件的市场价格是加工成本的三四倍,但量非常大,前两年占营业额的七成左右。IC 插座是帮一家客户量身定做的,当时加工一个的成本是 5 分钱,交货价格是 3 毛,只是量没有四方 pin 那么大。四方 pin 的净利大概有 1 倍,IC 插座的净利大概有 3 倍。

那段时间创业者帮客户赚了很多钱,创业者后来把一个连接器成品做好,交给客户一个 20 元,他卖 120 元;一个交给他 25 元,他卖出去 150 元。

(五)创业绩效

创业者五月份登记公司,六月份开始,七月份开始营运。到半年以后,创业者就拿了 150 万回来,连本带利通通回来。第一年的利润大约是资本额的三倍。

# 三星五金、台南营造、晋亿公司案例——
# 阶段、战略、管理和竞争互动

## 一、三星五金

20 世纪 50 年代,台湾高雄冈山出现了全台第一间螺丝生产工厂"春雨"。台湾三星五金公司由董事长李渊河于 1973 年创办。李渊河改良了国外的螺丝生产机器,发明了新的螺丝生产机器,使螺丝生产效率从一分钟生产 4 颗提升到一分钟生产 100 多颗。李渊河申请了专利,接了订单,创立了三星五金。三星五金公司从创业后逐渐成长为世界最大的螺丝生产厂商,到 1993 年达到年产值 30 多亿台币(约 6 亿人民币)。然后李渊河决定进入低相关的建筑营造业,投资创立分公司台南营造公司,进行营造技术的创新和新事业开发。以下先讲述台南营造,再接着讲述台湾的螺丝产业以及三星五金与晋亿实业。

## 二、台南营造

20 世纪 90 年代初,李董事长的兴趣又投向了建筑业,希望运用钢板与机械知识对建筑营造业进行创新。李董事长在三星五金公司中成立营造部门,发明了建筑大楼柱墙用的柱墙钢模的系统模板。

发明者认为,在钢模达到理论上的理想状态后,对于 6 栋到 10 栋左右,两栋间近距离相邻的 12 层到 25 层的标准居室格局的住宅工地,采用吊车搬运一套钢模逐栋施工第 3 层以上的标准层有其好处:第一,钢模模面平整,施工后省去了将粗糙墙面抹平的工序,可以直接粉刷油漆;因此可节省成本提高质量;第二,钢模能用 1 000 次以上不坏,因此可大幅降低木模钉烂产生的成本;第三,逐栋施工可以缩短工期到一层平均用 12 天,甚至 10 天完成。即按规定用钢模施工比木模施工能节省成本、提高质量、缩短工期。

1993 年柱墙模初步原型研发出来了,公司将营造部门独立为"台南营造公司",并开始了建筑业的竞价投标。新公司由李渊河任董事长,负责技术开发;弟弟林国安任总经理;由林进能副总经理负责新公司的管理发展。由于投标的价格、成本、工期有竞争力,台南营造公司标得了台中国安国宅的建筑项目,之后应用柱墙钢模配合传统梁板木模施工。国安国宅项目完工结算后小亏了一点钱,但公司管理层认为许多技术问题都可以陆续解决,未来标得的建筑项目应可赚钱。

国安国宅当时的柱墙模是按照墙面尺寸裁切整片钢板形成的,在不同墙面尺寸的其他施工案场不能再次利用。为了解决钢模能再次利用的问题,此项目后创业者利用积木原理重新设计了柱墙钢模。设计了高 230cm,宽为 80cm 到 200cm,每 20cm 为一个等级,横断面为 П 字形的柱墙钢模组件,以及墙角的 L 形的钢模组件。钢模中间有上下二组穿墙的互拉螺孔,两侧有螺孔便于两片钢模连接组立。标准钢模组件在工厂加工制造完成,再按照建筑楼层的房间尺寸,在工厂组立一只只钢模。在施工案场将要完成地下室与地面 2 层的非标准层,即将进入第 3 层以上的标准层施工前,将一组钢模运进施工案场。

基于国安国宅的成果估计未来能赚钱,公司于 1995 到 1996 年在台湾各县市,以低于传统营造公司模板工程一成的价格,大举标得了 30 多亿的建筑工程项目。标的项目一部分属于大型集合住宅的标准格局大楼的目标细分市场案场,例如高雄远东案场、基隆市的 1 500 多户的巴塞隆纳社区、土城案场、台北县 2 000 多户的水莲山庄社区地上标准层模板工程。但是公司没有完全选择工法适用的案场,同时标了一些政策性项目的小案场,不符合大型集合住宅的标准格局大楼的特性,运用系统模板工法不易赚钱。例如台北县新庄县 500 户的顶好京城、新店 300 多户的案场等。

随着得标建筑专案项目增多,公司组织人员规模扩大到 100 多人。组织结构设计为一个矩阵组织,一方面按照职能分为营建部、钢模部、研发部(包含设计课)、财务课、人事课,另一方面按照案场分为新店顶好京城专案(项目)、基隆巴塞隆纳专案、台北县水莲山庄专案等,见图 1。每个建筑专案设一位专案经理,专案内的组织再分为钢模施工课和传统营建施工课。钢模课也隶属于钢模部,干部是从钢模部调入专案的。营建课也隶属于营建部,有公司营建部派来的干部和当地招聘的人员。钢模施工部在台南工厂内部负责组装单个完整钢模(钢模是采用积木原理一片片组装起来的),钢模施工部指挥的专案钢

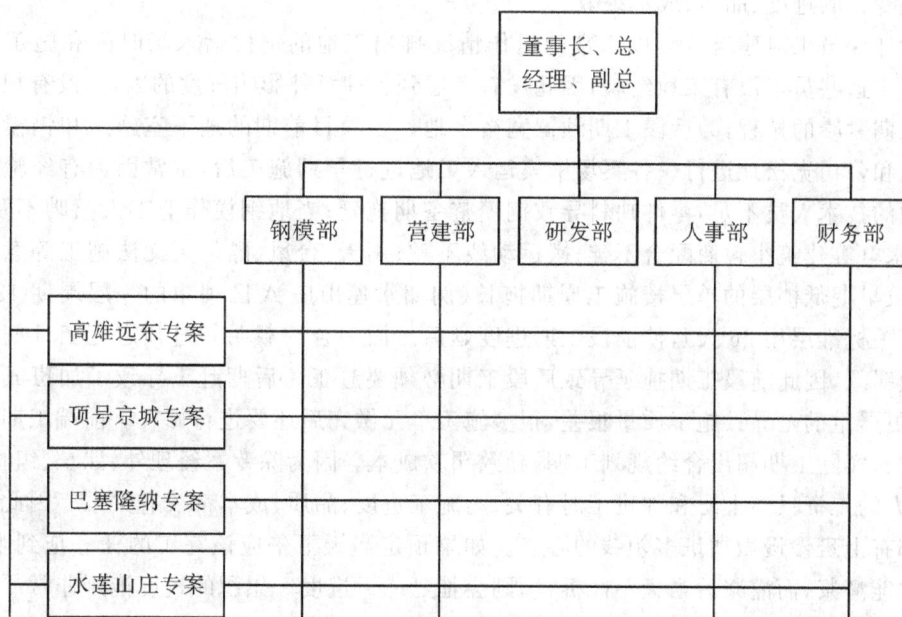

图 1 台南营造公司组织结构图

模课负责案场钢模的组装与拆除施工。营建部负责将建筑师事务所的建筑设计图进行系统模板化,估算施工成本,参与建设公司的投标。专案进度规划交由设计课进行,设计课规划钢模施工周期时,通常专案营建课聘任的传统营造工地主任很少参与,他们也不懂钢模施工速度。营建部也协助专案解决建筑施工问题。设计课也按照建筑结构图规划一栋

大楼的标准一层配置多少个钢模,设计出每一只钢模的组装图。公司人事课有几位员工,负责与用人单位合作招聘员工,按照出勤和加班工时核发工资,做一些人事行政方面的工作。公司的薪酬制度基本按照台湾的劳动基准法规定,总体薪酬中包含基本底薪,加班前2小时为底薪的1.33倍,第3、4小时为底薪的1.66倍,第5小时以上为底薪的2倍。进到专案工地的人员有工地津贴。人事课基本不参与营建专案的管理,由公司副总和营建部经理决定专案经理人选与中层管理干部。财务课包含会计和财务,会计是对已经发生的收支记账,财务主要负责公司的财务和调集资金,不负责专案的财务规划与管理。

随着逐个案场施工建造,台南营造在柱墙模基础上持续进行技术创新,陆续开发了梁板模、门窗模、吊装导模治具、旋转吊具等,逐渐使YH(渊河)系统模板工法形成了一套完整的体系。虽然进行了技术创新,但是管理制度创新没有跟上,应用创新技术的整个专案管理体系没有完善,没有达到控制进度、保障品质、降低成本、保障安全的效果,也没有产生获利的能力。下面以水莲山庄专案项目为例,说明专案管理方面的问题。

钢模课的中层干部是跟随创业者一起实施创新的人员,私人关系较好,是工法的核心单位,内部较团结,因此在组织中很强势,营建部相对较弱势。在工地的专案组织中强势的钢模课弱化了专案经理与营建课的权力,强势的钢模课能够对施工中的错误推诿卸责。单靠专案经理无法有效约束和激励钢模课,使钢模课较偏向于有权无责的组织单位,不利于达成专案的进度、品质、成本绩效。

设计课员工对建筑专案以正常的运作情况排出工地的钢模运入场时间和施工进度表。由于这些员工没有工地经验,因此没有考虑到各种意外影响进度的因素,没有规划出前段工期紧凑的排程,为后段工期预留宽裕余地。各项目前期的地下室施工和钢模准备在工地和公司宽松地进行。各案场钢模运入工地进行早期施工后,常常因为有经验能解决问题的技术人员不足,零件缺料导致钢模整备期拖延;当地钢模作业工人招聘不及时;钢筋、水电等建筑小包商配合不佳;搬运动线不顺;雨天、台风、酷暑天无法施工等意外因素,导致早期低楼层的单层楼施工周期拖长(例如水莲山庄A区理想的一层周期12天,实际第一标准层用26天),使前段工期进度延后。因为合约载明超过预定完工日期每天要高额罚款,因此前段工期拖延导致后段工期必须要赶工。后期赶工导致了加班成本的提高,更严重的是导致施工质量很差,很多施工单元做完后还要进行修补。前端工期延误也导致了实际工期超出合约规划工期,导致罚款成本。因为除专案经理外,课长、组长、班长、工人的工资只与上班和加班工时有关,与施工进度、品质、成本都没有关系。因此许多人员都有上班慢慢做加班多领钱的心态。如果预定当天下午应该完工的任务拖到晚上,隔天才能灌浆,而灌浆后当天不能拆模,则会拖延一天进度。累积的进度拖延非常严重。

混凝土在灌浆10多天以后很硬,品质修补成本非常高;在灌浆隔天混凝土还软时,可以铲除,品质处理成本较低;在没有灌浆前,调整螺丝到规范标准是成本最低与最容易保证施工品质的。但是台南营造没有建立品质管理系统,在钢模安装完成与灌浆前没有进行品质检查的步骤,在灌浆完隔天拆模后没有及时处理品质缺陷的步骤,也没有对品质绩效进行奖惩。

在前段工期拖延,后段工期要赶工的压力下,管理者只重视进度,造成了严重的品质问题,增加了品质修补成本。举例而言,一个施工单元钢模置放完,螺丝快要锁完时就开始灌混凝土,一位基层干部曾查到有五成的螺丝没有锁到标准。隔天拆模后发现混凝土压力将外墙多挤出数厘米的厚度,水泥浆流下凝结在下层外墙上。这些品质不良墙面要用破碎机打掉再用水泥抹平,将造成未来严重的品质修补成本。但是这些成本都没有按照工期预估与控制,因为没有品质与成本控制和奖惩体系,这些在未来工期才会显现的成本,在当下都是被忽视的。

公司也时常发生安全问题,一次四位工人在电梯孔作业时,从11楼作业平台摔到1楼安全网上,造成四个人骨折。检察现场可以发现柱墙模施工组和作业平台安装组都有责任,但公司事后没有惩处任何人。特别是因为钢模部的经理与总经理关系好,该经理又特别照顾钢模部的部属,免去了许多究责处罚。

随着建筑项目开始施工,需要大量资金投资钢模与运转,台南营造从母公司三星五金抽取了大量资金注入台南营造。由于管理不善导致建筑质量低与成本高昂,导致后来做越多亏损越多。到1998年时公司只有一个土城专案的小项目赚了一点钱,多个大专案项目都发生了严重亏损,估计损失超过20亿。多年来,对于台南营造几十亿元的持续投资,使得三星五金没有投资扩大规模,螺丝本业成长停滞。1998年时三星五金本业遭遇到同业晋亿实业在标准型螺丝细分市场发起的价格攻击,因为没有资金维持价格战,三星五金最后被迫退出了产业中规模最大的标准型螺丝产品细分市场,转往特殊型螺丝的生产经营。亏损导致台南营造于2000年倒闭,李渊河因为台南营造的巨额亏损,将三星五金的全部持股转让仍无法清偿债务,导致家产被法院没收,最后只带着他多年研发的专利图纸去了香港。

这个世界可能有几万种不同类与规格的螺丝,因此利用李渊河发明的原理可以开发出其他规格的螺丝生产机器进行创业。在李渊河之后,台湾高雄冈山和台南仁德一带发展成了世界螺丝产业的集群与生产重镇,产生了大量的新创螺丝小企业,高雄冈山也被业内人士称为螺丝窟。到2000年后,由春雨、三星繁衍出了高达1 200多家中小型螺丝螺帽厂、线材、机械设备、模具厂,当中七成分布在台南仁德与高雄冈山、路竹一带。2004年,从这里产出的螺丝达160万吨,占全球产量的13%,当中140万吨外销世界140国,以23亿美元(约160亿人民币)出口总值,登上世界第一螺丝外销国。

1979年(三星五金创业后的第6年),有两年螺丝生产经验的24岁的蔡永龙带着两个弟弟,在高雄冈山的螺丝窟里创立了一家小型螺丝企业,晋禾实业公司,以10万元台币(2万元人民币)买了两台螺丝成型机进行螺丝生产。当时三星五金年营业额7亿元,已是世界螺丝霸主;春雨更是30年的螺丝老公司。当时螺丝的原料都由中钢公司采取配额制供应,以上一年度的采购量,决定下一年度原料提取的多寡。原料供应已限定螺丝厂之间维持大者恒大局面。1988年为了突破原料供应的限制,蔡家三兄弟到马来西亚设厂。1993年当时晋禾营业收入6亿元台币,在业界排名第九。但蔡永龙却决定到中国大陆投资1亿美元(约30亿台币)设立晋亿厂。此一庞大投资一旦成功便可以成为世界第一,失败可能没本钱再爬起来。

在大陆蔡永龙决定大胆采用巴西、俄罗斯、中国大陆的便宜钢材,但这些钢材机械性能质量不高,比不上台湾中国钢铁公司的钢材,生产不出好的螺丝。但蔡永龙不认输,他往上游开发热处理技术,提升钢材性能品质;往下游整合电镀技术。经过三年多研发实现了成功。1998 年全球产能最大最完整的垂直整合一条龙生产厂——晋亿厂投产,年产 24 万吨螺丝,营业额 50 亿元。由于晋亿采用巴西、俄罗斯的便宜钢材,加上运费和处理费还比中钢的便宜一成以上,生产出的螺丝品质却是一模一样,对毛利不到 10% 的螺丝业来说,这样的成本节省已是工厂的主要利润来源。

由于有一倍以上的产能规模和原料上的成本优势,算准了竞争对手的实力,1998 年蔡永龙在螺丝产业发起了一场价格战。晋亿以低于对手的成本进行价格战,迫使三星五金退出最大的标准型螺丝的细分市场。晋亿集团在 2005 年营收达到 150 亿台币(约 30 亿人民币),是第一家在中国大陆 A 股市场上市的台湾公司。

**问题:**

### 台南营造与三星五金问题

1.台南营造公司是李渊河的第一次创业公司,还是二次创业公司?是一个高相关产业创业公司,还是一个低相关产业创业公司?

2.台南营造能否巩固增强三星五金的竞争优势和市场地位?

3.李渊河创立台南营造时,三星五金处于企业生命周期的什么阶段?市场地位是否稳固?

### 台南营造问题

4.台南营造完成国安国宅专案前,属于创业的什么阶段?

5.国安国宅完成属于什么阶段?

6.在国安国宅完成,台南营造是否已经达到了商业化成功?

7.台南营造在国安国宅完成后,A.在战略管理和营销管理方面面对什么问题?B.立刻大肆投标与扩张销售是否正确,为什么?C.在战略上犯了什么错误?D.你认为公司应如何做才能化解风险与稳健成长?

8.台南营造有没有达到改善期阶段目标?

9.台南营造在改善期一边施工建造,一边创新改善的过程中,组织结构和商业模式存在什么问题?应如何解决?

10.用人与组织管理方面存在什么问题?应如何解决?

11.台南营造在人力资源管理方面存在什么问题?应如何解决?

12.台南营造在专案项目运营管理(包括绩效目标管理、进度管理、品质管理、成本管理)方面存在什么问题?

13.台南营造在财务管理方面存在什么问题?应如何解决?

14.台南营造在工业安全方面存在什么问题?应该如何解决?

### 三星五金与晋亿实业问题

15.三星五金公司成立台南营造的战略属于什么类型战略?这一战略给三星五金公司带来了什么样后果?当时这样的战略适合三星五金公司吗?

16.晋禾(晋亿)公司的战略属于什么类型战略?这一战略给晋禾(晋亿)公司带来了什么样后果?当时这样的战略适合晋禾(晋亿)公司吗?

# 世洋科技：全球运筹

台湾世洋科技公司 2000 年 1 月 1 日创立，是由从做球鼠标的台湾将盟公司出来的 7 位管理者组成的创业团队创立，创业资本 3 000 万。当时球鼠标已是成熟的产品，价格较低、毛利不高，有很多制造厂商。但是产业正处在球鼠标往光学鼠标技术改变的时期，1999 年 7 月，微软已领先推出了全球第一支光学鼠标。光学鼠标比球鼠标有优点，因为球鼠标用久了滚球会粘灰尘，使鼠标不灵。而光学鼠标没有这方面问题。但当时光学鼠标也存在很多问题。由于上游厂商的光学模组很贵，使得光学鼠标价格是球鼠标的 6 倍到 10 倍。另外光学鼠标当时还不稳定，游标常跳动，不清楚是因为外部光源的影响、桌面反光还是其他原因造成。世洋创业团队利用了上游美商安捷伦（Agilent）提供的光学鼠标模组，成为早期研制出光学鼠标的五家厂商之一。但是二到三个月后，台湾有十几家厂商都推出了光学鼠标。由于既有厂商有很多国外大小客户，使得产品一撒出去量就冲得很大，使得世洋的排名从前 5 名很快掉到 10 名以后。另外厂商都推出光学鼠标后，使世洋面对了同质化竞争的问题。

当时台湾的鼠标大厂如昆盈、致伸、伍佰等都将研发放在台湾，因为研发人员一方面不愿去大陆工作，另一方面设在台湾也可以避开大陆公司模仿。这些公司的制造厂通常设在深圳东莞一带，以便利用大陆便宜的人力（工资只有台湾的 1/10 到 1/5）。这些鼠标大厂主要做国际电脑品牌大厂的电脑整机配备的标准鼠标，至于欧美商店里卖的各种造型的鼠标则是一些小厂的天下，这个市场的需求是非常多样的。

面对同质化竞争，世洋管理层决定聚焦到专做零售店销售的造型和款式多样的鼠标，这个细分市场的鼠标的特点是款式多样，造型美观有特色，并且有跟随流行时尚的特点，而价格较贵。公司将全球运筹总部和销售部门设在台北，为快速研制出多样美观的鼠标以及降低成本，公司派厂长阿同和研发经理 Jack 于 2000 年 8 月去深圳设立了制造工厂和研发部门。在世洋创业团队中，电子专长的研发经理 Jack 曾经在大陆架设过 BBC 传呼站，懂得如何管理大陆人。因为大陆的研发人员和工人工资只有台湾的 1/10，因此与其他鼠标公司比，世洋可以建立一个大量研发人员组成的最大规模的研发部门。经由这个大规模的研发部门，世洋可以比竞争公司更快研制出多种款式造型美观的鼠标，而设在大陆的工厂则可以降低制造成本。

世洋公司做了这个布局后，销售量排名慢慢追上来，到 2007 年公司的目标是冲到鼠标产业的第四名。

# 原产业创业案例分析结果:瑞传工业电脑、瑞传 Modem、科林、鸿松

## 瑞传工业电脑个案

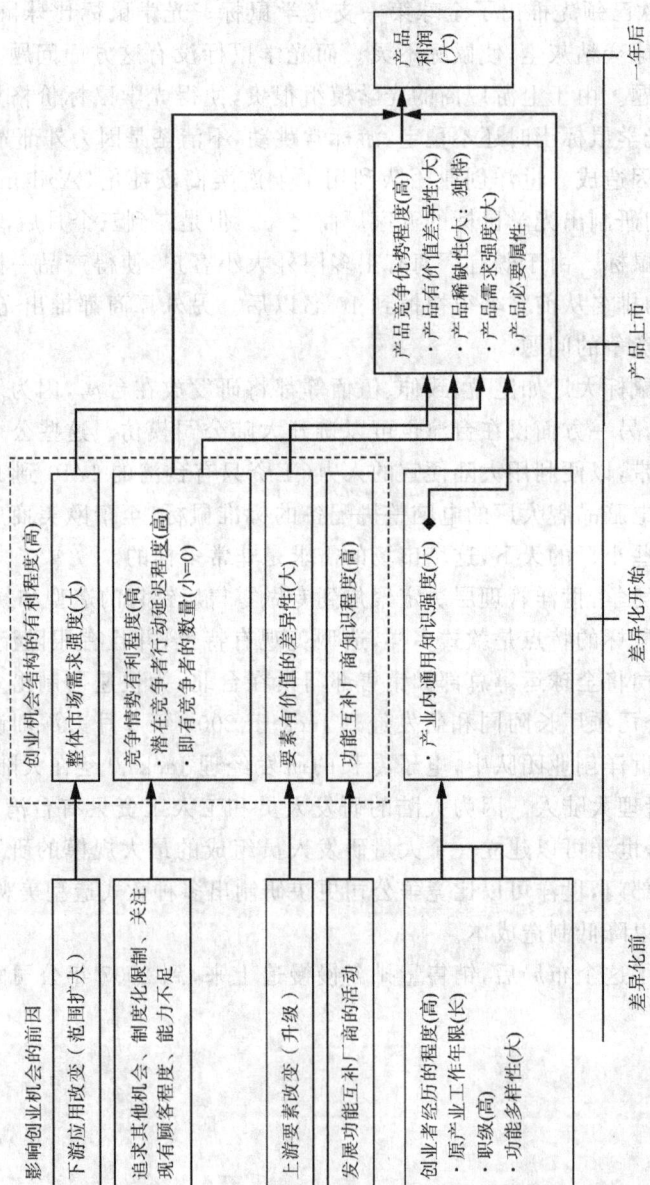

## 瑞传工业电脑个案的答案(原产业成长期创业的)

1.答:

* 推出 Pentium 主板。
* 产品在市场具有高获利能力(高毛利率×高销售量)
* 有价值的差异性大:(Pentium CPU 速度 133MHz＞486 CPU 速度 66MHz)→使需要高效能的顾客愿意付高价买。
* 稀缺性大:相对于 486 主板它是差异性的产品,在市场中是独特的(极端稀少)→独占 Pentium 细分市场
* 独特使瑞传的产品在新细分市场是独占的→独占利润。
* 差异大＋独特＋产品需求强度渐大→产品在市场具有高获利能力

2.答:立基在强势的知识上,克服有形资源(规模、设备、财务等)弱势。

3.答:存在有竞争威胁的 486 主板细分市场和将要出现的没有竞争者的 Pentium 主板细分市场。

4.答:上游组件发生了改变,产生新的 Pentium CPU 和晶片组。产生可利用的新组件的机会。

5.答:是一段期间出现的一种特殊情境,在其中资源是被低度利用的,是可以产生利润的。

6.答:

* 上游存在尚未被利用的新组件(低度利用的资源)
* 竞争情势有利:存在竞争厂商不积极利用的行为
* 存在功能互补的厂商
* 下游存在或潜在市场

7.答:

* 竞争厂商可能有多个事业,因此可能有其他更好的机会可以追求
* 竞争厂商有结构惰性,大公司正式化程度高→迟缓。
* 竞争厂商等机会明确再进入,以减少不确定。

8.答:

* 新组件与旧组件的差异愈大,则新产品与旧产品的差异愈大,在差异对顾客是有价值的条件下,新产品的优势程度愈高。
* 新组件被愈少竞争厂商利用,则新产品愈稀缺,产品的优势程度愈高。
* 其他竞争厂商愈晚利用,优势持续得愈久。

9.答:在差异化当时,Pentium 主板的市场是否存在是不明确的。创业者基于信念决定进入,产业的趋势是跟着 Intel 走的,所以这个方向才是对的。

10.答:用到的知识如下:

* 策略与任务环境知识:包含对产业趋势的了解,上游组件的知识,即新 Pentium CPU 及与它搭配的晶片组的知识。
* 市场与顾客的知识,即市场中多数顾客与需求特征。

• 可归入产品创新流程中的各种知识：包含规划系列产品的知识，产品规格发展与产品组成的知识，对设计公司人员经验知识与能力的认知，与设计人员沟通协调的知识，及产品制造后要求设计公司测试检查的知识。

• IPC 贸易公司营运知识：IPC 产品的进、销、存知识。

11.答：

• 知识存量是经由过去的经历（过程）累积出来的。

• 经历程度用四个方面描述较为完整：时间（工作年数长短）、职级、经历过的功能多样性、路径的稀缺性。前三个方面决定知识的强度，第四个方面决定知识的相对差异性与稀缺性。

12.答：

• 竞争优势的保持依靠持续推出差异性的产品。

• 后续产品的差异性是来自领先进入市场后领先从市场发现的知识，并将这些知识用于后续新产品的差异化中。即后续的独特性和优势保持是依靠持续发现和运用新知识。

**用这个个案理解策略**

1.答：

• 只有买空卖空的贸易，没有主板设计，因此没有产品开发。

• 产品为 486 主板、机箱和电源供应器。

• 为一个小型的 IPC 贸易商，在市场没有优势。

• 销售的地理范围主要为美国。

2.答：

• 上游组件，包含 CPU 和晶片组已跨代升级，未来主板将进入 Pentium 时代。趋势：上游组件会持续降价和增加功能。

• 竞争厂商不积极利用 Pentium 的机会，还沉迷在 486 的高获利中。

• 存在功能互补厂商。

• 下游潜在一个 Pentium 主板市场，486 主板市场已完全竞争了。趋势：下游系统业者和软件业者的创新，使 Pentium 主板细分市场未来会持续扩大，在其中包含浮现出的电脑语音整合（CTI）细分市场。

3.答：

• 已有下游的少量客户。

• 拥有知识：产品知识和顾客需求特征知识。

4.答：

• 立基强势的知识，克服有形资源劣势，掌握环境中由于上游组件改变产生的机会，避开在 486 主板市场的竞争威胁，创造差异化优势，即差异性产品在市场上的竞争优势。

5.答：

• 有买空卖空的贸易，有产品开发，有外部联盟或合作的设计商。

• 产品为 486 主板、自行开发的 Pentium 主板、机箱和电源供应器。

• 为一个小型但高成长的 IPC 开发和贸易商，在市场具有优势。

- 销售的地理范围为世界各国。

6.答：

- 知识（资源）不强时不能产生。
- 没有机会时不能产生（除非知识是独特的，即纯粹内部改变产生了机会）。

7.答：

- 利用在原事业累积的、486 IPC 市场的产品开发知识来建立新 Pentium 主板市场的优势。

8.答：

- 强势资源限制了可行策略的范围，使得在原产业或相关产业创业才可能产生竞争优势，才可能是好的策略方案。
- 在成长期的创业，创业者从原事业带了知识组件到新事业中，该知识组件是强势的，进入相关产业具有范围经济效果。
- 在浮现期的创业，创业者从原事业带了知识组件到新事业中，该知识组件是强势的，使进入相关产业具有范围经济效果，但仍要靠在新产业中摸索出成功的逻辑。
- 进入成长期的非相关产业成功的可能性低，因为没有立基于强势资源，或原事业的知识优势在新事业中是无用的，因此将因为跨不过新产业的知识门槛而失败。
- 进入浮现期的非相关产业创业，靠天生的智慧和学习。

瑞传 Modem 个案

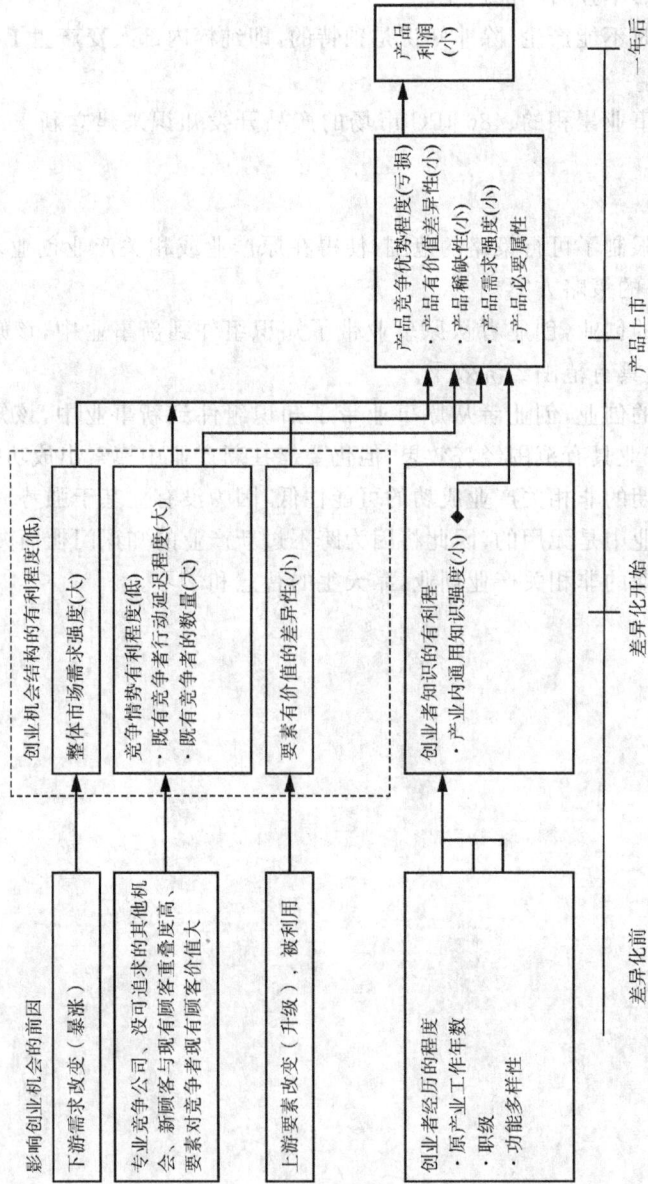

影响创业机会的前因

影响创业机会结构的有利程度(低)

- 整体市场需求强度(大)

下游需求改变（暴涨）

竞争情势有利程度(低)
- 既有竞争者行动迟迟程度(大)
- 既有竞争者的数量(大)

专业竞争公司、没可追求的其他机会、新顾客与现有顾客重叠度高、要素对竞争者现有顾客价值大

要素有价值的差异性(小)

上游要素改变（升级）· 被利用

创业者知识的有利程
- 产业内通用知识强度(小)

创业者经历的程度
- 原产业工作年数
- 职级
- 功能多样性

产品竞争优势程度(亏损)
- 产品有价值差异性(小)
- 产品稀缺性(小)
- 产品需求强度(小)
- 产品必要属性

产品利润(小)

一年后

产品上市

差异化开始

差异化前

**瑞传 Modem 个案的答案(原产业成长期创业的)**

1.答:

- 推出 14 400 传真 Modem。
- 产品在市场没有获利力(成本高于市场价×销售量为零)
- 有价值的差异性小:(性能与竞争产品一样,成本更高)→顾客不买。
- 稀少性小:几十家厂商都有此产品。
- 无差异＋不稀少＋产品需求强度小→产品在市场获利力为负的,竞争劣势

2.答:立基在强势的知识上,克服有形资源(规模、设备、财务等)弱势。

3.答:存在有竞争威胁的 14 400 传真 Modem 细分市场。

4.答:上游组件发生了改变,产生新的 14 400 传真 Modem 晶片。产生可利用的新组件的机会。

5.答:这个机会不是创业机会,因为已被多个竞争厂商利用而消失了。

6.答:是一段期间出现的一种特殊情境,在其中资源是被低度利用的,是可以产生利润的。

7.答:

- 上游存在已被竞争者利用的新组件。
- 竞争情势不利:存在竞争厂商积极利用的行为。
- 下游存在市场需求。

8.答:

- 竞争厂商是专业化的 Modem 厂,因此没有其他更好的机会可以追求。
- 上游组件厂与 Modem 的大厂商关系密切,使竞争厂商优先获得信息,并行动。
- 机会很明确、不确定性低,使竞争厂商积极利用机会。

9.答:

- 组件无差异,则产品无差异,产品有竞争劣势。
- 组件被多数竞争厂商利用,则产品不稀缺。
- 其他竞争厂商提前利用,劣势更大。

10.答:在差异化当时,14 400 传真 Modem 市场是很明确的。竞争者积极回应,竞争厂商存活的关键就是拼上市速度。创业者也想抓这个机会,但创业者决定进入不适当,因为面对激烈竞争。

11.答:用到的知识如下:

- 策略与任务环境知识。
- 可归入产品创新流程中的各种知识。
- Modem 公司营运知识。
- 这些知识的是产业内通用的,不是稀缺的(异质的),因为人员投入不足,使产业内通用知识不强。

12.答:

- 知识存量是经由过去的经历(过程)累积出来的。

·经历程度用四个方面描述较为完整:时间(工作年数长短)、职级、经历过的功能多样性、路径的稀少性。前三个方面决定知识的强度,第四个方面决定知识的相对差异性与稀缺性。

13.答:没有推出差异性的产品,无差异的产品具有竞争劣势。因为无法扭转劣势,因此退出研制 Modem,进一步退出 Modem 产业是正确的决策。

## 科林个案

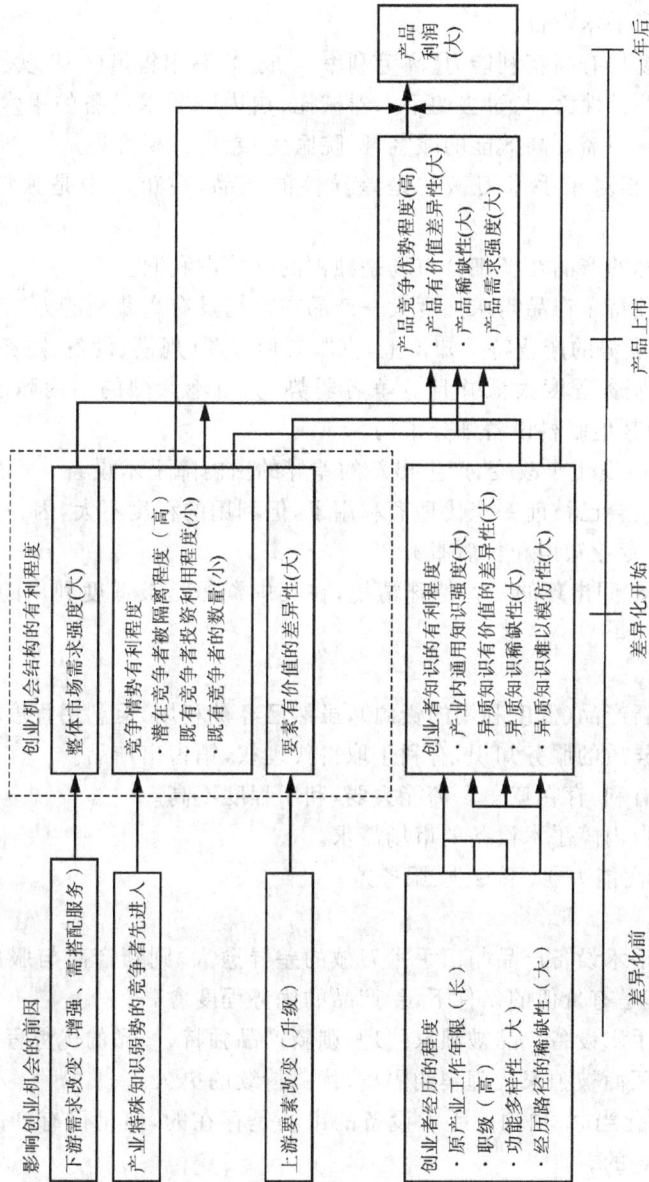

## 科林个案的答案(原产业成长期创业的)

1.答:

- 推出白内障手术设备。
- 产品在市场具有高获利能力【高毛利率(4成)×高销售量(一年卖五六台)】。
- 有价值的差异性大:与过去的手术器械比,白内障手术设备的手术快(效率高),效果好(并发症少)→使需要高效能的顾客(医院医生)愿意付高价买。
- 稀缺性大:相对于手术刀械它是差异性的产品,在市场中是独特的→独占台湾市场。
- 独特使科林的产品在新细分市场是独占的→独占利润。
- 差异大+独特+产品需求强度大→产品在市场具有高获利能力

2.答:立基在强势的产业特殊知识上,克服有形资源(规模、设备、财务等)弱势。

3.答:存在被服务程度太低并且竞争者弱势、竞争不激烈的白内障手术设备细分市场,有竞争威胁的其他眼科设备细分市场。

4.答:上游产品发生了改变,产生出新的差异的白内障手术设备。产生出可利用新产品的机会。这个机会已被前一家代理商利用了,但利用的程度不大,因为这家代理商产业特殊知识弱,缺乏专业知识和售后服务。

5.答:是一段期间出现的一种特殊情境,在其中资源是被低度利用的,是可以产生利润的。

6.答:

- 上游存在新产品(低度利用的资源),虽然已经被利用,但利用程度不高。
- 创业者有异质的服务知识,有利于取得代理权,销售出产品。
- 竞争情势有利:存在竞争厂商能力弱,利用程度不高。
- 下游存在白内障手术设备的市场需求。

7.答:竞争厂商能力弱、不专业、服务差。

8.答:

- 新白内障手术设备产品与旧手术刀械的差异愈大,则新产品与服务组合的差异愈大,在差异对顾客是有价值的条件下,新产品的优势程度愈高。
- 新白内障手术设备产品被独家代理,则新产品独特,产品的优势程度愈高。
- 其他竞争厂商被独家代理契约隔离,优势持续的更久。

9.答:在差异化当时,白内障手术设备的市场是存在的,但是仅有产品而没有搭配的服务是打不开市场的。

10.答:用到的知识如下:

- 策略与任务环境知识:包含对产业趋势的了解,上游产品的知识,即新白内障手术设备的知识。市场与顾客的知识,即市场中多数顾客与需求特征。
- 可归入产品创新流程中的各种知识:包含与上游制造商谈判的知识,产品服务组合的销售知识,售后服务、维修和教育训练的知识。
- 代理公司营运知识:配套眼科设备的进货、销售、服务知识。

11.答:

· 知识存量是经由过去的经历(过程)累积出来的。

· 经历程度用四个方面描述较为完整：时间(工作年数长短)、职级、经历过的功能多样性、路径的稀缺性。前三个方面决定知识的强度,第四个方面决定知识的相对差异性与稀缺性。

· 创业者工作了 8 年,做过维修、眼科事业部经理。

12.答：竞争优势的保持依靠持续推出差异化的产品。白内障手术设备是开头,因为代理到这个产品,后续其他眼科产品的制造商就找上门来让科林代理。

**用这个个案理解策略**

13.答：

· 只有部分眼科设备的代理。

· 4 个产品是眼科的人工水晶体、超音波,及检验科的血液气体分析跟电解质分析。

· 为一个小型的眼科医疗设备代理商,在市场没有优势。

· 销售的地理范围为台湾。

14.答：

· 上游 Cooper Vision 公司的创新,产生了新的白内障手术设备。趋势：上游产品会持续降价和增加功能。

· 竞争的代理商很弱。

· 创业者已有异质的销售与服务知识。

· 下游存在白内障手术设备市场。趋势：下游专业的医生需要利用医疗工业革命的新产品,进行专业高效的手术服务,需要白内障手术设备。

15.答：

· 已代理一些产品,已有少量客户。

· 拥有知识：产品知识、异质的服务知识、顾客需求特征知识。异质知识可使创业者取得代理权,销售出产品服务组合。

16.答：立基在强势的产业特殊知识和异质的服务知识,克服金钱等有形资源劣势,掌握环境中由于上游设备产品改变以及竞争的代理商能力弱产生的机会,创造差异化优势,即差异化产品在市场上的竞争优势。

17.答：

· 仍为眼科设备代理商。

· 除了原来代理的眼科产品外,又增加了白内障手术设备。

· 为一个小型但高成长的国外制造商的台湾眼科设备代理商。

· 销售的地理范围为台湾。

18.答：

· 知识(资源)不强时不能产生。

· 没有机会时不能产生(除非知识是独特的,即纯粹内部改变产生了机会)。

19.答：利用在原事业累积的眼科产品服务的专业知识→建立新白内障产品市场的优势

20.答：强势资源限制了可行策略的范围,使得在原产业或相关产业创业才可能产生竞争优势,才可能是好的策略方案。

## 鸿松个案

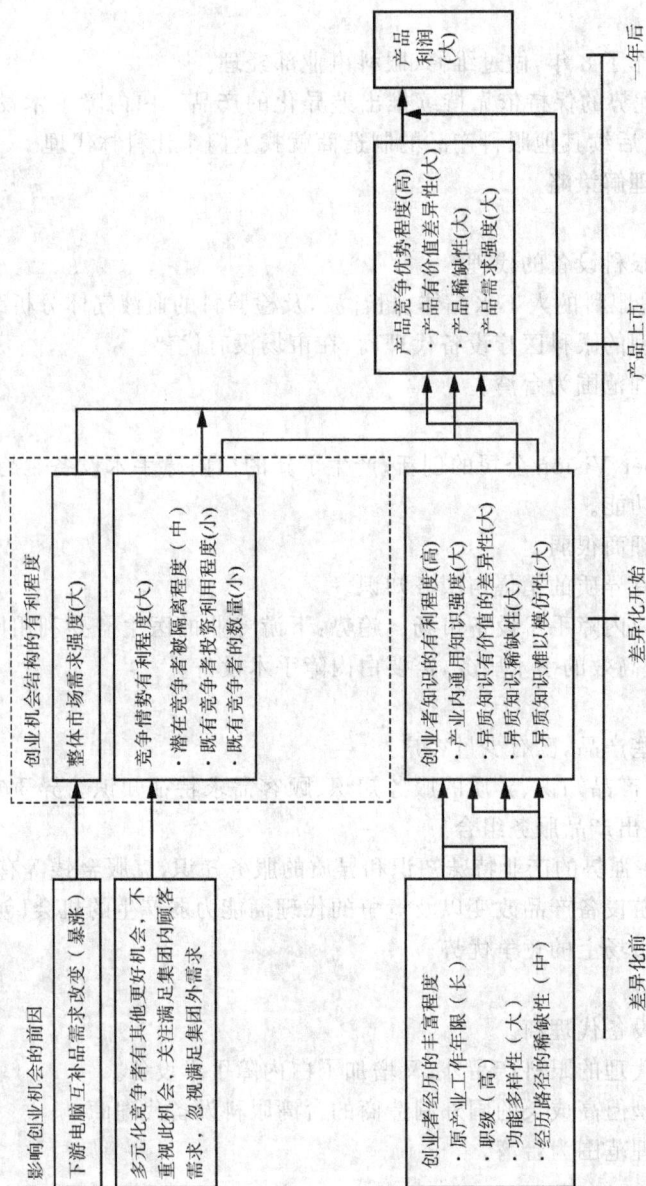

影响创业机会的前因

创业机会结构的有利程度

整体市场需求强度（大）

竞争情势有利程度（大）
- 潜在竞争者被隔离程度（中）
- 既有竞争者投资利用程度（小）
- 既有竞争者的数量（小）

下游电脑互补品需求改变（暴涨）

多元化竞争者有其他更好机会，不
重视此机会，关注满足集团内顾客
需求，忽视满足集团外需求

创业者知识的有利程度（高）
- 产业内通用知识强度（大）
- 异质知识有价值的差异性（大）
- 异质知识稀缺性（大）
- 异质知识难以模仿性（大）

创业者经历的丰富程度
- 原产业工作年限（长）
- 职级（高）
- 功能多样性（大）
- 经历路径的稀缺性（中）

产品竞争优势程度（高）
- 产品有价值差异性（大）
- 产品稀缺性（大）
- 产品需求强度（大）

产品利润（大）

差异化前　　差异化开始　　产品上市　　一年后

## 鸿松个案的答案(原产业成长期创业的)

1.答:
- 推出低成本低价格的四方 pin。
- 产品在市场具有高获利力【高毛利率(成)×高销售量(做多少要多少)】
- 有价值的差异性大:(与专用机生产商的四方 pin 比,成本更低、更便宜)→使顾客愿意购买。
- 稀缺性大:在光宝集团外的市场中是独特的,有价格竞争优势。
- 差异大+独特+产品需求强度大→产品在市场具有高获利能力。

2.答:立基在强势的产业特殊知识和异质的四方 pin 模具知识上,克服有形资源(规模、设备、财务等)弱势。

3.答:存在光宝集团内部的市场和外部的市场,外部市场有竞争者但他们没优势。

4.答:在日本的连续冲模产业发生了改变,产生出新的四方 pin 连续冲模的模具技术。这种技术被旭丽第一个通过技术移转引入台湾,被创业者模仿,产生出可利用连续冲模生产四方 pin 的提供给光宝集团外部市场的机会。

5.答:是一段期间出现的一种特殊情境,在其中资源是被低度利用的,是可以产生利润的。

6.答:
- 创业者有异质的四方 pin 模具知识。
- 竞争情势有利:存在竞争厂商但旭丽只服务集团内部市场,不提供给外部市场。
- 下游存在集团外部四方 pin 的市场需求。

7.答:竞争厂商有其他更好赚钱的产品可以做,忽视四方 pin 的小机会。

8.答:
- 与专用机做四方 pin 比,连续冲模做四方 pin 的成本差异愈大,则新产品的价格差异愈大,加上市场需求很强,新产品的优势程度愈高。
- 在外部市场四方 pin 的成本差异是独特的,产品的优势程度愈高。
- 其他竞争厂商被四方 pin 模具的异质知识的难以模仿性隔离,优势持续的更久。

9.答:在差异化当时,四方 pin 是存在的而且需求很强。

10.答:用到的知识如下:
- 策略与任务环境知识:包含对产业趋势的了解、上游技术的知识。市场需求的知识,需求很强。
- 可归入产品创新流程中的各种知识:根据端子零件的形状和规格设计模具和制造知识。
- 金属冲压事业营运知识:生产、模具设计、销售服务知识。

11.答:
- 知识存量是经由过去的经历(过程)累积出来的。
- 经历程度用四个方面描述较为完整:时间(工作年数长短)、职级、经历过的功能多样性、路径的稀缺性。前三个方面决定知识的强度,第四个方面决定知识的相对差异性与稀缺性。

· 产业内工作了四年半,做到模具师傅和小公司管理者。

12.答:竞争优势的保持依靠持续推出差异化的产品,以及向产业价值链的下游移动,从做端子零件到做整个连接器。

# 参考文献

**第一章**

1.段传敏.苏宁:连锁的力量.中信出版社,2008.

2.方至民.企业竞争优势.前程企业管理公司,2000.

3.司徒达贤.策略管理.远流出版公司,1995.

4.希尔、琼斯、周长辉著,孙忠译.战略管理(第七版).中国市场出版社,2007.

5.朱沛.创业者能力和机会对产品差异化优势的影响.管理案例研究与评论,2010,第3卷第2期,113—126.

6.朱沛.创业现象的分类和特殊类型创业理论之发展.创业管理研究,2007,2(3):21—50.

7.朱沛.创业者的知识与创业机会对差异性产品竞争优势之影响——在原产业成长期创业之情境.政治大学企业管理系博士论文,2005.

8.Chandler,G.N.,Business Similarity as a Moderator of the Relationship Between Pre-Ownership Experience and Venture Performance,Entrepreneurship Theory and Practice,1996,20(3),51—65.

9.Stinchcombe,A.,Social Structure and Organization,In March,J.(Ed.),Handbook of Organizations,1965,142—193.

**第二章**

1.陈震红、董俊武.创业机会的识别过程研究.科技管理研究,2005年第2期,133—136.

2.朱沛.创业者的知识与创业机会对差异性产品竞争优势之影响——在原产业成长期创业之情境.政治大学企业管理系博士论文,2005.

3.朱沛.创业现象的分类和特殊类型创业理论之发展.创业管理研究,2007,2(3),21—50.

4.Barney,J..Firm Resources and Sustained Competitive Advantage.Journal of Management,1991,17(1),99—120.

5.Bhide. The origin and evolution of new businesses. Oxford University Press,USA,2000.

6.Burt,R.S.The Social Structure of Competition,in Nohria,N.and Eccles,R.S.(eds) Networks and Organizations:Structure,Form,and Action. 1992:57 — 91. Harward Business School Press,Boston,Massachusetts.

7.Chandler,G.N..Business Similarity as a Moderator of the Relationship Between

Pre-Ownership Experience and Venture Performance. Entrepreneurship Theory and Practice,1996,20(3),51—65.

8.Henderson,R.,Clark,K.B..Architectural Innovation:The Reconfiguration of Existing Product Technologies and the Failure of Established Firms.Administration Science Quarterly,1990,35(1):9—30.

9.Sarason,Y.,T.Dean,and J.F.Dillard,Entrepreneurship as the nexus of individual and opportunity:A structuration view. Journal of Business Venturing,2006,21:286—305.

10. Shane,S. A.. Prior Knowledge and the Discovery of Entrepreneurial Opportunities.Organization Science,2000,11(4),448—469.

### 第三章

1.莫博涅著,吉宓译.蓝海战略:超越产业竞争,开创全新市场.商务印书馆,2005.

2.肖彦登.中国没有企业家——大陆第四代企业家缺陷分析.台北商智文化,2001.

3.朱沛.创业现象的分类和特殊类型创业理论之发展.创业管理研究,2007,第 2 卷第 3 期,21—50.

4.朱沛.创业者能力和机会对产品差异化优势的影响.管理案例研究与评论,2010,第 3 卷第 2 期,113—126.

5.朱沛.创业者的知识与创业机会对差异性产品竞争优势之影响——在原产业成长期创业之情境.政治大学企业管理系博士论文,2005.

6.朱沛、司徒达贤、于卓民、苗青.机会出现时竞争者为什么不积极.管理世界,2010 年第 6 期,122—131.

7.Berglund,H.,Opportunities as Existing and Created:A Study of Entrepreneurs in the Swedish Mobile Internet Industry.Journal of Enterprising Culture,2007,15(3):243—273.

8.Burt,R.S.The Social Structure of Competition,in Nohria,N.and Eccles,R.S.(eds) Networks and Organizations:Structure, Form, and Action. 1992:57 — 91. Harward Business School Press,Boston,Massachusetts.

9.Chen,M.J.,Competitor analysis and interfirm rivalry:Toward a theoretical integration.Academy of Management Review,1990,21:100—134.

10.Eckhardt,J. T. & S. A. Shane, Opportunities and Entrepreneurship.Journal of Management,2003,29(3),333—349.

11. Faulkner, D. and C. Bowman. The Essence of Competitive Strategy, Prentice Hall,1995.

12.Kirzner,I.M.,Entrepreneurial Discovery and the Competitive Market Process:An Austrian Approach.Journal of Economic Literature,1997,35(1),60—85.

13.M.T.Hansen.The Search-Transfer Problem:The Role of Weak Ties in Sharing Knowledge across Organization Subunits.Administrative Science Quarterly,1999,44,82

—111.

14. Porter, M. E., Competitive Advantage：Creating and Sustain Superior Performance，NY：The Free Press，1985.

15.Renko，M.，R.C.Shrader and M.Simon,Perception of entrepreneurialopportunity：a general framework.Management Decision,2012,50(7),1233－1251.

16. Schumpeter, J. A. The Theory of Economic Development. Cambridge, MA：Harvard University Press,1934.

17. Shane，S. A.，Prior Knowledge and the Discovery of Entrepreneurial Opportunities.Organization Science,2000,11：448－469.

18.Shane,S.A.. & S.Venkataraman,The Promise of Entrepreneurship as a Field of Research,Academy of Management Review,2000,25,1,217－226.

19.Ucbasaran,D.,P.Westhead & M.Wright.The Focus of Entrepreneurial Research：Contextual and Process Issues.Entrepreneurship Theory and Practice,2001,25(4),57 －80.

### 第四章

1.Rich,Stanley R.and David E.Plans The Succeed,pp.126－127 from Business Plans That Win ＄＄＄：Lessons from the MIT Enterprise forum Gumpert.Reprinted by permission of Sterling Lord Literistic,Inc.Copyright 1985 by Stanley R.Rich and David E.Gumpert.

### 第二篇

1.爱迪斯著,赵睿译.企业生命周期.华夏出版社,2004.
2.王苏生、邓运盛.创业金融学.清华大学出版社,2006.
3.张玉利、陈寒松.创业管理(第2版).机械工业出版社,2011.

### 第五章
#### 创业阶段

1.爱迪斯著,赵睿译.企业生命周期.华夏出版社,2004.
2.Van de Ven(1992)Suggestions for studying strategy process：A research note,Strategic Management Journal,1992,13(1)：168－188.

#### 战略管理

3.张玉利、陈寒松.创业管理(第2版).机械工业出版社,2011.

#### 组织与人力资源管理

4.刘松博、尤静.组织理论与设计(第2版).中国人民大学出版社,2009.
5.达芙特.组织理论与设计(第9版).清华大学出版社,2008.
6.Becker，B.E. and M.A.Huselid. High Performance Work System：A Synthesis of Research and Management Implications. Research in Personnel and Human Resource

Management,1998,16,53—101.

7.Wright,P.M.,and S.A.Snell.Toward a Unifying Framework for Exploring Fit and Flexibility in Strategic Human Resource Management. Academy of Management Review,1998,23(4),756—772.

8.Barney,J.,Firm Resources and Sustained Competitive Advantage.Journal of Management,1991,17(1),99—120.

**研发创新**

9.高旭东.企业自主创新:战略与方法.知识产权出版社,2007.

10.怀特、布鲁顿、吴晓波、杜健著.技术与创新的管理:战略视角.电子工业出版社,2008.

11.施振荣.再造宏碁.中信出版社,2005.

**商业模式**

12.魏炜、朱武祥著.发现商业模式.机械工业出版社,2009.

13.魏炜、朱武祥著.重构商业模式.机械工业出版社,2010.

**运营管理**

14.Stevenson,W.J.,张群,张杰.运营管理(第9版).机械工业出版社,2008.

**营销管理**

15.Kuriloff,A. H.,J. M. Henphill,and D. Cloud. Starting and Managing the Small Business,3eds,McGraw-Hill,1993.


**第六章**

1.卡普兰、诺顿,刘俊勇、孙薇译.战略地图:化无形资产为有形成果.广东经济出版社,2005.

2.王苏生、邓运盛.创业金融学.清华大学出版社,2006.

3.怀特、布鲁顿、吴晓波、杜健著.技术与创新的管理:战略视角.电子工业出版社,2008.

4.莫博涅著,吉宓译.蓝海战略:超越产业竞争,开创全新市场.商务印书馆,2005.

5.赵向阳.持续进行的纳米创业.管理案例研究与评论,2009,2(1),53—66.

6.孙先红、张治国.蒙牛内幕.北京大学出版社,2005.

7.孙燕君.阿里巴巴的神话.江苏文艺出版社,2007.

8.杰弗里·康沃尔,陈寒松等译.步步为营:白手起家之道.机械工业出版社,2009.

9.Bruton, G. D. and Y. Rubanik, 2002, Resources of the Firm, Russian High-technology Startups,and Firm Growth.Journal of Business Venturing,17(6):553—576.

10.Chandler,G.N.Business Similarity as a Moderator of the Relationship Between Pre-Ownership Experience and Venture Performance. Entrepreneurship Theory and Practice,1996,20(3),51—65.

11.Cohen,B.P.,Developing Sociological Knowledge:Theory and Method,2ed.,Nelson-Hall Inc.,1989.

12. Eisenhardt, K. M. & C. B. Schoonhoven. Organizational Growth: Linking Founding Team, Strategy, Environment, and Growth among U.S. Semiconductor Ventures, 1978—1988. Administrative Science Quarterly, 1990, 35(3), 504—529.

13. Francis, D. H. & W. R. Sandberg. Friendship Within Entrepreneurial Teams and its Association with Team and Venture Performance. Entrepreneurship Theory & Practice, 2000, 25(2), 5—25.

14. Henderson, R., Clark, K. B.. Architectural Innovation: The Reconfiguration of Existing Product Technologies and the Failure of Established Firms. Administration Science Quarterly, 1990, 35(1): 9—30.

15. Lepak, D. P. and J. D. Shaw, Strategic HRM in North America: Looking to the Future. The International Journal of Human Resource Management, 2008, 19(8), 1486—1499.

16. Teece, D. J. Profiting from technological innovation: Implications for integration, collaboration, licensing and public policy. Research Policy, 1986, 15: 285—306.

17. Zhu, P. and Q. Miao. What Features of HRM System Can Build An Entrepreneurship Team. The 5th International Conference on Management and Service Science, 2011. EI 检索.

## 第七章
### 创新管理

1. 怀特、布鲁顿、吴晓波、杜健著. 技术与创新的管理: 战略视角. 电子工业出版社, 2008.

2. Abernathy, W. & K. B. Clark. Mapping the winds of creative destruction. Research Policy, 1985, 14: 3—22.

3. Barker, T. & R. Nelson. Creating something from nothing: Resource construction through entrepreneurial bricolage. Administrative Science Quarterly, 2005, 50: 329—366.

4. Henderson, R. & K. B. Clark. Architectural innovation: The reconfiguration of existing product technologies and the failure of established firms. Administrative Science Quarterly, 1990, 35: 9—30.

5. Nonaka, I. & H. Takeuchi 著. 扬子江、王美音译, 创新求胜: 智价企业论. 远流出版社, 1997.

6. Roberts, E. B. & C. A. Berry, Entering New Businesses: Selecting Strategies for Success. Sloan Management Review, 1985, 26(3), 3—17.

7. Rogers, E. M.. Diffusion of Innovations. New York: Free Press, 1962, p162.

## 第八章

1. 李新春、刘莉. 嵌入性——市场关系网络与家族企业创业成长. 中山大学学报(社会科学版), 2009, 49(3), 190—202.

2.Barker,T.& R.Nelson,Creating something from nothing:Resource construction through entrepreneurial bricolage.Administrative Science Quarterly,2005,50:329—366.

3.Jones,C.,W.S.Hesterly,and S.P.Borgatti,1997,A General Theory of Network Governance:Exchange Conditions and Social Mechanisms.Academy of Management Review,22,911—945.

4.Stevenson,W.J.著,张群,张杰译.运营管理(第9版).机械工业出版社,2008.

5.Uzzi,B.,1999,Embeddedness In The Making Of Financial Capital How Social Relations And Networks Benefit Firms Seeking Financing.American Sociological Review,64,481—505.

6.Williamson,O.E.,Calculativeness,Trust,And Economic Organization,Journal of Law and Economics,1993,36,453—586.

7.Williamson,O.E.Comperative Economic Organization:The Analysis of Discrete Structural Alternatives.Administrative Science Quarterly,1991,36,269—296.

**第九章**

1.Ansoff,H.I.Corporate Strategy.London:Penguin Books,1984,pp.97—100.

2.希尔、琼斯、周长辉著,孙忠译,.战略管理(第七版).中国市场出版社,2007.

3.科特勒等著,王永贵等译.营销管理(第14版).格致出版社,2012.

4.莱斯.精益创业.中信出版社,2012.

5.Stevenson,W.J.著,张群,张杰译.运营管理(第9版).机械工业出版社,2008.

6.Kuriloff,A.H.,J.M.Henphill,and D.Cloud.Starting and Managing the Small Business,3eds,McGraw-Hill,1993.

7.Becker,B.E.and M.A.Huselid,High Performance Work System:A Synthesis of Research and Management Implications.Research in Personnel and Human Resource Management,1998,16,53—101.

8.Wright,P.M.,and S.A.Snell.Toward a Unifying Framework for Exploring Fit and Flexibility in Strategic Human Resource Management.Academy of Management Review,1998,23(4),756—772.

**第十章**

1.方至民.企业竞争优势.前程企业管理公司,2000.

2.科特勒.营销管理学.东华书局,1993.

3.刘松博、尤静.组织理论与设计(第2版),中国人民大学出版社,2009.

4.聂聆.连锁经营中的盲目扩张问题与对策.商业经济与管理,1999,(2):27—29.

5.夏春玉,张闯,钟春仿.中国百强连锁企业区域分布与区域扩张战略的实证分析.财贸研究,2006,(3):35—43.

6.张亚月.试探宁波连锁超市发展战略.宁波大学学报,2003,16(3):142—145.

7.赵越.新时期我国大型连锁超市市场营销战略之探讨.商业研究,2009,(11):5—8.

8. Baron, J. N. & D. M. Kreps. HRM in Emerging Company, Strategic Human Resource-Framework for General Manager. Willey, 1999, 471－502.

9. Becker, B. E. and Huselid, M. A.. High Performance Work System: A Synthesis of Research and Management Implications. Research in Personnel and Human Resource Management, 1998, 16, 53－101.

10. Burgelman, R. A., M. A. Maidique & S. C. 著 陈劲、王毅译. 技术与创新的战略管理. 机械工业出版社, 2004.

11. Delery, J. & Doty, D. H.. Modes of theorizing in strategic human resource management: Tests of universalistic, contingency, and configurational performance predictions. Academy of Management Journal, 1996, (4): 802－835.

12. Greiner, L. E. Evolution and Revolution as Organization Grow. Harvard Business Review, 1972, 50(4), 37－46.

13. Levvit, T. Marketing Success Througu Differentiation－of Anyting. Harward Business Review, 1980, January-February, 83－91.

14. Lovelock, C. and E. Gummesson. Whether Service Marketing? In Search of a New Paradigm and Frash Perspectives. Journal of Service Research, 2004, 7(August), 20－41.

15. Nonaka, I. & H. Takeuchi 著 扬子江、王美音译, 创新求胜: 智价企业论. 远流出版社, 1997.

16. Pfeffer, J.. Seven Practices of Successful Organizations. California Management Review, 1998, 40(2): 96－124.

17. ZhuPei, RuanAiqing, Wu Lei, Yang Pingyu, Research on growth limitation: Why the supermarket created by farmer group cannot grow up?, west lake international conference of small and medium business, 2010. ISSHP 检索.


**第十一章**

1. 希尔、琼斯、周长辉著, 孙忠译. 战略管理(第七版)中国市场出版社, 2007.

2. 祖克著, Tsung 译. 从核心扩张. 中信出版社, 2004.

3. Chen, M. J. Competitor analysis and interfirm rivalry: Toward a theoretical integration. Academy of Management Review, 1990, 21: 100－134.

4. D'Aveni, R. A. 著, 许梅芳译. 超优势竞争: 新时代的动态竞争理论与应用. 远流出版社, 1998.

5. HamelG. & C. K. Prahalad Competing for the future. Harward Business School Press, 1994.

6. Heldey, B., Strategy and the Business Portfolio. Long Range Planning, 1977, February, 12.

7. Macmillan, A. C. Controlling competitive dynamics by taking strategic initiative. Academy of Management Executive, 1988, 2(2): 111－118.

8. Porter, M. E., Competitive Advantage: Creating and Sustain Superior Performance.

The Free Press,1985.

9.Prahalad,C.K.& G.Hamel.Core competence of the corporation.Harward Business Review,1990,3:1—15.

图书在版编目(CIP)数据

**创业战略管理**/朱沛著. —厦门:厦门大学出版社,2015.3(2017.1 重印)
ISBN 978-7-5615-5424-1

Ⅰ.①创…　Ⅱ.①朱…　Ⅲ.①企业战略-战略管理　Ⅳ.①F272

中国版本图书馆 CIP 数据核字(2015)第 035151 号

官方合作网络销售商:　当当.com　亚马逊 amazon.cn　JD.COM 京东

**厦门大学出版社出版发行**

(地址:厦门市软件园二期望海路 39 号　邮编:361008)
总 编 办 电 话:0592-2182177　传真:0592-2181253
营销中心电话:0592-2184458　传真:0592-2181365
网址:http://www.xmupress.com
邮箱:xmup @ xmupress.com
**厦门集大印刷厂印刷**
2015 年 3 月第 1 版　2017 年 1 月第 2 次印刷
开本:787×1092　1/16　印张:24　插页:1
字数:580 千字　印数:3 001~4 500 册
**定价:56.00 元**
本书如有印装质量问题请直接寄承印厂调换